C0-DKN-495
SCHIBRI
VERLAG

„Vom tönenden Wirbel menschlichen Tuns"

Erich M. von Hornbostel als Gestaltpsychologe, Archivar und Musikwissenschaftler

Studien und Dokumente

Herausgegeben
von
Sebastian Klotz

Schibri-Verlag Berlin • Milow

Dieses Buch wurde durch das
Musikwissenschaftliche Seminar
und durch die Forschungsabteilung der Humboldt-Universität
zu Berlin gefördert.

Die Deutsche Bibliothek - CIP-Einheitsaufnahme

„Vom tönenden Wirbel menschlichen Tuns“ : Erich M. von Hornbostel als Gestaltpsychologe, Archivar und Musikwissenschaftler ; Studien und Dokumente / hrsg. von Sebastian Klotz. - Berlin ; Milow : Schibri-Verl., 1998
ISBN 3-928878-55-7

Dorfstraße 60
17337 Milow
email: Schibri-Verlag@t-online.de
http://www.schibri.com

Einbandgestaltung: Klaus Zylla und Therese Schneider, unter Verwendung der Cent-Tafel Hornbostels

Printed in Germany

ISBN 3-928878-55-7

Inhalt

ANHANG

Einführung

Im Maskentanz sind Musik und Malerei, Plastik und Dichtung noch nicht voneinander gelöst, Farben und Formen noch hineingerissen in den tönenden Wirbel menschlichen Tuns und seines kosmischen Bedeutens.
(Erich M. von Hornbostel, „Die Einheit der Sinne", 1925)

Verfahren zur Signalgebung, dadurch gekennzeichnet, daß die einzelnen Signale aus zwei Schällen mit sehr kurzer Zwischenzeit gebildet, die Schälle den beiden Ohren des empfangenden Beobachters getrennt zugeführt und die Signale vom Beobachter an der scheinbaren Schallrichtung erkannt werden.
(Erich M. von Hornbostel, *Verfahren und Vorrichtung zur Signalgebung und Signalempfang*, patentiert 1919)

Es wäre denkbar gewesen, die Vorträge des Berliner Hornbostel-Kolloquiums vom Dezember 1995 simultan auf eine Wachswalze zu sprechen und sie unter den Kuriosa im Archiv registrieren zu lassen - jenem Ort, der heute Hornbostels vielgestaltigen Initiativen den sichtbarsten physischen Ausdruck gibt. Die zweiminütige Glossolalie - die Wachszylinder haben nur eine kurze Aufnahmekapazität -, die wie ihre Partnerzylinder aus aller Welt bei jedem Abhören etwas an Schärfe einbüßen würde, reihte sich dann gleichsam ein in ihren eigenen Untersuchungsgegenstand.

So eigentümlich diese Spekulationen auch wirken mögen, sie führen Irritationen wahrnehmungstechnischer und wissenschaftshistorischer Natur vor Augen, die den Gegenstand des Kolloquiums und der vorliegenden Publikation durchziehen. Paradigmatisch dafür war die Präsentation einer Aufnahme von 1905 auf einem Edison-Phonographen, dem wir während des Vortrags von Susanne Ziegler im Musikwissenschaftlichen Seminar der Humboldt-Universität Am Kupfergraben schockiert lauschten. In dem Schock überlagern sich der technische Anachronismus und der Respekt vor dem Anspruch der Gründergeneration der vergleichenden Musikforschung, auf der Grundlage dieser geräuschintensiven Tondokumente weitreichende Thesen zum interkulturellen Vergleich abzuleiten und zu stützen. Die enorme Distanz zwischen uns Heutigen und Hornbostel einerseits und Hornbostels Abstand seinerseits zu den vernehmbaren Praktiken, die er in so ambivalenter Form in Gestalt des Berliner Phonogramm-Archivs domestizierte, wurden sozusagen gleichzeitig hörbar. Die andachtsvolle Beugung über den Schalltrichter an einem Dezembernachmittag des Jahres 1995 in Berlin, um überhaupt etwas vernehmen zu können, und die reziproke Überle-

Foto 1: Hornbostels Reisetonometer

gung, wer sich damals vor über 70 Jahren vor dem Aufnahmetrichter postiert hatte, um seine ´Kunst´ konservieren zu lassen - mit dieser Spanne wird vielleicht am sinnfälligsten die Konfiguration beschrieben, die den Berliner Workshop prägte.

Hornbostels psychologischer Schulung, seinem akribischem Sammelgeist und seiner technischen Begabung, den hohen methodischen Ansprüchen und seiner vielseitigen disziplinären Orientierung verdanken wir originelle und nach wie vor aktuelle Thesen und Untersuchungen von Musik, Wahrnehmung und Normierung sprachlicher und musikalischer Kommunikation. Hornbostel versteht sie als kulturelle Praktiken, die in komplexer Weise menschlicher Tätigkeit und materieller Geschichte verwurzelt sind. Bei ihm treffen naturwissenschaftliche Diskurse auf Überlegungen zu den Grundlagen spezifischer kultureller Entwicklungen, begegnen in der Romantik geborene systemphilosophische Ansätze den Ambitionen des wilhelminischen Zeitalters und den neuen technischen Apparaturen. Diese Widersprüche ragen in seine Lebens- und Forschungspraxis hinein: Hinter der präzisen Diktion seiner unzähligen Aufsätze - eine Monographie legte der Wissenschaftler nicht vor - verbirgt sich ein schwelgerischer, durchaus zu Spekulationen und Hypothesen neigender Geist. Obwohl die neuen Apparate wie das durch ihn eingeführte Tonometer[1] (siehe Foto 1) Musik nicht mehr als ästhetisches Phänomen, sondern als frequenzanalytisches Meßobjekt faßten, war Hornbostel an den Dimensionen interessiert, die über das bloß Tönende hinaus auf die geistig-sozialen Dimensionen von Musik als einer Form von tönendem Handeln wiesen.

Der Historiker Wolfgang Ernst äußerte im Frühjahr 1995 die Idee, Hornbostel in den Mittelpunkt eines interdisziplinären Gesprächs zu rücken. Unbeachtet von der Musikethnologie hatte sich Hornbostel zu einem Referenzpunkt in der aktuellen Psychologiegeschichte, Archiv- und Medientheorie entwickelt. Insbesondere die durch Friedrich Kittler angeregten Untersuchungen zu der Art, wie Dispositive des Wissens und Zeichenregimes in den Medien funktionieren und unsere Wahrnehmungsformen konditionieren[2], haben im Rahmen einer Medienarchäologie neuartige Text- und Verständnisformen zur Erkundung medialer

1 Die Funktionsweise wird durch den Erfinder folgendermaßen erörtert: „Reisetonometer nach Hornbostel (Zungenpfeife, deren Zunge durch einen beweglichen, darüber geschobenen Balken in ihrer Schwingungslänge variiert wird)." Otto Abraham und Erich M. von Hornbostel, „Vorschläge für die Transkription exotischer Melodien", in *Sammelbände der Internationalen Musikgesellschaft* XI (1909-1910) 1, S. 18. - Das auf Foto 1 am Beginn der vorliegenden Einführung abgebildete Gerät war offensichtlich Hornbostels persönliches Tonometer, denn sein Name ist auf der Vorderseite eingekratzt.

2 Friedrich Kittler, *Grammophon Film Typewriter*, Berlin 1986. - Friedrich A. Kittler, *Aufschreibesysteme 1800 · 1900*. 3., vollst. überarb. Auflage, München 1995.

Wahrnehmung hervorgebracht[3]. Es erschien vielversprechend, Studien zur Auswirkung des Ersten Weltkriegs auf die psychologische Forschung, auf die Pathologie der Wahrnehmung und literarische Praxis bei Robert Musil und zur medientechnischen Erörterung der Schallortung[4] und der Modellierung akustischer Wahrnehmung um 1900[5] mit neuen Archivbefunden, methodologischen und wissenschaftsgeschichtlichen Überlegungen zur Person Hornbostels und zu seinem Umfeld anläßlich eines Kolloquiums zu konfrontieren. Ergänzt durch weitere Originalbeiträge gingen daraus die Aufsätze dieses Bandes hervor.

Ausgehend von einer biographischen Rekonstruktion der wissenschaftlichen Stationen Hornbostels und seiner Korrespondenz mit Jaap Kunst (Marjolijn van Roon) wird der Bogen über Einzelaspekte kulturvergleichender und musikanalytischer Arbeit (Christian Kaden, Steffen Schmidt, Gerd Grupe) über die Dokumentations- und Sammlungstechnik (Wolfgang Ernst, Jörg Derksen, Susanne Ziegler), die Völkerpsychologie und Gestaltpsychologie (Martin Müller) bis zum Gründervater der Anthropologie und Fachkollegen Hornbostels, Franz Boas (Karlheinz Barck) und zu Hornbostels ambivalenter Modernität (S. Klotz) geschlagen. Eine Projektskizze zur Klangrekonstruktion anhand von Walzenzylindern (Gerd Stanke und Tim Wöhrle) beschließt den Band[6].

Merkwürdigerweise taucht das Bedürfnis, Hornbostel in Erinnerung zu rufen, im Abstand von Dekaden auf. Die 1975 begonnene Gesamtausgabe seiner

3 Im Rahmen eines seit August 1995 durch die Deutsche Forschungsgemeinschaft (DFG) geförderten Projektverbundes „Theorie und Geschichte der Medien“ arbeitet ein Team unter Leitung von Friedrich Kittler an der Humboldt-Universität zu Berlin (Institut für Ästhetik, Lehrstuhl für Ästhetik und Geschichte der Medien) an der bislang ungeschriebenen Geschichte der digitalen Medien, das u.a. auch den Effekt mathematischer Innovationen und der Notationsverfahren der Ingenieurwissenschaften auf die Kunst- und Musikgeschichte untersucht. - Ebenfalls von der DFG gefördert wird das Forschungsvorhaben „Zur philosophischen Analyse analoger Medien: Phonograph, Telefon, Radio“ von Oswald Schwemmer am Institut für Philosophie der Humboldt-Universität.

4 Vgl. Christoph Hoffmann, „Wissenschaft und Militär. Das Berliner Psychologische Institut und der I.Weltkrieg“, in *Psychologie und Geschichte* 5 (1994) 3/4, S. 261-285. - Hinweis von Martin Müller.

5 Musil und Hornbostel begegneten sich am Psychologischen Institut der Friedrich-Wilhelms-Universität. Vgl. Peter Berz, „I-Welten“, in: Hans-Georg Pott (Hrsg.), *Robert Musil. Dichter Wissenschaftler Essayist*, München 1993 (Musil-Studien, Bd. 8), S. 171-192. Ders., „Der Fliegerpfeil. Ein Kriegsexperiment Musils an den Grenzen des Hörraums“, in: Jochen Hörisch/ Michael Wetzel (Hrsg.), *Armaturen der Sinne. Literarische und technische Medien 1870 bis 1920*, München 1990 (Literatur- und Medienanalysen, Bd. 2), S. 266-288. Des weiteren Wolfgang Scherer, „Hör-Versuche. Die experimentelle Decodierung des musikalischen Hörens um 1900“, ebd., S. 107-136.

6 Die Aufsätze von M. van Roon, Ch. Kaden, S. Schmidt, G. Grupe, S. Ziegler, M. Müller und S. Klotz gehen auf das Kolloquium zurück.

Schriften[7] und die 1986 durch Christian Kaden und Erich Stockmann kenntnisreich eingeführten gesammelten Aufsätze[8] gingen diesem Workshop voraus, der eine Veranstaltung zum Gedenken an den 60.Todestag des Wissenschaftlers im Jahre 1995 war. Der Kreis derjenigen, die mit Hornbostel familiär bzw. wissenschaftlich verbunden waren und aus erster Hand berichten könnten, wird immer kleiner. 1995 verstarben Hans Helfritz (geb. 1902), der noch bei Hornbostel studiert hatte, und der Sexualforscher Ernest Borneman (geb. 1915), der mit Hornbostel verwandt war.

Außer der Neuformulierung einer durch technische Apparate und Medien vermittelten Wahrnehmung gibt es andere Trends und Akzentuierungen, die auf das Szenarium des Workshops eingewirkt haben. Zu nennen sind die seit der Mitte der 80er Jahre vornehmlich in den USA praktizierte neue Ethnologie, die die Ideologie der Beobachtung, die ästhetische Dimension dokumentarisch-narrativer Techniken und die uneingestandenen Voraussetzungen der ethnographischen Praxis kritisch reflektiert und Fragen der Macht und der Autorität in der Konfrontation mit dem Fremden thematisiert[9]. Inzwischen versuchen Autoren wie Michael Taussig die Ambivalenz neuer Technologien, denen immer schon eine Primitivität eingeschrieben war, in der mimetischen Praxis kolonialer und post-kolonialer Kulturen zu charakterisieren. Jenseits einer Relativierung oder Kontextualisierung fragt Taussig danach, wie etwa der Phonograph die Begegnung zwischen den Weißen und den kolumbianischen Cuna reguliert, warum die Weißen sich überhaupt über die Begeisterung der Eingeborenen über den Phonographen mockieren. Der Westen hat in diesen Konstellationen keine feste Identität mehr: das RCA-Logo der Stimme des Herrn, Emblem kolonialer Bevormundung, ist ein bevorzugtes Symbol der Eingeborenenkultur der Cuna geworden. In der Phase des „post-colonial second contact" wird der Westen selbst gleichsam rückgespiegelt und auf unvorhersehbare Weise angeeignet. Alterität und mimetischer Exzess kennzeichnen diesen Vorgang[10].

7 *Hornbostel Opera Omnia*, vol. I. Ed. by Klaus P. Wachsmann, Dieter Christensen, Hans-Peter Reinecke, The Hague 1975. Es handelt sich um ein durch die Vorarbeiten von Jaap Kunst angeregtes Gemeinschaftsprojekt der Universiteit van Amsterdam, der Northwestern University und der Stiftung Preußischer Kulturbesitz. Der Band enthält ein Verzeichnis der Schriften Hornbostels.

8 *Erich Moritz von Hornbostel, Tonart und Ethos. Aufsätze zur Musikethnologie und Musikpsychologie*, hrsg. von Christian Kaden und Erich Stockmann, Leipzig 1986. - Angesichts der beengenden verlegerischen Möglichkeiten in der DDR, die durch kulturpolitische Grundsätze und ein straffe, zentralistische Zensur geprägt waren, kann man die Durchsetzung dieser Publikation nicht hoch genug würdigen.

9 Hervorzuheben sind die Studien von James Clifford und George E. Marcus (eds.), *Writing Culture. The Poetics and Politics of Ethnography. Experiments in Contemporary Anthropology . A School of American Research Advanced Seminar*, Berkeley, Los Angeles and London 1986. Des weiteren Renato Rosaldo, *Culture and Truth. The Remaking of Social Analysis*, Boston 1989.

10 Diese Thesen nach Michael Taussig, *Mimesis and Alterity. A Particular History of the Senses*, New York and London 1993.

Nicht zuletzt bezieht die neue Ethnologie ihren eigenen institutionellen und kulturpolitischen Standort in die Debatte mit ein. In den USA wird die neue Ethnologie in starkem Maß durch die akademische und politische Öffentlichkeit geprägt. Dringend erforderlich wäre ein vergleichbare Entwicklung, die die Problemlagen unter deutschen Verhältnissen in Rechnung stellt. Spätestens die jüngsten Sparvorschläge des Landes Berlin, das augenblicklich seine musikethnologischen Kapazitäten gefährdet, haben verdeutlicht, wie hohl der Diskurs über Berlin als multikulturelle Stadt wird, wenn die Institutionen, die tatsächlich multikulturell engagiert sind, tagespolitischen Erwägungen zum Opfer fallen sollen[11] oder an den Rand ihrer Finanzierungskünste getrieben werden, um ihre Bestände in zeitgemäßer Form zu erhalten und der Öffentlichkeit zugänglich zu machen[12]. Die Parallelen zur Geschichte des Berliner Phonogramm-Archivs, das frühzeitig um seine Existenz fürchten mußte, drängen sich auf.

Der Workshop war bemüht, die Erinnerung an das wertvolle intellektuelle und materielle Erbe Hornbostels und der Berliner Schule der vergleichenden Musikforschung und Gestaltpsychologie mit einem interdisziplinären Dialog zu verbinden und zugleich darauf hinzuweisen, daß museales Besitzstandsdenken und eine konzeptionslose Sparpolitik der Disziplin in ihren wissenschaftlich-analytischen und öffentlichen Räumen einen erheblichen Schaden zuführen können.

Angesichts dieser komplizierten Situation gestaltete sich die Zusammenarbeit mit Susanne Ziegler von der Musikethnologischen Abteilung des Berliner Völkerkundemuseums besonders erfreulich. Die Initiativen dieser durch Artur Simon geleiteten Abteilung, die in jüngster Zeit viel öffentliche Aufmerksamkeit erfahren haben[13], führen das Erbe Hornbostels durch eine engagierte museums-

11 Das 1963 in Berlin gegründete Internationale Institut für Traditionelle Musik unter der Leitung von Max Peter Baumann war 1995 erstmals akut gefährdet. Trotz eines im August 1996 durchgeführten Symposiums zur kultur- und wissenschaftspolitischen Bedeutung der Ethnomusikologie in der Hauptstadt Berlin mit dem Thema „Musik im interkulturellen Dialog“, trotz der rasch mobilisierten Unterstützung, vgl. Christian-Martin Schmidt, „´Liquidation´ auf Berlinisch“, *Neue Berlinische Musikzeitung* 1/1996, und trotz einer durch den Sender Freies Berlin initiierten Spendenaktion zur Rettung dieser Forschungseinrichtung war die Lage offenbar von Beginn der Streichung der Senatszuschüsse an aussichtslos, denn das Institut ist im September 1996 geschlossen worden. - Das von Artur Simon geleitete Kolloquium „Zur Situation der Vergleichenden Musikwissenschaft“ vom 8.Januar 1993, an dem Josef Kuckertz, Max Peter Baumann, Andreas Michel, Doris Stockmann und Susanne Ziegler teilnahmen, läßt noch nichts von dieser Bedrohung ahnen. Vgl. *Jahrbuch des Staatlichen Instituts für Musikforschung Preußischer Kulturbesitz* 1994, S. 417-433.

12 In dieser Situation befindet sich die Musikethnologische Abteilung des Berliner Völkerkundemuseums, die sich um die Erfassung und Einspielung der Bestände des Phonogramm-Archivs bemüht, um sie auf CD zu veröffentlichen.

13 Vgl. den anschaulich geschriebenen, illustrierten und sehr detaillierten Artikel von Cornelia Vismann „Mann ohne Kehlkopf, sprechender Hund. Stockflecken und gestauchte Ecken: Das Berliner Phonogramm-Archiv wird rekonstruiert“, in *Frankfurter Allgemeine Zeitung* vom 15.Mai 1996, S. N6.

pädagogische Arbeit, eine vielfältige Pflege internationaler Kontakte, die Betreuung der Instrumentensammlung, durch eigene Feldforschungen und durch die offenherzige Kooperation mit wissenschaftlich Interessierten fort.
Während die Medienarchäologie und die neue Ethnologie Forschungstrends außerhalb der Musikwissenschaft darstellen, ist das Fach selbst in jüngster Zeit in Bewegung geraten. Abgesehen von neueren Arbeiten in den USA, wo die innovative Kraft der *new musicology* in hohem Maß auf Anregungen der Ethnomusikologie zurückgeht, die mittlerweile ihre eigene disziplinäre Geschichte unter Beteiligung europäischer Forscher bis in die frühe Neuzeit zurückverfolgt[14], zeichnen sich auch in der heimischen Forschung neue Entwicklungen ab. Die auf der Jahrestagung der Gesellschaft für Musikforschung in Bochum 1995 praktizierte Annäherung der systematischen und der ethnologischen Spezialisten[15], die auf persönlicher Ebene zustande kam und noch nicht institutionell verankert ist, scheint einen Faden wiederaufzugreifen, der von Hornbostel gesponnen wurde. Hinzu kommen verschiedene, von Historikern der Mimesis und Anthropologie lancierte Projekte zur Anthropologie und Physiologie des Hörens, an denen auch Musikwissenschaftler beteiligt sind[16]. Man vergißt, daß die Grundlagenforschung erst seit kurzem solch fundamentale Prozesse wie die Reizverarbeitung im Innenohr erklären kann. Der lange Atem von Helmholtz, der bereits 1870 über die Existenz scharf abgestimmter Resonatoren im Innenohr spekuliert hatte, reicht bis in das Jahr 1996, in dem die mikromechanische Präzisierung der Annahme durch Werner Hemmert in den Laboratorien der Sektion für Physiologische Akustik der Tübinger Hals-Nasen-Ohren-Klinik gelang[17].

14 Vgl. Philip V. Bohlman, „Missionaries, magical muses, and magnificent menageries: image and imagination in the early history of ethnomusicology", in *the world of music* XXX (1988) 3, S. 5-27. Des weiteren Ph. V. Bohlman und Bruno Nettl (eds.), *Comparative Musicology and Anthropology of Music. Essays on the History of Ethnomusicology*, Chicago and London 1991.

15 Am 13.Oktober 1995 fand der Roundtable „Kulturadäquate Notation - Transkription - Elektronische Auswertung" statt, der von Jobst Fricke geleitet wurde. Auf der Jahrestagung der Gesellschaft für Musikforschung 1996 in Regensburg wurde das Projekt am 12.Oktober 1996 mit dem Gemeinsamen Kolloquium der Fachgruppen Musikethnologie/Systematische Musikwissenschaft zu dem Thema „Kulturadäquate Tonsystembildung" unter Leitung von Rudolf Brandl fortgeführt.

16 Vgl. *Das Ohr als Erkenntnisorgan*. Themenheft von *Paragrana. Internationale Zeitschrift für Historische Anthropologie*, hrsg. im Forschungszentrum für Historische Anthropologie der Freien Universität Berlin, Bd. 2 (1993) 1-2. Des weiteren *Welt auf tönernen Füßen. Die Töne und das Hören*, hrsg. von der Kunst- und Ausstellungshalle der Bundesrepublik Deutschland, Göttingen 1994 (Schriftenreihe Forum, Bd. 2).

17 Entscheidend für den frequenzgenauen Verstärkungsprozeß der Deckmembran gegenüber der Basilarmembran ist eine Phasenverschiebung, die Hemmert durch Kombination eines Laser-Doppler-Interferometers und einer Photodiode nachweisen konnte. Vgl. Michael Pfaff, „Ein Signalverstärker im Innenohr. Wirkungsweise analysiert. Energie von äußeren Haarsinneszellen", in *Frankfurter Allgemeine Zeitung*, 2.Oktober 1996, S. N3.

Die folgenden Bemerkungen verhalten sich assoziativ zu den Aufsätzen im vorliegenden Band. Anstelle eines einführenden Referats steht jeweils eine knappe Charakterisierung des Aufsatzes, an die weiterführende Reflexionen angeschlossen werden. Ausgehend von einzelnen Themenfeldern oder Problemen, die im Mittelpunkt des einzelnen Beitrags stehen, werden im folgenden Gedanken und Kommentare entwickelt, in denen die Konfiguration Hornbostel Konturen erhalten soll. Einem Begleittext gleich wird der Hintergrund beleuchtet, vor dem sich die Beiträge abzeichnen. In verschiedenen Textregistern operierend, die vom Kommentar über die Paraphrase, die dialogische Ergänzung bis zur Reflexion einer Kategorie reichen, zielt diese Form der Einführung im Zusammenspiel mit den versammelten Spezialstudien und neuen Dokumentenbefunden auf eine kritische Würdigung der Voraussetzungen, Funktionen und Widersprüche der wissenschaftlichen Praxis Hornbostels. Auf eine Nachzeichnung des Lebensweges von Erich M. von Hornbostel sei an dieser Stelle verzichtet, da insbesondere die Aufsätze von Marjolijn van Roon und Susanne Ziegler reichhaltige biographische Informationen[18] liefern.

Hornbostels Korrespondenz

Daß Hornbostels intellektuelle Physiognomie ohne die Betrachtung seiner umfangreichen Korrespondenz nicht erschlossen werden kann, führt Marjolijn van Roon anhand des bisher unveröffentlichten Briefwechsels zwischen Hornbostel und dem Begründer der holländischen Musikethnologie, Jaap Kunst (1891-1960) vor. Auf diese Weise entsteht eine materialreiche biographische Dokumentation, die neue Akzente hinsichtlich der Forschungsambitionen und einiger bisher im dunkeln liegender wissenschaftlicher Interessen Hornbostels setzt. Neben einem der selten gezeigten Porträtfotos von Hornbostels werden in diesem Zusammenhang erstmalig einzelne Briefe zwischen Kunst und Hornbostel veröffentlicht. Das gilt auch für das in den Anhang aufgenommene Verzeichnis der *Opera Omnia* Hornbostels nach Jaap Kunst, das einen Einblick in den Kenntnisstand und in die Ordnungsprinzipien von J. Kunst bietet.

Die Korrespondenz war Hornbostels wichtigstes Arbeits- und Konversationsmedium. Kunst, der anstelle von *comparative musicology* die Bezeichnung *ethnomusicology* bevorzugte, die sich inzwischen durchgesetzt hat, reiste seinerzeit als Mitglied eines Streichtrios zu einem Gastspiel nach Niederländisch-Indi-

18 Vgl. zur neueren Darstellung der Biographie neben dem Personenartikel von Israel J. Katz zu Hornbostel in *The New Grove Dictionary of Music and Musicians*, ed. by Stanley Sadie, London 1980, vol.8, S. 716f. auch das Vorwort von Erich Stockmann in Kaden/Stockmann (Hrsg.), *Hornbostel, Tonart und Ethos*, S. 5-21, sowie das Vorwort der Hrsg. in Wachsmann/Christensen/Reinecke, *Hornbostel Opera Omnia*, vol. I., S. IX-XV.

en (heutiges Indonesien). Sein Jura-Studium verhalf ihm zu einem Regierungsposten in Bandung (Java), wo er während seines fünfzehnjährigen Aufenthalts ausreichend Zeit fand, die einheimische Musikkultur zu studieren. Ab 1930 arbeitete er dort als Musikwissenschaftler im offiziellen Auftrag der holländischen Regierung[19]. Nach seiner Rückkehr nach Europa 1934 wurde er ein einflußreicher und geschätzter Musikethnologe, der u.a. die Vorbereitung einer Gesamtausgabe der Schriften Hornbostels ins Auge gefaßt hat[20]. Die Installation eines musikethnologischen Spezialisten im Regierungsauftrag läßt aufmerken, da sich hier unterschiedliche nationale Umgangsformen kolonialer Regime mit den verwalteten Kulturen abzeichnen, die in die Gründungsgeschichte des Faches hineinragen: Musikethnologie wächst im Schatten der Inspektion heran. Die „unauffällige Kolonialherrschaft" der Niederlande[21] hat hier in verblüffender Weise die Rahmenbedingungen für eine hochkarätige Korrespondenz geschaffen, die insbesondere in der Frage der Blasquintentheorie und des Ursprungs des Alphabets einen zur Formulierung von Hypothesen neigenden Hornbostel vorführt. Offenbar war die Publikation der Erwägungen zum Alphabet geplant[22], das als Aufschreibesystem bereits die Aufmerksamkeit der Techniker, Ingenieure und Lautforscher im Vorfeld des Phonographen auf sich gezogen hatte[23].

Jaap Kunst bemerkt in seinem Nachruf auf Hornbostel[24]: „die Politik interessierte ihn nicht; seine Lebensweise war äußerst einfach, doch hatte seine Tageseinteilung wenig mit jener der Menschen seiner Umgebung gemeinsam; auch insofern kümmerte er sich nicht um das Zusammenleben mit anderen, als er sich niemals danach richtete, ob ein anderer das, was er tat, närrisch fand"[25]. Marjolijn van Roon

19 Vgl. Mantle Hood, Art. „Kunst, Jaap", in *The New Grove Dictionary of Music and Musicians*, ed. by Stanley Sadie, London 1980, vol. 10, S. 307-309.

20 Der Band I von *Hornbostel Opera Omnia*, The Hague 1975, ist Jaap Kunst gewidmet. Kunst leistete die Vorarbeiten zur Gesamtausgabe während seiner Konservatorentätigkeit im Amsterdamer Kolonialmuseum. Vgl. Vorwort der Herausgeber, S. XV.

21 Vgl. Andreas Platthaus, „Leibeigenschaft auf Zeit. Ausbeutung mit Inspektoren: Die unauffällige Kolonialherrschaft der Niederlande", in *Frankfurter Allgemeine Zeitung*, 17.April 1996, S. N6. Die im *Jahrbuch für Wirtschaftsgeschichte*, 1995, Teil I zum Schwerpunkt „Die Niederlande und Ostasien" enthaltenen Beiträge, die sich teilweise auf die Akten des örtlichen niederländischen Arbeitsinspektorats stützen, wären hier parallel zur Korrespondenz der beiden Wissenschaftler zu lesen.

22 Vgl. den Nachruf von Jacques Handschin auf Hornbostel, ursprünglich in *Neue Zürcher Zeitung* CLVI, num. 2209, 15.12.1935, enthalten in *Gedenkschrift Jacques Handschin. Aufsätze und Bibliographie*. Hrsg. v. d. Ortsgruppe Basel der Schweizer Musikforschenden Gesellschaft. Zusammengest. v. Hans Oesch, Bern und Stuttgart 1957, S. 387.

23 Vgl. Wolfgang Scherer, „Klaviaturen, Visible Speech und Phonographie. Marginalien zur technischen Entstellung der Sinne im 19.Jahrhundert", in *Diskursanalysen*, I: *Medien*, hrsg. von Friedrick Kittler, M. Schneider und S. Weber, Opladen 1987, S. 37-54.

24 J. Kunst, „Zum Tode von Hornbostel´s", in *Anthropos* XXXII (1937), S. 239-246.

25 Ebd., S. 244.

legt in ihrem Beitrag die Bruchstücke eines Lebensentwurfs frei, in der die offizielle Biographie Hornbostels innerhalb der preußischen Institutionen seinen wirklichen Forschungsambitionen, seinen Sympathien für den Jazz, seiner skurrilen Mitgliedschaft in einem Kreis von *gentleman magicians* gegenübergestellt werden.

Welche Konsequenzen ergeben sich daraus für das Selbst- und Fremdverständnis sowie für die Schreibpraxis Hornbostels? Steckt nicht auch in dem bewußt abgeschirmten wissenschaftlichen Zugriff, der nicht kontextualisiert, wo es keine Kontexte gibt, auch ein gut Teil der eigenwilligen Lebensführung? Gerade die höchst isolierten Phonographenzylinder wurden zu einem herausragenden Untersuchungsobjekt, das frei von einem möglicherweise ablenkenden kulturellen Umfeld im Labor manipuliert werden konnte[26]. Seinem Mentor, dem Psychologen Carl Stumpf, gingen Hornbostels Projekte stellenweise zu weit[27]. Sah der Geheimrat in Hornbostels weit verzweigten tonometrischen Berechnungen und den sich daraus ergebenden kulturvergleichenden Argumentationen so etwas wie kulturelle Halluzinationen? Konstruierte der Magier Hornbostel kulturelle Brükken, die nie beschritten worden waren?

Die Blasquintentheorie

Die Studie von Christian Kaden berührt einen Punkt, der in der Hornbostel-Rezeption als neuralgisch gilt: Hornbostels Blasquintentheorie. Sie wird hier zum ersten Mal als genuin wissenschaftliche Theorie diskutiert, der eine geniale These zugrunde liegt, die allerdings wegen der Streubreite ihrer Parameter gescheitert ist. Kaden verknüpft seine kritische Auseinandersetzung mit dem Vorschlag, Hornbostels Anregung gerade in ihrem Scheitern ernst zu nehmen, um daraus neue Anregungen zu schöpfen und entgegen einer Heroenverehrung auch aus den Niederlagen wissenschaftlicher Arbeit einen Erkenntnisgewinn abzuleiten.

Jacques Handschin hatte nach eigener Darstellung Manfred Bukofzer beauftragt, die Überprüfung der Blasquintentheorie vorzunehmen, die er als „musikpsychologischen Positivismus“ empfand[28]. Bukofzer seinerseits macht in seiner Darstellung der Blasquintentheorie in der Enzyklopädie *Die Musik in Geschichte und Gegenwart* (MGG) geltend, Hornbostels Thesen ursprünglich nicht korrigie-

26 Vgl. Kay Kaufman Shelemay, „Recording technology, the record industry, and ethnomusicological scholarship“, in Ph. V. Bohlman / Bruno Nettl (eds.), *Comparative Musicology and Anthropology of Music*. S. 280. Hornbostel stellt die Fragmentierung der Aufnahmen als wichtige analytische Arbeitstechnik dar in „Über die Bedeutung des Phonographen für die vergleichende Musikwissenschaft“, in *Zeitschrift für Ethnologie* 36 (1904), S. 222-236.

27 Vgl. das bei M. van Roon zitierte Empfehlungsschreiben Stumpfs vom 26. Juli 1922.

28 Jacques Handschin, *Der Toncharakter. Eine Einführung in die Tonpsychologie*, Zürich 1948, S. 80f.

ren, sondern auf die Südsee-Panpfeifen anwenden zu wollen[29]. Schließlich gerät Bukofzers Auseinandersetzung mit der Theorie, nicht zuletzt aufgrund genauerer Meßverfahren, als sie Hornbostel nutzen konnte, zu einer substantiellen Kritik. Bukofzer hat diese Auseinandersetzung sehr ernst genommen. Im Nachlaß des Forschers, der mir zugänglich war, befinden sich minutiöse, handschriftliche Skizzen von Panflöten mit den entsprechenden Berechnungen[30]. Leider ist der Artikel „Maßnorm", den die Redaktion der *MGG* ebenfalls an Bukofzer vergeben wollte[31], wegen Bukofzers Tod im Jahr 1955 nicht realisiert worden. Er hätte eine über die Blasquintentheorie hinausgehende grundsätzliche Auseinandersetzung mit Hornbostels Versuch beinhalten können, aufgrund tonometrischer Messungen weitreichende Schlußfolgerungen kulturgeschichtlicher und völkerpsychologischer Art zu ziehen. In der gegenwärtig erscheinenden redigierten zweiten Auflage der *MGG*[32] sind weder ein Artikel „Maßnorm" noch, wie Christian Kaden bemerkt, das Stichwort Blasquintentheorie vorgesehen.

Melodischer Tanz

Im Jahr 1904 nahm Hornbostel die Kunst der Isadora Duncan zum Anlaß, um über melodische Bewegung, den Zusammenhang von Musik und Tanz, die Mitteilbarkeit von künstlerischen Sinnesempfindungen zu reflektieren[33]. Steffen Schmidt entdeckt in diesem Text, daß Hornbostel den Tanz eher aus der Sicht eines Akustikers wahrnimmt denn als körperlich-musikalischen Gesamtkomplex. Die Musik erwacht für ihn unter den Füßen der Duncan gleichsam zum Tanz.

Ob Hornbostel bewußt war, daß er mit den geschwungenen Linien, dem Auf und Ab melodischer Bewegung in Chopins Des-dur-Walzer (op. 64, Nr. 1) eine Linie wiederholt, die die Duncan während ihrer Europatournee in einem Brief an Edward Gordon Craig aus dem Jahr 1905 gezeichnet hatte? Über ihren Wellentä-

29 Manfred F. Bukofzer, Art. „Blasquinte", in *Die Musik in Geschichte und Gegenwart*, hrsg. von Friedrich Blume, Kassel und Basel 1949-1951, Bd. 1, Sp. 1918-1924.

30 *Manfred Bukofzer Collection* in der Library des Music Department der University of California in Berkeley, Northern Regional Library Facility # 45807. - An dieser Stelle möchte ich Judy Tsou von der Berkeley Music Library für die umsichtige Bereitstellung aller Materialien herzlich danken.

31 Brief von A. Abert aus Kiel an M. Bukofzer in Berkeley vom 17.11.1950. *Manfred Bukofzer Collection*, # W45812, Folder „Musik in Geschichte und Gegenwart MGG".

32 *Die Musik in Geschichte und Gegenwart*. Allgemeine Enzyklopädie der Musik begr. von Friedrich Blume. Zweite, neubearb. Ausgabe, hrsg. von Ludwig Finscher. Sachteil. Kassel, Basel, London, New York, Prag, Stuttgart, Weimar 1994 ff.

33 Erich M. von Hornbostel, „Melodischer Tanz. Eine musikpsychologische Studie", in *Zeitschrift der Internationalen Musikgesellschaft* V (1904) 12, S. 482-488.

lern und Wellenbergen steht dort jeweils das Wort *love*. „I´ve been writing about dance waves sound waves light waves - all the same ...“[34]. Daß die Künstlerin in dieser Wellenmetaphysik gleichsam nebenbei in intermodaler Intuition die harten Probleme naturwissenschaftlicher Forschung berührte, verwundert weniger, wenn man ihrem Bild Hornbostels Schlußbemerkungen zu „Melodischer Tanz“ gegenüberstellt. Der auf dem Gebiet der Psychophysik geschulte Geist, dem es eigentlich um Komplexe von Sinnesempfindungen, um psychische Tatsachen geht, ist hier durchaus offen für pathetische Töne. Erst im notwendig engen Verhältnis von Schaffendem und Genießendem käme „jenes meist undefinierbare(n) Etwas - mag man es nun ´Stimmung´ oder sonst wie nennen - von Seele zu Seele zustande“[35]. Hornbostel konzentriert sich in seinem Aufsatz auf phänomenale Aspekte melodischer Bewegung - dabei hätte ihm die Gestalt der Duncan auch Anlaß zu ethnologischen Erwägungen liefern können. Seit die 22jährige Tänzerin im Jahre 1899 Amerika in Richtung Europa verlassen hatte, galt sie als ´griechische Tänzerin´. Insbesondere in den Jahren 1901 bis 1904 dominierte die rhetorische und dekorativ-physische Rückbesinnung auf klassische Vorbilder. Sie war mit Ernst Haeckel bekannt. Auf ihrer zweiten Amerikatournee mußte sie sich von dem immer populärer werdenden Jazz absetzen, „this deplorable modern dancing, which has its roots in the ceremonies of the African primitives“[36]. So selten sich Hornbostel öffentlich zu zeitgenössischen künstlerischen Entwicklungen äußerte, ausgerechnet dem Jazz und seiner afrikanischen Herkunft[37] sowie der „African Negro Music“[38] haben 1927 bzw. 1928 zwei Studien gegolten.

Inwieweit rief die ästhetische Erfahrung des Tanzes der Isadora Duncan bei Hornbostel tieferliegende Aporien und Krisensymptome der Moderne wach? Könnte nicht die tänzerische Überbrückung der Dualismen von Leib und Seele, von Innen und Außen, die im Tanz - und wohl auch in den Zeremonien der Primitiven, deren musikalische Dokumentation Hornbostel ein Leben lang abhörte - eine Ganzheitlichkeit suggeriert haben, die in Hornbostels Lebenspraxis nicht mehr einzulösen war? Diese Vermutung wird durch die Schlußpassage in Hornbostels Aufsatz „Die Einheit der Sinne“ gestützt, in dem er genau diese zerfallenen Gewißheiten registriert und den “tönenden Wirbel menschlichen Tuns und

34 Vgl. die auszugsweise Wiedergabe des Briefes in Doré Duncan, Carol Pratl, Cynthia Splatt (eds.), *Life into Art. Isadora Duncan and Her World*, New York and London 1993, S.75f.

35 Hornbostel, „Melodischer Tanz“, S. 488.

36 Isadora Duncan, *The Art of the Dance*, ed. by Sheldon Cheney, New York 1928, S.126. Zit. nach Ann Daly, „Isadora Duncan and the distinction of dance“, in *American Studies* 35 (1994) 1, S. 17.

37 „Ethnologisches zu Jazz“, in *Melos* 6 (1927), S. 510-512.

38 In *Africa. Journal of the International Institute of African Languages and Cultures* I (1928), S. 30-62.

seines kosmischen Bedeutens“ beschwört[39]. Insofern liefert „Melodischer Tanz. Eine musikpsychologische Studie“ eine aus dem ästhetischen Erleben hervorgegangene Reaktion, wohingegen in späteren Arbeiten der streng objektivierende und deskriptive Zugang dominiert, der die ästhetische Dimension der Tondokumente und deren Wirkung auf den Wissenschaftler ganz in den Hintergrund drängt. Außerdem verdeutlicht Hornbostels Aufsatz „Melodischer Tanz“, daß seine Vorstellungen vom Melodiemodell, für Michael Maier der „Zentralbegriff der Theorie der Musik“ bei Hornbostel[40], nicht nur empirisch aus der ethnologischen Forschung gewonnen, sondern in der Auseinandersetzung mit der abendländischen Kunstmusik des 19.Jahrhunderts geformt wurde.

Afrika vom Schreibtisch aus

Hornbostel hat sich verschiedentlich mit afrikanischer Musik beschäftigt. Gerd Grupe diskutiert die Anregungen, die aus diesen Arbeiten erwachsen. Sie gehen keineswegs auf eigene Feldforschung zurück, sondern entstanden am Berliner Arbeitstisch Hornbostels. Dennoch ist es laut Grupe erstaunlich, welch differenzierte Beobachtungen Hornbostel insbesondere in Fragen des Rhythmus und sich daran anschließender interkultureller Vergleiche angestellt hat.

Diese Arbeitsweise wirkte bis in die Afrikaforschung der 1960er Jahre nach. Das Untersuchungsgebiet Afrika stellt in der 1933 durch Hornbostel veröffentlichten Bestandsaufnahme des Phonogramm-Archivs den weitaus größten Anteil an Beständen[41]. 3281 Walzen afrikanischer Herkunft waren registriert. Die regional gegliederte Herkunft der Aufnahmen spiegelt die Geographie kolonialer Eroberung und wissenschaftlicher Erkundung des Kontinents wider. Um das Beispiel Kamerum aufzugreifen: der Afrikaforscher Gustav Nachtigal (1834-1885) wurde 1882 deutscher Generalkonsul in Tunis und leitete ab 1884 im Auftrag Bismarcks die Schutzherrschaft des Deutschen Reichs über Togo und Kamerum ein. Hornbostels Aufstellung der gesammelten Aufnahmen vermerkt: „Kamerun (300)“ und erwähnt auch das Volk der Duala. Die Duala versuchten von 1902 bis 1914 verzweifelt, in Form von Petitionen und Appellen an Kaiser Wilhelm II. und an den Reichstag ihre Wohn- und Handelsrechte zu sichern. Was davon

39 In: *Melos* 4 (1925) 6, S. 290-297. Dort kommt er auf das Bild der Tänzerin zurück.

40 Vgl. Michael Maier, *Jacques Handschins „Toncharakter“. Zu den Bedingungen seiner Entstehung*. Stuttgart 1991 (Beihefte zum Archiv für Musikwissenschaft, Bd. XXXI), S. 209.

41 „Das Berliner Phonogrammarchiv“, in *Zeitschrift für vergleichende Musikwissenschaft* I (1933), S. 40-45.

drang an Hornbostels Ohr, als er in der Dorotheenstraße bzw. hinter den 1,70m dicken Mauern des Schlosses[42] die Aufnahmen auswertete?

Der Afrikanist Carl Meinhof hatte 1902/03 eine Expedition nach Ostafrika unternommen, von der er 90 Wachszylinder mitbrachte, die er dem Berliner Phonogramm-Archiv zur Verfügung stellte. Hornbostel hat zur Festschrift für Meinhof einen wichtigen Aufsatz mit dem Titel „Laut und Sinn“ beigesteuert, der linguistisch orientiert ist, das Gesetz der Selbstdifferenzierung in der Sprachentwicklung erörtert und vor allem davon ausgeht, daß der Laut dem Sinn ursprünglich vollständig adäquat ist[43].

Einen weiteren Berührungspunkt mit Afrika stellt Hornbostels Reise nach Kairo anläßlich des Kongresses für Arabische Musik im Jahr 1932 dar[44]. Auf Einladung der ägyptischen Regierung war ein europäischer Gelehrtenkreis zusammengekommen, um im Dialog mit Wissenschaftlern der arabischen Welt und Komponisten Perspektiven für die Entwicklung der arabischen Musik zu erarbeiten. Zu den eingeladenen deutschen Kollegen zählten Wilhelm Heinitz, Georg Schünemann, Paul Hindemith, Robert Lachmann, Curt Sachs und Johannes Wolf. Auch Egon Wellesz, Alois Hába und Béla Bartók waren anwesend und beteiligten sich an der Arbeit in speziellen Themengruppen.

Hatte man Hornbostels ´Schreibtischperspektive´ über längere Zeit Einseitigkeit vorgeworfen, haben sich die Vorwürfe inzwischen relativiert. Die neue Ethnologie fragt nun danach, worauf sich die Autorität des Feldforschers eigent-

42 In einem Brief vom 28. November 1924 an das Preußische Ministerium für Kunst, Wissenschaft und Volksbildung setzte sich Hornbostel vehement für den Verbleib des Archivs im Schloß ein: Die Hochschule verfüge nicht über die dort vorhandenen Apparate (Tonmesser, Eichinstrumente, Intensitätsmesser, Registrierapparate, darunter Kymographen, Oszillographen, Zeitmesser). Außerdem würde der Transport der Sammlung in die Hochschule zu Schäden führen. Für die Nutzung seitens der Hochschule würde die Demonstrationssammlung von Phonogrammaufnahmen ausreichen. Das Dokument befindet sich im Hochschularchiv der Hochschule der Künste Berlin, Acta betreffend Phonogramm-Archiv. Ich bedanke mich bei dem Leiter des Archivs, Herrn Dr. Erich Schenk, für die freundliche Beratung und gewährte Einsichtnahme. - Goerd Peschken und Hans-Werner Klünner lokalisieren die Räumlichkeiten folgendermaßen: „In den Gemächern der früheren Hofdamen der Kaiserin und der Prinzessin Viktoria Luise, im Erdgeschoß zwischen Portal I und II am Schloßplatz, war das Phonogramm-Archiv untergebracht, das damals unter der Leitung von Prof. Erich von Hornbostel stand.“ In G. Peschken, H.-W. Klünner, *Das Berliner Schloß*, Frankfurt/M., Wien und Berlin 1982, S. 117. - Die im Anhang B des vorliegendes Buches reproduzierte Seite des *Amtlichen Personalverzeichnisses der Friedrich-Wilhelms-Universität zu Berlin* für den Zeitraum 16. Oktober 1920 bis 15. März 1921 gibt als Sitz des Psychologischen Seminars das Schloß an. Im Verzeichnis vom Januar/März 1920 war an entsprechender Stelle noch „Dorotheenstr. 80“ angegeben.

43 *Festschrift Meinhof*, Hamburg 1927, S. 329-348.

44 Der Kongreß wird beschrieben und kritisch gewürdigt durch Ali Jihad Racy, „Historical worldviews of early ethnomusicologists: an East-West encounter in Cairo, 1932“, in: *Ethnomusicology and Modern Music History*, ed. by Stephen Blum, Philip V. Bohlman, Daniel M. Neuman, Urbana and Chicago 1993, S. 68-91.

lich gründet. Die Ansprüche der Feldforschung, insbesondere ihr hartnäckiges Bestehen auf dem 'Eigentum' der Forscher an ihrem Sammlungsgut, werden zunehmend angezweifelt. Hornbostel dürfte hier gerade in einem Moment der Ablösung des Amateurforschers durch den *government anthropologist*[45] eigene Wege gegangen sein, sowohl im Darstellungsstil als auch in den Inhalten seiner Beschäftigung mit afrikanischer Musik. Die in der *Festschrift Meinhof* manifestierte Kenntnis einheimischer Sprachen, die Zuwendung zu Gattungen, die linguistische Kenntnissse voraussetzen, schließlich die Untersuchungen zum Zusammenhang von Sprechtonfall und Melodieverlauf, von Intonation und rhythmisch-metrischer Gestalt in afrikanischer Musik dürften Hornbostels Zugang als ausgesprochen innovativ charakterisieren. Kofi Agawu schließt an diese Würdigung der Leistung Hornbostels die Beobachtung an, daß es heute kein verbindliches Modell für das Studium afrikanischer Musik mehr gibt[46]. Hornbostels feinsinniger Zugriff auf die Tiefenstrukturen der Musik und auf die psychologischen Realitäten der Musizierenden wird sich auf diese Weise wohl auch in Zukunft als anregend erweisen.

Klangarchive

„The objective of archives is to outlive their individual contributors."[47] Dabei wollten Archive im phonozentristisch geprägten Medienzeitalter zunächst die Spuren der menschlichen Stimme ihrer unmittelbaren Zeitgenossen erhalten und in die kulturellen Institutionen der Gedächtnisverwaltung einschreiben. Wolfgang Ernst plaziert das Projekt der Klangarchive im Kontext einer Epistemologie des Archivierens, Dokumentierens und Registrierens, in dem sich zu Beginn des 20.Jahrhunderts der technisch und informationspolitisch aussichtsreiche Versuch einer universalen Dokumentation menschlicher Zeugnisse abzeichnete.

Daß anders als in Schrift und Bild die Klangspeicherung und Wiedergabe für eine offenbar substantielle Präsenz einstand, die noch dazu auf den Umweg herkömmlicher schriftlicher Vermittlung verzichten konnte, dürfte die Faszination und Irritation gestiftet haben, die von ihr ausgingen. Doch bereits nach den ersten Aufzeichnungen, bei in denen die Wachszylinder als Arbeitsmittel fungierten, gerieten die Schallträger in die Museen und damit in den Bann der Schrift,

45 Kofi Agawu markiert diese Ablösung in seiner Untersuchung der Repräsentationsformen ethnomusikalischer Arbeit und der Formen, wie das „ich" desjenigen Ethnologen, der Feldforschung leistet, Autorität erlangt. Vgl. „Representing African Music", in *Critical Inquiry* 18 (1992) 2, S. 245-266.

46 Ebd., S. 250 u. 264.

47 Anthony Seeger, „The Role of Sound Archives in Ethnomusicology Today", in *Ethnomusicology* 30 (1986) 2, S. 265. Wiederabdruck in *Musical Processes, Resources, and Technologies*. Ed. by Kay Kaufman Shelemay, New York und London 1990, S. 339-354 (The Garland Library of Readings in Ethnomusicology, 6).

um dort wieder von Verwaltungswissen eingeholt zu werden. Mit Hilfe schriftgebundener Prozeduren fanden sie ihren Platz als Dokumententräger und Archivobjekte. Nur durch Beschriftungen wurden sie in den sich vergrößernden Archiven wiederauffindbar. Mit einer beigegebenen Dokumentation waren sie wertvoller als Aufzeichnungen, die ohne nähere Anhaltspunkte eingesandt wurden.

Parallel zu den wissenschaftlichen Archiven gedieh im Fundus der Schallplattenfirmen eine Datenmenge, die in unkontrollierter Weise wuchs und aufgrund fehlender katalogtechnischer Absprachen und internationaler Vereinbarungen überhaupt nicht zugänglich war. Bei der kommerziellen Verbreitung von Schallaufzeichnungen und Phonographen hatte die Industrie originelle Wege beschritten, auf denen sie nicht nur öffentlichkeitswirksame Versuchsanordnungen entwarf und nutzte, sondern darüber hinaus sorgsam die Nomenklatur von Absenz, Reproduktion, Restauration[48] und Re-Kreation manipulierte, um Vorwürfe der seelenlosen rein technischen Natur der Wiedergabe im direkten ohrenfälligen Vergleich von menschlicher Stimme und Maschine zu entkräften. Bereits die Ankündigung der neuen Erfindung im *Scientific American* vom 22. Dezember 1877 enthält die Formulierung „illusion of real presence"[49]. Die Edison Company spricht bis 1913 anstelle von „reproductions" von den Aufzeichnungen als „recreations". Der Phonograph war nun keine Maschine mehr. Er wurde unter den Händen der Werbefachleute zu einem Musikinstrument[50]. Im Rahmen von Edisons großangelegten *tone test campaigns* wurde in überfüllten Auditorien mitten im Liedvortrag einer Sängerin das Licht zu einem kurzen Bühnenumbau abgedunkelt. Ohne Unterbrechung des Vortrags hatte inzwischen ein Phonograph nahtlos die Melodie übernommen. Das Publikum staunte ungläubig, als es auf der wieder erleuchteten Bühne lediglich eine Maschine entdeckte, die die Sängerin schlichtweg abgelöst hatte, ohne daß es akustisch bemerkt werden konnte. Ein Werbeslogan verkündete „Comparison with the Living Artist Reveals No Difference"[51]. Sänger bemühten sich durch Timbre-Angleichungen an die maschinelle Reproduktion, diese *Differänz* während des Diskriminierungsexperiments schwinden zu lassen.

48 Edison erörtert die Funktionsweise des Phonographen in einem frühen Aufsatz mit den Worten „a restoration or reproduction of the vocal or other sound-waves". Th. A. Edison, „The Phonograph and its future", in *The North American Review*, 262, May-June 1878, S. 528.

49 „The Talking Phonograph", in *Scientific American*, 37, 22. Dezember 1877, S. 385.

50 Vgl. Emily Thompson, „Machines, Music, and the Quest for Fidelity: Marketing the Edison Phonograph in America, 1877-1925", in *The Musical Quarterly* 79 (1995) 1, S. 140-142.

51 Vgl. „Introduction" der Herausgeber zu *Edison, Musicians, and the Phonograph. A Century in Retrospect*. Ed. by John Harvith and Susan Edwards Harvith, New York, Westport and London 1987, S. 13.

Um 1930 wurde das Problem einer nationalen Schallkonservierung in Deutschland öffentlich diskutiert. Georg Schünemann hielt seine Epoche für "die erste, die sich auch akustisch der Nachwelt erhält". Die Geschichtsforschung würde sich in Zukunft „nicht nur an unsere Bibliotheken, vielleicht noch mehr an unserere Phonotheken halten"[52]. Schünemann forderte die Einrichtung einer nationalen Phonothek mit bindenden Vorschriften zur Katalogisierung. Er, der von 1920 bis 1932 stellvertretender Direktor der Berliner Hochschule für Musik war, hatte die Gründung einer hochschuleigenen Rundfunkversuchsstelle im Jahre 1929 gefördert und setzte sich für Rundfunkexperimente ein, in die er auch das zu diesem Zeitpunkt an der Hochschule angesiedelte Berliner Phonogramm-Archiv einbeziehen wollte[53].

In ähnlicher Weise regte der Musikpublizist Frank Warschauer Reformen der Gesetzgebung über Urheberrecht und Archivwesen an, um mit Hilfe des Völkerbundes und der großen Schallplattenkonzerne eine internationale Schallplattenbibliothek zu schaffen[54]. Hornbostel beriet die neugeschaffene Kulturabteilung des Lindströmkonzerns bei der Herausgabe der Schallplattensammlung „Stimmen der Völker"[55]. Bereits der Arabische Musikkongreß in Kairo hatte mindestens zu einem greifbaren Ergebnis geführt: in einer fünfwöchigen Aufnahmekampagne unter Anleitung der Kommission der Grammophonaufnahmen wurde die Musik von Orchestern aus dem gesamten Nahen Orient in Kairo aufgezeichnet[56].

Die Gründung von Phonotheken bzw. ihre Konfiszierung im Kriegsfall gerät von nun an unter staatliche Hoheit. Noch vor Ausbruch des Zweiten Weltkriegs wird in Frankreich per Dekret vom 8.April 1938 die Gründung einer Phonothèque Nationale angewiesen, die schließlich 1940 ihre Arbeit aufnehmen wird[57]. Während des Weltkriegs wird ein in Berlin eingerichteter Sonderstab Musik beim Einsatzstab der Dienstellen des Reichsleiters Rosenberg die zuständigen Reichsstellenleiter damit beauftragen, in den überfallenen Ländern „die Lager einzelner Schallplattenfirmen (...) zu ermitteln und auf feindliches bzw. jüdi-

52 Georg Schünemann, „Nationale und internationale Phonothek", in *Melos* 11 (1932) 2, S.52.

53 Vgl. Christine Fischer-Defoy, *Kunst Macht Politik. Die Nazifizierung der Kunst- und Musikhochschulen in Berlin*, Berlin 1988, S. 34. - Vgl. auch Albrecht Dümling, „Auf dem Weg zur ´Volksgemeinschaft´. Die Gleichschaltung der Berliner Musikhochschule ab 1933", in Horst Weber (Hrsg.), *Musik in der Emigration 1933-1945: Verfolgung, Vertreibung, Rückwirkung*, Stuttgart und Weimar 1994, S. 69-107.

54 Frank Warschauer, „Schallplattenarchive", in *Melos* 9 (1930) 1, S. 33-35.

55 Ebd., S. 34. Der Konzern verfügte laut Warschauer über 48 Fabriken, von denen sich 22 in Japan und China befanden.

56 Vgl. Curt Sachs, „Der arabische Musikkongreß zu Kairo", in *Melos* 11 (1932) 5/6, S. 189.

57 Roger Decollogne, „La Phonothèque Nationale"; in *Phonograph Record Libraries. Their organisation and practice*. Ed. by Henry F.J. Currall. With a preface by A. Hyatt King. Hamden, Conn. [2]1970, S. 267f.

sches Material durchzukämmen“[58]. Der Einsatzstab konnte dabei auf die Mitarbeit deutscher Musikwissenschaftler zählen.

In der Nachkriegszeit wird die öffentlich Nutzung zunehmend zum wichtigsten Auftrag der Klangarchive, doch technische Probleme der Katalogisierung gefährden diese Nutzung der einst nur zu wissenschaftlichen Zwecken angelegten Sammlungen[59]. Zwischen Bibliotheken und Archiven bestehen wesentliche Unterschiede, deren Auswirkung auf die Titelerfassung offensichtlich auch heutzutage äußerst problematisch zu handhaben ist: „That sound recordings could even be described in archival terms was still open to debate (...) in 1983“[60]. Bibliographische und archivalische Kontrolle und Titelerfassung gehen unterschiedliche Wege und nutzen unterschiedliche Voraussetzungen inhaltlicher und kontextueller Natur. Neben diesen technischen Irritationen, die Klangdokumente im Dispositiv des Archivs auslösen, werden in jüngerer Zeit auch ideologische und ethische Dimensionen der Praxis des Klangarchivs diskutiert. Sie reichen von der Repatriierung der in kolonialer Zeit angefertigten Walzen in ihre Heimat bis zu der Frage, inwieweit der Ethnomusikologe selbst Teil des Archivierungsvorgangs ist und seine ethische Erwägungen und Entscheidungen dokumentiert werden sollten[61]. Zudem wächst die Zahl der außereuropäischen Völker und Stammesgruppen, die in Phonogramm-Archiven nach Schallaufnahmen ihrer Vorfahren fragen, die im ersten Jahrhundertdrittel angefertigt wurden. Desgleichen nehmen Forscher alte Wachszylinder mit in ihre ursprünglichen Aufzeichnungsgebiete, um in post-kolonialer Perspektive die Rolle ihrer Wissenschaftstradition zu reflektieren und die Ortsansässigen mit diesen Zeugnissen zu konfrontieren. Die Forscher wurden nämlich selbst, nicht nur aus der Sicht forschender Kollegen und nachrückender Spezialisten, sondern auch in der Sicht der Einheimischen, frühzeitig zu Objekten der Beobachtung. Und sie wurden durch die heimischen Archive auf die Probe gestellt: Hornbostels Gedächtnis konkurriert mit dem Gedächtnis des Archivs. Das Archiv stand dem einzelnen gegenüber, denn eine serielle Auswertung oder durch den Phonographen gesteuerte Erkennung und Sortierung der Aufnahmen nach bestimmten Kriterien war technisch noch nicht möglich. Die serielle Auswertung, der unablässige Vergleich fanden

58 Zit. nach einem entsprechenden Dokument vom 9. Februar 1942, das im Anhang zu dem Aufsatz „Musicology Under Hitler: New Sources in Context“ von Pamela Potter in *Journal of the American Musicological Society* XLIX (1996) 1, S. 111f. angeführt ist.

59 „In the long run, the *raison d'être* of the archive is the public service which it can provide. This will depend largely, though not entirely, on the existence of a satisfactory catalogue“. Patrick Saul, "Museums of Sound. History and Principles of Operation“, in Currall (ed.), *Phonograph Record Libraries* (s.o.), S. 220.

60 David H. Thomas, *Archival Information Processing for Sound Recordings: The Design of a Database for the Rodgers & Hammerstein Archives of Recorded Sound*, Music Library Association, Canon, Mass. 1992 (MLA Technical Report No.21), S. 1.

61 Vgl. A. Seeger, „The Role of Sound Archives“ (s.o.), S. 267-271.

im persönlichen Gegenarchiv, im Komplementärspeicher des Archivars statt. Die jahrzehntelange Beschäftigung mit den Vernetzungen von Frequenz, Gravur und Sinn bot dem Wissenschaftler ausreichend Gelegenheit, diesen Speicher zu trainieren, Symbiosen mentaler und archivalischer Katalogisierung zu erproben und die Ordnung sowie Regenerierung dieser Datenmenge noch einmal in die Hand des Menschen zu legen. Aber die Walzen waren in den Augen Hornbostels eben nicht nur Datensätze, sondern Schallzeugen menschlichen Tuns, die Kulturen dokumentierten, in denen die Seele der Musik noch lebendig war.

Schallaufzeichnung in Wien und Berlin

Die Archivierung von Schallaufzeichnungen führte zuerst in der Metropole Wien zur Gründung eines Phonogrammarchivs. Inwieweit diese innerhalb der Akademie veranlaßte Gründung ein spezifisches Habsburger Verständnis von kultureller Identität zum Ausdruck bringt und noch Hornbostel forscherisches Kalkül gesteuert hat, untersucht Jörg Derksen in einer vergleichenden Studie zu den Geschicken der Archivgründungen in Wien und Berlin. Er weist auf die Momente von Herrschaft hin, die den akademischen Ritualen des Walzentauschs eingeschrieben sind und auf das Archiv als Gedächtnisort hin, in dem sich die Programmatik der Gründung und die Pragmatik archivalischer Arbeit in eigentümlicher Weise brechen.

Hornbostel hatte die Wiener Aktivitäten aufmerksam verfolgt - das belegen die Referenzen auf Sitzungsberichte der Akademie in Wien: Schriften von Ernst Mach (über Lichtreize), Rudolph Pöch (technische Fragen der Phonographie) und Sigmund Exner waren Hornbostel bekannt[62]. Die Gründung des Wiener Archivs ist im Ensemble von „empiristischen und logischen Anstrengungen" in Österreich und Böhmen zu verstehen, die zur Ausprägung kunstsoziologischer Perspektiven führten und eine Kontinuität bis zum Wiener Kreis begründeten[63]. Die Ausstrahlung Wiens ist an dieser Stelle nicht zu unterschätzen. So hörte auch Hornbostels Freund und Kollege, der Gestaltpsychologe Max Wertheimer, während seiner Studienjahre in Prag von 1898 bis 1901 Vorlesungen bei dem Physiologen Sigmund Exner (1846-1926)[64], der als Obmann der Kommission der Aka-

62 Vgl. die einschlägigen bibliographischen Angaben in *Hornbostel Opera Omnia, vol.II, Bibliographies*. Compiled by Nerthus Christensen, The Hague 1976.

63 Kurt Blaukopf, *Pioniere empiristischer Musikforschung. Österreich und Böhmen als Wiege der modernen Kunstsoziologie*, Wien 1995 (Wissenschaftliche Weltauffassung und Kunst, Bd. 1), S. 168.

64 Vgl. Michael Wertheimer, „Max Wertheimer - Gestaltprophet", in *Max Wertheimer. Zur Gestaltpsychologie menschlicher Werte. Aufsätze 1934-1940*, hrsg. von Hans-Jürgen Walter, Opladen 1991, S. 139.

demie der Wissenschaften zur Gründung eines Phonogrammarchivs in Wien fungierte[65]. Hornbostel hat in den 20er Jahren anscheinend erwogen, wegen der niedrigeren Lebenshaltungskosten und wohl auch wegen eines besseren sozialen Klimas mit seiner Familie nach Österreich zu ziehen[66].

Das Berliner Phonogramm-Archiv

Einen detaillierten Einblick in die Geschichte und in die konkrete Aufzeichnungspraxis des Berliner Phonogramm-Archivs anhand neuer biographischer und archivalischer Studien bietet Susanne Ziegler. Sie vollzieht Hornbostels Tätigkeit in diesem Archiv sowie das Spektrum der Aktivitäten dieser Institution von 1900 bis 1935 nach. Die wissenschaftlichen Dokumentationen, die im Idealfall jede Aufnahme begleiteten, sind teilweise durch Gesprächsprotokolle mit den ′Primitiven′ ergänzt worden, die an psychologische Versuchssitzungen erinnern. Die Autorin stellt Auszüge aus diesen Dokumentationen und Interviews, die technischen Verfahren der Vervielfältigung und die Walzen als Faksimile bzw. Foto vor, wodurch die Funktionen, Zielsetzungen und Gegenstände archivalischer Arbeit besonders anschaulich werden.

Der angeführten Dokumentation zur Aufzeichnung der Kriegsgesänge der Hopi-Indianer in Berlin ging eine phonographische Vorgeschichte und damit eine wissenschaftliche Erfahrung mit dem Stamme der Hopi voraus, die 1889 mit den ersten Aufzeichnungen begonnen hatte. Jesse Walter Fewkes hatte die Hopi seit 1889 regelmäßig besucht, phonographische Aufzeichnungen angefertigt und in den *Annual Reports* des Bureau of American Ethnology über seine Arbeit berichtet. Einem prominenten Verwandten Hornbostels, Aby M. Warburg[67], hatten Fewkes′ Arbeitsberichte unter Umständen zu seiner Reise zu den Pueblo-Indianern im Jahr 1895 inspiriert. Über diese Reise sollte Warburg in seinem berühmten Vortrag in der Kreuzlinger Heilanstalt im Jahre 1923 berichten[68].

Während Warburg von seiner Reise zu den Indianern Aufschluß über die mythenbildende Kraft von Ritualen und über die griechische und römische Religion erwartete, deren Brechungen er im heidnischen Kult zu entdecken suchte, unter-

65 K. Blaukopf, *Pioniere empiristischer Musikforschung*, S. 171.

66 Vgl. den Beitrag von M. van Roon im vorliegenden Band.

67 Aby M. Warburgs Bruder Max M. Warburg hatte 1899 Alice Magnus (geb. 1873) geheiratet. Sie hatte in den 1890er Jahren bei ihren Verwandten, der Familie von Hornbostel in Wien gelebt und war in diesem Haushalt Brahms begegnet. Vgl. Ron Chernow, *The Warburgs*, New York 1993, S. 73. - Alice Magnus′ Tante, die Sängerin Helene von Hornbostel, ist die Mutter Erich von Hornbostels.

68 Aby M. Warburg, *Schlangenritual. Ein Reisebericht*, Berlin 1996. Vgl. darin das kenntnisreiche Nachwort von Ulrich Raulff, der Warburgs Bericht als Schlüsseldokument der Moderne mit tragisch-pessimistischen Zügen charakterisiert, S. 59-95.

nahmen die Berliner Musikpsychologen und musikalischen Völkerkundler an den anwesenden Hopi-Indianern konkrete Musikalitätstests. Die in der Dokumentation der Interviews überlieferte Feststellung, „ungern vor fremden gesungen", berührt die ethisch-moralischen Gebote, über die man im Zugzwang der Apparate-Anordnungen hinweggesehen hat, um etwas Einmaliges zu konservieren. „Keine leitern, sondern singen von liedern" markiert die Differenz zwischen dem wissenschaftlichen Zugriff auf die Tonsysteme, wie sie der Phonograph als Meßinstrument suggeriert, und der tatsächlichen Imagination eines Ton- oder Melodiebewußtseins, aus der die Versuchspersonen ihre Lieder schöpfen. Die Orientierung anhand einer Leiter ist für sie offensichtlich irrelevant. Daß sich in der ästhetischen Skalierung, bei den Nachsingeübungen von Dreiklängen, der Begriff des Schönen als Merkmal behauptet, zeigt, wie unvermittelt hier konkret-messende Verfahren neben im Ungefähren verbleibenden Kategorien stehen dürfen. Und doch scheint das Attribut „schöner" den deutschen Völkerkundlern und Psychologen einen tieferen Einblick in die Psyche und musikalische Empfindungswelt der Eingeborenen zu gestatten, als es Meßinstrumentarien vermögen. Zu gern hätte man gewußt, wie sich beide Seiten in diesem ungleichen Dialog über kulturelle und mediale Schnittstellen hinweg verständigt haben, wie etwa im einzelnen die Würdigung eines schönen Dreiklangs geäußert wurde. Und warum wurde überhaupt ein Dreiklang gewählt? Warum finden sich die Indianer in einer Theorie-Stunde für Anfänger wieder? Steht dahinter die Vorstellung, daß Musik als prinzipiell konstruiertes Gebilde aus miteinander verknüpften, zerlegbaren Klängen besteht, auf die man ästhetisch reagiert, so daß sich anhand der Reaktion im Kleinen Aussagen über Musik im Ganzen treffen lassen? Oder spricht aus den Versuchen die Neugier, Schritt für Schritt mit den unbekannten Wesen und ihrer exotischen Musik vertraut zu werden und zu diesem Zweck mit einfachen Übungen zu beginnen, die man mit anderen Außereuropäern wiederholen konnte? Jedenfalls beugten sich im Dezember 1906 deutsche Professoren nach dem Gastpiel im Zirkus Schumann über die Hopi-Indianer mit der Bitte, Dreiklänge nachzusingen.

Von dem Hopi-Gastspiel in Berlin blieben 7 Walzen und die gefestigte Überzeugung zurück, neben der Anfertigung phonographischer Aufzeichnung die Intelligenz-und Gehörtests in das Methodeninventar ethnologischer Erkundungen aufzunehmen. Auf Hornbostels eigener Reise zu den Indianern, die er zusammen mit George A. Dorsey, einem der schärfsten Rivalen von Franz Boas in Sachen Museumspolitik und Museumspräsentation[69], unternahm, standen folglich auch Gedächtnistests auf dem Programm. Sie erstrecken sich von Figuren über

69 Vgl. Erich Kasten, „Franz Boas: Ein engagierter Wissenschaftler in der Auseinandersetzung mit seiner Zeit", in *Franz Boas: Ethnologe, Anthropologe, Sprachwissenschaftler; ein Wegbereiter der modernen Wissenschaft vom Menschen*. Ausstellung und Katalog von Michael Dürr, Erich Kasten, Egon Renner. Wiesbaden 1992, S. 22.

Zahlen bis hin zu Konsonanten, die visuell und akustisch erinnert werden sollten. Neben dem zeitgemäßesten Gedächtnisspeicher, der Schallwellen unweigerlich in seine Wachsrolle ritzte und genauer als jede herkömmliche Notationsform fixierte, führte Hornbostel also auch Methoden zur Ergründung aktiver Gedächtnis- und Wahrnehmungsleistungen im Gepäck. Sie sollen auf der Grundlage standardisierter Verfahren Vergleiche mit anderen Stämmen ermöglichen und Rückschlüsse auf die musikalische Mentalität gestatten, die in den Musikaufzeichnungen verschlüsselt vorliegen. Wiederum interessieren den Gestaltpsychologen Hornbostel verallgemeinerbare ganzheitlich-systemische Aspekte, nicht ästhetische Nuancen der Aufführung. Dem Anatom fremder Tonsysteme schien sich von dieser Warte aus der Weg zu einem tieferen Verständnis kulturgeschichtlicher Tatsachen, soweit sie in Musik zum Ausdruck kommen und in musikalischen Praktiken transportiert und modifiziert werden, zu ebnen.

Gestaltpsychologie und völkervergleichende Studien

Inwieweit die Methoden aus gestaltpsychologischen Grundsätzen und Forschungsmotiven hervorgingen, führt Martin Müller vor Augen. Er diskutiert Hornbostels Bemühungen um eine spezielle völkervergleichende Psychologie vor dem Horizont kulturvergleichender Ansätze, wie sie sich nach 1900 formierten und nun in Gestalt musikpsychologischer Untersuchungen eine unerwartete und ganz auf eine komplexe menschliche Betätigung und deren psychologische Muster zielende Präzisierung erfuhren. Mit der Zielsetzung, die kulturellen Erscheinungen zunächst aus der Kultur selbst heraus zu erklären, zeichnet sich Hornbostel nach Müller weniger als kulturvergleichender Forscher denn als Vorläufer der modernen Ethnopsychologie aus.

Es ist wiederum auffällig, wie Hornbostel den Bogen von akribischen Beobachtungen und Testreihen zu den größeren Zusammenhängen kultureller Entwicklungen schlägt, ohne vordergründig zu spekulieren oder sich in kulturphilosophischen Erwägungen zu verlieren. Die strengen Grundsätze, die in der experimentell und beschreibungstechnisch hochentwickelten Berliner Gestaltpsychologie gültig waren, strahlten hier auf die theoretische Ergründung kultureller Entwicklungen aus, da sie in erster Linie die genaue Kenntnisnahme des phänomenal Gegebenen voraussetzten, anstatt nach kausal begründbaren Reiz-Reaktion-Schemata zu fragen. Offensichtlich ließ diese experimentell gestützte Schulung in einer ganzheitlichen Wahrnehmung und Beschreibung von Phänomenen eine Übertragung auf kulturelle Phänomene im großen Maßstab zu, ohne angesichts der vielfältigen Einzelheiten den Blick für das Ganze aufzugeben. Hornbostel befragte noch die detaillierteste Beobachtung eines einzelnen Kulturelements oder einer Konstante der Wahrnehmung auf ihre kulturelle Prägung und auf die Wechselwirkung und Funktion im Ensemble anderer Elemente hin.

Hörräume

Die psychologische Forschung zur Richtungswahrnehmung erhielt während des Ersten Weltkriegs Brisanz, als ausgeklügelte Verfahren zur genauen Schallortung entwickelt wurden. Hornbostel war von 1915 bis 1918 wissenschaftlicher Hilfsarbeiter der Artillerie-Prüfungskommission, Abteilung Schallmeßwesen. Diese Projekte, die Martin Müller in seinem Beitrag anspricht, waren mehr als eine forschungsgeschichtliche Episode. Sie fanden ihren Niederschlag nicht nur in einer gemeinsam mit Max Wertheimer angefertigten akademischen Veröffentlichung[70], sondern auch in einer patentierten, im Familienkreis „Wertbostel“[71] genannten Apparatur[72] und, in modifizierter Form, in allen militärischen Metiers des modernen Lausch- und Unterwasserkrieges. Peter Berz führte in seinem Kolloquiumsbeitrag „Zur Physiologie des Raumes bei Hornbostel“, der noch nicht schriftlich vorliegt und im folgenden kurz referiert sei, die Geburt einer Musikwissenschaft aus Wahrnehmungsapparaten und Kriegsgeräuschen vor, die zu einer „nicht-anthropologischen Konstante“ vorstößt: „dem Ohrenabstand k, auf den alle Manipulationen der Raum- und Zeitunterschiede in beiden Ohren projiziert werden“[73]. Nach Berz unterminiert der Erste Weltkrieg endgültig die Einheit der Sinne und die einzelnen Sinne, da eine nach-cartesianische Kartographie der Sinne in verheerende Bereiche der Wahrnehmung vordringt: die neuartige Archivierung und Nutzbarmachung von Pathologien in den Grenzbereichen jenseits menschlicher Wahrnehmung trägt gespenstische Züge. Die Experimentalanordnungen und Patentschriften zum Richtungshören praktizieren nach Berz das neue Aufschreibe- und Hörsystem, literarische Diskurse reflektieren ihrerseits die neuartigen Deformationen der Wahrnehmung[74].

Dabei wurden die neuen Erkenntnisse zur Modellierung und Funktionsweise der Wahrnehmung konsequent auf militärische Verwendungen zugeschnitten. Die Vorstellung räumlichen Hörens führte nicht nur zum Verfahren über Richtungshören, sondern auch zu einer Signalvorrichtung, die sich die räumliche Anordnung der Zeichen im Hörraum des Menschen zunutze macht. Hornbostel

70 Erich M. von Hornbostel und Max Wertheimer, „Über die Wahrnehmung der Schallrichtung“, in *Sitzungsberichte der Preußischen Akademie der Wissenschaften*, Gesamtsitzung vom 15. April 1920, S. 388-396.

71 Vgl. Michael Wertheimer, „Max Wertheimer - Gestaltprophet“ (s.o.), S. 158.

72 Es muß sich um die durch Hornbostel und Max Wertheimer entwickelte *Vorrichtung zur Bestimmung der Schallrichtung* handeln. Vgl. Reichspatentamt, Patentschrift Nr. 301669, Klasse 74d, Gruppe 5, patentiert im Deutschen Reiche vom 7. Juli 1915 ab.

73 P. Berz, Bericht über den Berliner Hornbostel-Workshop in der Netzzeitschrift des Projekts *Medien/Theorie/Geschichte:* http://www.hrz.uni-kassel.de/wz2/mtg-Nummer 1.

74 Vgl. P. Berz, „I-Welten“, in H.-G. Pott, *Robert Musil* (s.o.); ders., „Der Fliegerpfeil. Ein Kriegsexperiment Musils an den Grenzen des Hörraums“, in J. Hörisch/M. Wetzel (Hrsg.), *Armaturen der Sinne* (s.o.).

staucht die im üblichen Verfahren als längenverschiedene Zeichen übermittelten Gruppen durch die Einführung der Raumdimension zeitlich zusammen, wodurch Zeichengebung und Empfang ungemein beschleunigt werden. Außerdem sieht er zur besseren Geheimhaltung des Signalaustauschs Umschalter vor, die jeweils die geltenden Rechts- und Linkswerte des Raumeindrucks der Zeichen manipulieren. Die Patentschrift zu diesem Projekt, die ich im Zuge meiner Recherchen für den vorliegenden Band entdeckt habe, führt Hornbostel nicht nur als Nachrichtentechniker vor, sie präsentiert vor allem den wunderschönen Plural eines Phänomens, das der Übertragungsart zugrundeliegt und im Hörraum nun nicht mehr singulär wahrgenommen wird: „Schälle"[75].

Hornbostel war ein Teil dieser Installationen. Sie wird den Wissenschaftler 1933 einholen im Zusammenhang mit der erzwungenen Entlassung aus seinem Arbeitsverhältnis: Kollegen wie Curt Sachs und der kommissarische Direktor der Hochschule für Musik, Fritz Stein, die sich für ihn einsetzen, argumentieren mit seiner verdienstvollen Tätigkeit während des Ersten Weltkriegs[76], können jedoch Hornbostel nicht schützen und den Entzug der Lehrbefugnis nicht verhindern[77].

Die kriegsrelevanten Projekte lenken die Aufmerksamkeit auf einen weitere, bisher wenig beachtete Betätigung, die doch Teil der staatsnahen Initiativen ist, in deren Umfeld man Carl Stumpf und Hornbostel begegnet. Es handelt sich um die phonographischen Aufzeichnungen in den Kriegsgefangenenlagern während des Ersten Weltkriegs. Mit der Etablierung einer Phonographischen Kommission im Jahre 1915 auf Initiative des Englischlehrers Wilhelm Doegen wurde der institutionelle Rahmen für die Aufnahme und Bearbeitung in einem Lautarchiv geschaffen. Die Gründung eines Königlich-Preußischen Phonetischen Instituts war hingegen abgelehnt worden. Die verzweigte Geschichte des Berliner Laut-Archivs, das in erster Linie eine sprachbezogene Erfassung und Auswertung von Sprachen, Dialekten und Stimmporträts großer Persönlichkeiten zum Ziel hatte,

75 Erich M. von Hornbostel, *Verfahren und Vorrichtung zur Signalgebung und Signalempfang*. Patentiert im Deutschen Reiche vom 19. November 1919 ab. Reichspatentamt Patentschrift Nr. 347199, Klasse 21a, Gruppe 69, ausgegeben am 17. Januar 1922.

76 Entwurf eines Schreibens von Curt Sachs vom 8. Juni 1933. Das Dokument befindet sich im Hochschularchiv der Hochschule der Künste Berlin, Acta betreffend Phonogramm-Archiv. An gleicher Stelle befindet sich ein Brief von Fritz Stein an den Minister für Wissenschaft, Kultur und Volksbildung vom 9.Juni 1933. Darin heißt es, Hornbostel habe „der Kriegsführung außerordentliche Dienste geleistet, indem er das erste Verfahren zur Ortsbestimmung feindlichen Feuers ausarbeitete, im dienstlichen Auftrag lange die Front bereiste, auf Kriegsschiffen und sogar Untereseebooten tätig war und bei der Organisation der Schallmeßtruppe entscheidend mitwirkte". Zit. nach Albrecht Dümling, „Auf dem Weg zur 'Volksgemeinschaft'. Die Gleichschaltung der Berliner Musikhochschule ab 1933", in H. Weber (Hrsg.), *Musik in der Emigration 1933-1945* (s. o.), S. 95. - Am 30. Juni 1933 wurde Hornbostel gekündigt.

77 Vgl. die in Anhang B der vorliegenden Publikation enthaltenen Dokumente.

ist durch Susanne Ziegler[78] und Dieter Mehnert[79] in Erinnerung gerufen worden. Die offenbar eingespielte Kooperation von Psychologen, Sprachwissenschaftlern und Musikwissenschaftlern, die großangelegte wissenschaftliche Vision, wie im Falle des Phonogramm-Archivs eine erschöpfende Kartographie zu erstellen sowie ein Berufsverständnis, das es den leitenden Professoren als selbstverständlich erscheinen ließ, die Aufnahmen in den Gefangenenlagern selbst vorzunehmen, bilden die Grundlage für dieses ambitionierte Dokumentationsvorhaben. Es handelte sich um Grundlagenforschung, die sprachphysiologische und phonetische Analysemethoden wie die Palatographie einbezog, mit deren Hilfe die Berührungsstellen zwischen Zunge und Gaumen registriert wurden. Die Erfassung der sprachlichen und sprachphysiologischen Eigenheiten in ihrer Universalität, also ein ähnliches Motiv, das bereits zur Gründung des Phonogramm-Archivs im Schwestermedium Musik geführt hatte, konnte in Preußen auch 1915 auf Unterstützung zählen[80].

Franz Boas

Als Sprachforscher und Anthropologe dürfte auch Franz Boas (1858-1942) an der systematischen Auswertung von Sprachaufnahmen interessiert gewesen sein. Der Essay von Karlheinz Barck würdigt den hierzulande über Jahrzehnte hinweg beinah vergessenen Franz Boas - erst 1992/93 wurde durch Erich Kasten, Egon Renner und Michael Dürr der Rolle von Boas in einer Ausstellung und einem instruktiven Katalogband[81] gedacht - und berührt vor allem die Auseinandersetzung Boas´ mit politischer Gängelung und Vertreibung, von der schließlich auch Hornbostel betroffen war. Das durch Barck in den Hoover Institution Archives in Stanford entdeckte Typoskript von Boas´ Essay mit dem Titel „Arier und Nicht Arier" wird im Anhang der vorliegenden Publikation erstmals in Deutschland veröffentlicht. Es fand Aufnahme in einem Band über Hornbostel, da die Fachkollegen Boas und Hornbostel, die wissenschaftliche Kontakte pflegten, eine erst seit den späten 1980er Jahren korrigierte Schieflage der Nachkriegs-

78 Vortrag am Musikwissenschaftlichen Seminar der Humboldt-Universität zu Berlin am 31. Oktober 1996. Vgl. auch ihren Beitrag im vorliegenden Band.

79 Vgl. D. Mehnert, „Historische Schallaufnahmen - Das Lautarchiv an der Humboldt-Universität zu Berlin", in ders. (Hrsg.), *Elektronische Sprachsignalverarbeitung*, Berlin 1996 (Studientexte zur Sprachkommunikation, Heft 13), S. 28-45.

80 Vgl. Wilhelm Doegen, *Denkschrift über die Errichtung eines 'Deutschen Lautamtes' in Berlin.* Als Manuskript Seiner Exzellenz Prof. D. von Harnack in Dankbarkeit ehrerbietigst zugeeignet vom Verfasser. Berlin, November 1918.

81 *Franz Boas: Ethnologe, Anthropologe, Sprachwissenschaftler; ein Wegbereiter der modernen Wissenschaft vom Menschen*; Ausstellung der Staatsbibliothek zu Berlin - Preußischer Kulturbesitz, 17.Dezember 1992 - März 1993 (Ausstellung und Katalog: Michael Dürr, Erich Kasten, Egon Renner), Wiesbaden 1992. Im folgenden zit. als *Boas-Katalog*.

Foto 2: Psychologisch-optische Untersuchung (Ganzfeld-Experiment) im Hörsaal des Psychologischen Instituts der Berliner Universität im Berliner Stadtschloß, 1930. Foto: Ullstein Bilderdienst.

rezeption in Deutschland teilen, die das Oeuvre beider Wissenschaftler um ein Haar zu einer bloßen Marginalie kultur- bzw. musikanthropologischer Ansätze gestempelt hat.

Mit der Artikelserie „Arier und Nicht Arier"[82] bezog Boas im Oktober 1933 Stellung zum Problem der Rassenpolitik, zu dem er sich bereits mehrfach geäußert hatte, das aber angesichts der Nazidiktatur eine unheimliche neue Relevanz erfuhr. Franz Boas, der deutsche jüdische Ethnologe, der nach seiner Auswanderung und Einbürgerung zum Gründervater des Fachs in den USA werden sollte und zu seinen Schülern Helen Roberts und George Herzog zählte, wandte sich als politisch engagierter Professor für Anthropologie der Columbia University an die Öffentlichkeit. Am 27. März 1933 sprach er sich in einem offenen Brief an den Reichspräsidenten von Hindenburg gegen den Antisemitismus aus. Hornbostel war von dem sogenannten Gesetz zur Wiederherstellung des Berufsbeamtentums vom 7.April 1933 unmittelbar betroffen und nutzte eine Einladung seitens der New School for Social Research in New York zur Emigration mit seiner Familie. Rechnete sich Boas als Jude bereits im Berlin der Bismarck-Zeit schlechte Aussichten auf eine Universitätslaufbahn aus, was ihn 1886 zur Auswanderung in die Staaten bewegt haben mag[83], so brachen die latenten antijüdischen Ressentiments in der Berliner Professorenlandschaft auf dem Gebiet der Musik und der Musikwissenschaft in den 1920er Jahren wieder auf. Sie gewannen derartig rasch die Oberhand, daß Hornbostel, der auf dem entsprechenden Fragebogen unter der Konfession seiner Mutter die Angaben „ev., früher diss., noch früher mos."[84] gemacht hatte, wegen seiner jüdischen Herkunft die Weiterarbeit untersagt wurde.

Boas und Hornbostel weisen Ähnlichkeiten in ihrem Entwicklungsgang auf. Beide hatten sich für ein naturwissenschaftliches Studium entschieden: Boas studierte Chemie und Physik, promovierte im Hauptfach Physik und absolvierte mündliche Nebenprüfungen in Geographie und Philosophie[85]. Neben seiner musischen Begabung zeigte er Interesse an sinnesphysiologischen Problemen, die zu psychophysischen Untersuchungen über den Unterschiedsschwellenwert führten.[86] Nach der Übersiedlung in die USA hielt er freundschaftliche Kontakte zu Felix von Luschan (1854-1924) aufrecht, der 1904 Direktor der Abteilung Afrika/Ozeanien des Berliner Museums für Völkerkunde wurde und im Jahre 1909 die erste ordentliche Professor für Anthropologie an der Berliner Universität antrat. Auf Vortragsreisen in den Jahren 1892, 1912 und 1921 sprach Boas in

82 Erschienen in *Die Neue Welt*, Strasbourg 1933.

83 Vgl. *Boas-Katalog*, S. 14.

84 Vgl. die das Berliner Phonogramm-Archiv betreffenden Akten im Hochschularchiv der Hochschule der Künste Berlin.

85 *Boas-Katalog*, S. 8, 72.

86 *Boas-Katalog*, S. 8, 174.

Deutschland vor der Gesellschaft für Anthropologie, Ethnologie und Urgeschichte. Zu dieser Zeit gab es auch eine Verbindung zwischen Boas und Hornbostel, denn der amerikanische Forscher schickte die Wachsrollensammlungen, die er während seiner Expeditionen zu den Kwakiutl (1893) und zu den Thompson River Indianern (1897) - also in der Pionierzeit dieser Aufzeichnungsform - angefertigt hatte, an das Berliner Phonogramm-Archiv, wo sich die Galvanokopien dieser Aufnahmen befinden. Wie schnell diese Umstände einseitig verschüttet werden können, belegt die Nichterwähnung phonographischer Techniken unter den Dokumentations- und Beobachtungsmethoden in dem oben genannten Boas-Katalog der Berliner Ausstellung[87]. Hier kann der Archivbefund die Vernetzung und den Daten- und Wissenstransfer rekonstruieren helfen. Ob Boas als erfahrener Museologe auch das Abspielen von Wachsrollen als Bestandteil ethnographischer Ausstellungen erwogen hat[88]? Als 72jähriger kehrte Boas im Jahr 1930 noch einmal zu den Kwakiutl zurück, um die Eingeborenen zu filmen. Er versprach sich von dieser Methode ein adäquates Material „for making a real study“, wie er es in einem Brief ausdrückte[89].

Den Respekt Hornbostels gegenüber den musikalisch-ethnologischen Arbeiten von Boas[90] veranschaulicht Hornbostels gemeinsam mit Otto Abraham angefertigter Aufsatz „Phonographirte Indianermelodieen aus British Columbia“ (so die originale Orthographie) in einer Festschrift für Boas anläßlich des 25. Jahrestages von dessen Doktorat[91]. Darin werden die durch Boas dem Phonogramm-Archiv zur Bearbeitung überlassenen Phonogramme analysiert, was damals noch

87 Zwar ist an mehreren Stellen von „Aufzeichnungen“ von Tänzen die Rede, die Boas angefertigt hat, aber die Art der Aufzeichnung wird im Katalog nicht spezifiziert.

88 Diese Frage wurde durch Wolfgang Ernst aufgebracht, der die Spreizung archäologischer und narrativ-historischer Diskurse und deren Effekt auf Archivierungstechniken und Musealisierungsstrategien im 19.Jahrhundert untersucht. Vgl. W. Ernst, *Historismus im Verzug. Museale Antike(n)rezeption im britischen Neoklassizismus (und jenseits)*, Hagen 1992 (Beiträge zur Geschichtskultur, Bd. 6). - Ders. (Hrsg.), *Die Unschreibbarkeit von Imperien. Theodor Mommsens Römische Kaisergeschichte und Heiner Müllers Echo*, Weimar 1995.

89 Brief vom 13. November 1930. Zit. in Margaret Mead, „Apprenticeship Under Boas“, in *The Anthropology of Franz Boas*. Sondernummer von *The American Anthropologist*, vol. 61, no. 5, part II, Memoir no. 89 (October 1959), S. 43.

90 Bereits in den 1880er Jahren legte Boas Studien musikethnologischer Provenienz vor: „Poetry & music of some North American tribes“, in: *Science* 9 (1887), S. 383-385. „On certain songs and Dances of the Kwakiutl of British Columbia“, in *Journal of American Folk-Lore* I (1888), S. 49-64. Ebd., „Chinook songs“, S. 220-226. In dem durch Boas herausgegebenen Band *General Anthropology*, Boston 1938, übernahm er die Kapitel „Literature, Music and Dance“ sowie „Music and Folklore“. Im Zweiten Weltkrieg rückte dieser Band als unveränderter Nachdruck der Erstauflage zum *War Department Education Manual*, EM 226, Washington 1944, auf. Boas war bereits 1942 gestorben.

91 *Boas Anniversary Volume. Anthropological Papers written in honor of Franz Boas*, New York 1906, S. 447-474.

im Psychologischen Institut der Universität Berlin geschah. Neben herkömmlichen Übertragungen in traditionelle Tonsysteme erscheinen die Leitern nach tonometrischen Berechnungen auch als Ziffernfolgen der Schwingungszahlen und Intervallabstände in Cents[92].

Boas und Hornbostel treffen sich in einem ausgeprägten Methodenbewußtsein, einem Hang zur beschreibenden Inventarisierung von Sprache bzw. Musik und in originellen wissenschaftlichen Vorstößen in die Grenzbereiche der Wahrnehmungspsychologie, der Linguistik und des interkulturellen Vergleichs[93] wie auch in einem ausgeprägten Paternalismus, der Sorge um die primitiven Kulturen, die durch eine *salvage ethnography* zu bewahren sei[94]. Beide erlebten und gestalteten institutionelle Metamorphosen bzw. Neugründungen, die Weichenstellungen für ihre jeweiligen Disziplinen gleichkamen[95]. Die Physiognomien akademischer Mentalitäten, die in der zweiten Genie-Generation zu Wissenschaftsgläubigkeit, Leistungsbereitschaft und zu einem anachronistischen geistesaristokratischen Habitus führten, erhielten bei Boas (geb. 1858) und bei Hornbostel (geb. 1877) spezifische Ausprägungen. Politisches Engagement und die Herkunft aus einem liberalen, durch die Ereignisse von 1848 beeinflußten Elternhaus bei Boas[96] einerseits, Hornbostels feinsinniger, wohl aus der Wiener Kanzlei- und Advokatentradition herrührender objektivierender Stil andererseits, sein Impuls, zu archivieren[97] - hier müßte eine Biographik ansetzen, die ihre Protagonisten jenseits verbürgter Muster zueinander in Beziehung setzt, um zu Aufschlüssen über das Verständnis disziplinärer Entwicklungen zu gelangen. Hornbostels Tätigkeit an der Graduate Faculty der New School for Social Re-

92 Die Cent-Tafel gestattet die Zuordnung von absoluten Schwingungszahlen zu Intervallverhältnissen auf der Grundlage logarithmischer Berechnungen. Die Maßeinheit Cent teilt den temperierten Halbton in einhundert geometrisch gleiche Stufen.

93 In der oben erwähnten Festschrift für den Afrikanisten Carl Meinhof, der auch Phonographenaufnahmen vorgenommen und an das Berliner Phonogramm-Archiv geschickt hatte, erschien neben Hornbostels Aufsatz „Laut und Sinn", S. 329-348, auch ein Beitrag von Boas, „Die Ausdrücke für einige religiöse Begriffe der Kwakiutl-Indianer", S. 386-392. Auch Ernst Cassirer steuerte einen Text bei: „Die Bedeutung des Sprachproblems für die Entstehung der neueren Philosophie", S. 507-514.

94 Vgl. *Boas-Katalog*, S. 87f., dort zur Person von Boas.

95 Boas ist Mitbegründer des 1899 etablierten Department of Psychology and Anthropology der Columbia University. Vgl. Boas-Katalog, S. 23.

96 Vgl. A. L. Kroeber, „Franz Boas: The Man", in *Franz Boas. 1858-1942*. Sondernummer von *The American Anthropologist*, New Series, vol. 45, no. 3, part 2, Memoir no. 61, July-September 1943, S. 5.

97 Ob Hornbostel den amerikanischen Anthropologen während seiner Amerikareise im Jahre 1906 und während seines Exils in New York 1933/34 getroffen hat, kann ich nicht dokumentarisch nachweisen.

search in New York[98] war wegen seiner krankheitsbedingten Rückkehr nach Europa vermutlich zu kurz, um den bisher brieflich geführten Gedankenaustausch mit Boas in der direkten Begegnung zu vertiefen.

Hornbostels ambivalente Modernität

Sebastian Klotz diskutiert in seinem Beitrag Hornbostels Initiativen und Projekte im Zeichen einer ambivalenten Modernität. Medientechnisch und experimentalpsychologisch auf der Höhe seiner Zeit, stellten der Phonograph und das Phonogrammarchiv für Hornbostel Arbeitsinstrumente dar, während seine eigentlichen Obsessionen weit zurück in die deutsche Ideengeschichte des 18. und 19. Jahrhunderts weisen und im Grunde von einem differenzierten und pluralistischen Begriff von Humanität in einem spätaufklärerisch-klassischen Sinne herrühren, der prinzipiell wissenschaftlich abbildbar ist.

Bei der Vermittlung gestaltpsychologischer Beobachtungen mit Hypothesen zum interkulturellen Vergleich ließ sich Hornbostel von der Überzeugung leiten, daß sich die Einzeltatsachen überhaupt auf die Kultur als Ganzes in sinnvoller Form beziehen lassen. Diese Geborgenheit in einem kulturellen Raum war das Paradigma, mit dem die vielfältigen Symbolsysteme und materiell fundierten Praktiken, die Hornbostel untersuchte, untereinander in Beziehung gesetzt werden konnten. Hypothetisch-visionäre, zuweilen pantheistische Züge greifen Ideen der romantischen Völkerpsychologie auf. Der Impuls zum Vergleich und zur Übersetzung dürfte an Herder und an seiner Generation geschult sein, Hornbostels Zuwendung zum Verhältnis von Laut und Sinn geht aus der sprachwissenschaftlich fundierten Kulturwissenschaft hervor, wie sie von Wilhelm von Humboldt praktiziert wurde. Die im späten 19.Jahrhundert zu verzeichnende Konvergenz von Naturforschung und Kulturgeschichte und die Vermittlerfunktion zwischen der deutschen Klassik und der modernen Sprachwissenschaft, wie sie die *Zeitschrift für Völkerpsychologie und Sprachwissenschaft* ausübten, dürfte ebenfalls zu den Traditionslinien zählen, die Hornbostel aufgegriffen und verarbeitet hat. Das Spektrum seiner wissenschaftlichen Neugier reicht aus diesem Grund

98 Der Nationalökonom Alvin Johnson, Gründungspräsident der New School for Social Research, hatte in den Jahren 1933 bis 1945 eine ganze Gruppe deutscher Professoren nach New York geholt und auf diese Weise ihnen und ihren Familien die Beantragung eines Visums zur Ausreise aus Deutschland ermöglicht und ein Obdach im Exil gesichert. Die *New York Times* vom 4.Oktober 1933 zeigt ein Foto deutscher Wissenschaftler und Wissenschaftlerinnen, unter ihnen Hornbostel und Max Wertheimer, mit Alvin Johnson. - Monika Plessner bezeichnet Wertheimer und Hornbostel als „zwei (...) Gründerväter der University in Exile“, die sich Alvin Johnson „geholt hatte“. Vgl. M. Plessner, *Argonauten auf Long Island. Begegnungen mit Hannah Arendt, Theodor W. Adorno, Gershom Scholem und anderen*. Berlin 1995, S. 80f.

tief in diejenigen Bereiche, in denen die Grundlagen und Normen kultureller Aktivitäten liegen: über die musikpsychologischen und musikethnologischen Untersuchungen hinaus sind sein Interesse an Ideogrammen, Gewichtsnormen, Faden- und Übernehmspielen[99], an der Etymologie von musikalischen Termini und von Bezeichnungen für Musikinstrumente, an Tierkreiszeichen, astrologischen Themen und an der Entstehungsgeschichte des Alphabets bemerkenswert.

Die kulturkritischen und philosophischen Entwürfe von Walter Benjamin (geb. 1892) und Theodor W. Adorno (geb. 1903) erwuchsen aus einer Generation, die mit Hornbostels Mentalität, seinem geistesaristokratischen Habitus, seiner nach meiner Kenntnis der Dokumente offensichtlich blassen politischen Sensibilisierung, seinem die Öffentlichkeit scheuenden Wesen kaum Gemeinsamkeiten hat. Die neue kulturphilosophische Skepsis löst das in vielerlei Hinsicht erstaunlich offene und positive 19.Jahrhundert ab, das in der Euphorie des Vergleichs und auf der Suche nach Universalien den Wahrheits- und Objektivitätsanspruch der Wissenschaften gerade noch mit der individuellen Lebenspraxis der Wissenschaftler in Übereinstimmung bringen konnte. Der Optimismus der Wissenschaften und ihrer Trägerinstitutionen war noch nicht durch die Entfremdung gebremst, die dem einzelnen die Aneignung der intellektuellen und materiellen Reichtümer unmöglich machte. Wiewohl die koloniale Geographie in die Ordnung des Phonogramm-Archivs eindrang, konnten sich dort humanistisch-aufklärerische Erkenntnisinteressen behaupten; die Experimente zur Schallortung gingen offenbar nahtlos in ihre militärische Anwendung über.

Hornbostels ambivalente Modernität schlägt innerhalb dieser Widersprüche den Bogen vom Wilhelminischen Zeitalter zur untrüglichen Modernisierung der Medien, in deren Verlauf sich die Wahrnehmungs- und sozialen Umgangsformen des ersten Jahrhundertdrittels etablieren.

Klangrekonstruktion, 1997

Am Schluß des Bandes steht, ganz im Sinne von Hornbostels Wissenschaftsverständnis, ein knapp gehaltener, technisch orientierter Beitrag. Wie gehen moderne Technologien heutzutage mit Hornbostels Nadelkurven um? Von dem Vorhaben der Musikethnologischen Abteilung des Berliner Museums für Völkerkunde, die Schätze seines Phonogramm-Archivs in großem Umfang herauszugeben, war bereits die Rede. Dieses ambitionierte Vorhaben hat mehrere Spezialisten veranlaßt, über Wege der Datenrekonstruktion nachzudenken und praktika-

99 Gemeint sind Spiele mit einem kunstvoll zwischen den Fingern gespannten Faden, der durch den Spielpartner in möglichst origineller Form auf dessen Finger abgenommen wird. Vgl. J. Kunst, „Zum Tode Erich von Hornbostel´s“, (s.o.), S. 243.

ble Methoden zum Umspielen der Walzenbestände zu entwickeln. Gerd Stanke und Tim Wöhrle geben mit ihrer illustrierten Projektbeschreibung zur bildanalytischen Gewinnung von Tonsignalen eine Vorstellung davon, wie Hornbostels Nachfolger mit Hilfe digitaler Verfahren in den 1990er Jahren vorgehen. Sie lesen die Nadelkurven konsequent als Toninformation und schicken ein Endoskop ins Innere der Galvano-Negative. Die Bildserie wird synthetisiert und in Klang umgerechnet. Die materialen Eigenschaften im Mikrobereich, Schattenwürfe und Profileigenschaften liefern die notwendigen Daten. Dabei wird, so könnte man sagen, für jede Walze ein „Archiv“ der Mikroflächen angelegt, die durch die Bildpunkte der Kamera aufgefangen werden. Hornbostel wollte die Klänge der Welt archivieren - bei der Rekonstruktion seines Erbes archiviert man seinerseits in Hornbostels Archiv, im Innern der Negative, um die Walzen Spur für Spur wieder zum Klingen zu bringen.

Im digitalen Zeitalter bilden die Bild-, Tiefen- und Toninformation lediglich unterschiedliche Modi, in denen die Datensätze existieren. Dabei hat die gegenseitige Ergänzung optischer und phonographischer Verfahren eine Vorgeschichte, die bis in die Ära analoger Apparate zurückreicht. Der Labormechaniker und Klangingenieur Hornbostel verweist in dem Aufsatz „Phonographische Methoden“ aus dem Jahre 1930[100] auf die zahlreichen Versuche zur „optischen Phonographie“[101]. Offenbar war diese Datenmetamorphose so suggestiv, daß Hornbostel daran erinnern mußte, „daß der Phonograph keine Camera ist und kein phonographisches Verfahren improvisierte oder gar heimliche ´Momentaufnahmen´ erlaubt“[102]. Bei mikroskopischen Untersuchungen der phonographischen Kurven konnte man auf gesetzmäßige Beziehungen zwischen den Ordinatenhöhen der Schwingungskurve und der Breite der Eindrücke zurückgreifen[103]. László Moholy-Nagy, der den Phonographen aus seiner nur reproduzierenden Rolle befreien wollte, empfahl 1923 das direkte Einritzen der Wellenberge in die Schallplatte ohne den Umweg über eine Partitur oder herkömmliche Notation der Komposition, gar „ohne vorherige akustische Existenzen“ des akustischen Phänomens[104]. Die Künstler müßten dazu an vergrößerten Platten arbeiten, um die Wellenverläufe subtil fixieren zu können. Zur Serienher-

100 Erschienen in Emil Abderhalden (Hrsg.) *Handbuch der biologischen Arbeitsmethoden*. Abt. V: Methoden zum Studium der Funktionen der einzelnen Sinnesorgane des tierischen Organismus, Teil 7 (1.Hälfte), Methoden zur Untersuchung der Sinnesorgane, Berlin und Wien, 1930, S. 419-438.

101 So wollte man plastische Kopien von photographierten Schwingungskurven anfertigen. Ebd., S. 422.

102 Ebd., S. 424. Hervorhebungen im Original.

103 Ebd., S. 431.

104 L. Moholy-Nagy, „Neue Gestaltung in der Musik. Möglichkeiten des Grammophons“, in *Der Sturm* 14 (1923) VII, S. 104.

stellung ihrer Produkte mache sich eine Verkleinerung erforderlich, die wiederum photographische und galvanoplastische Methoden bemüht. Mit einigem Geschick und einem hohen optischen und haptischen Diskriminationsvermögen könne man den optischen Wellenlinien bestimmte Klangverläufe eindeutig zuordnen und auf der Wachsplatte improvisieren. So persiflierte die Avantgarde das Gebot des Walzenprofessors.

Obwohl die digitale Klangsynthese analoge Codierungen umgeht, liegen ihre Herausforderungen in den Details, die bereits bekannt sind und schon im analogen Hörraum für die üblichen Beeinträchtigungen gesorgt hatten: Deformationen, Unregelmäßigkeiten im Material, Verschmutzungen, Abnutzungserscheinungen. Sie geben heute den Informatikern Probleme auf, die auf rechnerischem und mikromechanischem Weg gelöst werden sollen. Gleichzeitig wird erprobt, ob nicht ein neuartig konstruierter Phonograph mit den Unwägbarkeiten und analogen Anachronismen, die sich bei der Klangaktivierung der alten Wachszylinder ergeben, besser zurechtkommt als eine digital gestützte Klangsynthese via Bildverarbeitung[105]. Hornbostels akribische Anweisungen zum Umgang mit dem Phonographen empfehlen sich hier erneuter Lektüre.

Erich M. von Hornbostel

Wissenschaftsgeschichtliche Studien, die eine Persönlichkeit in den Mittelpunkt rücken, müssen sich die Frage nach dem Sinn dieses Vorhabens stellen. Die Entdeckung und Interpretation bisher unbekannter Dokumente, die Rekonstruktion seiner wissenschaftlichen Methodik, die Erhellung seines akademischen Umfelds - was sagen sie aus? Welchen Halt bietet der Blick in die Geschichte der Disziplin heutzutage? Im Falle Hornbostels könnte er in einem sehr grundlegenden Sinn das Bewußtsein dafür schärfen, wie wir mit unseren Gegenständen umgehen, wie sich diese Umgangsformen wandeln und in Vergessenheit geraten. Musik galt gemeinhin als geistgeborenes, theorielastiges und ästhetisch relevantes Phänomen, das der europäischen Hochkultur eigen war und zur wissenschaftlichen Erschließung den Prozeduren der Philologie und Edition unterworfen wurde. Mit Hornbostel und seiner Generation gerät eine Musik ins Blickfeld, die einen vollkommen neuartigen, medial geprägten Quellentyp darstellt. In ihm sind die Spuren einer offenbar theorielosen musikalischen Tätigkeit vergegenständlicht, die nun den europäischen Musikbegriff in vielerlei Richtung entgrenzen und neue Analyse- und Darstellungsformen von Musik mit sich bringen. Im vorliegenden Band wird der Versuch unternommen, Hornbostels Anre-

105 Mündliche Auskunft von Susanne Ziegler.

gungen auf dem Gebiet der Musik und anderer wesentlicher Arbeitsfelder kritisch zu supplementieren. In diesem reflektierten Bezug auf Hornbostel sollen die Ansprüche seiner pluralistischen Anthropologie, die die soziale Bedeutsamkeit ihrer Befunde zu interpretieren sucht, Gültigkeit erlangen.

Doch selbst die Formel von der Geschichtlichkeit und Aktualität der Gegenstände, in der sich die Dynamik einer Disziplin spiegelt, sucht die Annäherung an den ´Geist´ - und transportiert dabei Manöver des Respekts und der Huldigung, in denen sich die Autorität der Institutionen fortschreibt. Hornbostels ´Bild´, um wiederum eine Figur der Vergegenwärtigung aufzugreifen, bleibt von den unterschwelligen Entscheidungen, die seinen Entwurf steuern, nicht unberührt. Wäre es denkbar, sich für einen Moment vom verbindlichen Diskurs zu lösen, um ´Hornbostel´ und sein archivalisches Dispositiv anders zu erkunden und in seiner ganzen Fremdheit und Fragmentarität zu akzeptieren? Er gilt als Mitbegründer einer Disziplin, ohne daß sich die Fachvertreter seine Erkenntnisse in ihrer ganzen Breite und in tiefgründiger Weise angeeignet und fortgeführt haben. Zu einem Zeitpunkt, da Wissenschafts- und Forschungspolitik durch machtbewußte Direktoren gestaltet wurde (Hermann von Helmholtz, Robert Koch, Wilhelm von Bode, Carl Stumpf) und Hornbostel in Gestalt des Archivs mit seinen Pfunden hätte wuchern müssen, übersieht Thomas A. Edison das Archiv während seines Berlin-Besuchs im Jahre 1911[106]. Hornbostel orientiert sich an Autoritäten und den Dienstwegen der Institutionen und legt im Gegensatz zu seinem Lehrer Carl Stumpf keine Monographie vor - bis er, zumindest für Jaap Kunst, selbst zu einer Autorität wird. Stumpf hatte als couragierten Wurf, der an die Adresse Hornbostels gerichtet war, *Die Anfänge der Musik* (Leipzig 1911) vorgelegt. Der vorsichtige Hornbostel entläßt eine nicht ausdrücklich als Hypothese charakterisierte Überlegung in die Öffentlichkeit, und prompt wird die Blasquintentheorie nachhaltig kritisiert. Ihn fasziniert der in primitiven Kulturen noch spürbare „tönende Wirbel menschlichen Tuns und seines kosmischen Bedeutens“, sofern er sich auch in Musik äußert, aber er gilt als objektiv argumentierender, akribischer Meßexperte. Vielleicht war er am freiesten in seinem altertümlich wissenschaftlichen Sinn im Phonogramm-Archiv, in seinem Hörraum, im Moment der schriftlichen Anordnung an den dafür zuständigen Mitarbeiter, eine bestimmte Walze im Galvano-Negativ-Verfahren zu kopieren. Aber auch in diesem Areal souveräner Entscheidung war er nicht frei von Sorgen: Von der Sorge des Ingenieurs um den richtigen Lauf der Nadel, von der Sorge des Archivars um die korrekte Ordnung des Bestandes und um die Rückgabe verliehener Geräte, von der Sorge des Ethnologen um das Schicksal primitiver Kulturen und vor allem von der Sorge um seine Gesundheit und die Existenzsicherung für seine Familie. Über Jahrzehnte mit der Modellierung und mit den Grenzen der ei-

106 Vgl. den Beitrag von S. Ziegler im vorliegenden Band.

genen Wahrnehmung beim Aushorchen des Fremden konfrontiert, während Musik immer mehr zu einem frequenzanalytisch anschreibbaren Phänomen wurde, dessen kulturelle Bedeutung deshalb nicht minder schwierig zu fixieren war - liegt darin ein tägliches Drama verborgen? Wie groß wurde der Druck, den die geheimnisvolle akustische Komplizenschaft mit den ´Primitiven´ darstellte? Konnte dieser Druck durch ein Mitteilungsbedürfnis, das den gängigen Bahnen des Wissenschaftsbetriebs auswich, aufgehoben werden? Wer kann unter diesen Umständen in auffällig eleganter Kleidung wie der Dandy unter Preußens außerordentlichen nichtbeamteten Professoren über die Berliner Schloßbrücke spazieren, mit dem Archiv im Rücken[107] - Hornbostel als Chiffrierkünstler, Richtungshörer und Zauberkünstler? Die Tonlage dieser Zuspitzung stellt den politischen Ernst der Lage im Jahr 1933 nicht in Abrede. Hornbostel war wohl auch ein anregend-skurriler Geist inmitten einer kafkaesken Installation. Diese fragmentarischen Szenarien könnten den Sinn, den Hornbostel heute stiftet, vielleicht treffender und gelöster charakterisieren als seine unverblümte Vereinnahmung, die alle Dokumente und Äußerungen zueinander in Beziehung setzt, darüber forschungspolitische Interessenlagen und das Archiv als Ort der Kontrolle aus den Augen verliert und Hornbostel schließlich monumentalisiert. Hornbostel sitzt nicht mehr an seinem Berliner Schreibtisch.

Dokumente, Materialien und Register

Der Band enthält Briefdokumente, Dokumentationen zu Aufnahmen im Berliner Phonogramm-Archiv, Fotos von Hornbostel und seiner Freunde und Kollegen und Aufnahmen von technischen Apparaten, Wachszylindern, Archivinterieurs und von digitalen Bildsequenzen zur Rekonstruktion der Tonsignale auf den Wachszylindern. Diese Dokumente und Fotos sind den einzelnen Beiträgen beigeordnet, um uns Hornbostel und andere Wissenschaftler im Kontext des Archivs, der Korrespondenz, der wissenschaftlichen Methodik und der Nachlaßverwaltung näherzubringen und um einen Einblick in die Arbeitsweise des Archivs und in das Aussehen der Datenträger zu geben. Im Gegensatz zu dem vertrauten Edison-Phonographen stellt das Foto des im Berliner Völkerkunde-Museum, Abteilung Musikethnologie, aufbewahrten Tonometers mit dem eingeritzten Schriftzug Hornbostels eine kleine Entdeckung dar. Die Abbildung des Sternschen Tonvariators[108] soll exemplarisch verdeutlichen, daß die Musikpsychologie und die frühe vergleichende Musikwissenschaft ohne eine hochentwickelte Laborkultur nicht denkbar sind.

107 Siehe Foto 2 im Beitrag von M. van Roon.
108 Siehe Foto 2 im Beitrag von S. Klotz.

Außerdem erscheinen in den drei Abteilungen des Anhangs die *Opera Omnia* Hornbostels nach Jaap Kunst, Dokumente zur Tätigkeit Hornbostels an der Friedrich-Wilhelms-Universität und die Reproduktion eines Aufsatzes von Franz Boas. Damit sollen bibliographische Informationen, biographische und institutionsgeschichtliche Aspekte in instruktiver Form veranschaulicht werden.

Das Namenregister rundet unser Bemühen ab, Hornbostels Anregungen im Kontext biographischer und universitätspolitischer Erkenntnisse, technologischer Entwicklungen und methodischer Innovationen erstmals zu dokumentieren, zu illustrieren und bibliographisch zu erschließen. Trotz der ungünstigen bibliographischen Umstände - das Schicksal vieler Nachlässe der betroffenen Wissenschaftler ist unbekannt - sind im Namenregister die Vornamen angegeben, soweit sie bekannt sind oder eine Zuordnung plausibel erschien. Für Korrekturen und Anregungen zur Rekonstruktion dieser zerstörten und verdrängten wissenschaftlichen und biographischen Landschaft wären wir dankbar.

Danksagung

Der Workshop fand am Lehrgebiet Musiksoziologie und Sozialgeschichte der Musik des Musikwissenschaftlichen Seminars der Humboldt-Universität statt. Unser Dank gilt Christian Kaden, der als gastgebender Professor freundlicherweise selbst einen Beitrag für den Workshop vorbereitete. Die Geschäftsführenden Direktoren des Seminars, Hermann Danuser und Wolfgang Auhagen, haben das Projekt wohlwollend und mit nachdrücklichem Interesse unterstützt. Sowohl das Musikwissenschaftliche Seminar als auch die Forschungsabteilung der Humboldt-Universität haben einen Kostenzuschuß zur Drucklegung des Workshops beigesteuert, ohne den die Publikation nicht zustande gekommen wäre. Sie haben dazu beigetragen, dem kurzfristig und unkonventionell organisierten Kolloquium eine größere öffentliche Resonanz zu schaffen[109]. Diese Hilfe ist um so wertvoller, als mit der Schließung des Internationalen Instituts für Traditionelle Musik in Berlin auch Anknüpfungspunkte für gemeinsame Projekte verlorengehen, die insbesondere freischaffenden und arbeitslosen Wissenschaftlern eine wichtige und zumeist ausschließliche Grundlage für ihre Arbeit geben. Susanne Ziegler hatte in dem Kolloquium zur Situation der Musikethnologie 1993 auf die mageren Arbeitsplatzaussichten hingewiesen, die sich den Jüngeren bieten[110]. Mit welcher Stimme sprechen die Autoren und Autorinnen dieses Workshops?

109 Der Workshop fand Erwähnung in einer durch Albrecht Riethmüller gestalteten Sendung zum Thema *Außereuropäische Musik* im *Uni-Radio* am 3.März 1996. In *Die Musikforschung* 49 (1996) 3, S. 298f. ist ein Tagungsbericht von Jörg Derksen erschienen. Peter Berz verfaßte einen Bericht für die Netzzeitschrift des Projekts *Medien//Theorie/Geschichte* (s. Anm. 73).

110 Vgl. S. Zieglers Statement in *Jahrbuch des Staatlichen Instituts für Musikforschung Preußischer Kulturbesitz* 1994, S. 431-433.

Sie haben sehr unterschiedliche Erfahrungen mit dem Wissenschaftsbetrieb gemacht, weichen in den Bereich freier Projektarbeit aus, sie erleben die Streichung eines Lehrstuhls für Geschichte der Psychologie an der Humboldt-Universität, obwohl unlängst die Bedeutung der Wissenschaftsgeschichte unterstrichen wurde[111], sie betreiben ambitionierte Dissertationsprojekte in wirtschaftlich keineswegs gesicherten Verhältnissen und einer ungewissen akademischen Zukunft oder sind als Assistenten im Besitz von Zeitverträgen. Diese Realitäten sollten hinter einer schützenden Wissenschaftssprache keineswegs verschwinden. Der Blick in die Geschichte eines Fachs liefert ohne die Sensibilisierung für zeitgenössische Forschungsgeschicke und für die Motivationen derjenigen, die Disziplinen fortschreiben sowie in- und außerhalb von Institutionen regenerieren, nur unfertige Antworten.

Ich möchte allen, die Ideen und Texte zum Workshop und zu dieser Publikation beigesteuert haben, ganz herzlich danken. Ebenso danke ich Herrn Matthias Schilling für die umsichtige verlegerische Betreuung.

DER HERAUSGEBER Juli 1997

111 Der 1. Deutsche Wissenschaftshistorikertag fand im September 1996 an der Humboldt-Universität statt. Im Mittelpunkt standen die epochalen Brüche um 1600 und um 1900.

Ein Zauberkünstler. Erich Moritz von Hornbostel im Spiegel seiner Biographie und seiner Korrespondenz mit Jaap Kunst

Marjolijn van Roon

Im Jahre 1989 begann ich, mich in die Korrespondenz von dem holländischen Musikethnologen Jaap Kunst zu vertiefen. Nachdem ich zusammen mit Loekie van Proosdij-ten Have die große Sammlung von Briefen untersucht hatte, verfaßten wir ein annotiertes Register der Korrespondenz, die Kunst zwischen 1920 und 1940 unterhielt (Proosdij-ten Have/Van Roon 1992). Einer seiner interessantesten und umfangreichsten Briefwechsel ist derjenige mit Erich Moritz von Hornbostel. Mein Interesse an Hornbostel ist durch das Studium dieser Korrespondenz angeregt worden, über die ich im September 1993 eine Diplomarbeit vorlegte: *Rondom Erich Moritz von Hornbostel 1877-1935*. Kurz davor hatte ich den Beitrag *From Bandung to Berlin* über den Briefwechsel zwischen Hornbostel und Kunst publiziert (in: *Oideion, vol. I*).

Der erste Teil des folgenden Aufsatzes ist ein Originalbeitrag für den vorliegenden Band, in dem ich die biographischen Informationen, die ich im Laufe der Zeit über Hornbostel gesammelt habe, verarbeitet habe. Der zweite Teil basiert auf dem oben erwähnten Artikel für *Oideion*, nur habe ich zu Ehren von Hornbostel die Ortsnamen im Titel vertauscht und den Vortrag umgetauft zu *Von Berlin nach Bandung*. Abschließend befasse ich mit den *Opera omnia* Hornbostels, die durch Jaap Kunst vorbereitet wurden.

Das Inhaltsverzeichnis von Hornbostels Gesamtwerk, das von Jaap Kunst erstellt wurde, erscheint im Anhang des vorliegenden Bandes als eigenständiges Dokument, so daß es unabhängig von diesem Aufsatz konsultiert werden kann. Mit dem Kürzel „HB“ und der jeweiligen Ziffer verweise ich im folgenden auf Schriften Hornbostels in diesem Verzeichnis.[1]

1 Hiermit möchte ich mich bei der Familie Brinkgreve-Kunst und der *Universiteit van Amsterdam* herzlich dafür bedanken, daß sie mir die Illustrationen zur Verfügung gestellt haben. Mein Dank gilt außerdem Kerstin Schwardtmann für die Übersetzung und Oliver Duis für die Unterstützung.

I. Lebenslauf

Erich von Hornbostels Leben berührt global betrachtet drei Perioden: Zum einen seine Jugend und sein Universitätsstudium in Österreich bis 1900, ferner sein Leben in Berlin – zusammen mit seiner Frau Susi[2] und seinem Sohn Hans – das in zwei Abschnitte zu gliedern ist. Er begann als Assistent von Carl Stumpf und wurde von diesem als Leiter des *Phonogramm-Archivs* angestellt. In den 20er Jahren kam es zu einem Wendepunkt durch seine Anstellung zunächst als Privatdozent und kurz darauf als Professor an der Berliner Universität 1922. Von da an gab er neben der Verwaltung des Archivs Vorlesungen bis zu seiner Flucht aus Deutschland 1933. Die letzten zwei Jahre seines Lebens verbrachte er in Amerika und England.

„Lebenslauf:
Ich bin als Sohn des verstorbenen Hof- und Gerichts-Advocaten Dr. Erich von Hornbostel und seiner ebenfalls verstorbenen Gemalin, der K.K. Kammersängerin Helene, geb. Magnus, am 25. Februar 1877 zu Wien geboren, habe dort das Franz-Josef-Gymnasium absolviert, in den Jahren 1896-99 in Wien den philosophischen Doctorgrad erworben. Von Ostern 1900 bis Herbst 1901 arbeitete ich im physikalischen und physikalisch-chemischen Institut der Berliner Universität. Dann wandte ich mich psychologischen und physiologischen Studien zu, die meinen Arbeiten die Richtung gaben. 1905/06 war ich Assistent am psychologischen Institut, unternahm im Herbst 1906 eine Reise nach Nordamerika zu musikwissenschaftlichen und psychologischen Studien an Indianern und übernahm nach meiner Rückkehr die Leitung des 1902 begründeten Phonogramm-Archivs. 1901 leitete ich die Sektion für Exotische Musik und Folklore auf dem musikwissenschaftlichen Kongreß in Wien. 1917 erhielt ich den preußischen Professorentitel. 1915-18 war ich wissenschaftlicher Hilfsarbeiter der Artillerie-Prüfungskommission, Abteilung für Schallmeßwesen.

Zusatz zum Lebenslauf: Als ehelicher Sohn eines Österreichers bin ich als österreichischer Staatsbürger geboren. Da weder mein Vater noch ich selbst unsere Staatsangehörigkeit geändert haben, bin ich auch heute noch Angehöriger der deutsch-österreichischen Republik.

Erich M. von Hornbostel." (1922)[3]

2 Susanne Apolant (1881-1956).

3 Wörtlich übernommen aus den *Acta der Friedrich-Wilhelms-Universität zu Berlin*, Gebiet *Habilitationen. Philosophische Fakultät - Littr. 5 no 1 vol.41/ 1238*, unter dem Namen *Hornbostel* (hiernach abzukürzen als *Acta FW*).

Hornbostels persönliche Entwicklung zeugte von einer ungewöhnlichen Begabung auf vielerlei Gebieten. Bereits auf dem Gymnasium galt er als einer der besten Schüler und tat sich außerdem als talentvoller Pianist hervor. Er erhielt Unterricht in Kontrapunkt- und Harmonielehre von Eusebius Mandyczewsky und erlernte das Komponieren. Seine Musikalität wurde von im Hause Hornbostel zu Wien organisierten Kammermusikabenden stimuliert. Seine Mutter, die Sängerin Helene Magnus, empfing viele berühmte Musiker, darunter Johannes Brahms - ein Freund des Hauses (und ein Freund Mandyczewskys) - der Curt Sachs zufolge dort das erste Mal seinen „Liebesliederwalzer" aufführte (Sachs 1948:217).[4] Aus seinem Briefwechsel mit dem Musikethnologen Jaap Kunst wird sichtbar, daß Hornbostel sein ganzes Leben lang ein aktiver Musiker blieb. Der Schriftsteller Robert Musil, der bei ihm ein und aus ging und ihn seinen „Gefährte[n] auf kurzem Wegstück" nannte, hat ein Tagebuchfragment hinterlassen, das an dieser Stelle sehr illustrativ ist: „Es war recht nett dort gestern" (bei Hornbostels zu Hause). „Er spielte [Joseph] Lanner und die graziösen Chansons der [Yvette] Guilbert. Dazwischen einige Takte Beethoven. Gesprochen wurde nichts Besonderes, aber viel gelacht. - (Vorigen Sonntag waren die Lieder des Königs Thibaut und altfranzösische von ihm gesetzte Chansons vorgekommen)" (18. 3. Montag. Siehe Musil 1983:210).[5]

Als Universitätsstudium wählte Hornbostel dennoch die Naturwissenschaften. Er studierte an den Universitäten von Heidelberg und Wien und arbeitete unter anderem unter der Leitung von W. Bunsen, dem Physiker und Chemiker, der aufgrund der Erfindung des nach ihm benannten *Bunsenbrenners* Bekanntheit erlangte. 1899 erhielt Hornbostel mit der Dissertation über die *Condensation von Glyoxal mit Isobutyraldehyd* (zusammen mit E. O. Siebner)[6] in Wien den *philosophischen Doctorgrad*. Jedoch beschäftigte er sich danach nicht mehr lange mit rein naturwissenschaftlichen Studien. Seine Anstellung im Jahre 1900 am physikalisch-chemischen Institut der Berliner Universität belief sich lediglich auf ein halbes Jahr. Danach wurde er Assistent des Psychologen und Philosophen Carl Stumpf in dessen *Psychologischem Institut* und begann mit seiner Pionierarbeit auf dem Gebiet der vergleichenden Musikwissenschaft.

4 Dies muß sich noch vor Erich von Hornbostels Geburt ereignet haben, da Brahms den *Liebeslieder-Walzer* (Opus 52) 1868/69 komponierte; die Uraufführung fand in Karlsruhe am 6. Oktober 1869 statt, eine Wiener Aufführung folgte am 5. Januar 1870.

5 Mit Dank an Peter Berz für seinen anregenden Kolloquiumsbeitrag und für den Hinweis auf dieses Tagebuchfragment Musils.

Das Phonogramm-Archiv

Musik, Psychologie und Phonographie

Unter Stumpfs Einfluß vertiefte sich Hornbostel in die (experimentelle) Psychologie, kam aber auch zurück auf sein Musikstudium. Sein musikwissenschaftliches Interesse vermischte sich wie von selbst mit seinem naturwissenschaftlichen und psychologischen Wissen. Eine neue Inspirationsquelle bildete das von Carl Stumpf 1902 errichtete *Phonogramm-Archiv*.[7] Stumpf sammelte hier mit Hilfe von Hornbostel und Otto Abraham Aufnahmen nicht-westlicher Musik. Das Studium musikalischer Äußerungen anderer Völker schien Stumpf von Bedeutung für die Psychologie zu sein, denn „zur Verknüpfung der experimentellen" (psychologischen) „mit der ethnologischen Forschung eignet sich besonders das Gebiet der Sprache und das der Kunst" (Stumpf in HB 37, 1911:121).[8] Guido Adler hatte bereits in seinem Artikel *Umfang, Methode und Ziel der Musikwissenschaft* (1885) eine Einteilung der Musikwissenschaft in einen *historischen* und einen *systematischen* Teil vorgenommen. Musikologie: „Untersuchung und Vergleichung zu ethnographischen Zwecken" betrachtete er als einen Teil der systematischen Musikwissenschaft (Adler 1885:8ff.). Stumpf setzte durch, daß die systematische Musikwissenschaft - Musikgeschichte in Verbindung mit Naturwissenschaften, Physiologie, Psychologie, Völkerkunde, allgemeiner Ästhetik und Philosophie - zu einer unabhängigen Disziplin an der Berliner philosophischen Fakultät wurde, wo er seit 1893 als Professor tätig war. „Es war mir vor allem darum zu tun, die bis zum Überdruß verhandelten Streitfragen der bisherigen Musikästhetik in den größeren Fragenkomplex einer *Musikpsychologie* überzuführen und diese selbst wieder in den Rahmen einer allgemeinen *systematischen* Musikwissenschaft einzufügen" (Stumpf, zitiert von Hornbostel, HB 61, 1933:432). Auf diese Art und Weise wollte auch Hornbostel sich mit der Musikologie als einer „Arbeit im Geiste der Philosophie nach naturwissenschaftlicher Methode" auseinandersetzen (HB 61, 1933:433).[9]

6 Erwähnt im zum *Lebenslauf* gehörigen *Schriften-Verzeichnis* (siehe Fußnote 3). Nach der Überschrift folgt die Angabe: *Sitzungber. d. K. Akad. d. Wissenschaften in Wien. Math.-naturwissensch. Cl.; Bd. CVIII Abt. II. b. Juli 1899 545-546 (Dissert.).*

7 Für eine detailliertere Beschreibung der Geschichte des Berliner Phonogramm-Archivs vgl. den Beitrag von Susanne Ziegler im vorliegenden Band.

8 Die Angabe „HB" mit der jeweiligen Ziffer, nach der im folgenden zitiert wird, verweist auf die Einteilung der Schriften, die Jaap Kunst in den von ihm zusammengestellten *Opera Omnia* von Hornbostel vorgenommen hat. Die Seitenangaben folgen der Einteilung Kunsts.

9 Auf S. 430, HB 61 zitiert Hornbostel Stumpf: „Seine - Brentanos - Habilitationsthese, daß die wahre philosophische Methode keine andere sei als die naturwissenschaftliche, war und blieb mir ein Leitstern." Franz Brentano (1838-1917) und Hermann von Helmholtz (1821-1894) waren Stumpfs Lehrer.

Internationale Kontakte

Zu seinen ersten Veröffentlichungen kam es in Zusammenarbeit mit Otto Abraham. Gemeinsam beschrieben und analysierten sie Phonogramme (HB 1 bis einschließlich 4, 1903-1906) und verfaßten den Artikel *Über die Bedeutung des Phonographen für die vergleichende Musikwissenschaft* (HB 30, 1904). Phonograph und Grammophon dienten ihm ebenfalls als Demonstrationsmittel bei seinem ersten wichtigen Vortrag im Rahmen der vergleichenden Musikwissenschaft auf dem ersten *Kongreß der Internationalen Musikgesellschaft* (IMG) zu Wien am 24. März 1905, wo er über *Die Probleme der vergleichenden Musikwissenschaft* (HB 31) sprach. Auf dem zweiten Kongreß der IMG im darauffolgenden Jahr in Basel lautete seine Rede *Über den gegenwärtigen Stand der vergleichenden Musikwissenschaft.* Er begegnete auf diesem Kongreß dem Ethnologen und Philosophen Pater Wilhelm Schmidt, der auf seine Ideen über den Ursprung und die Entwicklung von Musik noch großen Einfluß ausüben würde (bezüglich der Kulturkreislehre).[10]

Bereits 1905 hatte der Anthropologe Franz Boas im Namen des Archivs vom *Museum of Natural History* in New York einige Phonogramme mit Aufnahmen von indianischer Musik „zur musikwissenschaftlichen Bearbeitung" an das Berliner Phonogramm-Archiv gesandt (HB4, 1906:176; siehe auch HB 53, 1925:314). Im darauffolgenden Jahr unternahm Hornbostel selbst eine Reise nach Nordamerika, so daß sich die Gelegenheit zum Gedankenaustausch mit seinen amerikanischen Kollegen ergab. Das *Columbian Field Museum* in Chicago lud ihn ein, Phonogramme mit indianischer Musik zu untersuchen und zu transkribieren. Außerdem konnte er auf seinem Besuch bei den Pawnee-Indianern in Oklahoma auch selbst musikethnologisch und phonographisch tätig sein. Bei seiner Rückkehr übertrug Stumpf ihm die Leitung über die Verwaltung des *Phonogramm-Archivs.*

In der Zeit, in der Hornbostel Leiter des Berliner Archivs war, zog es Besucher aus aller Welt an. Er erklärte Forschern, wie sie mit dem Phonographen umzugehen hatten und versuchte auch, andere Reisende und Missionare zum Erstellen von eigenen Aufnahmen zu bewegen. Im Tausch gegen den Verleih des Phonographen bat er zum Nutzen des Archivs lediglich um Kopien der originalen Wachsrollen und um Exemplare der eventuellen Veröffentlichungen, die auf diese Aufnahmen Bezug nahmen. Er begegnete bei dieser Arbeit sehr vielen Forscherkollegen und Musikern, unter anderen auch dem Kunsthistoriker und

10 Für eine ausführliche Beschreibung von Hornbostels Auffassungen über die Kulturkreislehre, vgl. Albrecht Schneider, 1976.

Musikologen Curt Sachs, Jaap Kunst und dem Musikologen Robert Lachmann, mit dem er auch einen freundschaftlichen Kontakt knüpfte.[11]

Allmählich entwickelte er sich zu einer zentralen Figur in der Erforschung der nicht-westlichen Musik. 1909 übernimmt er darum auch auf dem dritten Kongreß der IMG in Wien die Leitung der Abteilung *Exotische Musik und Folklore*. Zu den bedeutenden Diskussionsthemen auf dem Gebiet der *exotischen* Musik gehörten die Transkriptionsprobleme (siehe z.B. HB 33, 1906), die Frage, ob man exotische Melodien harmonisieren 'dürfe' oder nicht und die kulturhistorische Vergleichung der westlichen 'Zivilisation' mit der 'Primitivität' anderer Kulturen.

Vergleichende akustische und musikpsychologische Untersuchungen

In Zusammenarbeit mit Stumpf schrieb Hornbostel Artikel über die Bedeutung der Ethnologie gegenüber naturwissenschaftlichen, überwiegend akustischen Untersuchungen für die Musikpsychologie und -ästhetik (HB 35, 1910, und HB 37, 1911). Es schien jedoch auch ein Bedürfnis nach einem Klassifikationssystem für Musikinstrumente zu bestehen, die neben den Phonogrammen ein wichtiges Forschungsgebiet für die vergleichende Musikwissenschaft bildeten. Gemeinsam mit Curt Sachs entwarf Hornbostel eine *Systematik der Musikinstrumente* in Nachfolge von Victor Mahillon, dessen Theorie sie erweiterten. Diese Systematik - die bis zum heutigen Tage verwendet wird[12] - veröffentlichten sie im Jahre 1914 in der *Zeitschrift für Ethnologie* (Heft 4/5; siehe auch HB 44).

Kurz darauf brach jedoch der Erste Weltkrieg aus, in dem Hornbostel als Mitarbeiter der *Artillerie - Prüfungskommission, Abteilung für Schallmeßwesen* an der Seite Max Wertheimers von Front zu Front zu ziehen hatte.[13] Es stellte sich heraus, daß ihre Untersuchungen auf dem Gebiet der *Wahrnehmung der Schallrichtung* (HB 85, 1920 veröffentlicht) von großer militärischer Bedeutung waren. Sie entwickelten nämlich eine Methode, die die Quelle des Geschützfeuers genau festzustellen versprach und erklärten daraufhin den verschiedenen Schallmeßtrupps, wie sie diese Methode anzuwenden hatten.[14]

11 Gegen 1919 rückte Lachmann ins Licht. Am 10. März 1919 schreibt Hornbostel an Sachs: „Daß sie dem kleinen Lachmann geholfen haben, ist nett von Ihnen. Er ist sehr strebsam und wird hoffentlich einmal ein tüchtiger Mitarbeiter in unserem Fach".

12 Haupteinteilung: Idiophone/Membranophone/Chordophone/Aerophone.

13 Wertheimer, einer der Begründer der Gestaltpsychologie, arbeitete gemeinsam mit Hornbostel im *Psychologischen Laboratorium* von Stumpf, wo auch der bereits genannte Robert Musil eine Zeitlang Forschungen betrieben hat.

14 Auch später hat Hornbostel Studien auf dem Gebiet der Wahrnehmung unternommen und einige Ergebnisse verbucht, die für die Wissenschaft von großem Belang waren. (Siehe beispielsweise die Artikel *The psychophysiology of monotic and diotic hearing* von 1923, HB 90; *Psychologie der Gehörserscheinungen*, 1926, HB 93.)

Die Wissenschaftler beschäftigten sich jedoch nicht nur mit der Schallmessung, sondern nahmen auch die Gelegenheit wahr, singende und spielende Kriegsgefangene phonographisch aufzunehmen. Auf diese ungewöhnliche Art und Weise gelang es doch noch, das Archiv mit neuen Phonogrammen zu bereichern. Das Schreiben mußte notwendigerweise ein paar Jahre ruhen. Erst 1917 erschien wieder ein Artikel von seiner Hand. Er handelte von den *Ruanda-Gesängen* (HB 17) und gehört damit zu einem seiner zahlreichen Artikel über sein geliebtes Thema: die afrikanische Musik. Im selben Jahr wurde er als Titularprofessor an der Berliner Universität eingestellt.

1918 veröffentlichte er einen Artikel über einen auffälligen Gegenstand, nämlich *Ch'ao-t'ien-tze, eine chinesische Notation* (HB 18). Hiermit tritt ein anderes Interessengebiet in den Vordergrund: das chinesische Musiksystem und die Entwicklung von chinesischen Systemen im allgemeinen, sowie die chinesische Maßnorm (siehe z.B. in HB 79) und die Stimmung von Musikinstrumenten in *Lü* im besonderen. China und die umliegenden Kulturen schienen in der allgemeinen musikalischen Entwicklungsgeschichte eine zentrale Rolle zu spielen, was u.a. den Annahmen der *Kulturkreislehre* entsprach. Diese Vermutung war wahrscheinlich der Grund dafür, daß sich Hornbostel in das chinesische Alphabet vertiefte. Er beschäftigte sich von jenem Moment an bis zu seinem Tode mit dessen Entstehungsgeschichte und mit derjenigen der Schrift im allgemeinen und bezeichnete diese Arbeit als ein Hobby: „und dann werde ich 'uft' sagen und mein Hobby satteln: den Ursprung des Alphabets" (Doss 441, Brief an Kunst 18. 6. 1926; siehe auch den Brief vom 15. 4. 1926).[15]

Sein Interesse für chinesische Dinge kommt auch in seinem 1919 an Curt Sachs verfaßten Brief zum Ausdruck, in dem er ihm die Frage stellt: „Kennen Sie Literatur und Entwicklungsgeschichte des Schachspiels, besonders des chinesischen?" (24. 7. 1919). Es war übrigens kein Zufall, daß er sich ausgerechnet bei Sachs hiernach erkundigte, denn er empfand große Bewunderung für dessen vielseitiges Wissen. Das äußerte er ihm gegenüber übrigens wenige Monate später in einem Brief, in dem Sachs sein *Handbuch der Musikinstrumentenkunde* kommentiert: „Ich bin ganz erschlagen von der Gelehrsamkeit, woher haben Sie bloß all die alten Quellen, besonders die literarischen? Wie kann man überhaupt so viel wissen? Schleierhaft!" (12. 9. 1919).[16]

15 *Doss* steht für *Dossier* und gehört zum Korrespondenz-Archiv von Jaap Kunst (*Universiteit van Amsterdam*), siehe ebenso Proosdij-ten Have/van Roon 1992.

16 Hornbostel hat wahrscheinlich die Probedrucke oder das Manuskript gelesen, denn das Buch erschien erst 1920.

Friedrich-Wilhelms-Universität

Ein schwaches Sprachorgan

1920 wollte der Staat aufgrund der ökonomischen Probleme das *Phonogramm-Archiv* zum persönlichen Eigentum von Hornbostel und Stumpf erklären, auf daß sie zukünftig die finanzielle Last selbst trügen. Stumpf verzichtete jedoch auf seinen Anteil, so daß von der Seite des Staates beschlossen wurde, die Wachsrollen in staatliche Obhut zu nehmen und Hornbostel im Tausche hierfür gegen geringen Lohn als Verwalter des Archivs einzustellen. Diese Unterstützung war sehr nötig, da auch Hornbostels weiterer Besitz durch die Inflation minimalisiert war.

1922 bemühte sich Hornbostel vor allem auf den Wunsch von Stumpf hin um eine Stelle zur Habilitation an der Berliner *Friedrich-Wilhelms-Universität* (gegenwärtig die *Humboldt-Universität*). In den Archivpapieren der Universität kann man unter dem Begriff *Habilitation* die frühesten Dokumente finden, die etwas über sein Leben und seine Persönlichkeit aussagen. Abgesehen von seinem bereits zitierten *Lebenslauf* wurden dort auch Empfehlungsschreiben und Meinungen von zu diesem Anlaß ausgewählten Musikologen und Interessierten gesammelt und aufbewahrt. In den *Acta der Friedrich-Wilhelms-Universität* sind unter dem Namen *Hornbostel* alle Erwägungen und Entscheidungen dokumentiert, die bei seiner Anstellung eine Rolle gespielt haben.

Am 26. Juli 1922 schrieb Stumpf eine Empfehlung, in der er Hornbostel als Leiter des *Phonogramm-Archivs* rühmte und außerdem betonte, wie bedeutend jener für die Anerkennung der vergleichenden Musikwissenschaft sei. Stumpf verwies auf die Vielfalt der Themen, über die Hornbostel publiziert hatte und pries vor allem die Art und Weise, mit der diese Artikel geschrieben waren: „Alle diese Abhandlungen zeichnen sich durch Exaktheit der Beschreibung und Analyse aus." Stumpf bewunderte die Genauigkeit, mit der er die melodische Struktur bei Tonmessungen zu bestimmen wußte. In der Berechnung von Melodie und Tonskala hat er es Stumpf zufolge „zu großer Virtuosität gebracht. Meinem Gefühl nach geht er darin schon fast zu weit." Seiner persönlichen Überzeugung bezüglich der Bedeutung einer systematischen Musikwissenschaft als selbständige universitäre Disziplin folgend, hob er hervor, daß Hornbostel außer in der Musikgeschichte auch auf dem Gebiet der Musiktheorie im allgemeinen gut zu Hause sei. Er sollte Dinge berichten können, die andere („auch ich", sagte Stumpf) nur Büchern entnähmen.

Die anderen Kommentatoren (u.a. Wolf, Dessoir und Westermann)[17] ließen überwiegend Positives über Hornbostel verlauten - bis auf *eine* Eigenschaft.

17 Es handelt sich um: *Johannes Wolf, Max Dessoir* und *Diedrich Westermann* („Freund Westermann, der Afrikanist" heißt es über den Letztgenannten in einem Brief Hornbostels an Kunst, Doss 441, 14. 7. 1933.)

Man sagte ihm nämlich ein so außergewöhnlich „schwaches Sprachorgan“ nach (Dessoir), daß er kaum zu verstehen wäre. Dessoir schwächte diese Kritik jedoch ab, indem er hinzufügte, daß er ja vor allem in der Forschung tätig sein würde und kaum Vorlesungen zu halten hätte.

Die Habilitation

Am 14. August wurde seine Habilitationsschrift (*Studien zur Form der ostasiatischen Musik)*[18] angenommen, woraufhin er sie am 30. November 1922 um 19 Uhr in der Fakultätssitzung gehalten haben soll.[19] Außer den Mitgliedern der Auswahlkommission, worunter Stumpf, Wolf und Dessoir, waren auch Hermann Kretzschmar, Westermann und Max Friedländer eingeladen worden. Am 22. Dezember gab die Philosophische Fakultät der *Friedrich-Wilhelms-Universität* bekannt, daß sie ihm das Recht verliehe, Vorlesungen zu halten, und zwar „unter Verzicht auf Probevortrag und Kolloquium“.

Es ist interessant zu wissen, wie die Vorschläge von Erich von Hornbostel für den Probevortrag (obwohl er von diesem ja freigestellt war) und wie die Themen für seine Antrittsvorlesung, von denen die Kommission das erste wählte, lauteten:

Themata für Probevortrag

1. Über Entstehung und Wanderungen von Tonsystemen.
2. Über die Musik der südamerikanischen Indianer.
3. Über die Unterschiede des ein- und zweiohrigen Hörens.[20]

Themata für die Antrittsvorlesung

1. Musikwissenschaftliche Methoden der Kulturforschung.
2. Musik, Maß und Zahl.
3. Der musikalische Bewegungsausdruck.[21]

Am 5. Februar des neuen Jahres wurde schließlich „Seiner Magnifizenz Herrn Rektor der *Friedrich-Wilhelms-Universität*“ gemeldet, daß Hornbostel sich „im Fache der Musikwissenschaft“ habilitiert habe. Trotz dieser neuen Stelle machte

18 Einer Notiz von seiner eigenen Hand (in der *Acta FW*) zufolge in zwei Teilen gedruckt.

19 Ich habe diese *Habilitationsschrift* nicht finden können. Curt Sachs schrieb, daß Hornbostel die Stelle erhielt, ohne daß er eine Habilitationsschrift abzugeben brauchte. In der *Acta FW* ist jedoch das genannte Datum, der Tag und die Stunde verewigt, zu welchen Hornbostel jene präsentiert haben muß. Lediglich von Probevortrag und Kolloquium wurde er befreit.

20 Siehe ebenso: ad 1. z.B. HB 55; ad 2. z.B. HB 4; ad 3. z.B. HB 89.

21 Siehe ebenso: ad 1. z.B. HB 38; ad z.B. HB 79; ad 3. z.B. HB 29.

er sich Sorgen um seinen finanziellen Zustand und darum, ob er in Zukunft genug verdiene, um Frau und Sohn ernähren zu können. Er überlegte bereits im November 1923 in einem Brief an Sachs, ob das Leben in Österreich nicht menschlicher und billiger sei als in Deutschland (6. 11. 1923.). Er blieb jedoch trotzdem in Berlin, wo er den folgenden entscheidenden Schritt zu einer Stelle als *nicht-beamteter außerordentlicher Professor* am 25. Juni 1925 unternahm.

Systematische und vergleichende Musikwissenschaft

Man suchte einen Nachfolger für den Lehrstuhl von Oskar Fleischer. Da auch Stumpf das rentenfähige Alter erreicht hatte, bemühte sich die Fakultät um einen Musikologen, der im Geiste Stumpfs die vakant gewordene Stelle von Fleischer übernehmen konnte. Hornbostel wurde vom Dekan und einigen Professoren als einziger vorgeschlagen, gebräuchlich waren drei Kandidaten (siehe *Acta FW,* Briefe vom 19. 1. 1925 und vom 30. 1. 1925). Georg Schünemann dagegen nannte drei für diese Stelle in Frage kommende Anwärter, nämlich Johannes Wolf, Curt Sachs und als letzten Hornbostel. Schünemann hielt Hornbostel ohne weiteres für den besten Kenner auf dem Gebiet der „exotischen" Musik und den geeignetsten Wissenschaftler auf dem der vergleichenden Musikwissenschaft, „allerdings fehlt ihm der musikgeschichtliche Gesamtüberblick und das Interesse für historische Fragen. Er neigt der Psychologie und der Ethnologie zu. Da er als Vortragender nicht immer zu fesseln weiß, ist seine Lehrtätigkeit nicht immer so hoch einzuschätzen wie seine rein wissenschaftliche Forschertätigkeit", so Schünemann. Max Friedländer erwähnte, daß Hornbostel diese Anstellung nur unter dem starken Druck von Stumpf angenommen hätte, und bei diesem Anlaß wiederholte auch er noch einmal, daß sein Sprachorgan außergewöhnlich schwach wäre. Hieraus schloß Friedländer, daß Hornbostel „keine wirkliche pädagogische Begabung" haben könnte. Er schlug übrigens auch Robert Lach vor, da er diesen für einen tüchtigen, wenn auch im Vergleich zu Sachs und Hornbostel weniger bedeutenden Mann hielt. Schließlich zog er Curt Sachs den anderen Kandidaten vor, der als Leiter der „Sammlung alter Musikinstrumente der *Staatlichen Hochschule für Musik*" verdienstvoll tätig war und für die Veröffentlichung seines *Handbuchs der Instrumentenkunde* 1920 viel Anerkennung hervorgerufen hatte.

Der *preußische Minister für Wissenschaft, Kunst und Volksbildung* entschied jedoch anders. Fleischers Lehrstuhl konnte nicht mehr neu besetzt werden und wurde auf diese Weise aufgehoben. Das Ministerium war trotzdem bereit, Hornbostel zum *nicht-beamteten außerordentlichen Professor* zu ernennen und erteilte ihm damit den Lehrauftrag. Diese Ernennung fand am 25. Juni 1925 statt, und sein Auftrag lautete folgendermaßen: „in der genannten Fakultät die systematische und vergleichende Musikwissenschaft in Vorlesungen und, soweit nötig, in Übungen zu vertreten".

Trotz seiner schwachen Stimme und seiner darum unterstellten mäßigen pädagogischen Begabung wußte Hornbostel viele Schüler zu inspirieren. Zu seinen Studenten gehörten beispielsweise Hans Helfritz, Fritz Bose, Mieczyslaw Kolinski, George Herzog und Walter Wiora.[22] Viele waren ihm aufgrund seiner warmen Persönlichkeit zugeneigt. Curt Sachs betonte anläßlich Hornbostels fünfzigsten Geburtstags, daß dessen Gedankenfülle erst im persönlichen Gespräch richtig zum Ausdruck käme. Bei Hornbostel „erschließt sich der ganze Reichtum seiner Gedankenwelt erst im Umgang von Mensch zu Mensch, im Durchsprechen der eigenen und fremden Pläne, und oft genug muß man die Geistesarbeit Hornbostels in den Veröffentlichungen seiner Freunde suchen, die er angeregt, befruchtet und mitgestaltet hat" (Sachs 1927:309).

Jaap Kunst

Jaap Kunst, der niederländische Pionier auf dem Gebiet der Ethnomusikologie, war einer dieser Freunde. Zahlreichen Theorien und Auffassungen von Hornbostel begegnet man in Kunsts Werk wieder. Er veröffentlichte sogar mit dessen Zustimmung und Ermutigung eine Broschüre über dessen Theorie vom 'Blasquintenzirkel' (Kunst 1948).

1923 wechselten Kunst, der sich zu der Zeit in Indonesien aufhielt, und Hornbostel die ersten Briefe. Erst 1927 trafen sie einander persönlich während einer Urlaubsreise Kunsts nach Europa. Später beschrieb Kunst ihn in seinem Nachruf als einen Mann, der eine recht große Postur habe, dabei jedoch einen wenig robusten, eher etwas schmächtigen Eindruck mache. Kunst zufolge hatte er Gefühl für Humor, war sogar gelernter Zauberkünstler, der als solcher der englischen Gesellschaft von „gentleman-magicians" verbunden war (Kunst 1936:78). In ihrer Bandung-Berlin-Korrespondenz stößt man auf weitere persönliche Details über Hornbostel (s.u., Teil II dieses Aufsatzes). Er scheint zum Beispiel ein großer Bewunderer Balzacs gewesen zu sein. 1927 schrieb er an Kunst: „Ich habe in den letzten Jahren sein ganzes Werk gelesen - 52 Bände! - dazu Briefe und ein paar Biographien. Die ganze Fülle dieses Genies hat man erst am Ganzen" (Doss 441, 23. 4. 1928). 1928 schickte er Jaap Kunst *La vie de Shelley* von Maurois, „ein reizendes Buch" (22. 4. 1928), und 1929 erwähnte er in seinem Brief vom 20. 8., daß er das Reisetagebuch von André Gide lese. Zwischen dem Überfluß an fachtechnischen Dingen, die in diesem Briefwechsel zur Sprache kamen, offenbaren diese bescheidenen Angaben etwas über Hornbostels Per-

22 Nur Kolinsky und Bose erreichten unter Hornbostel den Doktorgrad (siehe ebenso Christensen 1991).

sönlichkeit. In seinen Briefen an Kunst treten außerdem seine inneren Beweggründe angesichts seiner Arbeit ans Tageslicht. (Die gesamte Korrespondenz besteht aus zweihundert Briefen - vollständig in Frage und Antwort - verfaßt in den Jahren zwischen 1923 und 1935.) Auch Sachs bestätigt in seinem Personeneintrag zu Hornbostel in der Enzyklopädie *Die Musik in Geschichte und Gegenwart*: „Sein liebstes Ausdrucksmittel waren persönliche Briefe, die in seiner kleinen, feinen Handschrift zu erstaunlicher Länge wachsen konnten." (Sachs 1957:721) Diese Briefe wurden oft nachts zu Papier gebracht. Laut Kunst habe Hornbostel eine etwas ungewöhnliche Tageseinteilung: er sei spät aufgestanden, habe sich nach einer kleinen Mahlzeit zu Hause oder im *Phonogramm-Archiv* an die Arbeit gemacht, eventuell Vorlesungen gehalten, danach zu Mittag gegessen, gearbeitet, manchmal gegen Mitternacht noch kurz musiziert und sei nie vor drei Uhr im Bett gewesen (Kunst 1936:79). Er schien sich nicht für Politik zu interessieren, sondern begrub sich unter seiner Arbeit. Briefwechsel mit anderen handelten von der Forschung oder von persönlichen Themen. Er ereiferte sich gerne über allgemeine gesellschaftliche Zustände, denen er während seiner kulturhistorischen Untersuchungen begegnete. Ein häufiges Thema seiner Briefe an Kunst war der verderbliche Einfluß der Missionierung auf die einheimische Kunst nicht-westlicher Kulturen. Oft brachte er seine Wut hierüber zum Ausdruck, eine Wut, die er übrigens mit ihm teilte. Dies ist einer der Gründe, weshalb sie die Erhaltung dieser Musik mit Hilfe von Aufnahme und Transkription als kulturhistorisch wichtig erachteten.

Kairo

Nach 1920 wurden die Artikel Hornbostels umfassender und weniger spezialisiert. Nur einer seiner Artikel wurde noch von der Analyse eines Phonogramms veranlaßt. Von 1920 an bis hin zu seinem Tode erschienen lediglich zehn Artikel, die die Musik kurz beschrieben, während er in demselben Zeitabschnitt zwanzig *prinzipielle und zusammenfassende Verhandlungen* (Einteilung der *Opera Omnia* von Hornbostel durch Kunst), zehn Buchbesprechungen und siebzehn Artikel über Randgebiete (Maßnorm, Psychoakustik, Physiologie u.a.) veröffentlichte. Die letztgenannte Gruppe *Psycho-philosophische Studien* erweist sich als deutlich integriert in die der musikologischen Studien. Auffällig ist das Jahr 1933, in dem Hornbostel seinen gewöhnlichen Jahresdurchschnitt von drei bis vier Artikeln durchbrach und derer sieben sowie drei Buchbesprechungen anfertigte.

Diesem Jahr ging ein wichtiges Ereignis voraus: Der *Congrès de Musique Orientale* in Kairo im Jahre 1932, auf dem westliche und arabische Musikologen miteinander über den Zustand arabischer Musik diskutierten. Hornbostel besuchte diesen Kongreß gemeinsam mit Sachs und Lachmann (vgl. Racy 1991:68-91).

Aus seiner Korrespondenz mit Kunst und Sachs geht hervor, daß er sich aufgrund eines Herzleidens schonen müßte, obwohl ihm der Arzt die Reise nach Ägypten genehmigte. Auch beichtete er Sachs, völlig „pleite" zu sein, weswegen seine Reiseausrüstung äußerst bescheiden ausfiel (Brief vom 8. 2. 1932). Der Aufenthalt in Ägyptens Hauptstadt war für Hornbostel sehr nervenaufreibend, jedoch war er von glühender Begeisterung für das Land und seine Musik erfaßt. Das verhalf ihm zu vielen neuen Gesichtspunkten gegenüber den musikwissenschaftlichen Auffassungen Arabiens (vgl. HB 25). Auch im *Jaap-Kunst-Archiv* ist ein Brief von Hornbostel erhalten, der als historisches Dokument aufgrund der Informationen, die er über das Kongreßgeschehen gibt, von unschätzbarem Wert ist. Für Hornbostel stellte die Reise nach Ägypten eine einmalige Erfahrung dar, weil er nur in diesem Fall und während seines Aufenthalts in Nordamerika (1906) die Gelegenheit hatte, lebendige Musik an Ort und Stelle wahrzunehmen (abgesehen von den vereinzelten Konzerten, die er in Berlin besucht hatte). Hier ein Ausschnitt: „Wir saßen also 14 Tage lang, vor- und nachmittags, in einem großen Zimmer des Instituts und hörten, Kaffee schlürfend und Zigaretten rauchend (beides in Kairo köstlich) der Reihe nach eine marokkanische, eine algerische, eine tunesische, eine syrische und eine Irâq-Truppe, die man hatte kommen lassen und die als Gäste des Instituts die ganze Zeit zur Verfügung standen; und dann alles, was Ägypten selbst an Musik hervorbringt: das Beschrävorchester des Instituts, die jetzt berühmteste Sängerin (Om Kulzûm, wirklich eine ganz große Künstlerin), religiöse Tanzgesänge, eine Musikantengruppe, wie sie bei Hochzeiten usw. aufspielt (mit interessanten Tänzen, darunter ein Steckpferdtanz!), eine Dämonenbeschwörerin mit ihrer Truppe (dies war das Merkwürdigste von allen: Eine grandiose Hexe, die geholt wird, wenn hysterische junge Damen sich vom Afrit besessen glauben und für ihre Kur unsinnig hohe Bezahlung verlangt ... " (Doss 441, 20. 5. 1932).

Daß diese Reise während eines Deutschlands zu einer politisch und wirtschaftlich heiklen Zeit stattfinden konnte, ist beachtlich. Hornbostels Frau mußte in der Zeit, die er in Kairo verbrachte, ihr gemeinsames Haus neu einrichten, da sie gezwungen waren, kleiner zu wohnen: „Meine arme Frau muß inzwischen unsre Steglitzer Wohnung auf etwa ein Drittel komprimieren, denn wir behalten von April ab nur die hintere, kleinere Hälfte. Es wird auch so gehen und würde ganz gemütlich werden, wenn da nicht die unleidlichen Verhältnisse wären und kein Mensch kann voraussehn, was die nächste Zukunft bringt" (Doss 441, 13. 2. 1932).

Der Kongreß war für Hornbostel eine seiner letzten kurzen Freuden, denn nicht lange nach der Rückkehr der Berliner Musikologen aus Kairo wurde der Zustand in Deutschland unhaltbar. Ende März fand die Abreise der Familie Hornbostel nach Zürich statt, wo sie in den letzten Jahren oft die Ferien verbracht hatten. Hornbostel gehörte zu denen, die wie Sachs und Lachmann vom wachsenden Antisemitismus bedroht waren, da seine Mutter Jüdin war. Aus Angst vor dem Verlust ihrer Pässe würde die Familie nicht mehr nach Deutschland zurückkehren. „Morgens“ (31. März) „brachten sie mir zur Frühstückszigarette die Nachricht, daß wir am selben Abend nach Zürich fahren würden. Denn in Breslau hatte man allen Juden die Pässe abgenommen und es war zu befürchten, daß die Grenzen überhaupt gesperrt würden“ (Doss 441, 12. 7. 1933).

Erholungsurlaub

In den Archivpapieren der *Friedrich-Wilhelms-Universität* ist Hornbostel im März 1933 als krankgeschrieben eingetragen. Ab dem 1. April bedeutete das im *Phonogramm-Archiv* soviel wie „Erholungsurlaub“. Am 10. Mai fand vor der Universität die Bücherverbrennung statt, bei der alle Werke von nicht-arischen oder *entarteten* Autoren und Komponisten vernichtet wurden. In einem Brief an Kunst zieht Hornbostel zu diesem Thema einen französischen Berichterstatter heran: „En Allemagne il est défendu d'être intelligent.“ („In Deutschland ist es verboten, intelligent zu sein“, Doss 441, 12. 7. 1933). Viele flüchteten.

Hornbostel gelang es, als Professor an der *New School for Social Research* in New York angestellt zu werden. Man hatte dort bereits sehr schnell eine *University in Exile* organisiert, um geflüchteten deutschen Gelehrten eine weitere Tätigkeit auf ihrem Gebiet ermöglichen zu können. Hornbostel hatte die Berliner Universität noch offiziell um Erlaubnis für seine sogenannte ‘Gastdozentenschaft’ ersucht. In dem Universitätsarchiv befindet sich ein Brief des Ministers, der vom 1. August 1933 her datiert und folgendermaßen lautet: „Auf den Antrag vom 23. Juli 1933 beurlaube ich Sie zur Übernahme einer Gastprofessur in New York für die nächsten vier Semester aus Ihrer Stellung an der Universität Berlin.“ Am 18. August bat Hornbostel noch von Zürich aus um eine schriftliche Bestätigung, daß er länger als zwei Jahre an der Berliner Universität unterrichtet hätte. Diese Bescheinigung war für die Zulassung zu einer Anstellung in Amerika erforderlich. Postwendend wurde ihm seine Bitte erfüllt (22. August 1933), woraufhin er im September mit seiner Frau Susi und seinem Sohn Hans in die USA zog.[23] Kurze Zeit später wurde er zusammen mit dreißig anderen Dozenten und Professoren aus der philosophischen Fakultät entlassen. In dem letzten Dokument der Mappe 1473, Nr. 8638 der *Acta der Friedrich-Wilhelms-Universität,* verfaßt am 24. September 1933 in Berlin, hieß es: „Auf Grund von par. 3 des Gesetzes zur Wiederherstellung des Berufsbeamtentums vom 7. April 1933 entziehe ich Ihnen hiermit die Lehrbefugnis an der Universität“, gezeichnet *Der Preu-*

23 Hans hatte inzwischen sein Studium der Naturwissenschaften *magna cum laude* abgeschlossen (1930) und sogar schon die Aufmerksamkeit von Albert Einstein auf sich gezogen. Ein Stipendium hatte ihm bis 1933 die Arbeit in einem damals neuen *physikalisch-chemischen Institut* in Frankfurt am Main ermöglicht.

ßische Minister für Wissenschaft, Kunst und Volksbildung.[24] Auf der Liste mit den dreißig Namen sind neben Hornbostel bekannte Namen wie Liebert, (Lise) Meitner, Curt Sachs, Meyer, (Hans) Pringsheim und andere festgehalten.

Marius Schneider

In den Dokumenten des *Phonogramm-Archiv*s erkennt man Vorboten dieser *Gleichschaltung*. Die Propagandamaschinerie des Nationalsozialismus wurde schon ab 1930 intensiv eingesetzt. In dem Bericht der *Sitzung der Abt. III b. Musik der Deutschen Akademie München* vom vierzehnten Oktober 1932 begegnet man beispielsweise folgendem Beschluß: „Bei der Propagierung deutschen Geistes mögen in der Zukunft auch deutsche Musikgelehrte mit Vorträgen und Vorführungen beteiligt werden und stimmt den heutigen Äußerungen des Herrn Ministerpräsidenten Held durchaus bei, daß gerade die Musik zu den kräftigsten Werbemitteln für das Deutschtum gehöre." Es stellte sich heraus, daß Hornbostel dieser Sitzung nicht beigewohnt hatte. Moser (wahrscheinlich Hans Joachim) bedauerte das in einem an ihn gerichteten Brief, „denn ich hatte Sie dort als freundlichen Bundesgenossen für die Weiterführung der Wiederausgabe dringend anwesend gewünscht" (21. 9. 1932, *Acta Phon*).[25]

Marius Schneider, der Hornbostel seit dessen sogenanntem Erholungsurlaub vertrat, schrieb dem niederländischen Indien-Spezialisten Arnold Bake am 27. Juli 1933: „ob Professor von Hornbostel wieder zurück kommt oder nicht, wird im wesentlichen von ihm selbst abhängen, wir hoffen noch immer, daß er wiederkommt." Eine zweideutige Äußerung, denn Schneider wußte natürlich, daß diese Situation nicht durch Hornbostel bedingt war, sondern durch die deutsche Politik. Da meines Wissens noch nicht angemessen zum Ausdruck gekommen ist, was für eine zweifelhafte Rolle Schneider nach Hornbostels Flucht eigentlich innehatte, möchte ich an dieser Stelle noch etwas näher darauf eingehen. Kurz nachdem er als neuer Verwalter des *Phonogramm-Archiv*s eingestellt worden war, zog das Archiv in das *Museum für Völkerkunde* in Berlin-Dahlem um. Fortan sammelte man unter einem neuen Motto: „Musikaufnahmen zwecks musikalischer Rassenforschung" (*Acta Phon*). Aus Dokumenten des Archivs geht hervor, daß sich Schneider selbst ausführlich mit *musikalischer Rassenforschung* auseinandergesetzt hat. Daß dies nicht zufällig mit Adolf Hitlers Politik übereinkam, wird unverblümt in einem am 9. März 1938 von Schneider „an den Herrn Generaldirektor" adressierten Brief deutlich. Unter anderem behauptete er darin:

24 Die Abschrift dieses Dokuments wird im Anhang B des vorliegenden Buches reproduziert.

25 Siehe die Korrespondenz 1932-1933 des *Phonogramm-Archivs*. (Wenn die Angaben aus den Dokumenten des *Phonogramm-Archivs* stammen, schreibe ich: *Acta Phon*.) Die von Moser erwähnte *Wiederausgabe* könnte auf die *Sammelbände der Internationalen Musikgesellschaft* Bezug nehmen.

„Es gibt kein Institut, daß wie das unsere Musik- und Rassenforschung so eng miteinander verbindet und dadurch mehr der kulturellen Problemstellung Adolf Hitlers entspräche." Er bat um Geld, denn „wollen wir den Gedanken Adolf Hitlers auf jedem Gebiete zum Durchbruch verhelfen, so müssen unsere Mittel unbedingt erhöht werden." Trotz seiner nationalsozialistischen Auffassungen scheute er nicht davor zurück, seine jüdischen Kollegen Hornbostel, Sachs und Lachmann, die das Land hatten verlassen müssen, zu zitieren und von ihrem Werk Gebrauch zu machen, beispielsweise in seinem Artikel „Die Kunst der Naturvölker, Ethnologische Musikforschung", der in dem nationalsozialistisch gefärbten, 1937 von Preuß herausgegebenen *Lehrbuch der Völkerkunde* erschien.[26] Doch kann man in demselben Brief vom März 1938 lesen: „Ich glaube aber angesichts der Singularität meiner Arbeit wenigstens darauf hinweisen zu müssen, daß ich der Einzige bin, der seit meinem Vorgänger in der vergleichenden Musikwissenschaft mit neuen und richtunggebenden Gedanken hervorgetreten ist, statt nur auf den eingefahrenen Wegen weiterzuarbeiten." Diese „neuen Gedanken" brachte er auch während seines Vortrags „im Auftrag des Propagandaministeriums an dem Reichsmusiktag in Düsseldorf" zu Gehör, wie er am 3. Juni 1938 selbst angab. Es möge deutlich geworden sein, daß diese Gedanken von Schneider auf die weitere Verwaltung von Hornbostels Archiv Einfluß ausübten.

Zwei Jahre der Verbannung

„Sie wissen:
wer nur den Lieben Gott läßt walten - (und hat nichts),
und hoffet auf Ihn immerdar - (und kriegt nichts),
den muß er wunderbar erhalten - (sonst geht's nicht!)."
(Hornbostel an Kunst, Doss 441, 2. 6. 1935)

Der Name „Erich Moritz von Hornbostel" wurde vom *deutschen Geist* verbannt in das *Lexikon der Juden in der Musik* (Stengel/Gerigk 1941), das „für die Überwachung der gesamten geistigen und weltanschaulichen Schulung und Erziehung der NSDAP" herausgegeben wurde. Er befand sich darin in guter Gesellschaft; neben ihm wurden seine Mutter angeführt „Hornbostel, Helene von, s. Magnus" sowie sein Freund Robert Lachmann als Autor von *Musik des Orients* und „Bibliothekar der Musik-Abt. der Preuss. Staatsbibliothek-Berlin". Arnold Schönberg wurden drei Spalten geweiht („Diese Zwölftönemusik bedeutet in der

26 „Als Herausgeber liegt es mir aber besonders am Herzen, bekennen zu können, daß auch der Umweg über die Völker der Erde nur dem nationalsozialistischen Grundsatz entspricht: Alles für Deutschland, zu besonderer Erkenntnis des eigenen Volkes in Geschichte und Gegenwart durch den Vergleich mit der Menschheit überhaupt" - so Preuß am Schluß seines Vorwortes, Seite IV des *Lehrbuches*.

Musik dasselbe wie die jüdische Gleichmacherei auf allen anderen Gebieten des Lebens.[...] Geschichtsklitterung, die sich das Judentum gerade im Falle Schönberg leistete" und so weiter), aber auch Curt Sachs wurde besondere Aufmerksamkeit gewidmet: „versuchte in seinen zahlreichen Schriften (u.a. *Musik des Altertums*) nachzuweisen, daß die Musik des Abendlandes ihre wesentlichen Bestandteile von der jüdischen Tempelmusik übernommen habe". All diese Menschen haben Deutschland verlassen.

Curt Sachs ging 1933 nach Paris, wo ihm mit einem Stipendium der *Rockefeller-Foundation* die Gelegenheit geboten wurde, mit André Schaeffner im *Museé du Trocadéro* zusammenzuarbeiten. Er stellte dort seine berühmte Plattensammlung zusammen, die *Anthologie Sonore.*[27] Später, im Jahre 1937, wanderte er nach Amerika aus. Robert Lachmann blieb noch bis 1935 in Berlin und versuchte dort, die 1930 von ihm errichtete *Gesellschaft für vergleichende Musikwissenschaft* und die dazugehörige Zeitschrift (gegründet 1933) am Leben zu erhalten.[28] Schließlich zog er nach Israel (*Hebrew University*, Jerusalem). Hornbostel sandte Kunst daraufhin 1935 folgende Nachricht: „Nach einer kurzen Mitteilung Lachmanns sind er und Wolf von ihren Ehrenämtern bei der Ges. f. vergl. Musikwiss. zurückgetreten u. haben die Akten dem Vicepräsidenten Seeger (*New School*, N.Y.) geschickt. Unsre Zeitschrift scheint also auch der *Gleichschaltung* zum Opfer gefallen zu sein."[29] Besagter Charles Seeger half Hornbostel, in die USA zu gelangen (nach Kerman 1985:161).

Die Vereinigten Staaten und England

In New York begann Hornbostel seine neue Laufbahn als Professor an der *University in Exile.* Amerika empfing die Familie mit offenen Armen; er war überwältigt von der überschwenglichen Begrüßung. Er schrieb Kunst (der aus Indonesien in die Niederlande zurückgekehrt war) und Sachs hierüber und erzählte ihnen von dem *Farmhouse,* in dem er in der Nähe von New York vorübergehend verbleiben durfte. „Mit Charles Seeger (dem Musikologen der *New School*) zusammen plane ich eine Zentralstelle für Kopien von Phonogrammen in New York zu starten" (Doss 441, 1. 2. 1934).

Seine Gesundheit hatte sich in der Zwischenzeit jedoch verschlechtert und - in der Hoffnung sich zu erholen - reiste er auf die Bermudas. Er verbrachte dort drei Monate, aber sein Zustand wurde so ernst, daß er und seine Frau beschlossen, im Juni nach England zu reisen, wo die Möglichkeit zu besonderer medizi-

27 „2000 Jahre Musik auf der Schallplatte"; *Anthologie Sonore*, 1934-1938, Paris: Pathé.

28 *Zeitschrift für vergleichende Musikwissenschaft*, „in Verbindung mit Erich M. von Hornbostel und Johannes Wolf, herausgegeben von Robert Lachmann".

29 Siehe auch Doss 582, Korrespondenz Lachmann-Kunst, vor allem die Briefe von 1930 bis einschließlich 1936.

nischer Behandlung bestand. Sein Sohn Hans blieb in den USA. Nach einem zweimonatigen Aufenthalt im *Hampstead Nursing Home* schien es ihm etwas besser zu gehen, so daß er eine Wohnung in der *Lawn Street* in London beziehen konnte. Kunst besuchte ihn dort noch, als er in England Vorlesungen zu halten hatte. Eigentlich hatte Hornbostel vor, im Oktober nach New York zurückzukehren, aber der Arzt riet ihm, von diesem Plan noch eine Weile abzusehen. Am 17. Februar 1935 teilte Hornbostel Kunst mit, daß er sich definitiv in England niederlassen werde. Im Mai zog er nach Cambridge, wo er an der Universität eine Anstellung zu erwerben hoffte. Tatsächlich bekam er dort im Juni 1935 ein Stipendium: „Soeben erhielten wir die Nachricht, daß das Acad. Assist. Council einen (freilich sehr bescheidenen) grant für ein Jahr bewilligt hat. Also können wir wenigstens so lange hier bleiben u. hoffen, daß sich inzwischen noch eine andere, solidere Lebensgrundlage findet" (Doss 441, 18. 6. 1935).

Die letzten Arbeiten

Das Studium der Bildschrift und des Alphabets war das letzte, was ihn am Ende seines Lebens noch beschäftigte. Am 16. September schrieb er Kunst: „Ich habe mich besonders in die erstaunliche Indus Valley Culture hineinge[...kniet?; nicht lesbar] u. sehr spaßige Zusammenhänge gefunden, die auf der einen Seite über Südarabien - W. Afrika zu den Surinam-Buschnegern, andrerseits über China u. (Melanesien) Polynesien nach Amerika reichen." Er erkundigt sich bei Kunst nach Literatur über *Dewi shri* (javanische Göttin des Reis) aufgrund eines Zeichens für eine ähnliche Göttin in der *Indus-Schrift*. Einen Monat vor seinem Tod schrieb er begeistert, daß er den „Schlüssel zur Deutung der Indus-Siegel" gefunden habe: „es sind astrologisch-kosmologische Darstellungen, einschließlich der 'Schrift'. Sie sind nach dem Mondlauf orientiert u. die Symbole sind durch dieses Weltbild u. die praevedische Siva - Magna mater - Religion bestimmt". Eine Seite lang läßt er sich über Symbole und Ideogramme aus (Doss 441, 15. 10. 1935). Tierkreissymbole und die Indus-Schrift sind die letzten Themen, über die er sich neben einigen persönlichen Dingen mit Jaap Kunst schriftlich austauschte.

Curt Sachs erinnerte sich: „Wenige Wochen vor seinem Tode konnte ich von Paris aus zu ihm fahren, um ihn nach einem Vierteljahrhundert gemeinsamer Arbeit ein Letztes Mal zu sehen und stärker denn je zu empfinden, wieviel ich und die Welt ihm verdanken. Ich, persönlich, weil ich in ständigem Gedankenaustausch seiner Anregung, Aufmunterung und warnenden Kritik mehr schuldete, als ich jemals fähig war ihm wiederzugeben; die Welt, weil er neue Wege zu neuen Zielen gewiesen hat; weil er vorbildlich der Gelehrte war, dem es nur um Erkenntnis ging, ohne sich darum zu kümmern, ob andere von seinem Wissen und Sehen zehrten; weil er zu den wenigen gehörte, die über dem Ganzen nie die

Einzelheit und über der Einzelheit nie das Ganze vergaßen; und weil er in all seiner beispiellosen Gelehrsamkeit so warm und menschlich war" (Sachs 1948:18). Erich Moritz von Hornbostel starb am 28. November 1935.

II. Von Berlin nach Bandung

Die Korrespondenz zwischen Erich Moritz von Hornbostel
und Jaap Kunst, 1923 bis Ende 1935
(*Vortrag vom 9. Dezember 1995, Humboldt-Universität zu Berlin*)

"...Es wird sehr vieles im einzelnen zu berichten sein, aber selbst, wenn schließlich kaum ein Stein auf dem andern bleiben sollte, so war es doch eine gewaltige Pionierarbeit. Wir müssten erst für alle Teile der Welt so sorgfältige Einzeluntersuchungen haben wie die von Kunst, Kaudern, Nordensköld usw., ehe sich eine wirkliche Kulturgeschichte bauen lässt."
(Doss 441, Brief von Erich von Hornbostel an Jaap Kunst, 6.4.1929)

Erich Moritz von Hornbostel und Jaap Kunst haben 200 Briefe in zwölf Jahren ausgetauscht. Diese an der Amsterdamer Universität aufbewahrten Briefe sind auch darum so wichtig, weil Jaap Kunst sowohl Hornbostels Briefe als auch die Kopien seiner eigenen in einer Mappe zusammenbrachte. Es ist eine ununterbrochene Kommunikation von 1923 bis zu Hornbostels Tod am Ende des Jahres 1935. Auf frappante Weise reflektiert sie die Entwicklung der *Vergleichenden Musikwissenschaft* oder *Ethnomusikologie*, aber sie gibt auch ein sehr deutliches Bild von den Persönlichkeiten der beiden Forscher.

Ich werde versuchen, einen kleinen Teil des reichen Inhaltes dieser Korrespondenz zu beleuchten, jedoch in diesem Rahmen nur einen Zipfel des Schleiers lüften.[30] Trotzdem hoffe ich, daß Sie eine Ahnung davon bekommen, was in diesen Dokumenten versteckt liegt. Drei Briefe aus dieser Korrespondenz erscheinen im Anhang dieses Aufsatzes im Autograph bzw. Typoskript.

Zunächst möchte ich, im Hinblick auf die Tatsache, daß wir hier aus Anlaß des 60. Todestages von Erich von Hornbostel beisammen sind, in dieser Gesellschaft einige Gedanken zitieren, die - wie Hornbostel in einen Brief zu Jaap Kunst sagt - ihm lieb seien und die seine Freunde kennen sollten (Doss 441, 9. 10. 1925). Es geht um seine absschließende Aussage auf den letzten Seiten (Zusatz) des Artikels *Über Optische Inversion* (HB 86, 1921:156): "Wir können

30 Eine detailliertere Arbeit über diese Korrespondenz - auch im Zusammenhang mit dem Briefwechsel, den Kunst mit Hornbostels Berliner Kollegen Curt Sachs und Robert Lachmann führte - ist in Vorbereitung.

das Atom als Mikrokosmos *erleben*, wir können auch eine *Abhandlung* über die Sehnsucht schreiben. Nur ist uns *Dasselbe* nie zugleich konvex und konkav, Gegenstand und Erlebnis. Dem Sterblichen ist reine Hingabe und volles Sich-Ausströmen entzweit. Umfangend umfangen! ist Ganymeds *Wunsch*. Nur 'der Vollendete wandert nicht, doch weiß; schaut nicht, doch merkt; handelt nicht, doch wirkt' (Tao-te-king 47)."

Goethes Ganymed und das chinesische Tao-te-king, die Kombination von Naturwissenschaften und menschlichen Gefühlen, die Sehnsucht Hornbostels danach, alles um ihn herum miteinander zu verbinden, seine Suche nach dem Ganzen, nach der Gestalt des „umfangend Umfangen", - das alles ist kennzeichnend für die Person Hornbostels, der ich in dieser Korrespondenz begegnet bin und die man auch in seinen Publikationen wiedererkennt. Curt Sachs erzählt wohl nicht umsonst, daß sein Freund kein 'Vergleichender Musikwissenschaftler' genannt werden wollte, "denn alle Einzelheiten, die er fand und zusammentrug, waren ihm nur Teile eines großen Weltbildes" (Sachs 1957:721). Fast symbolisch für dieses große Weltbild steht seine "Blasquintentheorie", über die er bereits in seinem ersten Brief an Kunst schrieb: "Ich möchte glauben, daß es der Ursprung aller Instrumentalleitern der Welt ist und jedenfalls heuristisch wertvoll, um in das Chaos Ordnung zu bringen" (Doss 441, 8. 10. 1923).

Bevor ich hierüber fortfahre, möchte ich versuchen, ein Bild dieses Briefpartners von Hornbostel zu skizzieren. Jaap Kunst (1891-1960) ist der einflußreichste holländische Pionier des Faches *Musikethnologie*, insofern, daß seine Bemühungen auf dem Gebiet der traditionellen und nicht-westlichen Musik dazu geführt haben, daß ein Lehrstuhl an der Amsterdamer Universität für *Vergleichende Musikwissenschaft* gestiftet wurde.[31] Schon als junger Mann hatte er sich mit bestimmten Traditionen der holländischen Volksmusik beschäftigt, aber auf einer Reise in 1919 durch Indonesien hatte ihn die Gamelanmusik so fasziniert, daß er dort geblieben ist, um sich dem Studium der indonesischen Musik zu widmen. Sein Geld verdiente er als Zivilbeamter (ein *Koepernemèn Koelie* sagte man damals ironisch: ein „Kuli des Gouvernements"). Fünfzehn Jahre hat er in Indonesien gelebt und gearbeitet, und er hat sich so leidenschaftlich für eine systematische Untersuchung der indonesischen Musik eingesetzt, daß er zwei Jahre - von 1930 bis 1932 - als offizieller *Gouvernementsmusicoloog* arbeiten konnte.[32] 1934 kehrte er in die Niederlande zurück. Zwei Jahre darauf stellte man ihn als Konservator am Kolonialmuseum in Amsterdam an (inzwischen

31 Für eine allgemeine Übersicht der Entwicklung musikethnologischer Aktivitäten von holländischen Forschern, vgl. meinen Artikel in *Oideion II*: "Ethnomusicology in the Netherlands; The Pioneers" (1995).

32 Vgl. meinen Artikel: "Jaap Kunst, government musicologist; An unusual incident in the colonial political history of the Netherlands East Indies" (in: *Oideion II*, 1995).

KIT, *Koninklijk Instituut voor de Tropen*). Dieses Amt hat er neben seiner Lehrtätigkeit an der Universität bis zu seinem Tod bekleidet.

Sein Verdienst ist es, daß er ungeheuer viel an Aufnahmen, Instrumenten, Materialien und anderen Informationen auf dem Gebiet der traditionellen Musik gesammelt und registriert hat. Vielleicht ist die Tatsache, daß er Studenten und Kollegen zu wissenschaftlicher Arbeit in der Musikethnologie stimuliert hat, noch wichtiger. Dabei hat er aufgrund seiner Kontakte auf der ganzen Welt viel zu der internationalen Diskussion beigetragen. Tausende von Briefen hat er seit 1920 bis zu seinem Tode im Jahre 1960 verfaßt. Neben der Korrespondenz mit Hornbostel figurieren bekannte Namen wie Curt Sachs, Robert Lachmann, Fritz Bose, Ananda Coomaraswamy, George Herzog, Mantle Hood, Johannes Brandts Buys und Arnold Bake. Allerdings hatte er nicht nur Kontakte mit Musikologen, sondern auch mit Forschern anderer Disziplinen, wie der Anthropologie, Ethnologie, Archäologie, Literatur und Geschichte.

Im Vergleich zu allen anderen Briefwechseln ist derjenige mit Erich von Hornbostel von besonderer Bedeutung, nicht nur, weil er 200 Briefe zählt, sondern auch weil Hornbostel für Jaap Kunst die Bedeutung eines "Guru" hatte, wie er selbst in seinem Memoriam nach Hornbostels Tod bestätigte (Kunst 1936:81). In der Tat haben seine Briefe Hornbostel sehr oft zu ausgedehnten Antworten veranlaßt, in denen er ohne Hemmung seitenlang seine Ideen und Theorien entfaltet. Auch aus diesem Grunde sind diese Briefdokumente wichtig, denn Hornbostel zeigte - wenn es sich um eine offizielle Veröffentlichung handelte - ungewöhnliche Zurückhaltung.

Aus Hornbostels Sicht aus war die Korrespondenz mit Kunst nützlich, weil Kunst ein Forscher "an Ort und Stelle" war. Hornbostel schrieb ihm: "Es ist meine feste Überzeugung, daß ein wirklicher Fortschritt auf unserm Gebiet nur durch das Zusammenarbeiten der Spezialisten erzielt werden kann, und wer, wie Sie, die beneidenswerte Möglichkeit hat, an Ort und Stelle Tonwerkzeuge und Musik zu untersuchen, hat allein dadurch einen ungeheuren Vorsprung vor allen andern." (Berlin, 8. 10. 1923) Außerdem sei er froh über den "Stoß Sonderdrucke", den Kunst schon beim ersten Briefkontakt geschickt hatte. Sicher waren ihm Kunsts Tonmessungen 'Wasser auf die Mühle'. In dem Vorwort zu Kunsts Buch *De Toonkunst van Java* (1934) stellte er fest: "Schon auf den ersten Blick zeigte sich, daß hier ein sehr begabter, gut vorgebildeter und durchaus wissenschaftlich eingestellter Mann die aus den älteren Arbeiten von Groneman, Land und Ellis bekannten Tatsachen durch neue sorgfältige Beobachtungen und sogar Tonmessungen wesentlich bereicherte." (Kunst 1934/1949; siehe auch das Addendum des Briefes von Hornbostel, 23. 9. 1934).

In demselben Vorwort sagte Hornbostel: "Die ersten gegenseitigen Anregungen führten zu einem regelmäßigen Briefwechsel, der besonders dem weiten Ausbau der Theorie der Tonsysteme zugute kam. Kunst teilte mir seine zahlrei-

Foto 1: Erich M. von Hornbostel. Datum der Aufnahme nicht festgestellt

Foto 2: Erich M. von Hornbostel und der Schweizer Musikwissenschaftler Jacques Handschin vor dem Berliner Schloß, in dem das Psychologische Institut mit dem Phonogramm-Archiv seit 1920 untergebracht war. Datum der Aufnahme nicht festgestellt

Foto 3: Jaap Kunst. Datum der Aufnahme nicht festgestellt

chen Tonmessungen meist avant la lettre mit, und aus dem hin und her der gemeinsamen Diskussion erwuchsen die Hypothesen über 'Umschichtreihen', Ursprung und Entwicklung von Pélog und Slendro, u.s.w." Der Anfang von diesem "Hin und Her" ist schon ein Beispiel für den gesamten Inhalt der weiteren Korrespondenz.

Im August 1923 schrieb Kunst seinen ersten Brief (Bandung, 2.8.1923). Er berichtete über den Ursprung und die Etymologie der Pelog- und Slendro-Tonsysteme, über javanische Flöten, Tonmessungen des Gamelans und die auf diesen Instrumenten gebräuchlichen Stimmungen. Er deutete auf die Veröffentlichung seines Buches *De Toonkunst van Bali* hin (Teil I und Teil II, 1925) und beendete seinen Brief mit einer Frage über das Fixieren von Phonogrammen. Hornbostel antwortete, ebenso wie Kunst angeregt von diesem neuen Kontakt, jedoch sehr viel ausführlicher (Berlin, 8. 10. 1923). Er fragte Kunst, ob es ihm möglich wäre, zu den *Sammelbänden für vergleichende Musikwissenschaft* etwas beizutragen; man benötige eine Umschreibung des Artikels über indonesische Musik. (Der originale Text stammte von J. P. N. Land.) Gleichzeitig skizzierte er Kunst auch seine Blasquintentheorie (zwei Seiten lang) und beantwortete dessen Fragen über Instrumente und Phonogramme. Er bestätigte, daß das Berliner *Phonogramm-Archiv* bereit wäre, seine Phonogramme zu galvanisieren, gegen den Tausch von Kopien dieser 'Galvanos'. Es folgten Ratschläge zu musikalischen Aufnahmen, der Konservierung der Phonogramme und einige Bemerkungen über Slendro und Pelog, wonach der Brief mit "In ausgezeichneter Hochachtung, Ihr sehr ergebener E. Hornbostel" schließt.

Typisch für diese Korrespondenz ist die Tatsache, daß Kunst seine Briefe auf holländisch schrieb und Hornbostel die seinen auf deutsch; sie benötigten keine Übersetzung.

Der Kontakt zwischen diesen beiden Pionieren konsolidierte auf vielfältige Weise ihren Glauben an die Ethnomusikologie als Wissenschaft. Im Fall Jaap Kunsts hatte das 'was' und 'wo' die größte Priorität, so daß er sich auf die musikalischen Produkte oder Fakten konzentrierte: daher kam die zwingende Notwendigkeit, viel Feldforschung zu unternehmen und die dazu gehörende Berichterstattung so genau wie möglich zu gestalten.

Hornbostel konzentrierte sich mehr auf das 'wie' und 'warum' und war darum mit den allgemeinen psychologischen und physischen Verhaltensweisen beschäftigt. Außerdem war er immer an dem menschlichen Ursprung interessiert und meinte: "Wir möchten die fernste, dunkelste Vergangenheit entschleiern und möchten aus der Fülle des Gegenwärtigen das Zeitlose, Allgemeine herausschälen" (*Hornbostel Opera Omnia*, 1975:269). Es sei übrigens nebenbei bemerkt - ein markantes Detail -, daß sich der junge Hornbostel als Zauberkünstler qualifiziert hatte; ein anderes Entschleiern des Dunkels. Illustrativ jedenfalls für dieses Entschleiern der Vergangenheit ist sein Interesse am Ursprung des Alphabets; seit 1924 war das - so wie er es selbst nannte - sein "Hobby". Wohl sagte er Kunst, daß er hoffe, als "Laie" die Experten schachmatt zu setzen (Doss 441, 18. 6. 1926). Es wurde ein Hobby fürs Leben. Er äußerte Kunst gegenüber denn auch: "Von den beiden Hypothesen, die ich nicht verloren gehen lassen möchte, weil sie andern von Nutzen zur Weiterarbeit sein könnten, ist die eine, die Blasquintentheorie... Die zweite Sache, die mir am Herzen liegt, ist die Arbeit über Sinn und Ursprung des Alphabets."

Selbstverständlich ist das wichtigste Thema ihrer Briefe der vielfältige Vergleich der über die verschiedenen kulturellen Traditionen gefundenen Tatsachen. Die Ideen der "Kulturkreislehre" und des "Diffusionismus" waren in ihren Diskussionen deutlich präsent. Nicht nur musikalische, sondern auch linguistische Aspekte spielten eine Rolle. Beharrlich tauschten sich Kunst und Hornbostel über die Etymologie und Analogie zwischen den Musikinstrumenten und der Musik sowie über die kulturelle Genealogie ihres eigenen Daseins aus. Der Vergleich anderer Kulturen mit der europäischen im Sinne der Entwicklungsgeschichte wurde nicht immer explizit vorgenommen, aber manchmal konnte Hornbostel seine Begeisterung über die für ihn offensichtlichen Übereinstimmungen nicht unterdrücken: "Ich habe unsere zweistimmigen isländischen Phonogramme bearbeitet: es sind tatsächlich Quintenorgana. Also Vokalmusik des 7. Jh. - spätestens - auf dem Phonographen!" (16. 7. 1929).

Die transpazifischen Kulturströme und die Parallelen zwischen Afrika und Indonesien waren ständige Themen der Konversation. Es wurde für Hornbostel üblich, viele Hypothesen zu lancieren, übrigens niemals ohne Selbstkritik; zum Beispiel sagte er lächelnd über eine seiner Hypothesen: "die wievielte mag es wohl sein". Andererseits betonte er die Notwendigkeit, Hypothesen zu entwerfen, "sei es auch nur um sie abzulehnen" (7. 12. 1927), gemäß der Überzeugung, "es wird sehr vieles im einzelnen zu berichtigen sein, aber selbst, wenn schließlich kaum ein Stein auf dem andern bleiben sollte, so war es doch eine gewaltige Pionierarbeit (6. 4. 1929)".

Die "Blasquintentheorie" durchtränkte ihre Korrespondenz. Zunächst ist ein andauernder Dialog über die zahllosen Tonmessungen an Instrumenten zu vermerken.[33] Anhand dieser Tonmessungen wurde die Blasquintentheorie wieder und wieder überprüft. Kunst wurde später eine Art Vermittler für Hornbostel,

33 Diese Theorie geht von der Annahme aus, daß die Stimmung von bestimmten brasilianischen Panpfeifen auf einem Zirkel von 23 Quinten basiert. Jede Quint hat dann durchschnittlich 678 Cents (gemäß Ellis' System), im Gegensatz zu der reinen Quinte von 702 Cents. Diese zu kleine Quinte hört man als ersten Oberton beim Überblasen einer gedackten Röhre. Die Stimmung jeder Röhre einer Panpfeife könne anhand der übergeblasenen Quinte der vorhergehenden erreicht werden. Hornbostel meinte, es wäre möglich, eine vergleichbare Stimmdisposition bei anderen Instrumenten zu entdecken und dadurch eine genealogische Verwandtschaft zu beweisen.

wohl weil er den Mut hatte - mit dessen Zustimmung - Details über diese Theorie zu publizieren, bevor jener selbst dazu kam. Nach Hornbostels Tod schrieb Kunst noch eine ausführliche Abhandlung über die Blasquintentheorie (*Around von Hornbostel's theory of the Cycle of Blown Fifths,* 1948).

Trotz Kunsts Bemühungen, die Theorie seines Brieffreundes bekannt zu machen, benötigt man Hintergrundinformationen, wie sie diese Briefe vermitteln, um das Wesen dieser Theorie wirklich zu verstehen. Kunsts "Übersetzungen" der Hornbostel-Hypothese sind dogmatisch und ermangeln der eigentlichen gewagten Einsicht oder des Überblicks, den jener hatte, als er diese Hypothese entwickelte. Wie bereits erwähnt, sind diese Dokumente vor allem deshalb wichtig, weil Hornbostel mit der Veröffentlichung seiner Ideen zögerte; er hat nur einen kleinen Teil seiner Gedanken in die Öffentlichkeit getragen. Wohl hat er seinen holländischen Kollegen darum gebeten, für seinen Nachlaß zu sorgen, falls er frühzeitig sterben sollte. Kunst möge das, was er für nützlich halte, nachträglich publizieren. Er hat diese Bitte sehr ernst genommen und sammelte alle Artikel Hornbostels nach dessen Tode, um damit die *Opera Omnia* vorzubereiten, die dann auch zustande gekommen sind, aber lediglich in Gestalt von sieben maschinengeschriebenen Büchern. Zur offiziellen Herausgabe von Hornbostels Gesamtwerk ist es leider, abgesehen von einer Teilpublikation im Jahre 1973, niemals gekommen (siehe Teil III *Opera Omnia* dieses Artikels).

Um zu demonstrieren, wie erhellend die Briefe beispielsweise bezüglich der Blasquintentheorie sein können, stelle ich hier den Aussagen Bukofzers aus seinem Artikel „Blasquinte" in *Die Musik in Geschichte und Gegenwart* die Darlegung Hornbostels aus seinem Brief an Kunst entgegen (Hervorhebungen und Auflösung der verwendeten Abkürzungen von mir, MvR).

Bukofzer (1949:1920): "Die Behauptung, daß die Blasquinte eine konstante Größe *sei* (sic!), ist akustisch nicht haltbar, sie ist im wahrsten Sinne des Wortes aus der Luft gegriffen... Die Blasquinte ist *tatsächlich variabel* innerhalb einer sehr großen Schwankungsbreite, die *von der Mensur der Pfeife abhängt* (sic!)."

Hornbostel an Kunst (8. 10. 1923): "Ich habe eine konstante Verkleinerung der Blasquinte *angenommen* (sic!). *Tatsächlich* ist die Vertiefung ja *nicht ganz konstant, sie hängt von der Rohrdimensionen ab.* (sic!)" Hornbostel behauptete, daß das System ein Ideal sei. Dabei nahm er einen konstanten Reduktionsfaktor an und fügte hinzu, daß man dieses Ideal (so wie alle Ideale) nur per Zufall erreichen könne. Der Konflikt mit Bukofzer lag hier natürlich in dem Unterschied zwischen "annehmen" oder tatsächlich "sein". Hornbostel sagte zum Beispiel auch: "Ich habe nun als Hoang Dschung 732vd (entsprechend einem Fuß von 230 mm) angenommen, was bei dem elenden Zustand der chinesischen Metrologie einigermaßen willkürlich war..." Bukofzer aber reagierte auf ein nicht bestehendes Dogma: "Der Huang Chong ist nicht 366 Hz, wie Hornbostel angibt, sondern nur ca. 358 Hz." Weiterer Kommentare bedarf es nicht, bestenfalls noch einer Aussage Hornbostels bezüglich dieser Theorie: “Dies alles bitte ich nur als freche Hypothese anzusehen - aber ohne Mut kommt man nicht weiter” (16. 4. 1924).

Eine Sorge, die Kunst und Hornbostel teilten, war die Sorge über den Verlust musikalischer Traditionen als Resultat westlicher Einflüße. Beide waren aufrichtig empört über die Bemühungen von einigen Missionaren, die einheimische Musik an den Orten, wo sie arbeiteten, zu verbannen oder sogar auszurotten, als sei sie heidnisch und teuflisch. Aber nicht nur die Missionierung, sondern auch der Kommerz und die Medien übten ihrer Meinung nach einen vernichtenden Einfluß aus. “Aus ‘liebenswürdigen Kannibalen’ werden abscheuliche, whiskeytrinkende Proletarier” schrieb Hornbostel an Kunst, wobei er wohl nicht ohne Ironie den Ausdruck “liebenswürdige Kannibalen” aufgriff (5. 9. 1929). Auch seufzte er: “Wie lange noch, und an die Stelle des Suling wird das Saxophon treten” (22. 9. 1929). Er bat Kunst aus diesem Grunde, die Aufführung authentischer indonesischer Musik zu fördern.

Beide Männer versuchten jedoch soviel wie möglich durch das Sammeln und Aufnehmen der nicht-europäischen Musik zu erhalten: Hornbostel in Berlin mit seinem *Phonogramm-Archiv* und Kunst mit seiner Sammlung in Bandung und später in Batavia. Regelmäßig schickten sie einander Tabellen dieser Aufnahmen und Übersichten ihrer weiteren Sammlungen.

Nach dem Durchlesen von Hornbostels Briefen ist man nicht nur beeindruckt von seiner Gelehrtheit, seinen Kenntnissen und seinem Überblick über die Tatsachen, sondern auch insbesondere von seiner Menschlichkeit. Die kleinen Details, die man über seine Persönlichkeit erfährt, bestätigen dabei das Bild eines sehr sympathischen Mannes, den man sich noch besser ausmalen kann, wenn man in seinen Briefen vernimmt, daß er ein großer Bewunderer von Shelley und Balzac war, auf hohem Niveau Klavier spielte, und Bach, Berlioz und Debussy liebte (siehe auch Teil I dieses Artikels). Aber noch mehr kennzeichnet es seine Person, daß er ein Jazzliebhaber war. Er schrieb Kunst anläßlich eines Jazz-Konzerts in Berlin in 1926: “...die Leute benutzten die notierte Musik nur als Programm für ihre Improvisationen. Die Behandlung der Blasinstrumente (Saxophon, Posaune, Trompete) ist köstlich und oft unbeschreiblich komisch. Die Rhythmik noch ganz negerhaft und die Harmonik sehr reich an Einfällen. Das ganze paßt so in unsre Zeit und ist so frisch und lebendig, daß ich glauben möchte, daß von hier das wirklich Neue der nächsten musikalischen Entwicklung kommen wird” (19. 7. 1926). Hornbostel sah Jazz als die mögliche Inspiration einer neuen musikalischen Entwicklung an, wie es einer seiner nächsten Briefe bestätigt: “...in diesen Dingen liegen Keime einer neuen Musikentwicklung (die über Strawinsky hinausführen würde, besonders auch im Rhythmischen)” (23. 2. 1927).

Er hatte nicht erwarten können, daß eine politische Macht diesen Optimismus vernichten würde, indem sie die Jazz-Musik als "Entartete Musik" bezeichnete. Im Jahre 1933 vertrat man an der "Hochschule der Musik", an die das *Phonogramm-Archiv* zu der Zeit angegliedert war, die Position "Was gehen uns die Neger an...". Einige wollten das Archiv abstoßen (Doss 441, 24. 7. 1933). Die weitere Geschichte ist bekannt. Hornbostel kam nach England, nachdem er eine kurze Zeit in New York gewohnt hatte, und starb dort Ende 1935.

Jaap Kunst beschrieb in seinem Nachruf Hornbostels Einmaligkeit und meinte, was Hornbostel einmal über Carl Stumpf geschrieben hatte, würde auch für Hornbostel selbst gelten: "Wie durch die seltene Verbindung musikalischer und philosophischer Anlagen ist sein ganzes Schaffen durch die ständige Wechselwirkung zweier Wesenszüge bestimmt: der Weite des Blickfeldes und der Gewissenhaftigkeit gegenüber den Tatsachen."

III. Opera Omnia

„Nun möchte ich Sie um einen großen Freundschaftsdienst bitten: ich möchte verfügen, daß mein wissenschaftlicher Nachlaß Ihnen übergeben wird, damit Sie ihn sichten und, was Ihnen brauchbar scheint, in eigenen Arbeiten verwerten oder sonstwie herausgeben. Sie kennen ja meine leidige Gewohnheit, nur unter äußerem Zwang etwas druckfertig zu machen und mich im Übrigen damit zu begnügen, für mich und die Interessenten, denen ich die Ergebnisse mündlich mitteilen kann, zu arbeiten. Das eine oder das andre werde ich ja, so Gott will, noch selbst herausbringen, aber es wird sicher noch Vieles übrig bleiben, was nur après moi aus dem déluge herausgefischt werden kann, sofern es für irgendwen noch von Nutzen sein könnte“ (Erich von Hornbostel an Jaap Kunst, Doss 441, 19. 4. 1930).

Jaap Kunst empfand diesen Auftrag als eine verantwortungsvolle Verpflichtung und fühlte sich gleichzeitig sehr geehrt. Er versprach Hornbostel, für dessen „wissenschaftlichen Nachlaß“ zu sorgen (siehe Doss 441, Brief Kunst 4. 6. 1930) und hielt sich an sein Wort. Kunst stellte sich die Aufgabe, das Gesamtwerk seines Freundes zusammenzustellen. Am 9. Oktober 1946 schrieb er Frau Susi von Hornbostel (Doss 442): „Auf Anregung einer meiner Schüler, Vater Rozing, befleißigen wir uns, alle Verhandlungen von Erich in drei Bänden zusammenzufügen - leider nur in vier Exemplaren“ (das heißt vier abgezogene Exemplare - jedes bestehend aus acht Büchern und drei Durchschlägen).[34]

34 NB: In seinem *In Memoriam* (Kunst 1936) und in den von ihm zusammengestellten *Opera Omnia* spricht Kunst von „Erich Maria von Hornbostel“. Dieser kleine Irrtum ergab sich aus der Tatsache, daß Hornbostel seinen zweiten Vornamen nie ausgeschrieben hatte, sondern höchstens „Erich M.“ angab. Kunst hat mit dieser Auflösung des „M.“ Verwirrung gestiftet.

Foto 4: Jaap Kunst in seinem Arbeitszimmer, vermutlich im Kolonial Institut (KIT) in Amsterdam. Datum der Aufnahme nicht festgestellt

Es stellte sich heraus, daß es nicht leicht war, alle Veröffentlichungen von Hornbostel aufzufinden. Glücklicherweise hatte er Kunst im Laufe der Jahre Separatdrucke von vielen seiner Artikel zugesandt, trotzdem fehlte noch vieles. Mit Unterstützung von Susi von Hornbostel, die Kunst und Rozing für ihre Initiative dankbar war, versuchten sie, die Liste zu komplettieren. Susi von Hornbostel verfügte noch über einige unveröffentlichte Notizen und vor allem über die Texte von Vorträgen. Sie schickte diese Dokumente mit einigen Fotos in die Niederlande, aber das Schicksal wollte es so, daß ausgerechnet dieses Paket mit persönlichem Material in der Post verlorenging. Unzustellbar wurde es am 21. Januar 1948 „in accordance with the regulations" von der britischen Post vernichtet (siehe Doss 442 und Epilog der *Opera Omnia*). Über seine letzten, unveröffentlichten Studien kann man also nur etwas in Erfahrung bringen, wenn man seine Briefe liest, soweit sie noch erhalten sind.

In einem Fall ist noch etwas aus seinem Nachlaß publiziert worden, nämlich seine Studie der Feuerländer. Bereits 1932 hatte er Kunst geschrieben: „Jetzt bin ich dabei, endlich die 1912! begonnene Arbeit über die Feuerländer fertig zu machen" (Doss 441, 29. 11. 1932). Das Werk, auf das er hier Bezug nimmt, ist vermutlich sein Beitrag zu dem Buch *Die Feuerland-Indianer* von Martin Gusinde, dessen erster Teil 1931 bei Mödling herausgegeben wurde. Hornbostels Text sollte im dritten Teil erscheinen, aber die Veröffentlichung des zweiten und dritten Teils wurde ständig verschoben. *Volume II* erschien erst 1937. Der Rest des Buches ließ so lange auf sich warten, daß die schwedische Zeitschrift *Ethnos* 1948 um Erlaubnis fragte, ob sie eine englische Version von Hornbostels Manuskript anfertigen und als Artikel herausgeben dürfe. Gusinde erteilte die Erlaubnis, und so erschien dreizehn Jahre nach Hornbostels Tod *The Music of the Fuegians*. In den Jahren 1934/35 hatte er noch einen zweiten Artikel über die Feuerländer verfaßt, in dem er seinen Beitrag zu Gusindes Buch (damals noch für den zweiten Teil geplant) erwähnte. Auch diese Arbeit erschien postum, allerdings bereits 1936 unter dem Titel *Fuegian Songs* (HB 27).

Jaap Kunst hat diesen *Ethnos*-Artikel im letzten Moment in das von ihm zusammengestellte Gesamtwerk als Nummer 65 der *Prinzipiellen und zusammenfassenden Verhandlungen* mit einbinden können.[35] Er gehört eigentlich in den ersten Teil, *Nicht-europäische Musik*, in den alle Beschreibungen nicht-westlicher Musik aufgenommen sind. Der dritte Teil besteht aus *Buchbesprechungen, diversen und Psycho-philosophischen Studien*. Insgesamt zählt die Inhaltsangabe 96 Nummern, aber die Artikel 81 bis einschließlich 96 fehlen. Kunst kam scheinbar nicht mehr dazu, diese auch mit in die Ausgabe mit einzubinden, obwohl er sie bereits kopiert hatte. (Diese Kopien befinden sich im *Jaap-Kunst-Archiv* der *Universiteit van Amsterdam*.)

Die Inhaltsangabe dieser von Kunst zusammengestellten *Opera Omnia* erfolgt im Anhang des vorliegenden Buches.

35 Ein anderer Artikel hat offensichtlich für die *Fuegian Songs* das Feld räumen müssen. Die *Opera Omnia* waren bereits 1946 fertiggestellt, während der *Ethnos*-Artikel erst 1948 erschien. Die Inhaltsangabe in den *Opera Omnia* gibt unter der Nummer 65 noch den Titel: *The collections of phonograph-records in North America and Hawaii* (1933) an. Vermutlich brachte Hornbostel diese Studie während seines kurzen Aufenthalts in den USA zu Papier. Ich habe sie noch nicht wiederfinden können.

Literatur/Quellen

Acta FW - Akten der *Friedrich-Wilhelms-Universität* (nun *Humboldt-Universität zu Berlin*), philosophische Fakultät, betreffend *Habilitationen* und aus den *Mappen 1471, 1473, 1478.*

Acta Phon - Akten des *Phonogramm-Archivs* (heute in der Musikethnologischen Abteilung des Museum für Völkerkunde, Staatliche Museen zu Berlin Preußischer Kulturbesitz).

Korrespondenz Jaap Kunst - Erich M. von Hornbostel (Doss 441, 1923 -1936): *Jaap Kunst-Archief (Kamer 463), Universiteit van Amsterdam, P. C. Hoofthuis.* (Siehe auch Proosdij-ten Have/Van Roon 1992.)

Korrespondenz Curt Sachs - Erich M. von Hornbostel: ibd.

Hinweis: Das Verzeichnis der *Opera Omnia* nach J. Kunst befindet sich im Anhang des vorliegenden Buches. Verweise im laufenden Text auf HB-Nummern der *Opera Omnia* Hornbostels bitte im Anhang nachschlagen.

Adler, Guido

1885 "Umfang, Methode und Ziel der Musikwissenschaft". In: *Vierteljahresschrift für Musikwissenschaft* 1, S. 5-20.

Bukofzer, Manfred

1936 "Präzisionsmessungen an primitiven Musikinstrumenten". In: *Zeitschrift für Physik* 99, 9-10, S. 643-665.

1937 "Kann die 'Blasquintentheorie' zur Erklärung exotischer Tonsysteme beitragen?". In: *Anthropos* 32, S. 402-418.

1949 Art. "Blasquinte". In: Friedrich Blume (Hrsg.), *Die Musik in Geschichte und Gegenwart, Allgemeine Enzyklopädie der Musik*, Bd.1, Spalte 1918-1924. Kassel und Basel: Bärenreiter-Verlag.

Christensen, Dieter

1991 "Erich M. von Hornbostel, Carl Stumpf and the Institutionalization of Comparative Musicology". In: Bruno Nettl and Philip V. Bohlman (eds.), *Comparative Musicology and Anthropology of Music*, S. 201-210. Chicago/London: The University of Chicago Press.

Hornbostel, Erich Moritz von

19— *Opera Omnia* 1-4, Jaap Kunst (Hrsg.) [unveröffentliches Manuskript, u.a. aufbewahrt in der "Handboekerij", Koninklijk Instituut voor de Tropen, Amsterdam].

1975 *Hornbostel Opera Omnia*, Klaus P. Wachsmann, Hans-Peter Reinecke und Dieter Christensen (Hrsg.), Den Haag: Nijhoff.

Kerman, Joseph

1985 *Musicology*. London: Fontana Press.

Kunst, Jaap und C. J. A. Kunst-Van Wely
1922 "Over Balische Muziek", *Djawa* 2,3, S. 117-146;194-196.
1925 *De Toonkunst van Bali* 1,2. Weltevreden.
Kunst, Jaap
1934 *De Toonkunst van Java*, Den Haag: Nijhoff.
1936 "Bij den dood van Erich von Hornbostel". In: *Orgaan der Federatie van Nederlandsche Toonkunstenaars-Verzekeringen*, Januar 1936, S. 74-81.
1948 *Around von Hornbostel's theory of the Cycle of Blown Fifths* ("Mededeling 76"; De Koninklijke Vereniging Indisch Instituut). Amsterdam.
1949 *Music in Java* [Englische Übersetzung von *De Toonkunst van Java*, Neuausgabe 1973]. Den Haag: Nijhoff.
1955 *Ethnomusicology, with an extensive bibliography*. (Dritte Auflage 1973) Den Haag: Nijhoff.
Musil, Robert
1983 *Tagebücher*. Hrsg. von Adolf Frisé. Reinbek b. Hamburg: Rowohlt (1. Aufl. 1976).
Preuß, Konrad Th. (Hrsg.)
1937 *Lehrbuch der Völkerkunde*. Stuttgart: Ferdinand Enke Verlag.
Proosdij-ten Have, L.M. van en M.J. van Roon
1992 *Jaap Kunst, Correspondence 1920-1940: An Annotated Index*. Amsterdam: Van Proosdij/Van Roon.
Racy, Ali Jihad
1991 "Historical Worldviews of Early Ethnomusicologists: An East-West Encounter in Cairo, 1932". In: S. Blum, Ph. V. Bohlmann and D.M. Neumann (eds.), *Ethnomusicology and Modern Music History*, S. 68-91. Urbana and Chicago: University of Illinois Press.
Roon, Marjolijn van
1993 "From Bandung to Berlin: the correspondence between Jaap Kunst and Erich Moritz von Hornbostel, 1923 to 1936". In: Van Zanten (Hrsg.), *Oideion: The performing arts world-wide*, I, S. 19-36. Leiden: Centre of Non-Western Studies, Leiden University.
1993 *Rondom Erich Moritz von Hornbostel 1877-1935*, Diplomarbeit Musikwissenschaften, unveröffentlicht, aufbewahrt in der Rijksuniversiteit, Utrecht.
1995 "Ethnomusicology in the Netherlands; The Pioneers". In: Van Zanten/Van Roon (Hrsg.), *Oideion: the performing arts world-wide*, II, S. 1-26. Leiden: Centre of Non-Western Studies, Leiden University.
1995 "Jaap Kunst, government musicologist; An unususal incident in the colonial political history of the Netherlands East Indies". In: Van Zanten/Van

Roon (Hrsg.), *Oideion: the performing arts world-wide*, II, S. 63-83. Leiden: Centre of Non-Western Studies, Leiden University.

Sachs, Curt

1927 "Erich M. von Hornbostel - Zum 50. Geburtstag". In: *Zeitschrift für Musikwissenschaft* 9, 5. Leipzig 1927: Breitkopf & Härtel.

1928 *Geist und Werden der Musikinstrumente*. Berlin (Neudruck Hilversum 1965: Frits A. Knuf).

1948 "Erich M. von Hornbostel (1875-1935)". In: *Die Musikforschung* 1, 4, 1948, S. 217-218

1957 Art. "Hornbostel, Erich M[oritz] von". In: Blume, Friedrich (Hrsg.), *Die Musik in Geschichte und Gegenwart*, Band 6, Spalte 719-723. Kassel und Basel: Bärenreiter-Verlag.

Schneider, Albrecht

1976 *Musikwissenschaft und Kulturkreislehre*. Bad Godesberg/Bonn: Verlag für systematische Musikwissenschaft.

Schneider, Marius

1937 "Die Kunst der Naturvölker". In: K.Th. Preuß (Hrsg.), *Lehrbuch der Völkerkunde*, S. 135-172. Stuttgart: Ferdinand Enke Verlag.

Anlage 1: Brief Erich M. von Hornbostels an Jaap Kunst vom 22. September 1929. Die Reproduktion erfolgt mit freundlicher Genehmigung der Universiteit van Amsterdam.

Liebster Freund!

Ihre beiden Briefe vom 14. u. 20.8. bekam ich noch auf der Lenzerheide in dem Augenblick der Abreise und eben als der Zug in Chur abfuhr, stimmten wir mit Freudensprüngen in Ihr Hip, Hip, Hurra! ein. Wir halten den Daumen, dass es nicht verfrüht gewesen sein möge und der Landtag den Posten bewilligt. Und erwarten mit Ungeduld die definitive Nachricht. Es wäre herrlich, wenn Sie endlich von Ihrer Frohnarbeit erlöst und ganz unsrer Wissenschaft gegeben würden! Herrlich für Sie, für uns, für die Wissenschaft - und es wäre ein Präzedenzfall geschaffen, auf den man die andern Kolonialmächte als Vorbild hinweisen müsste.

Für meine Fürsprache in Honolulu haben Sie sich zu früh bedankt: ich bekam eben von Boas die beiliegende Kopie von Direktor Gregorys Antwort. Er hat meinen Brief entweder garnicht gelesen oder in unbegreiflicher Weise völlig missverstanden. Denn ich hatte natürlich Sie empfohlen und nicht Herrn Jake, der ja angeblich seinerseits abgelehnt, Sie vorgeschlagen und in diesem Sinne Dr. Handy informiert hat. Wenn dies wirklich geschehn ist, wird sich ja wohl das Missverständnis noch rechtzeitig aufklären - falls das Museum sich überhaupt zu der Sache entschliessen sollte.

Das Pélog-MS fand ich hier vor - herzlichen Dank! Was ist das wieder für eine grosse, sorgfältige und schöne Arbeit! Sie ist nicht ganz leicht zu lesen - obwohl sehr klar geschrieben -, man muss sie studieren, aber das liegt in der Natur der Sache. Es ist wirklich erstaunlich, zu welch kompliziertem, nuancenreichen System die sundanesische Musik sich ausgewachsen hat. Und wie die vokale Intonation korrigierend und nuancierend in die instrumental festgelegten Leitern und Intervalle eingreift. Dies ist offenbar ein sehr spätes Stadium der Entwicklung. Denn es kann ja erst eintreten, wenn die Gesang- und die Instrumentalmelodie nich mehr unabhängig nebeneinander her laufen oder miteinander abwechseln, sondern unison - oder mindestens heterophon - zusammengehn. Das schliesst natürlich nicht aus, dass sehr alte instrumentale Tonsysteme, die im als solche, nämlich auf den Instrumenten, längst verloren gegangen sind, sich als musikalische Gewohnheiten im Gesang erhalten haben. Einen solchen Gang der Dinge möchte ich für S.ringkung für wahrscheinlich halten. (Was heisst eigentlich ringkoeng?) Sollte es nicht ein Ueberlebsel der uralten „Halbquartenleiter" sein ? Dass sich diese in der weiteren Diaspora - Melanesien, Südamerika - genau, in der Nähe des Ursprungs nur modifiziert, in Kinderliedern und auf einem deklassierten Instrument wie dem Anklung erhalten hat, würde ja einem allgemeinen kulturgeschichtlichen „Gesetz" vollkommen entsprechen. Die Ableitung aus dem 9stufigen Pelog ist doch nur Ihre Theorie - und aus dieser Theorie folgen die Intervallgrössen und die 9 Tonreihen! Sie betonen ja auch selbst, dass S.ringkung den andern Pelogsystemen (die untereinander eng verwandt sind) fernsteht und ich sehe wirklich keinen zwingenden Grund es dazuzurechnen. Im Gegenteil! Musikalisch ist Pelog durch Halbtonschritte Slendro durch Fehlen von Halbtonschritten und besonders grosse Ganztöne, nämlich

Halbquarten, ausgezeichnet - und so steht Ringkung dem Slendro näher als dem Pelog. Sie sagen ferner, dass Ringkung kein sorogan kennt, das doch wieder für Pelog kennzeichnend ist, ihm vielleicht sogar den Namen gegeben hat. Die kleinen Restintervalle entstehn - wie beim Slendro - nur bei Beschränkung der Leiter auf eine Oktave, können also sehr wohl sekundär oder vielleicht reine Theorie sein. Um die Frage sicher zu entscheiden, müsste man Messungen von Angklungs und Gamelan Angklung ringkung haben - die Sie hoffentlich, sobald Sie für solche Dinge angestellt sind, machen werden! Einstweilen habe ich nur eine Messung von unserm Angklung im Archiv, die so aussieht:

```
              498       614       696       399,5×2
               I   363   II  217  III  238   IV       264
465           498       609       702       396×4
 V     118     VI  348  VII  246  VIII 209   IX

              510       593       690       400,5           Theor.Halbquartenleiter
              XV        III       XIV        II

466           541
XIII           I
```

Von den ersten 6 Tönen der (brasilischen) Halbquartenleiter sind XIII-II-XIV mit guter Annäherung da; der höchste Ton (I) ist durch die Oktave des 6. Tons (absteigend gezählt) ersetzt, die beiden untersten passen freilich garnicht herein, falls man nicht, der Theorie zuliebe, Abweichungen von 12 und 16 Schw. noch zulassen will! Aber dennoch - ein Fragment der Halbquartenleiter ist wenigstens da.

Auch die Balischen Gamelans Angklung nähern sich sehr auffällig der Halbquartenleiter - sollte diese Deutung nicht die sein, die „het raadsel van haar oorsprong en verwantschap oplost" (BALI I 35a)? Am schönsten stimmt Ihr Réjong-Angklungstel mit der Theorie:

gemessen.	506	592	-	403	474	(506)
	271		2×267,5	281	(113)	
theoret.	510	593	690	400,5	466	(510)
	XV 280	III 282	XIV 258	II 263	XIII (156)	(XV)

Wieder ist der höchste Ton, der Bl.Qu. I sein sollte, durch die Oktave des tiefsten ersetzt, wieder also gibt das Instrument den Anfang der brasil. Reihe (von oben gerechnet, wie man muss), also denselben Ausschnitt wie unser Anklung, nur viel genauer. Die Oktave muss natürlich ~~d~~ oberhalb des ergänzenden Halbtons angefangen haben. ~~Aus der Beschränkung auf eine Oktave erklärt sich, warum die Gam.Angklungs nur 4 Töne haben: der fünfte würde die Oktave um einen Halbton überschreiten.~~ Dass auf Ihrem Instrument der Ton XIV fehlt, kommt offenbar daher, dass die Leiter hier eine andre Lage hat, mit dem (theoretischen) Grundton XV bezw. I in der Mitte. Das Gam.Angkl.aus SANGSIT (Bali II, Tab.III,1) scheint einen andern Ausschnitt der Halbquartenleiter zu geben, nämlich:

gem.	672	383	436,5	501	588	(672)
theor.	648,5	378	439	510	593	690
	V	XVI	IV	XV	III	XIV
temper.	669					669
	XXI 210				200	XXI

Die 4 mittleren Töne stimmen wieder gut mit der Theorie, der tiefste (und seine Oktave) nicht. Aber wenn man den 6tönigen Ausschnitt aus der Halbqurtenleiter V bis XIV nimmt - der die Oktave um 108 C überschreitet - und ihn dadurch auf die Oktave bringt, dass man die Ecktöne gegeneinander temperiert, d.h. V um den gleichen Betrag (58 C) erhöht, um den man XIV vertieft, so erhält man - mirabile dictu! - XXI 669, also sehr genau den gemessenen Ton. (Rechnerisch ist das so: Blasquarte=522, Halbquarte=261, 5×261=1305=1200+105, 105:2=52,5, 261-52,5=208,5; andrerseits 522×5=2610=24oo+210 .) Dass man wirklich so verfahren ist, ist mir sehr wahrscheinlich. Denn die Fehler in unserm Angklung würden sich ebenso erklären; wenigstens der eine: Temperatur von III und XII (das theoretisch auf I aufwärts folgt) ergibt XIX 611. (Für den andern müsste man XV mit VI, das nicht vorkommt, temperiert haben, was XXII 495 ergäbe.) Aber auch in Sangsit hat man dann noch weiter temperiert, nämlich die Intervalle XVI-IV und IV-XV (theor. 261) verkleinert, um sie den neuen Endintervallen (XXI-XVI und III-XXI) anzugleichen. Nur XV-III ist - zu unserm Glück! - verschont geblieben. Auch die andern Balischen Gam.Angkl. haben sich vermutlich durch solche Temperatur von der Halbquartenleiter entfernt und zugleich - konvergent - Slendro angenähert. Ganz schön stimmt zu dieser Theorie auch das Gam.Angkl. aus BLAHBATUH:

gem. 455	512	600	-	398	(455)
theor439	510	593	690	400,5	466
IV	XV	III	XIV	II	XIII
temp 452					452
XX					XX

Es ist dieselbe Reihe wie bei Ihrem Béjong-Angkl., nur ist statt XIII durch die Temperatur (gegen urspr. IV) XX entstanden.

Wie Slendro aus der Umschichtleiter wäre Ringkung aus der Halbquartenleiter hervorgegangen, u.zw. ursprünglich aus einem 5tönigen Ausschnitt; dann hätte man einen 6. Ton hinzugenommen und ihn und den Anfangston zur Oktave temperiert (abgerundet: 210 260 260 260 210) und dann allmählig weiter temperiert (zunächst vielleicht: 235 235 260 235 235, also praktisch identisch mit Slendro, nur mit dem grossen Intervall in der Mitte). Man hätte auch so zu Slendro kommen können und man muss jedenfalls mit der Möglichkeit rechnen, dass es wirklich so - und nicht aus der Umschichtleiter - entstanden ist. Man müsste alle Messungen daraufhin noch einmal genau durchsehn, ob die Abweichungen und „Ausnahmen" sich eher als Zwischenstufen des einen als des andern Werdegangs verstehn lassen. (Dazu habe ich augenblicklich leider nicht Zeit.) Es wäre aber auch möglich, dass - zu verschiedenen Zeiten - die eine und die andere Methode angewendet worden wäre, und die heute vorhandenen „Slendro"-Leitern zum Teil (aber auch nur zum Teil) Ringkungleitern sind. (Ich will von nun an alle aus der Halbquartenleiter -„Ur-Ringkung" - hervorgegangenen „Ringkung" nennen, und „Slendro" nur die aus der Umschichtreihe durch Temperatur gewonnenen

-4-

halbtonlosen Leitern.) In diesem Fall müssten die Ringkungleitern die älteren sein.

Ein tadelloses Ringkung zeigt das Angklung „BADUD", désa Dajeuluhur (Bali II, Tab.XVIII 10):

theor.	366	426	495	576	669	389,5
	0 261	XI261	XXII261	X 261	XXI 261	IX
temp.	377,5					377,5
	0×IX208,5					208,5 0×IX
gem.	374	422	494	576	672	(374)
	209	272	266	267	186	

Besonders bemerkenswert ist, dass der temperierte Ton auch auf dem Instrument der tiefste ist, und dass er ~~XXX~~ an die Stelle des Hoang chung der Urreihe (0) tritt. Ferner, dass die birmanische Leiter (Bogen 0 bis XVII abwärts) 3 Töne der Ringkungreihe am einen Ende enthält, die siamesische (Bogen IX bis XV) die andern 3 (am andern Ende). Ich habe mir schon oft den Kopf darüber zerbrochen, warum Siam gerade diesen Bogen nimmt – wer weiss, ob nicht die obige Ringkung-Leiter in alter Zeit auch in Südostasien existiert hat und die Ausgangspunkte für die dortigen jüngeren Systeme geliefert hat?

In Mitteljava darf man Ringkung wohl höchstens noch auf ausgegrabenen Instrumenten zu finden hoffen. Eine Annäherung zeigt der Gender Mus.Bat.Gen. 1051c (Bali II, Tab.I 3) :

theor.	452	527	611	712	414	480
	XX	VIII	XIV	VII	XVIII	VI
temp.	465,5					465,5
~~XXX.XIXXXIX~~	XX×VI					XX×VI
gem.Mittel	463	525	618	713	410	463
tiefe Oktav	456	527	614	(696)	410	470

Auch das stimmt ganz schön und es ist interessant, dass die ursprünglichen Ecktöne noch (das) untemperiert, oder vielmehr nicht vollkommen temperiert erhalten sind. Der tiefste Ton ist nur 4 Schwingungen höher als XX und das kann man wohl als Fehler der Abstimmung oder Benagung durch den Zahn der Zeit ansehn. Aber der 6.Ton ist dem temperierten schon 2/3 des Wegs angenähert – und das ist vielleicht kein Zufall. Vielleicht hat man ursprünglich die Oktave nur durch Veränderung des einen Tons erzielt, (oder einfacher: nur 5 Töne der Halbquartenleiter genommen und die in Oktaven wiederholt); dann ist das Restintervall 156, also um einen Halbton zu klein, was sehr stören musste. Und hat dann erst, um die Störung zu mildern, den Fehler auf die beiden Endintervalle verteilt.

Für die Etymologie von ringkung denkt man natürlich zuerst an rengkong, das ja vielleicht ein Vorläufer des Angklung ist. Aber es ist doch kaum anzunehmen, dass ein Tonsystem nach einem Instrument benannt worden sei, das, wenn nicht nur Geräusche, höchstens einen oder zwei Töne geben konnte. Wenn sich im Malayischen kein Etymon finden sollte und man das Wort als Lehnwort ansehn muss,* so würde ich, mit allem Vorbehalt, auf chinesischen Ursprung raten.

* Vielleicht können Sie einen Sprachkundigen darüber befragen und mir dessen Meinung mitteilen – ich bin sehr begierig, das zu wissen!

(22/9/29) -5-

Da müsste es, da es kein R gibt, ling kung gelautet haben. Nun gibt es ein Wort ling* das „übrig bleibend, überschüssig, Rest" bedeutet und (heutzutage) namentlich bei Zahlen gebraucht wird: für 103 sagt der Chinese i (ein) pe (hundert) ling (überschritten um) san (drei). (Und analog bei allen Zahlen, wo wir „und" sagen.) Nimmt man an, dass ling kung sich aus diesem ling und kung „Palast", dem Namen des Grundtons der Fünfstufenleiter, zusammensetzt, so ergäbe sich ein sehr vernünftiger Sinn: ling kung würde zunächst den 6.Ton der Halbquartenleiter bezeichnen, der (die Oktave von) Kung überschreitet, also etwa heissen: „überschüssiges (überschreitendes) Kung"; und nach dieser auffälligsten - und störenden - Eigenschaft hätte man dann das ganze System benannt. Für diese Hypothese scheint mir noch Folgendes zu sprechen: Der 6.Ton, den man durch Quintengeneration erhält, heisst Pien kung, und pien bedeutet „verwandeln, verändern", pien kung also „ausgetauschtes Kung", wovon pelog (=sorog) die einfache Uebersetzung wäre. Und da hier wieder der charakteristische Ton dem ganzen System den Namen gibt, wäre die Analogie vollkommen.

Stimmt diese Deutung, so liefert der Name Ling Kung einen neuen Beweis dafür, dass auch die Halbquartenleiter im alten China existiert hat. Nach Indonesien ist sie wohl früher gekommen als die Umschichtleiter, denn sonst hätte man entweder auch den Namen Pien Kung beibehalten, oder auch den Namen Ling Kung übersetzt. Der Name Slendro ist zweifellos jünger. Ob er bloss den alten Namen Ringkung ersetzt hat, oder ob er mit einem neben System - bzw. einem neuen Temperierverfahren - gekommen ist, das das alte System (oder Verfahren) verdrängt hat, ist wie gesagt vorläufig nicht zu entscheiden.

Nun nur noch ein paar nebensächlichere Anmerkungen und Fragen zu Ihrer Pelog-arbeit. S.1. Ist das 2.Jahrt.v.Chr. nicht auch für Pelog reichlich früh? S.3. Sind pemero und pamiring (und etwa pamanis) stammverwandt? pamiring wird übrigens in der Note zu Tab.II erklärt, kommt aber in der Tabelle selbst nicht vor. S.3. „elke naam verbonden doet blijven aan een bepaalden toon" - das heisst doch: an eine bestimmte absolute Tonhöhe? - Was heisst melog, miring und adjeng? S.5.noot 1) lies Śruti statt Sruti! S.8 oben: „naar den toon, die als dasar fungeert" = absolute Tonhöhe? S.8.unten: „absoluut punt van uitgang (poko)" - was soll das heissen? Der Begriff poko wird in der Arbeit sonst nicht erläutert und ich habe ihn noch nicht verstanden. S.11, vorletzte Zeile vor den ersten „.": lies laag statt laag! S.15, 5.Z.v.u.: doch wohl „van een lagoe"? S.16 Mitte: ist poko einfach = Stufe nem (yü) ? S. 18: lies 4.Soeroepan ringkoeng statt 3.! Entsprechend dann S.19: 5.S.Malajoe und „In de vijfde plaats"! S.18: Jetzt heisst der „punt van uitgang" djedjer und nicht mehr poko, und djedjer wird auch nicht erklärt. - Warum ist Tab. IX immer der zweithöchste Ton als dasar angenommen? S.19 passim: Warum reden Sie immer von der „temperierten" Grundreihe? Temperiert ist doch bloss die Umschichtreihe! Tab.I lies Soenda'sche statt Soeda'sche!

Nun aber genug der Beckmesserei!

* Falls Sie nicht vorziehen, den ganzen ringkoeng-Abschnitt hier herauszunehmen und der versprochenen Slendro-Arbeit vorzubehalten. (Wozu ich raten würde.)

-6-

Nun war ich auch in der Sammlung und habe das Gamelan gesehn, das eben, wie es einem grossen kjahi geziemt, einen mächtigen Thron bekam. Es ist herrlich und klingt ganz wundervoll. Schade, dass wir es nicht in Funktion hören können. Gemessen habe ich vorläufig nur die Sarons, will es aber nächstens ganz durchmessen. Das Unisono der kleinen Sarons ist gut, aber nicht ganz vollkommen; das grosse Saron steht etwas höher in der Stimmung als die kleinen. Mein Tonmesser ist frisch geeicht und die Saronplatten klingen manchmal so lange, dass man auf Schwebungsfreiheit einstellen kann. Meine Zahlen sind i.A. höher als Ihre - ob das mit der Kälte zusammenhängt, kann ich nicht sagen. Viel macht es aber nicht aus. Ich bekomme (vorläufig):

1)	521,5		595,3		677		395,5		459	521,5
2)	521,5		598		677		398		459	525,5
3)	525,5		599		677		398		459	525,5
4)demung	529,5		596		703		401,5		464	525,5
Mittel	524,5		597		682,5		398		460	524,5
		224		235		263		251	227	
theor.	527		603,5		690		400,5		459	527
	VIII		X×XII		XIV /		II		IV×VI	VIII
aus ringk.?	XV		III		XIV		II		XIII	I
	510		592,5		690		400,5		466	541

Für die Herleitung aus Ringkung würde sprechen, dass das grosse Intervall in der Mitte steht und dass die Urtöne die ersten 6 der brasilischen Leiter (absteigend von I) wären. Der zweite Ton steht III etwas näher als X×XII, aber der vierte ist mit IV×VI identisch und steht nur auf dem S.demung näher an XIII. (XV und I mussten jedenfalls als temperiert oder durch VIII ersetzt angenommen werden.) Offenbar dieselbe Stimmung ist intendiert auf d. Gamelan des Brüssler Musée du Conservatoire 804/5:

525 603 683 398 459

Diese Reihe habe ich auch in Annäherung aus Neu-Irland, Tonga, Peru und Brit. Guayana (Panpfeifen) - und das riecht eben verdächtig nach Halbquartensystem.

ззззззззззззззззззззззззззз-

Ihre Phonogramme sind in tadellosem Zustand angekommen - nur eine einzige Walze zerbrochen - und ich habe jetzt Auftrag gegeben, erst mal die Neuguinea-Aufnahmen so schnell als möglich zu kopieren und Ihnen zu schicken, damit Sie womöglich zur aanvulling Ihres Aufsatzes benützen können. Ich hoffe, sie werden spätestens in 14 Tagen abgehn, also etwa 4 Wochen nach diesem Brief ankommen. Um die Originale zu schonen, habe ich bloss Stichproben angehört, auch diese nur flüchtig. Es ist irgendetwas - an Ihrem Apparat? - technisch nicht in Ordnung: auf unsern kleinen Exzelsiorapparaten wird die Membran von der Glyphe alle Augenblick vor- oder zurückgeschleudert, so dass die Töne oder kurzen Tonfolgen repetieren. Auf dem Edison-Apparat, also bei fester Führung der Membran ist's besser, aber auch nicht ganz gut. Woran das liegt, weiss ich noch nicht, ich wollte vor dem Kopieren nicht so viel herumprobieren, da gerade dieser Uebelstand die Phonogramme sehr angreift. Vielleicht ist der Schraubengang bei Ihrem Apparat enger, ähnlich wie beim Diktaphon - dann müssten wir Ihre Aufnahmen mit der grossen, freischwebenden Membran wiedergeben - und auch das wollte ich vor dem Kopieren vermeiden. So habe ich nur feststellen können, dass die Mehrstimmigkeit der Niasgesänge mit Malaka nichts zu tun hat, dass das Kledi einen Bordun in der Unterquinte des tiefsten Melodietons gibt und dass die Aufnahmen, wenn sie einmal richtig reproduziert werden können, sehr schön sein werden.

Zu den Fragen Ihres radiographischen Bekannten:

1) Unsere Galvanos und Kopien macht FRITZ MOLDENHAUER, Berlin O 112, Glatzerstr. 5 a. 2) Grammophonplatten kann er nicht machen. 3) Ueber die Gussmasse für Kopien habe ich doch in den „Phonographischen Methoden" (Abderhaldens Handbuch), S.435 alles gesagt, was ich weiss, bezw. von Moldenhauer erfahren hatte, nämlich: „Als Gussmasse können zerbrochene EDISON-Aufnahmewalzen (Blanks) unter Zusatz von 8 Gewichtsprozent weissem Ceresin verwendet werden. Oder man verseift Stearin mit Aetznatron und fügt 10°/o Carnaubawachs zu. Billiger und auch gut haltbar ~~ist eine Masse aus 100 Teilen~~ (verseiftem Montanwachs, 30 Teilen verseiftem Kokosöl und 5 Teilen) Asphalt épuré (Trinidadasphalt), doch klebt sie leicht an der Form." x)

(Sollte ich Ihnen diesen entsetzlich langweiligen, trockenen und heute bereits veralteten Artikel - wohlweislich - nie gegeben haben, so kann ich Ihnen noch einen Abdruck schicken.)

Vielen Dank für den Abdruck Ihrer Sundanesischen Vokalmusik, der vor ein paar Tagen gekommen ist! Dass man das Katjapi durch eine europ. Zither mit Blechwaschschüssel ersetzt, ist ein Jammer! Wie lange noch, und an die Stelle des Suling wird das Saxophon treten! Könnten Sie nicht - namentlich in Ihrer neuen Stellung - und in Verbindung mit den einheimischen Fürsten, eine Kulturschutz-Bewegung ins Leben rufen? Etwa, dass man die Leute, die die alte Musik pflegen, unterstützt, auch materiell, durch Veranstaltung von Musikfesten und Wettbewerben mit Verleihung von Preisen? Wenn als Preise schöne alte Instrumente gegeben würden, würde gleichzeitig auch der Instrumentenbau gefördert.

Gestern erzählte mir jemand, er habe im Radio Gamelan gehört, das auf Kurzwellen über Wien (ich glaube aus Bangkok?) übertragen worden ist, und es sei prachtvoll gewesen. Hoffentlich wird dieser gelungene Versuch nun oft wiederholt - ich würde so was zu gern einmal hören.

Nun will ich aber schliessen, damit dieser Brief endlich abgeht. Mit den herzlichsten Wünschen von Haus zu Haus und soviel Stern' am Himmel stehn, soviel Grüssen

getreulich Ihr

Erich Hornbostel

x) Heute verwendet er 50 Teile verseift. Montanwachs, 45 Teile vers. Stearin u. 5 Teile Trinidadasphalt.

Anlage 2: Brief von Jaap Kunst an Erich M. von Hornbostel vom 29. Mai 1931. Die Reproduktion erfolgt mit freundlicher Genehmigung der Universiteit van Amsterdam.

OUDHEIDKUNDIGE DIENST
MUSICOLOGISCH ARCHIEF

Bandoeng 29 Mei 1931.

No. 152/31.

Beste vriend,

Sinds eenigen tijd houd ik mij bezig met de transcriptie van de phonogrammen uit de Palembangsche Bovenlanden, om deze binnenkort met commentaar uit te geven, bekeek in verband daarmee de indertijd op die Ethnogr. tentoonstelling gemaakte toonmetingen van het Palembangsch orkestje, dat daar aanwezig was en kom nu tot de verrassende ontdekking, dat we hier, zoowel wat melodiek, als wat toonschaal betreft, met een Achter-Indische (Siameesche?) exclave te maken hebben. (Zooals U weet, omvatte het groote rijk Çrivijaya, wiens hoofdstad op de plaats van het tegenwoordige Palembang lag, ook - althans in de eeuwen van zijn grootsten bloei, - een groot deel van Achter-Indië (vooral het schiereiland en, naar het Noorden, de Westkust, dus de kust van Siam en Birma). Binnenkort zal ik U die verhandeling toezenden met verzoek om critiek, maar nu alvast even de schaal:

	I		II		III		IV		V		VI		VII		VIII		IX		X
Palemb. kromong	354		361		439		483		529		642		718		864		966		1062
		34		359		165		158		335		194		320		183		164	
Siam. schaal zonder "pien"				343		171		171		343		171		343		171		171	
Blaaskw.					439 +IV		480.5 +VI		527 +VIII		648.5 +V		712 +VII						

De Palemb. phonogrammen zijn zeer duidelijk, maar er is nog veel meer uit te halen, o.a. door ze aan muzikale Javanen en Soedaneezen te laten hooren, dan ik er al uithaalde. Zou het nu mogelijk zijn, dat Moldenhauer mij per keerende post nog drie exemplaren toezond van phon. 11, 12, 13, 15, 16 en 17?

De reis naar Alor etc. heb ik tot het volgende jaar moeten uitstellen. In plaats daarvan zal ik zien in Juli naar de Palembangsche Bovenlanden te gaan

Das Gam. Kab. Pasoeroean gehört wohl nicht hierher. Aber viell. erklären sich noch andre ‚Pelog'leitern, die vom BQ-Zirkelbogen stärker (u. nicht nach der Temperatur hin, sondern gerade davon weg) abweichen auf dieselbe Weise. Ich habe leider Ihr Balibuch nicht hier u. bin darum auf die Messungen, die Sie im Javawerk abgedruckt haben beschränkt. — Wenn sich die obige Hypothese weiter bestätigt, so müsste man von dem normalen, aus der Umschichtleiter abzuleitenden Pelog ein andres ‚Slendro-Pelog' oder ‚Halbquarten-Pelog' unterscheiden. Es würde die ältere Form sein. Wir hätten dann nacheinander:

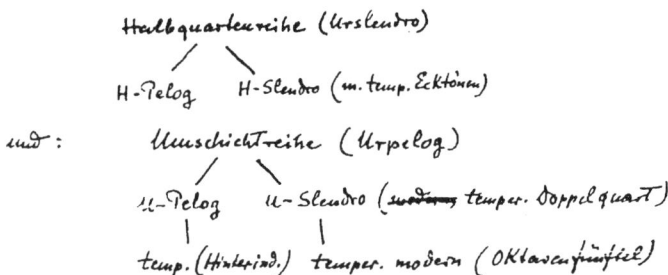

Halbquartenreihe (Urslendro)

/ \

H-Pelog H-Slendro (m. temp. Ecktönen)

und: Umschichtreihe (Urpelog)

/ \

U-Pelog U-Slendro (~~[illegible]~~ temper. Doppelquart)

| |

temp. (Hinterind.) temper. modern (Oktavenfünftel)

Noch eine Bitte: Sie haben doch den Ausdruck „Treppenmelodik" zuerst in Ihrem Neuguineabuch angewendet? Und die richtige bibliograph. Angabe ist doch die unter 90. (p. 374) in Ihrem Javawerk 2. verzeichnete? Ich will Sie nämlich in einem Aufsatz (über Feuerländer) zitieren u. habe keine Bücher. Und ferner: ich kann hier nirgends das Buch von Tyra de Kleen, Die Mudras in (auf?, von?) Bali auftreiben, in dem Dr. Poerbatjaraka einen Anhang über die Shivaitischen Ritualtexte hat. Letzteren möchte ich ebenfalls zitieren u. wäre Ihnen sehr dankbar, wenn Sie mir die bibl. Angabe verschaffen könnten. (Postkarte genügt!) Verzeihen Sie, dass ich Sie gleich zu Beginn Ihrer Ferien so bedränge — es ist aber wirklich sehr schwierig zu arbeiten wenn man nichts von seinen Büchern zur Hand hat u. die Bibliotheken des Landes wenig Fremdsprachiges enthalten, weil kaum jemand mehr als seine Muttersprache lesen kann. Viel herzliche Grüße v. H. z. H.

Ihr alter EHornbostel

Anlage 3: Brief Erich M. von Hornbostels an Jaap Kunst vom 30. Juni 1935. Die Reproduktion erfolgt mit freundlicher Genehmigung der Universiteit van Amsterdam.

19 Owlstone Road, Cambridge
30. 6. 35

Lieber Freund,

eben habe ich an den Peloglеitern in Ihrem Javawerk I 189 etwas entdeckt, was ich Ihnen brühwarm mitteilen möchte, mit der Bitte, es auch bei der Durcharbeitung der afrik. Xylophone zu berücksichtigen. Es war mir schon bei diesen manchmal passiert, dass ich im Zweifel war, ob eine Leiter zu Pelog (aus Unachsicht) oder zu Slendro oder „eigentl. Halbquarten gehört (die ja in Afr. viel häufiger zu sein scheinen als das „volledige Slendro". Nun sehn Sie sich bitte die jav. „Pelog" Leitern auf diesen Zusammenhang hin an. Ich meine, er ist, wenigstens in den folgenden Reihen unverkennbar.

Sirat madoe / Telägä moentjar / R.M. Djädjä dipoera	I	II	III	IV	V	VI	VII	(I')
BQ.	X 102	XIX 156	XXI 264	IX 156	XI 102	XX 156	XXII 264	(X)
Halbquartenreihe	XI	XXII	X	XXI	IX	XX	[VIII]	XIX
−7 BQ.		XV		XIV		XIII		XII
+7 BQ.	XVIII		XVII		XVI		[XV]	

Die Halbquartenreihe kann also übergehn in den Zirkelbogen IX – XV oder in XVI – XXII; ich schlage vor, den einen, da er durch Erniedrigung von 3 Tönen um 7 BQ entsteht −P, den andern +P zu nennen. In den genannten Leitern kommen vereinzelte Pelogisierungen vor, z. B. Djädjä dipoera III 684 ist −p (XIV statt XXI).

Kadoek manis / Kanjoet mèsem / P.B.X.	I	II	III	IV	V	VI	VII	(I')
BQ.	III	XII	XIV	II	IV	XIII	XV	
Halbquartenreihe	IV	XV	III	XIV	II	XIII [I]	XII	

Daraus −P = II–VIII, +P = IX – XV (= −P der Sirat madoe-Gruppe).
Pelogisierungen: Kadoek manis V +p (XI statt IV); PBX II −p (V statt XII)

Ardjä moelia / Kab. mädjäkertä / (P. Koesoemäjoedä)	I	II	III	IV	V	VI	VII	(I')
B.Q.	I	X	XII	0	II	XI	XIII	
Halbquartenreihe:	II	XIII	I	XII	0	XI	[XXII]	X

Daraus −P = 0 – VI, +P = VII – XIII.
Pelogisiert: in allen 3 Leitern II −p; Koesoemäjoedä außerdem III, VI −p, (IV −p!?).

(Redjang, Pasoemah, Moesi Oeloe) en de aangrenzende gedeelten van Benkoelen. Zeer benieuwd, wat ik daar nog verder zal vinden.

Ik sluit hier een paar "Errata" bijin, bestemd voor het U reeds gezonden "Songs of North New Guinea". Zou U de andere exemplaren aan de heeren Sachs, Lachmann en Kolinski willen geven, als U hen eens ziet?

De laatste dagen kwamen er niet minder dan 58 nieuwe instrumenten bij: de verzameling omvat zoo langzamerhand werkelijk al het grootste deel van de instrumentale vormen van den archipel. Het totaal aantal, hier bijeen, bedraagt nu 377 en er zijn nog een honderdtal onderweg hier naar toe.(van Celebes, Bataklanden, West-Borneo, Bali en Midden-Java). Alleen een Jav. en Balische gamel. ontbreekt; die zijn te duur en zijn ook minder noodzakelijk voor hier.

Hartelijke gr. v.h.t.h.

Uw U toegenegen

Hornbostels akustische Kriterien für Kulturzusammenhänge

Christian Kaden

Erich Moritz von Hornbostel - so will es scheinen - wird für die Musikwissenschaft ein zunehmend schwieriger, unklarer Fall. Und seine Bewertung ist zweideutig, von der Grundstimmung her. Einerseits hat man sich gewöhnt, Hornbostel als Licht- und Pioniergestalt des Fachs zu begrüßen. Andererseits erhält er, vermutlich ebendeshalb und gerade in der jüngsten Vergangenheit, eine kontinuierlich schlechte Presse.

So wird die Erklärung des Konsonanzphänomens, aus der „Psychologie der Gehörserscheinungen“ (1926), abgetan als „Proportionstheorie“ (Eberlein 1993, 479) , obwohl der Gedanke eines Zusammenpassens verschiedener tonaler Gliederungen sich durchaus mit der Helmholtzschen Schwebungsthese kollationieren läßt - und sogar mit neuesten Untersuchungen zur Sensorischen Konsonanz (ebenda, 482). Kritische Akzente finden Hornbostels Arm-chair-Ethnologie und seine nahezu ausschließliche Orientierung an Klangdokumenten, sein Phonozentrismus. Schließlich - und ganz besonders - stehen unter Beschuß die Verbindungen zur Kulturkreislehre und damit verknüpften Spekulationen über die Genese und Verbreitung von Tonsystemen (Schneider 1976). Als krassestes Beispiel gilt die sogenannte Blasquintentheorie. Und mit ihr ist es mittlerweile denn auch endgültig aus. Die erste Auflage der Enzyklopädie *Die Musik in Geschichte und Gegenwart* (MGG) widmet ihrer Widerlegung einen immerhin siebenspaltigen Artikel (Bukofzer 1949); die zweite, neubearbeitete Ausgabe der MGG kennt eben noch das Stichwort (in Bd. 1), verweist sogleich auf „Ethnomusikologie“ in Bd. 3. Dort leitet der Ariadnefaden weiter zu „Musikethnologie“; der einschlägige Artikel aber ist noch gar nicht präsent.

Ich sehe dies als eine Chance: vorerst unbefangener argumentieren zu können - und Hornbostel, samt seinen Kombattanten aus der zeitgenössischen Ethnologie, zumindest partiell Gerechtigkeit widerfahren zu lassen. Denn so wenig man ideologische Dogmen der Kulturkreistheorie wird hinnehmen wollen: zum monozentrischen Ursprung etwa der Gottesidee und zu einer weltweiten Verbreitung des Ein-Gott-Glaubens, so engstirnig wäre es - wie die Völkerkunde es langhin tat -, hieraus die prinzipielle Vergeblichkeit von Migrations- und Diffusionsforschungen abzuleiten. Auch die Unterscheidung kultureller Zentren und Peripherien, wie sie der Kulturkreislehre eigen ist, braucht nicht von vornherein als rassistisch denunziert zu werden. Wissenschaftsgeschichtlich brachte sie sogar, für eine ausschließlich an Kernregionen geschulte Historiographie, eine beträchtliche Horizonterweiterung mit sich. Und last not least warf die Kulturkreisforschung eine Frage auf, die bis zur Gegenwart kritische Reflexion verdient: die Frage nach der schöpferischen Freiheit von Kulturen, genauer, nach ihren Freiheitsgraden. Milieutheoretischer Determinismus wurde damit - ich sage es emphatisch - abgelöst von einer gleichsam probabilistischen Geschichtsauffassung, ohne daß diese in die Beliebigkeit einer narrativen Ereignisgeschichte zurückgefallen wäre. Kulturkreislehre suchte ein konzeptuales Spannungsfeld zu umreißen zwischen dem Zwangsläufigen und dem Stochastischen. Und sie unternahm es, dieses Spannungsfeld methodisch aufzuschließen, es auszumessen.

Am deutlichsten tritt das Bemühen in Untersuchungen zur materiellen Kultur hervor. Leo Frobenius beispielsweise, mit seinem Konzept der Kulturmorphologie, faßt den Widerspruch zwischen Zwangsläufigkeit und Zufall im Verhältnis von funktionaler Sinnbestimmung und Formgebung eines Gegenstandes. Ähnlich differenziert Fritz Graebner, in der 1911 erschienenen „Methode der Ethnologie", zwischen zweckhaften und zweckfreien Merkmalen einer Sache. Und Hornbostel, der sich noch im gleichen Jahr auf Graebner beruft, spricht seinesteils von konstitutiven und akzessorischen Momenten (1911, 209). Natürlich läßt sich einwenden, diese Begriffsspaltung sei problematisch, da auch das Zweckfreie - Schmuckwerk, Auszierung, Ornament - soziale Funktionen zu erfüllen habe. Aber bereits an anderer Stelle wurde dargetan (Kaden 1986, 34), daß man statt der Worte „zweckfrei", „akzessorisch" nur die Formulierung „für einen Zweck frei wählbar" eintragen muß, um unanfechtbar werden zu lassen, worum es speziell bei Hornbostel im tieferen geht: um Niveaus, Abstufungen von Variabilität, um eine Skalierung sozusagen des Determinismus, um eine, in der Tendenz, kontinuierliche Form der Betrachtung.

Dabei dient dieser durch und durch naturwissenschaftliche Ansatz (von dessen Qualifikation der Mediävist Graebner kann etwas geahnt haben dürfte, sehr wohl aber der Chemiker Hornbostel) zum Nachweis der **Intensität** von Kulturzusammenhängen. Je freier die Wahl einer Sache - so der Kerngedanke -, desto unwahrscheinlicher diese Wahl; und desto unwahrscheinlicher sei es auch, daß sie an verschiedenen Orten zugleich getroffen würde. Anders ausgedrückt: Läßt sich die gleiche, gleich unwahrscheinliche Faktizität dann doch über große räumliche bzw. zeitliche Entfernungen hin belegen, ist mit einer Über-Lieferung vom einen Ort zum anderen zu rechnen, mit Prozessen der Entlehnung, der Transmission. Die Ausgefallenheit einer kulturellen Erscheinung wird so zum Maß ihrer Unikalität - und ihrer Monogenese.

Hornbostel selbst richtet sein Augenmerk zunächst, wie wir noch sehen werden, auf besonders exzentrische **Einzel**-Eigenschaften. Spätere Arbeiten, unter ihnen die Studie über „Asiatische Parallelen zur Berbermusik“ (1933), berücksichtigen ganze Merkmals**komplexe** - mit entsprechend höheren Graden der Kombinationsfreiheit. Das ist insofern bemerkenswert, als moderne Ähnlichkeitsmessungen und Typologien, nach Modellen der Faktor-, Cluster-, Diskriminanzanalyse, nicht anders vorgehen würden, die einschlägige Korrelationsstatistik zu Hornbostels Lebzeiten jedoch erst embryonal entwickelt war.

Hornbostel befindet sich also auf der Suche nach dem zuverlässigen Zufall. Und es ist nicht paradox, sondern folgerichtig, daß ihn diese Suche im Reich der Musik zu Tatbeständen führt, die musikalisch eher unwesentlich sind, wenn nicht irrelevant. So würdigt die Abhandlung „Über ein akustisches Kriterium für Kulturzusammenhänge“ (Zeitschrift für Ethnologie 1911) die absolute Tonhöhe ausdrücklich aus dem Grunde, daß sie weitgehend beliebig zu wählen sei. Tatsächlich verliert eine Liedmelodie - sagen wir: im Bereich der eingestrichenen Oktave - kaum ihre Kontur, wenn man sie von C-Dur nach Es- oder G-Dur transponiert. Auch Musikinstrumente, namentlich Aerophone, können hinsichtlich ihrer absoluten Tonhöhe ganz außerordentlich streuen: in Abhängigkeit von der jeweiligen Rohrlänge. Die Bevorzugung bestimmter Abmessungen zeigt mithin eine gezielte Normierung an, eine zuverlässig-zufällige Wahl, eine Maß-Normierung (vgl. Hornbostel 1928). Sie ist nichts anderes als die Fixierung des zufällig Gefunden, der pure Zufall, auf den Punkt gebracht.

Aufschlußreich übrigens, daß Hornbostel die absoluten Tonhöhen selbst (und im Grunde bereits einen einzigen Stimmton) als sehr viel beweiskräftiger für solche Maß-Normierung erachtet als Tonskalen bzw. Tonsysteme insgesamt. Diese gelten ihm als abgeleitet - und ableitbar - aus auch anthropologischen bzw. naturhaften Gegebenheiten: etwa der Obertonreihe, dem in ihr fundierten Konsonanzprinzip, einschließlich daraus resultierender konsonantischer Möglichkeiten der Tonsystemgeneration wie der Quintenzirkelung. Wo Hornbostel Ton-Reihen vergleicht, die von einem Basiston her relational entfaltet werden, müßte es ihm also genügen, Übereinstimmungen in diesem Bezugston per se festzustellen. Wörtlich wird der Gedanke vorgetragen in der zitierten Arbeit von 1911 (S. 213): Tonleitern, so heißt es da, seien „häufig typische Beispiele von Konvergenzerscheinungen“, mithin von Polygenese, füglich „als Kriterium für Kulturzusammenhänge nur mit großer Vorsicht und niemals für sich allein“ zu verwenden. Gleichwohl scheint es Hornbostel gereizt zu haben, ein Verfahren auch der Tonsystem-Generation ausfindig zu machen, das vergleichbar unmusikalisch ist wie die Nutzung absoluter Höhen. Und genau hier, auf einem Terrain systematischer, systemischer Unmusikalität, entwickelt er seine Blasquintentheorie.

Blasquinten sind, nach Hornbostel, im Unterschied zu den reinen Quinten keine genuinen Naturtatsachen, eingebettet in die Naturtonreihe, sondern akustische Absonderlichkeiten. Sie kommen nur bei gedackten Rohren vor - und also auch nur in Kulturen, die diese verwenden. Paradigmatisch erläutert Hornbostel den Tatbestand an den Stimmprinzipien südseeischer Panflöten, bei denen durch Überblasen tieferer Pfeifen die Tonhöhen für höhere Pfeifen gewonnen werden. Im Fall gedackter Rohre ist der 1. Überblaston nicht die Oktave, sondern die darüberliegende Duodezime, transponiert gedacht: eine Überblasquinte. Sie aber - wiederum Hornbostels Sicht - ist systematisch kleiner als die reine Quinte: statt 702 Cents umfaßt sie 678 Cents, differiert also von der reinen Quint um ein pythagoreisches Komma. Erzeugt man mit solch verkleinerten Quinten einen Quintenzirkel, so schließt dieser sich nicht nach 12, sondern erst nach 23 Schritten (Abb. 1), nämlich bei 15 594 Cents.

678	1356	2034	2712 15594	Cents
1. Quint	2. Quint	3. Quint	4. Quint .... 23. Quint	

Abb. 1

Das sind zwar nicht exakt 13 Oktaven (= 15 600 Cents); aber die Differenz von 6 Cents ist minimal und tolerabel.

Entscheidend bleibt, daß Hornbostel die gewonnenen Töne, über die Annahme strenger Homologien, in den Raum einer einzigen Oktave hineintransponiert. Und: daß er damit eine musikalisch völlig unbrauchbare, durch und durch akzessorische Leiter aus krummen und buckligen Vierteltönen erhält. So ist z. B. der erste Ton dieses transponierten Systems (Abb. 2a), der mit 48 Cents angegeben wird, aus dem Höhenwert der 16. Quinte (10848 Cents) abgeleitet, heruntertransformiert, subtrahiert um die Spanne von 9 Oktaven (9 x 1200 Cents = 10 800 Cents). Analog bildet sich der Wert von 102 Cents durch eine Transposition von 6102 Cents (9. Quinte) um 5 Oktaven, abzüglich 6000 Cents. Jedenfalls ergibt sich ein zyklisch unreines Blasquintensystem, bei dem Vierteltöne von 48 und 54 Cents einander abwechseln (Abb. 2b).

48	102	156	204	258	312	360.....	Cents
(= 10848-10800)	(= 6102-6000)						

Abb. 2a

Differenzen in Cents

54	54	48	54	54	48.....	Cents

Abb. 2b

Doch nun die für Hornbostel tragende Folgerung: Dieses „unreine" Material muß, um überhaupt halbwegs taugliche Skalen bereitzustellen, einer radikalen Auslese unterworfen werden; es provoziert Auswahlen von vornherein. Und wenn die ausgewählten Töne dann überdies durch ihre absolute Höhe die Herkunft aus einer Blasquintenzirkelung und die Abstammung von einem Stimmton verraten, dann ist das Künstlich-Monogenetische ihrer Entstehung offensichtlich. Entsprechende Tonsystemkorrespondenzen sind mithin, als kulturell interdependent, durch mehrere Kriterien zugleich gesichert: durch absolute Tonhöhen **und** die selektive Zusammenstellung von Skalen aus dem Blasquintenmaterial.

Ich lege Wert auf die Feststellung, daß Hornbostels Logik, bis zu diesem Punkt, nicht nur scharfsinnig-tüftelig ist, sondern auch weitgehend widerspruchsfrei. Und daß mit seiner Methode tatsächlich minutiöse Übereinstimmungen von Tonordnungen all over the world fixiert werden konnten, mag daher zunächst ebenso beeindrucken wie als stimmig erscheinen, als konsequent. Die Katastrophe freilich: **Diese Befunde sind trivial**. Wie Manfred Bukofzer (1949) hat demonstrieren können, läßt sich Hornbostels Blasquintenraster auf nahezu jede beliebige Tonreihe projizieren. Das so trickreich zusammenkombinierte Blasquintensystem erweist sich, pointiert gesagt, als Passepartout.

Die Ursache dafür ist Hornbostel offenbar verborgen geblieben; sie liegt in einem eher marginalen Aspekt: der zugelassenen Meßtoleranz. Jeder empirisch vorfindlichen Tonhöhe nämlich gesteht Hornbostel eine Verstimmung um +- 25 Cents zu, d. h. nach oben und nach unten um jeweils einen Achtelton. Wahrnehmungspsychologisch wie instrumentenpraktisch ist das eine kaum merkliche Differenz. Für das subtile Blasquintensystem indes mußte sie sich als verhängnisvoll erweisen. Fügt man den in Abb. 2 dokumentierten Tonhöhen die Toleranzzonen de facto hinzu (Abb. 3), so wird evident, daß diese sich sehr stark einander annähern, zuweilen sogar überschneiden. Beispielsweise liegt zwischen dem 1. Ton (48 Cents) und dem 2. Ton (102 Cents) nur eine Spanne von 3 Cents, in die ein Ton fallen müßte, wenn er nicht automatisch dem 1. oder 2. Ton zugeschlagen werden sollte: Er hätte die Werte 74, 75 oder 76 Cents anzunehmen.

48 102 156 204 258 312 360 Cents

23 - 73 77 - 127 131 - 181 335 - 385

179 - 229 233 - 283 287 - 337

3 **3** **3** **3**

Abb. 3

Für den Bereich zwischen 23 und 385 Cents (der hier wiedergegeben ist), verbleiben folglich nur 12 (sic!) solcher Lückenpositionen. D. h.: lediglich 3% aller möglichen Fälle hätten die Chance, sich außerhalb der Blasquintenserie zu plazieren. Oder präziser: Die Wahrscheinlichkeit, daß eine beliebige Tonhöhe als blasquintengezeugt zu identifizieren wäre, und zwar bedingt ausschließlich durch Hornbostels System-Konstruktion, beliefe sich auf 97 %, sie wäre nahezu gleich 1. Was als zuverlässiger Zufall anvisiert wurde - für ein entsprechendes Ereignis hätten die Wahrscheinlichkeitswerte gegen Null zu gehen -, enthüllt sich unter der Hand als mit Zufallsoperationen manipulierte Sicherheit. Und noch einmal gewendet: Die Wahrscheinlichkeit, sich mit seiner Interpretation zu irren - daß es da kulturelle Überlieferungs-Zusammenhänge gäbe -, bemißt sich für Hornbostels Blasquintentheorie, da mit ihr alles und nichts bewiesen wird, auf ebenfalls 97%. Die These ist nachgerade glorios falsifiziert.

Man könnte es damit bewenden lassen; und Musikethnologie verhält sich allen Ernstes so.

Ich möchte jedoch ein anderes Fazit ziehen:

1. So unbedingt Hornbostel in den Details seiner Blasquintenzirkelung irrt, so wenig hinfällig ist die Konzeption an und für sich: die gleichsam **kumulative Häufung nämlich von Restriktionen**. Selbst wenn sich der Blasquintenansatz als solcher nicht retten lassen sollte - aus meßtechnischen, akustischen oder wahrnehmungspsychologischen Gründen -, wäre er in der methodischen Kernsubstanz übertragbar, z. B. auf die Erforschung geometrischer Maßstäbe und Maß-Normen schlechthin. (Hornbostel hat in seinem berühmten Beitrag zur Festschrift für Pater Wilhelm Schmidt bereits selbst den Weg in diese Richtung gewiesen.)

2. Die Achillesferse der Blasquintenkonstruktion ist - wie gezeigt - die von Hornbostel veranschlagte Meßtoleranz. Ob mit geringeren Toleranzbreiten das gesamte Verfahren neu aufzurollen wäre, bleibt anhand von Instrumentenmessungen zu diskutieren und harrt der Erprobung. Unter Umständen könnte sich auch hier der Übergang von akustischen zu geometrischen Maßstäben (Rohrlängen, Mensuren etc.) als nützlich erweisen.

3. Tilgt man eine weitere, fehlerhafte Grundannahme Hornbostels - von ihr war noch nicht die Rede -, wachsen seiner Methode zusätzliche Perspektiven zu. Angesprochen ist das Diktum von der **konstant** kleineren, konstant um 24 Cents geminderten Blasquinte. Diese Voraussetzung läßt sich nach empirischen Prüfungen Bukofzers (1949) nicht halten: Blasquinten sind verschieden groß; sie variieren mit der Anblasstärke, vor allem aber der Mensur des jeweiligen Rohres. Mithin sind sie weitaus zufallsanfälliger als Hornbostel je vermutete. Und das heißt: prinzipiell **noch viel geeigneter als Kriterium für Kulturzusammenhänge**. Denn die Variabilität macht, daß nicht mit der einen, universellen Blasquintenreihe zu rechnen ist, sondern mit vielen: einstweilen unüberschaubar vielen. Und die Fülle einschlägiger Daten, ergänzt wiederum durch geometrische

Messungen, eröffnete ein geradezu ideales Feld für konkrete, differenzierte Fallunterscheidungen - und für die Untersuchung kultureller Abhängigkeiten **von Fall zu Fall**. In Zeiten, da musikwissenschaftliche Analyse und Hermeneutik auf Anspielungen, Allusionen aller Art abstellt - und aus ihnen die tragenden kulturgeschichtlichen Diskurse rekonstruiert - eine wahrlich vorbildgebende Methodologie.

4. Nicht gering achten sollte man schließlich, daß die Neuöffnung, die ich hier vorschlage, auf einer klaren Widerlegung fußt - und der Möglichkeit, deren Bedingungen zu benennen. Zumindest für Musikwissenschaft ist dies ein seltenes, kostbares Erträgnis. Denn viele ihrer Theoreme sind erst gar nicht so angelegt, daß man sie reproduzieren, kontrollieren, kritisieren könnte; sie stehen jenseits von Verifikation und Falsifikation. Daß Hornbostel, unter präzis angebbaren Bedingungen, und nur unter ihnen, falsizifiziert werden kann, ist Gütesiegel seiner Arbeit, Zeugnis von Gewissenhaftigkeit und wissenschaftlichem Gewissen.

Mittelalterliche Architekten (so wird berichtet) lernten zuvörderst nicht aus ihren Erfolgen, sondern aus Einstürzen: aus der Erfahrung dessen, was mit Sicherheit nicht geht. Und sie bauten im Stehengebliebenen weiter. Wir neigen dazu, das, was Risse zeigt, sofort abzureißen, endgültig zu vernichten. Sollten wir bei Hornbostel nicht einmal eine Ausnahme machen - und die Ruinen seiner Blasquintentheorie als Fundament begreifen für etwas, das noch entstehen kann?

Zitierte Literatur

Bukofzer, Manfred F.: Art. „Blasquinte". In *Die Musik in Geschichte und Gegenwart*. Bd. 1, Kassel 1949, Sp. 1918-1924.

Eberlein, Roland: „Konsonanz". In *Musikpsychologie. Ein Handbuch.* Hrsg. von H. Bruhn, R. Oerter, H. Rösing, Reinbek 1993, 478-486.

Graebner, Fritz: *Die Methode der Ethnologie*, Heidelberg 1911.

Hornbostel, Erich Moritz v.: „Über ein akustisches Kriterium für Kulturzusammenhänge" (1911). In ders., *Tonart und Ethos. Aufsätze zur Musikethnologie und Musikpsychologie*, Leipzig 1986, 207-227.

Hornbostel, Erich Moritz v.: „Psychologie der Gehörserscheinungen" (1926). In ders., *Tonart und Ethos*, Leipzig 1986, 315-368.

Hornbostel, Erich Moritz v.: „Die Maßnorm als kulturgeschichtliches Forschungsmittel" (1928). In *Festschrift Publication d'hommage offerte au P. W. Schmidt*, Wien 1928, 303-323.

Hornbostel, Erich Moritz v.: „Asiatische Parallelen zur Berbermusik" (1933). In ders., *Tonart und Ethos*, Leipzig 1986, 269-286.

Kaden, Christian: Vorwort in *E. M. v. Hornbostel. Tonart und Ethos*, Leipzig 1986, 21-39.

Die Musik in Geschichte und Gegenwart. Zweite, neubearb. Ausgabe hrsg. von L. Finscher, Kassel 1994 ff.

Schneider, Albrecht: *Musikwissenschaft und Kulturkreislehre*, Bonn 1976.

Zeit und Ausdruck: Erich Moritz von Hornbostels Aufsatz „Melodischer Tanz" aus heutiger Sicht

Steffen Schmidt

I

Vielleicht ist es müßig den Streit zu erörtern, ob es sträflich sei, zu reiner Instrumentalmusik eine Choreographie zu entwerfen. Oft wurde Choreographen vorgeworfen, daß sie die „absolute Musik" mißbrauchten; noch im *Neuen Handbuch der Musikwissenschaft* zum 20. Jahrhundert hallt in Hermann Danusers Worten die Geringschätzung Isadora Duncans nach, sie habe eine „naive Funktionalisierung" betrieben, da sie reine Instrumentalmusik für ihre Tänze verwendet habe[1]. Dieses «mangelnde Gattungsbewußtsein» ist dabei keineswegs eine Erscheinung des frühen 20. Jahrhunderts, sondern erscheint vielmehr als die Einlösung jener Gedanken, die Richard Wagner 50 Jahre zuvor über die Instrumentalmusik geäußert hatte. In der Schrift *Oper und Drama* (1852) hatte Wagner die Instrumentalmusik als einen Mangel interpretiert. In ihrer Eigenständigkeit habe die reine Musik sich zwar vom Joch der Unterdrückung - gegenüber der Sprache und dem Tanz - befreit, müsse aber in einem weiteren Schritt zu einer neuen Einheit mit den benachbarten Künsten gelangen, dies allerdings auf einer höheren Ebene[2]. Isadora Duncan berief sich mehrfach auf Wagner und Nietzsche[3]. Es scheint, als setzten sich bei der amerikanischen Tänzerin Teile eines Denkens von deutscher Musiktradition fort. Nicht nur bei ihr: auch Emile Jacques-Dal-

1 Danuser, Hermann: *Die Musik des 20. Jahrhunderts*, Laaber 1984 (Neues Handbuch der Musikwissenschaft Bd. 7), s. S. 63.

2 Wagner, Richard: *Oper und Drama*, Leipzig 1852. Im folgenden zit. nach der Ausgabe Stuttgart 1984. - Der Zusammenhang zieht sich durch Wagners gesamtes Denken, so daß sich ein gezielter Verweis erübrigt.

3 Die Bezugnahme Isadora Duncans auf Wagner und Nietzsche ist allgemein bekannt, so daß sich auch hier ein spezieller Verweis erübrigt.

croze, der Begründer der Rhythmik, bemühte sich um eine Gebärdensprache, die den Vorstellungen Wagners entsprechen sollte.

Demnach könnte man sich auf die Position der Choreographen einlassen, da sie nicht völlig abwegig innerhalb des musikgeschichtlichen Diskurses erscheint. Statt einer kategorischen Ablehnung sollte man sich vielleicht mit dem Verhältnis von Musik und Tanz befassen, um von einer formal belasteten Argumentation zu einer strukturell inhaltlichen vorzudringen. Genau darin ist der Versuch Erich Moritz von Hornbostels, in seinem Aufsatz „Melodischer Tanz" die Beziehung von Musik und Tanz strukturell zu erfassen, als vorbildlich anzusehen.

II

Die Beziehung von Tanz und Musik wurde stets im Tempo und Rhythmus gesehen. Wagners Ausführungen in *Oper und Drama* entsprechen darin weitgehend den allgemeinen Betrachtungen: „Ihren sinnlichsten Berührungspunkt, d. h. den Punkt, wo beide - die eine im Raum, die andere in der Zeit, die eine dem Auge, die andere dem Ohre - sich als ganz gleich und gegenseitig aus sich bedingt kundgaben, hatten Tanzgebärde und Orchester im Rhythmos..."[4]

Darüberhinaus hatte Wagner noch weitere Bezüge zwischen der musikalischen Sprache und der körperlichen Gebärde postuliert, die allerdings nicht genauer dargestellt wurden, in ihrer dramatischen Funktion jedoch einen wichtigen Stellenwert besetzten; dies war die Darstellung des Unaussprechlichen. „Fassen wir nun zunächst das Unaussprechliche in das Auge, was das Orchester mit größter Bestimmtheit auszudrücken vermag und zwar im Vereine mit einem anderen Unaussprechlichen - der Gebärde."[5] Gerade diese Bedeutung zwischen Musik und Tanz dürfte die Tänzer und Tanztheoretiker zu Ideen und Spekulationen herausgefordert haben. Zu Beginn des 20. Jahrhunderts, dem Zeitpunkt, wo neue Bewegungsformen des Körpers entwickelt wurden, sind die Schriften Richard Wagners sehr präsent. Daß aber dies Unaussprechliche allein in der metrischen, taktmäßigen Übereinstimmung von Musik und Tanz zu finden sein solle, erschien dürftig. So wurden weitere strukturelle Beziehungen zwischen den Künsten erforscht.

Obwohl Hornbostels Artikel „Melodischer Tanz" eher im nüchtern wissenschaftlichen Stil gehalten ist, so dürfte doch dies Unaussprechliche Wagners eine Motivation des Erkenntnisinteresses darstellen, insofern nämlich, da seine Un-

4 Wagner, op. cit., S. 332.
5 Wagner, op. cit., S. 330.

tersuchung jenen Tanz erforschte, der die der Musik innewohnenden Empfindungen in authentische Ausdrucksbewegungen transformierte[6].

III

Hornbostel schien nicht generell ein Freund des Balletts gewesen zu sein. Die Verbindung von Instrumentalmusik und Tanz protegierte er nur aus Gründen einer strukturellen Übereinstimmung, die er bei den Tänzen Isadora Duncans gewährleistet sah. Dort herrschte nicht die Übereinstimmung zwischen Rhythmus und Tanzschritt, wie im traditionellen Tanz, wo sich darüberhinaus die Künste willkürlich zueinander verhielten. Bei Isadora Duncan bestand der Zusammenhang zwischen der körperlichen Gebärde und dem melodischen Verlauf der Komposition. Die Bezeichnung „Melodischer Tanz" macht genau die Diskrepanz zwischen traditionellem rhythmischen Tanz und jenem Tanz Duncans, der die musikalische Geste umsetzt, sichtbar. Und genau an dieser Stelle zeigt sich die Nähe zur körperlichen, dramatischen Gebärde Richard Wagners.

Entsprechen „melodischer Tanz" und „körperliche Gebärde" einander in jener Hinsicht, daß sie das gemeinsam „Unaussprechliche" von Musik und Tanz zum Gegenstand haben, so erlaubt doch Hornbostels Wortwahl eine Differenzierung vorzunehmen, die sein Denken präziser situiert. War nämlich bei dem Musikdramatiker Wagner das Verhältnis von Musik und Tanz eng mit der Beziehung zur Sprache verflochten - so, wie sich die Melodie aus dem Sprachfluß herleitete und der Ausdruck der Künste durch eine Handlung bestimmt war - , so spalten sich bei Hornbostel Musik und Tanz von der Sprache ab und bilden dennoch ein ästhetisch Ganzes. An die Stelle der Handlung und des Sprachflusses setzt sich im melodischen Tanz die Melodie selbst. Der musikalische Ausdruck, im Verbund mit der Tanzgeste, hatte sich von der Sprache emanzipiert (etwa so, wie sich Musik und Sprache in der Liedgattung von der „körperlichen Gebärde" emanzipiert hatten).

Der Inhalt dieser neuen künstlerischen Vermählung von Musik und Tanz war dabei denkbar abstrakt, entsprach aber den Forderungen der Zeit: die Bewegung, genauer die Ausdrucksbewegung, das Zauberwort der Lebensphilosophie eines Bergson oder Klages, wurde von Hornbostel auf das Verhältnis Musik und Tanz übertragen und anthropologisch begründet. Der Tanz Duncans stelle das Bewe-

6 Hornbostel, Erich Moritz von: „Melodischer Tanz. Eine musikpsychologische Studie", in *Zeitschrift der Internationalen Musikgesellschaft* V (1904)12, S. 482-488. Im folgenden zit. nach dem Wiederabdruck in Christian Kaden und Erich Stockmann (Hrsg.), *Erich Moritz von Hornbostel. Tonart und Ethos. Aufsätze zur Musikethnologie und Musikpsychologie*, Leipzig 1986, S. 76-85, hier S. 83.

gungszentrum dar, aus dem Musik und Tanz im Ursprung einheitlich hervorgehen. „Offenbar ist eine einheitliche Wurzel anzunehmen, die erst im Laufe der Entwicklung sich in zwei getrennte Bewegungen differenzierte, ohne daß der innige Zusammenhang verloren gegangen wäre."[7]

IV

Kennzeichnet die terminologische Diskrepanz zwischen melodischem Tanz und körperlicher Gebärde einen essentiell inhaltlichen Bestand, so fällt es schwieriger, darin einen Grund dafür zu erblicken, daß Hornbostels Begriff so stark von den Vorstellungen der damaligen Tanztheoretiker abweicht. Sprach Hornbostel von der Melodie als dem wesentlichen Moment der Übereinstimmung, so gingen Duncan, Jacques-Dalcroze und Rudolf von Laban stets vom Rhythmus aus. Die begriffliche Verschiebung läßt sich beleuchten, wenn man die theoretischen Hintergründe der jeweiligen Autoren in Betracht zieht.

Zwei gedankliche Stränge lassen sich klar unterscheiden, die in dieser Zeit einen Streit über die Priorität von Melodie oder Rhythmus entfachten. Auf der einen Seite stehen jene Theoretiker, die den Forschungen Karl Büchers folgten und dem Rhythmus eine neue, übergeordnete Dimension geben wollten. In Büchers großem und viel gelesenem Werk *Arbeit und Rhythmus* (1896) lebte ansatzweise der antike Rhythmusbegriff des Pseudo-Lukian wieder auf, der die ganze kosmische Bewegung umfaßte. Gerade für den Tanz hatte dieses Werk eine immense Bedeutung. Und im Verbund mit der Lebensphilosophie verschmolzen die Begriffe Rhythmus, Bewegung und Intuition zu einer kosmischen Einheit.

Musiktheoretiker hingegen mochten sich nicht vom Primat der Tonbewegung, deren Essenz die Melodie ist, lösen. Der Rhythmus wurde als ein Ergebnis der melodischen Bewegung gesehen und nicht umgekehrt. Ein Grund für dieses Festhalten am Melosbegriff mag in dem Sachverhalt begründet gewesen sein, daß der Rhythmusbegriff der Musik - stark geprägt durch Hugo Riemanns 1903 erschienenes Werk *Das System der musikalischen Rhythmik und Metrik* - verengt war auf die Ebene des Taktes.

In jedem Fall tat man sich in der Musikwissenschaft schwer, ein Konzept zu entwickeln, das Melodie und Rhythmus gleichsam umspannte und die Wechselbeziehungen der Ebenen in Betracht ziehen konnte. Unter diesem Aspekt sind einige Anmerkungen von Hornbostels Aufsatz sehr aufschlußreich, wo auf die Verflechtungen zwischen Melodie und Rhythmus hingewiesen wird. „Das Verhältnis von Rhythmus und Melodiebewegung ist so wechselnd und vielfach

7 Ders., a.a. O., S. 79.

kompliziert, daß es einer speziellen Untersuchung bedürfte, um es vollkommen klarzulegen."[8]

Anstatt dieser Verflechtung zu folgen, kommt es zu einer Isolierung des Melosbegriffs, und der Zusammenhang zum Rhythmus wird auf spätere Untersuchungen verschoben.

Hornbostels einseitige Betrachtung über den Melos muß umso merkwürdiger erscheinen, da seine Erwiderung auf die Erkenntnisse Büchers auf einen differenzierteren Rhythmusbegriff schließen läßt, als er tatsächlich in dem Aufsatz „Melodischer Tanz" zur Geltung kommt. 1913 schrieb Hornbostel in „Arbeit und Musik": „Bei Vorgängen, die sich regelmäßig wiederholen, (...), redet man allgemein nur von konstantem Tempo, von Rhythmus aber erst dann, wenn die Perioden eine zeitliche oder dynamische innere Gliederung aufweisen."[9] Anstatt also diese innere zeitliche oder dynamische Gliederung des Rhythmus weiter zu differenzieren, bemüht sich Hornbostel in «Melodischer Tanz» darum, den Melos gegenüber dem Rhythmus als das ursprünglich «bewegende» zu legitimieren. Dies hat vor allem zwei Gründe: erstens ließ sich nach seinem Begriff der Melodiebewegung ein fließendes auf und ab besser nachvollziehen als an einem Rhythmus, des als eine Folge von Zeitpunkten, einzelnen Impulsen also, gedacht wurde. Darüberhinaus erschien zweitens die Möglichkeit der räumlichen Differenzierung eines auf und ab der Melodie genauer eine Vorstellung der Ausdrucksgebärde zu vermitteln als das bloße auf und nieder der Taktbetonung. Letzteres mag allein eine Übereinstimmung zwischen der tänzerischen Beinarbeit und der Musik erreichen; die Melodie hingegen vermittelt - nach Hornbostel - eine Gebärde, die mehr auf den Thorax, den Kopf und die Arme bezogen ist (worin sich übrigens eine Kritik der Humanisten am Tanz äußert, die sich über Jahrhunderte zurückverfolgen läßt).

Hornbostel argumentiert demnach mit einer Gegenüberstellung zwischen melodischer Ausdrucksbewegung und eher mechanischer rhythmischer Beinarbeit. Dieses mechanische Moment aber besaß der Rhythmus bei den Tanztheoretikern in keiner Weise. Folgt man den Ausführungen von Jacques-Dalcroze und Laban - der Rhythmusbegriff Duncans erscheint so umfassend, so daß er sich kaum begrifflich, sondern nur intuitiv erfassen läßt - so tritt der Rhythmus als Oberbegriff der Bewegung hervor, der die melodische Bewegung, neben Dynamik und Artikulation, in sich trägt (man könnte meinen, daß sich die Begrifflichkeit bei den Tanzdenkern gegenüber Hornbostel umdreht).

In dem Aufsatz „Rhythmik und bewegte Plastik" von 1919 konzipierte Jacques-Dalcroze ein sehr differenziertes und eng aufeinander bezogenes Verhältnis von Musik und Tanz. Auch hier läßt sich das Bemühen nachvollziehen,

8 A.a.O., S. 80.

9 „Arbeit und Musik", in *Zeitschrift der Internationalen Musikgesellschaft* XIII (1912) 10/11, S. 341-350, hier S. 342.

die von der Musik ausgehenden Gebärden in körperliche Bewegung zu übertragen. Bezüglich Jacques-Dalcroze´ Ausführungen zum Arhythmischen zeigt sich die umfassende Bedeutung der rhythmischen Bewegung, die es überhaupt erst erlaubt, die musikalische Geste angemessen zu übertragen: „Tänzer und Musiker sind einseitig vom Takte befangen und wissen von den feinen Abstufungen der Zeitdauer so wenig wie vom dynamischen Zusammenhang zwischen Klang und Körperbewegung. Rhythmisch im hergebrachten musikalischen Sinne, ist der Komponist, in physiologischer Hinsicht, arhythmisch."[10]

Auch in Labans Überlegungen impliziert der Rhythmus nicht nur den Takt, sondern darüberhinaus den Zusammenschluß von Teilbewegungen, die sich zum ästhetischen Eindruck einer „rhythmischen Welle" ergänzen:

> „In der Bewegung wird durch Rhythmus, der Steigerung und Minderung einschließt, die innere Beteiligung und das Bewußtsein für Wechsel geweckt. Dies kann von höchster Erregung bis zu tiefster Ruhe und Stille reichen und all die verschiedenen Stimmungen einbeziehen, die in einer Mischung der beiden Extreme zum Ausdruck kommen.
> Ein Zu - und Abnehmen sollte erfahren werden in:
> Geschwindigkeit - Intensität - Ausmaß - Flüssigkeit
> Jeweils als Einzelfaktor in der rhythmischen Welle, sowie auch in Kombinationen von zwei, drei, oder allen vier Komponenten."[11]

Gerade am Bild der rhythmischen Welle zeigt sich die begriffliche Übereinstimmung zwischen dem Rhythmusbegriff im Tanz und der Lebensphilosophie: Ludwig Klages sprach 1914 ebenso von einer rhythmischen Welle[12]. Und es erscheint interessant, daß in späterer Zeit von musikwissenschaftlicher Seite dieser Wellenbegriff des Rhythmus auf die musikalische Analyse angewandt wurde. Howard E. Smither verdeutlichte an Schumanns Klavierkonzert die Ergänzung verschiedener Akzentebenen - tonische, dynamische, agogische etc. - zu einer rhythmischen Welle; wobei er das Bild der Welle aus den Schriften Bergsons entlehnte[13].

10 Jacques-Dalcroze, Emile: „Rhythmik und bewegte Plastik" in *Der Rhythmus, die Musik und die Erziehung*, Basel 1922, S. 166-185, hier S. 170.

11 Laban, Rudolf von: *Der moderne Ausdruckstanz in der Erziehung: eine Einführung in die kreative tänzerische Bewegung als Mittel zur Entfaltung der Persönlichkeit*, (engl. Original 1975), Wilhelmshaven 1981, S. 135.

12 Klages, Ludwig: *Ausdruckswille und Gestaltungskraft*, Leipzig 1914.

13 Smither, Howard E.: „The Rhythmic Analysis of 20th-century Music", in *Journal of Music Theory* VIII (1964), S. 54-88.

V

Erscheint aus nachträglicher Betrachtung der Ansatz von Hornbostel als einseitig, da dort weder die - von ihm selbst schon geahnte - Verflechtung von Melodie und Rhythmus berücksichtigt, noch die Überlegungen der Tanztheoretiker zum Rhythmus zur Kenntnis genommen wurden, so ist abschließend Hornbostels musikalische Analyse zu bewerten, die er für seine Argumentation des melodischen Tanzes ins Feld führte.

Es erscheint vielleicht abwegig, Hornbostels Analyse aus heutiger Sicht einer Überprüfung zu unterziehen, zumal der tatsächliche Zusammenhang zum Tanz der Duncan nicht (schon gar nicht hier) rekonstruiert werden kann. Hornbostels Analyse zielte allerdings auch nicht speziell auf den Tanz, sondern sollte exemplarisch den möglichen Zusammenhang zwischen Melodie und Tanz veranschaulichen. Für denjenigen nun, der eine Beziehung zwischen Tanz und Musik sucht, insbesondere, wenn es sich darum handelt, die Musik getreu in Körperbewegung zu übertragen, stellt sich natürlich generell die Frage, was von der Musik denn überhaupt übertragen werden kann und soll. Daher mag es sinnvoll sein, der Analyse Hornbostels einen Ansatz gegenüberzustellen, der die neueren Erkenntnisse der Rhythmusforschung einbezieht und den Betrachtungen der Tanztheorie begrifflich anschließt.

Und auch wenn Hornbostels Überlegungen einseitig erscheinen, so sind sie dennoch Pionierleistungen hinsichtlich der Untersuchung von Musik und Tanz. Allein das Bemühen, ein differenzierteres Verhältnis zwischen Musik und Tanz zu erschließen - und um nichts anderes ging es dem Wissenschaftler Hornbostel - fordert nicht zu bloßer Kritik sondern zum Weiterdenken auf. Bei der nachfolgenden Analyse wird daher darauf abgezielt, eine weitere sinnvolle Differenzierung vorzunehmen, den Betrachtungen Hornbostels also nicht zu widersprechen, sondern sie zu vervollständigen.

Seine Analyse stützt sich auf rein ästhetische Gesichtspunkte, die sehr pragmatisch legitimiert werden. So meint Hornbostel, daß die melodische Beziehung zwischen Musik und Tanz gegenüber der rhythmischen einige Vorteile besitze: „Erstlich erscheint die melodische Bewegung *geschlossener*. An die Stelle einer kurzen, den einzelnen Takten korrespondierenden Bewegungsform, die sich (...) in kleinen, stets gleich bleibenden Intervallen beständig wiederholt, (...), tritt eine Bewegungsreihe, die sich wie ein Faden weiterspinnt, mit der Melodie dahingleitet. (...) Aber die Melodiebewegung scheint mir für das musikalische Gesamtbild auch *charakteristischer* zu sein als der Rhythmus.“[14] Daß die Melodiebewegung charakteristischer erscheint als der Rhythmus, kann allerdings bei dem Rhythmusbegriff, den Hornbostel seiner Betrachtung zugrunde legt, nicht

14 Hornbostel, „Melodischer Tanz“, a.a.O., S. 82.

verwundern. Allein die Hauptakzente der Takte als den rhythmischen Zusammenhang anzusehen, ist in der Tat nicht sehr ergiebig. Nur bei geringfügiger Differenzierung der rhythmischen Ebenen läßt sich ein weit differenzierteres Bild der von Hornbostel betrachteten Komposition zeichnen. Führt man etwa die Unterscheidung von Melodie und Begleitrhythmus ein, berücksichtigt man die tonischen Akzente, die Hornbostel erstaunlicherweise nicht eigentlich zum Rhythmus zählt, so kann seine Analyse durch einige kompositorische Sachverhalte ergänzt werden.

Hornbostel unterteilt die Takte 5 bis 12 des Des-Dur Walzers op. 64.1 von Chopin in vier Gruppen, die sich, zusammengefaßt, erstens in Anlauf (T.5-7), zweitens Steigerung (T.8), drittens Hauptakzent (die punktierte Viertel b2 in T.9) und schließlich Ausklang (T.10 f.) gliedern. Abgesehen von der Tatsache, daß das Stück vier Takte früher beginnt, betrachtet Hornbostel nicht das Verhältnis zwischen Melodie und Begleitung. Diese Reduktion, die ihm durchaus bewußt war, macht die ästhetische Vorentscheidung deutlich, auf deren Grund sich Hornbostels Analyse bewegt; denn für eine Betrachtung des Rhythmus sind gerade die ersten vier Takte und der Begleitrhythmus von essentieller Bedeutung.

Die ersten beiden Takte des Walzers entsprechen vom Melodierhythmus dem 3/4 Metrum und besitzen als Eröffnungstakte die Funktion, die rhythmisch-metrische Bewegung zu veranschaulichen. Bereits in Takt 2 aber kündigt sich eine leichte rhythmisch-tonische Veränderung an: der Ton g1 befindet sich im ersten Takt auf zweiter, im zweiten Takt auf erster Zählzeit. Dieser ganz unscheinbaren Veränderung des Tonrhythmus, die als Beschleunigung wohl eher subkutan bleibt, folgt in den nächsten Takten die Stabilisierung der Akzeleration. Das Vier-Achtel-Motiv g-as-c-b bildet wiederholend einen 2/4 Takt. Nach dreimaliger Wiederkehr dieses Motivs setzt die metrisch reguläre Begleitung im 3/4 Metrum in Takt 5 ein. Das melodische Motiv bildet dadurch einen 3/2 Takt aus und überlagert sich mit dem Begleitrhythmus. Die Folge der Überlagerung ist eine akzentverdichtende Polyrhythmik, die im Zusammenhang mit dem Anfang eine sogartige Bewegung beschreibt. Der diastematische Aufstieg der Melodie in T.8 beschreibt einen plötzlichen Akzentverlust und führt zu einer metrisch-agogischen Dehnung, die zur Einlösung des melodischen Akzents (punktierte Viertel b2) führt. Erst danach beschreiben Melodie und Begleitung gemeinsam das vorgeschriebene 3/4 Metrum. So gesehen erscheinen der melodische Akzent und die einträchtig schwingende 3/4 Bewegung als ein Ergebnis der ihr vorausgehenden rhythmischen Verdichtung. Demnach lassen sich die ersten 9 Takte des Walzers in einer rhythmischen Abfolge von erstens metrischer Aufstellung (T.1-2), zweitens metrischer Zusammenziehung (T.3-4), drittens polyrhythmischer Verdichtung (T.5-7) und viertens metrischer und agogischer Dehnung (T.8-9) beschreiben.

Mit dieser rhythmischen Analyse ist der melodischen Betrachtung Hornbostels eine ebenso differenzierte Abfolge von Zeitverhältnissen an die Seite gestellt: rhythmische und melodische Bewegung schließen sich zu einem Gesamtausdruck zusammen. Die Trennung von Rhythmus und Melodie, die Hornbostel vornahm, erscheint überflüssig und theoretisch vorbelastet.

Die rhythmische Qualität dieses Walzers wird zudem besonders sinnfällig durch die gesamten tonischen Akzente – in der Komposition. Wie in fast allen „Tanzkompositionen" bildet der tiefere Ton eines wiederholten zweitönigen Motivs den Hauptakzent, den „Schritt", der höhere Ton dagegen den unbetonten Akzent, die Hebung. Im Fall des Walzers erscheint in dem Vier-Achtel- Motiv g-as-c-b das g als der Hauptakzent, das c als Nebenakzent. Berücksichtigt man diese tonischen Akzente bei dem weiteren Verlauf der Komposition, so dreht sich im Moment der gedehnten Steigerung in T.8/9 dieses Verhältnis um: Vom zeitlichen Verlauf wird im Moment des Eintritts des b2 das g erwartet, stattdessen kommt der Hochton und trägt somit einen doppelten Akzent. Zugleich kehren sich damit die „räumlichen" rhythmischen Verhältnisse um: war „tief" zuvor betont, „hoch" dagegen unbetont, so wird der Hochton umakzentuiert. Die räumlichen Verhältnisse, zuvor sauber herausgearbeitet durch repetitive Komposition, lösen sich im melodisch-rhythmischen Akzent des b2 auf.

VI

Die Analyse dürfte deutlich gemacht haben, daß Hornbostels Betrachtungen auf einer ästhetischen Vorentscheidung beruhten, die nur gewisse Teile der Musik berücksichtigen und so zu einer nur eindimensionalen Umformung von Musik in Tanz führen würden. Denn die Analyse des Rhythmus ließ auch einen weiteren Aspekt des Chopinschen Walzers hervortreten: daß Chopin nämlich das ästhetische Erlebnis des Tanzes, die Aufhebung der Koordinaten Raum und Zeit durch Bewegung, besser: Geschwindigkeit, bereits kompositorisch reflektiert hatte. Das führt freilich zu der Frage, ob es tatsächlich sinnvoll erscheint, wenn Musik unmittelbar - „naiv" - in Tanz übersetzt wird. Mit Sicherheit aber ist es sinnvoller, sich dieser Frage zu stellen, als diese unbehandelt beantwortet zu haben[15].

15 Abschließend möchte ich den Kongreßteilnehmern und insbesondere dem Organisator der Kongresses, Dr. Sebastian Klotz, herzlich für die wichtigen Anregungen und die angenehme Betreuung danken.

E. M. von Hornbostel und die Erforschung afrikanischer Musik aus der *Armchair*-Perspektive

Gerd Grupe

Obwohl es sich bei Erich Moritz von Hornbostel um einen der Mitbegründer der Vergleichenden Musikwissenschaft handelt, der die Disziplin in seiner Anfangsphase zweifellos entscheidend geprägt hat, sind doch seine Arbeiten - vielleicht bis auf seine 1914 zusammen mit Curt Sachs veröffentlichte Instrumentenklassifikation, die bis heute weitreichende Anwendung findet - innerhalb des Faches nicht sonderlich präsent. Möglicherweise liegt das daran, daß es sich um verstreute kleinere Beiträge handelt und eine monographische Abhandlung oder zusammenfassende Darstellung seiner Vorstellungen fehlt. Gelegentlich ist ein gewisses Unbehagen gegenüber der unzureichenden Rezeption Hornbostels geäußert worden, so schrieb etwa Alan P. Merriam 1969: „Far too few of us [...] know what von Hornbostel really did, and I hope very much that this will become a matter of concern for ethnomusicology in the near future" (Merriam 1969:225). Speziell in den USA kam ja noch ein sprachliches Problem hinzu, denn ursprünglich lagen nur wenige Beiträge Hornbostels in englischer Sprache vor. Um also eine Rezeption seiner Schriften in dem wünschenswerten Maße zu ermöglichen, wurde in den 70er Jahren mit einer Neuausgabe einschließlich englischer Übersetzung begonnen (hrsg. von Wachsmann/Christensen/Reinecke), die jedoch über den ersten Band leider nicht hinausgekommen ist.

Auch in Deutschland haben sich Christian Kaden und Erich Stockmann durch die Herausgabe einer Sammlung von Aufsätzen Hornbostels zu Musikethnologie und Musikpsychologie bemüht, uns diesen Autor wieder stärker ins Bewußtsein zu rufen. Dort weist Kaden in seinem Vorwort darauf hin, daß Hornbostel Probleme beim Namen nennt, die noch heute relevant sind, und empfiehlt daher, ihn einmal zu lesen (Kaden/Stockmann 1986:38-39).

Hornbostels Interesse richtete sich ja bekanntlich auf einen vergleichenden Ansatz, von dem er eine Analyse und genaue Beschreibung der Einzelerscheinungen erwartete, indem diese anderen Erscheinungen gegenübergestellt und ihre unterscheidenden Eigentümlichkeiten hervorgehoben werden, wie er 1905 in einem programmatischen Vortrag über „Die Probleme der vergleichenden Musikwissenschaft“ formulierte (Hornbostel 1905:40).

Als Voraussetzung dafür sah er zunächst die Sammlung adäquaten Materials auf Tonträgern - damals Phonogramme, also Walzenaufnahmen -, da für eine wissenschaftliche Auswertung und Bearbeitung eine Fixierung des Klangs und seine Reproduzierbarkeit erforderlich sei (ebd., 42). Der Einfluß der technologischen Entwicklung auf unser Fach ist ja auch von anderen Autoren oft hervorgehoben worden.

Ab 1903 hatte er begonnen, kleinere Beiträge - vielfach unter Titeln wie „Phonographierte Melodien aus ...“ - zu veröffentlichen, die jeweils Transkriptionen einzelner Stücke und eine kurze musikalische Analyse bringen.

Zur Auswahl bzw. dem Vorgehen überhaupt bemerkte er: „Eine Vergleichung im großen Maßstabe, die uns gestattet, an die Lösung der allgemeinsten Fragen heranzutreten, wird erst dann möglich sein, wenn wir von allen Punkten der Erde wenigstens Stichproben musikalischer Äußerungen zur Verfügung haben. Einstweilen müssen wir uns damit begnügen, das Material in der ungeordneten Folge, wie es zusammenkommt, monographisch [hier im Sinne von Einzelstudie, nicht: umfassender Abhandlung; G.G.] zu bearbeiten“ (Hornbostel 1905:43).

Hier klingt eine gewisse Ungeduld des Forschers an, die oft so weit ging - wie Erich Stockmann in seinem Vorwort zu „Tonart und Ethos“ berichtet (Kaden/Stockmann 1986:10) -, daß Hornbostel bereits mit dem Transkribieren von den Originalwalzen begann, noch bevor von ihnen Kopien angefertigt worden waren, und sie so zum Teil sogar beschädigte.

Wenn Hornbostel auch offensichtlich davon fasziniert war, sich durch die Auswertung von Phonogrammen in noch unbekanntes musikalisches Territorium vorzuwagen, hat er dies doch nicht damit verbunden, auch räumlich-geographisch zu den Quellen, d.h. den Urhebern dieser Musiken, vorzudringen. So hat er zwar während eines Aufenthalts in den USA im Jahre 1906 auch einen Abstecher zu den Pawnee-Indianern gemacht, seine musikethnologische Arbeitsweise gründet sich aber keineswegs auf eigene Feldforschungen. Seiner Meinung nach ist es vielmehr keineswegs erforderlich, daß Sammler und Auswertender ein und dieselbe Person sind (Hornbostel 1928:33), eine Auffassung, die später heftig kritisiert und von Alan P. Merriam mit dem berühmten Label „armchair ethnomusicology“ belegt worden ist. 1960 stellte er diesbezüglich fest: „The day of the ‚armchair ethnomusicologist‘ who sits in the laboratory and analyzes the music that others have recorded [...] is fast passing in our discipline“ (Merriam 1960:113). Bekanntlich wurde ja der Stellenwert eigener Feldforschung mittlerweile wesentlich höher bewertet, ja inzwischen sogar vielfach als „conditio sine qua non“ (Simon 1978:30) der Disziplin überhaupt betrachtet.

Wir wollen im folgenden kurz skizzieren, zu welchen Ergebnissen Hornbostels Vorgehensweise geführt hat und wie sie aus heutiger Sicht zu bewerten sind. Dabei wollen wir uns auf seine Schriften zu afrikanischer Musik konzentrieren.

Der frühen Vergleichenden Musikwissenschaft ist ja später immer wieder vorgeworfen worden, sie habe auf einer extrem schmalen Datenbasis aufbauend versucht, weitreichende Hypothesen aufzustellen, die so zwangsläufig spekulativen Charakter haben mußten. In der Tat erscheint es aus heutiger Sicht unvorstellbar, eine einzelne Melodie, über deren Repräsentativität man mangels Vergleichsmaterials nichts zu sagen vermag, zum Gegenstand einer - wenn auch kurzen - wissenschaftlichen Abhandlung zu machen, wie dies Hornbostel 1910 mit der Transkription und Analyse eines Gesangsstücks der im Norden des heutigen Tanzania südlich des Victoria-Sees lebenden waSukuma[1] getan hat. Bereits ein Jahr vorher hatte er einige Gesänge der waNyamwezi untersucht (Hornbostel 1909 a), einer mit den waSukuma nahe verwandten und benachbarten ethnischen Gruppe[2]. Es folgten etwas längere Darstellungen zur Musik der Pangwe (Hornbostel 1913), auch Fang genannt, die im Grenzgebiet von Kamerun und Gabun leben, und zu Gesängen der baHutu, baTutsi und baTwa aus Ruanda (Hornbostel 1917).

Die Ergebnisse dieser Einzeluntersuchungen lieferten schließlich die Grundlage einer zusammenfassenden Abhandlung, die Hornbostel 1928 unter dem Titel „African Negro Music" publizierte. Weiter wären noch seine 1933 erschienenen Bemerkungen zu „Geist und Werden" von Curt Sachs zu nennen, in denen er sich auf Ausführungen zu „The Ethnology of African Sound-Instruments" konzentriert.

Die frühen Arbeiten (bis 1917) weisen eine im wesentlichen gleiche Anlage auf. Ausgehend von den Transkriptionen, die nach den 1909 zusammen mit Otto Abraham dargelegten Prinzipien gestaltet sind (Hornbostel/Abraham 1909 b), wird die Musik hinsichtlich folgender Aspekte behandelt: Melos, Harmonie (Hornbostel 1910) bzw. Mehrstimmigkeit (Hornbostel 1913), Rhythmus und Aufbau (Hornbostel 1910) bzw. Form (Hornbostel 1913). Bei den Gesängen aus Ruanda (Hornbostel 1917) handelt er Mehrstimmigkeit und Form gemeinsam unter der Rubrik Polyphonie ab.

Obwohl er sich selbst des vorläufigen Charakters seiner Bemühungen bewußt ist, so daß er von „Arbeitshypothesen" spricht und generell anmerkt: „ Was bisher an gesicherter Kenntnis von afrikanischer Musik vorliegt, ist verschwindend gering gegen die Menge dessen, was wir noch zu lernen haben." (Hornbostel 1917:412), möchte er auf das Sammeln einer weitaus größeren Zahl von Aufnahmen nicht warten. Dabei ist nicht nur die Zahl, Auswahl und Repräsentativität der Beispiele problematisch, sondern - worauf z.B. Gerhard Kubik hingewiesen hat (Kubik 1984:73) - der Versuch einer Deutung afrikanischer Musik

1 Die Schreibweise ethnischer Gruppen orientiert sich an Welmers 1971.

2 Vgl. Jungraithmayr/Möhlig 1983, Welmers 1971.

gerade hinsichtlich metro-rhythmischer Phänomene ausschließlich auf der Basis von Tonaufnahmen, d.h. ohne Berücksichtigung motionaler Aspekte zumindest durch Filmaufnahmen und ohne Kenntnis intrakultureller Konzepte. Hornbostels Vorgehensweise war in dieser Hinsicht das Vorbild noch bis hin etwa zu Rose Brandels Studie über „The Music of Central Africa" von 1961, die sich ebenfalls auf die Analyse von Tonaufnahmen stützt, die andere angefertigt haben. Dabei hatte Hornbostel schon in seinem allerersten Beitrag zu afrikanischer Musik (Hornbostel 1909 a) darauf hingewiesen, die analytische Sichtweise des Forschers gebe noch keine Auskunft über das Konzept des ausführenden Musikers (vgl. Blum 1991).

Umso erstaunlicher mutet an, zu welch „modernen" Einsichten Hornbostel aus seiner „Schreibtisch-Perspektive" zumindest in einigen wichtigen Punkten gelangt ist. Mit seinem gerade genannten Verweis auf eine mögliche Diskrepanz zwischen analytischer und intrakultureller Sicht nimmt er nicht nur die heute zum Gemeinplatz gewordene *emics-etics*-Debatte vorweg[3], bei der Darstellung von Skalen, die das melodische Gewicht der in den Gesängen aus Ruanda vorgefundenen Melodietöne eines Stücks wiedergeben sollen, bedient er sich einer Anordnung von oben nach unten, die dem dort vorherrschenden deszendenten Duktus der Melodiebewegung entspricht (Hornbostel 1917:398). Dies entspricht seiner Forderung, „daß die Charakteristika der Typen den Melodien selbst entnommen, nicht auf Grund theoretischer Vorurteile in sie hineingetragen werden" (ebd., 397). Die Frage „absteigender" vs. „aufsteigender" Skalen in verschiedenen afrikanischen Musikkulturen ist in neuerer Zeit vor allem von G. Kubik thematisiert worden, der sich dabei anders als Hornbostel auf die unmittelbare Anschauung vor Ort und Auskünfte von Gewährsleuten stützen kann (vgl. Kubik 1983:356 ff.).

Grundsätzlich hatte Hornbostel schon früher angemerkt, „landläufige Begriffe unserer Musiktheorie" seien zu vermeiden, um Mißverständnissen vorzubeugen (Hornbostel 1917:398). In seinem zusammenfassenden Artikel von 1928 spricht er weitere Aspekte an, deren Bedeutung für das Verstehen afrikanischer Musiken uns eigentlich erst durch neuere Arbeiten von Nketia, Kubik u.a. so recht ins Bewußtsein gelangt ist. So verweist er auf das Ineinandergreifen von rhythmischen Formeln, was er als „cross rhythm" bezeichnet (Hornbostel 1928:51): ein Terminus, der häufig auf Arthur M. Jones (1934)[4] oder Percival Kirby (ebenfalls 1934)[5] zurückgeführt wird.

Den verschiedenen Klangfarben (Timbres), die auf einer Trommel durch unterschiedliche Anschlagsorte - und Anschlagsweisen, wie hier zu ergänzen wäre - zu erzielen sind, ordnet er eine intrakulturelle Bedeutsamkeit zu hinsichtlich

3 Vgl. dazu z.B. die Zeitschrift *World of Music* 35 (1) von 1993.

4 So z.B. Kubik 1984, S. 75.

5 So z.B. Arom 1991, S. 42

„distinguishing the individual ‚voices' of a polyrhythmic structure, at least for native hearers" (Hornbostel 1928:55).[6]

Auch Hornbostels Auffassung bezüglich der Wahrnehmung von Patterns, in der sich seine Nähe zur Gestaltpsychologie zeigt, entspricht bereits dem, was vor kurzem noch vielfach als neue Erkenntnis betrachtet wurde, daß nämlich Patterns emisch als Ganzheiten, als Gestalten wahrgenommen und - zumindest in der Regel[7] - nicht etwa kleinste Einheiten abgezählt werden (Hornbostel 1928:54; ebenso Kubik 1985:47): „African musicians think in patterns", soll Kwabena Nketia einmal gesagt haben (zit. nach Kubik 1984:78).

Auf der anderen Seite ist es nicht nur Hornbostels immer wieder auftauchender Hang, afrikanische Mehrstimmigkeitsformen als „Analogien" zur frühen europäischen Mehrstimmigkeit des 9. - 11. Jh. zu betrachten (z.B. Hornbostel 1910), oder seine Vorstellung, sog. „Naturvölker" hätten Instrumente von anderen, höher entwickelten Kulturen übernommen (Hornbostel 1928:46), ohne zu erklären, woher die sie denn haben. Vor allem seine Thesen zur afrikanischen Rhythmus-Konzeption haben den Widerspruch späterer Forscher herausgefordert. Es ist nun gerade der Rhythmus, dem Hornbostel eine zentrale Bedeutung in der afrikanischen Musik zumißt, vor allem auch in Abgrenzung zur europäischen Kunstmusiktradition.

Schon 1913 hatte er sich gewissermaßen „beschwert", der Rhythmus in der Pangwe-Musik sei teilweise „durch die zahlreichen Synkopen und die unregelmäßige Akzentverteilung (für uns) besonders widerhaarig" (Hornbostel 1913:349). Dabei äußert er in dieser Hinsicht durchaus seine Wertschätzung, wenn er schreibt: Der Rhythmus „zeigt vielfach eine Höhe der Entwicklung, der der Europäer unvorbereitet gegenübersteht. Es ist uns oft unmöglich, die rhythmischen Komplikationen beim bloßen Hören zu erfassen, und erst sorgsames Studium der Phonogramme [...] läßt den objektiven Sachverhalt erkennen. Die Schwierigkeiten für unsere Auffassung liegen in erster Linie in der ungewohnten Verteilung der Akzente und in der Phrasierung (Atempausen)" (ebd., 356). Um die genannten Probleme in den Griff zu bekommen, verlangsamte Hornbostel zur Transkription die Geschwindigkeit der Walze beim Abspielen um mehr als die Hälfte - eine aus dem „Arsenal listenreicher Techniken", mit denen er der noch unbekannten Musik zu Leibe rückte, wie Christian Kaden es ausgedrückt hat (Kaden/Stockmann 1986:24).

Ähnlich hat Hornbostel sich auch über die Gesänge aus Ruanda geäußert, deren Rhythmik ihm „für europäische Begriffe oft ungemein kompliziert" vorkam (Hornbostel 1917:406). Speziell die Frage, wie denn Taktstriche zu positionieren seien, hat ihn schließlich zur Formulierung einiger Thesen zur afrikanischen

6 Zur Relevanz von Timbresequenzen aus heutiger Sicht vgl. Kubik 1984, S. 86-87.

7 Vgl. dazu Chr. Waterman 1991.

Rhythmik veranlaßt, die er folgendermaßen zusammenfaßt: „African rhythm is ultimately founded on drumming. [... W]hat really matters is the act of beating [...]. Each single beating movement is again twofold: the muscles are strained and released, the hand is lifted and dropped. Only the second phase is stressed acoustically; but the first inaudible one has the motor accent, as it were, which consists in the straining of the muscles. This implies an essential contrast between our rhythmic conception and the Africans'; we proceed from hearing, they from motion; we separate the two phases by a bar-line, and commence the metrical unity, the bar, with the acoustically stressed time-unit; to them, the beginning of the movement [...] is at the same time the beginning of the rhythmical figure". Daraus folgert er: „[W]e must place the bar-line before the rest or the up-beat" (Hornbostel 1928:52-53). In seiner Hervorhebung des motionalen Aspekts in der Musikausübung geht er sogar soweit, ihn als gegenüber dem auditiven dominant zu charakterisieren, wenn er behauptet: Ein afrikanischer Xylophonspieler „realizes melody above all as a side-issue, although a desirable one" (ebd., 49).

Bei aller heute unbestrittenen Betonung der Relevanz motionaler Abläufe für das Verständnis afrikanischer Musik schießt er hier doch wohl über das Ziel hinaus. Immerhin liegt sein Verdienst zweifellos darin, auf diesen Aspekt aufmerksam gemacht zu haben.

Bereits 1934 hatte A.M. Jones Kritik an diesem Aufsatz Hornbostels geübt und sich dabei auch mit der Transkription eines Pangwe-Stücks auseinandergesetzt, das er als polyrhythmisch konzipiert betrachtet (Jones 1934:8), was die Notationsweise jedoch nicht klar zum Ausdruck bringe.

Auch John Blacking ist auf Hornbostels Rhythmus-Konzept eingegangen (Blacking 1955) und hat darauf hingewiesen, daß die von Hornbostel postulierte prinzipielle Andersartigkeit von afrikanischer und europäischer Musik insofern nicht haltbar sei, als eine dem eigentlichen Klangereignis vorhergehende, dieses vorbereitende Bewegungsphase ja z.B. auch bei einem Konzertpianisten erforderlich ist. Er bemerkt dazu: „In both cases the performer is a step ahead of his audience; in a sense the pianist proceeds as much from motion as the African drummer." Und weiter: „The contrast which Hornbostel suggests is therefore not so much one of procedure as of <u>attitude</u> towards movements and the production of musical sounds" (Blacking 1955:15). Zur Frage einer angemessenen Notation afrikanischer Musik fordert er, daß „every transcription of African music should be accompanied by some indication of the physical movements which produce the musical sounds" (ebd., 19).[8] Die eigene unmittelbare Anschauung des Forschers ist hierfür die Voraussetzung.

In jüngster Zeit hat Christopher A. Waterman Hornbostels Ansichten nochmals aufgegriffen (1991) und dabei zweifellos zu Recht festgestellt, daß sie be-

8 Vgl. hierzu Knight 1971.

züglich der Annahme, beim Trommeln korrespondiere das Ausholen mit Anspannung, das Schlagen im Sinne von Fallenlassen mit Entspannung, einer empirischen Prüfung wohl kaum standhält. In Anbetracht eines Aufsatzes mit dem programmatischen Titel „Die Einheit der Sinne" (Hornbostel 1925) wundert er sich, warum Hornbostel einen solch krassen Gegensatz zwischen Körperbewegung und Hören konstruiert. Er führt es auf die in „African Negro Music" in der Tat immer wieder anklingende Intention des Autors zurück, sowohl zu verstärkten Aktivitäten zur Dokumentation afrikanischer Musik anzuregen, als auch die dortige traditionelle Musik so weit wie möglich unbehelligt von missionarischen Bestrebungen zu halten, den „Wilden" europäische Musik als vorbildlich nahezubringen. Aus diesem Grund betont Hornbostel wohl die grundsätzliche Gegensätzlichkeit und hebt gleichzeitig den Rhythmus als in Afrika höher als bei uns entwickelt hervor. So sind dann auch seine einleitenden Fragen zu verstehen: „1. What is African music like as compared to our own? 2. How can it be made use of in Church and School?", die er folgendermaßen kategorisch beantwortet: „1. African and (modern) European music are constructed on entirely different principles, and therefore 2. they cannot be fused into one, but only the one or the other can be used without compromise" (Hornbostel 1928:30).

Neue Impulse zur Klärung der temporalen Ordnung in afrikanischen Musikkulturen gingen von Richard A. Waterman aus, der 1952 in einem bahnbrechenden Aufsatz über „African Influence on the Music of the Americas" - am Titel zeigt sich schon die Orientierung des Verfassers auf afroamerikanische Musik - das Konzept des sog. „metronome sense" eingeführt hat, einer konstanten Folge von Pulsen oder Grundschlägen (Beats), an der sich das rhythmische Geschehen orientiert. In den 70er Jahren richtete sich das Augenmerk speziell von Forschern, die sich mit westafrikanischen Perkussionsensembles beschäftigten (vgl. Koetting 1970), mehr auf die kleinsten Zeitwerte in der betreffenden Musik, also im Gegensatz zu der nunmehr als „gross pulse" oder eben „Beat" bezeichneten Ebene, die R. Waterman im Blick hatte, auf die darunterliegende der sog. „Elementarpulsation" (Kubik) oder „fastest pulses" (Koetting), von manchen Autoren (Robert Kauffman, Mantle Hood) auch als „density referent" bezeichnet (vgl. Kubik 1984, Chr. Waterman 1991).

Beide Ebenen sind aus heutiger Sicht als komplementär aufzufassen. Während die kleinsten temporalen Einheiten jedoch durchaus von einem kulturellen Außenseiter und sogar an Hand einer bloßen Tonaufnahme zu ermitteln sind, bedarf es zur Bestimmung des Beats - also der Frage, auf welche Elementarpulse dieser fällt oder anders ausgedrückt: in welchem Abstand, der als Anzahl von Pulsen ausgedrückt werden kann, die Beats aufeinander folgen - zusätzlicher Informationen. Diese können darin bestehen, daß man Gewährsleute darum bittet, den Grundschlag eines Stücks mitzuklatschen - die Beats müssen nämlich keineswegs ständig realisiert werden, sie können auch von allen Beteiligten, d.h. Ausführenden wie Zuhörern, nur mitgedacht werden. Andererseits kann man sich die Tatsache, daß diese Beats fast immer mit den Hauptschritten beim Tanz korrespondieren, dadurch zunutze machen, daß man die Tanzbewegungen entsprechend auswertet. Da dies auch mittels Video- oder Filmaufzeichnungen geschehen kann, faßt Artur Simon dies unter dem Stichwort „interne Analyse" zusammen, die sonst die eigene teilnehmende Beobachtung bis hin zum Erlernen der Musik meint (Simon 1978:31 ff.).

Wichtig ist hier festzuhalten, daß es sich bei der Frage, wo der Beat liegt, um eine kulturspezifisch-intrakulturell zu beantwortende handelt, d.h. sie läßt sich nicht unbedingt ausschließlich an rein musikimmanenten Merkmalen beantworten.[9] Es bedarf vielmehr häufig zusätzlicher Informationen darüber, wo die Angehörigen der jeweiligen Musikkultur den Beat empfinden. An diesem Punkt ist aus der bloßen „Schreibtisch-Perspektive" also keine sichere Klärung zu erwarten.

Dies sei an einem Beispiel demonstriert, bei dem genau dieses Problem, mit dem sich ja auch Hornbostel konfrontiert sah, zum Tragen kommt. Während er gefragt hätte, wo er beim unten in Ausschnitten wiedergegebenen Stück die Taktstriche setzen soll, würden wir heute gerne wissen, wo der Beat liegt - und zwar nicht für uns (was sicherlich auch interessant ist), sondern intrakulturell gesehen. Die Notationen stammen aus den Jahren 1961/62 und verwenden ein konventionelles Fünfliniensystem und den damaligen Gepflogenheiten gemäß auch Taktstriche, die hier den Beat markieren sollen. Dies würde man heute nicht mehr tun, sondern ein Pulsraster zugrunde legen und den Beat anderweitig kenntlich machen. Es handelt sich um ein Gesangsstück mit Gitarrenbegleitung von Mwenda Jean Bosco aus Zaïre, einmal notiert von David Rycroft (Ry.) und zum Vergleich in einer alternativen Fassung von Andrew Tracey (Tr.).[10] Zu der nach einheimischem Verständnis „richtigen" Darstellung konnte Tracey nicht durch bloße Analyse des Hörbildes gelangen, wie dies Rycroft versucht hat, sondern nur auf Grund seiner auf eigener Anschauung beruhenden weitergehenden Kenntnisse des betreffenden Musikstils. Die beiden Notenbeispiele stellen jeweils Ausschnitte der Gitarrenbegleitung und des Gesangsparts so gegenüber, wie sie von Rycroft bzw. Tracey notiert worden sind. Das Notenbild wurde von mir etwas vereinfacht reproduziert.

Es ist hoffentlich deutlich geworden, daß einerseits die „armchair analysis" gerade in Bezug auf afrikanische Musik deutlich an ihre Grenzen stößt, andererseits Hornbostel trotz dieser eigentlich ungünstigen Voraussetzungen eine Reihe von richtungweisenden Anstößen gegeben hat, die von späteren Forschern zunächst nicht hinreichend aufgegriffen worden sind. Man hat den Eindruck, daß

9 Vgl. etwa „4er"-Patterns in der mbira-Musik der Shona in Zimbabwe, sofern dort keine Rassel den drei Pulse umfassenden Beat realisiert (Grupe im Druck).

10 Aus: Rycroft 1961 und Tracey 1962. Vgl. dazu Kubik 1983.

"Bombalaka"

von Mwenda Jean Bosco

Ry.
Tr.

Ry.
Marie Jo - sé ma kwambi a ka - ye bwana ya - - ngu
Tr.

nach dem 2. Weltkrieg unter dem Einfluß der generellen Abkehr von der Vergleichenden Musikwissenschaft alter Prägung, die sich in dem neuen Begriff „ethnomusicology" widerspiegelte, zuviel scheinbarer Ballast über Bord geworfen wurde, so daß man das Rad teilweise erst wieder neu (er-)finden mußte.

Zitierte Literatur

Arom, Simha

1991 *African Polyphony and Polyrhythm. Musical Structure and Methodology*, Cambridge.

Blacking, John

1955 „Some Notes on a Theory of African Rhythm Advanced by Erich von Hornbostel", in *African Music* 1(2), S.12-20.

Blum, Stephen
1991 „European Musical Terminology and the Music of Africa", in Bruno Nettl/Philip V. Bohlman (Hg.), *Comparative Musicology and Anthropology of Music*, Chicago and London, S.3-36.
Brandel, Rose
1961 *The Music of Central Africa*, The Hague.
Grupe, Gerd
(im Druck) *Harmonische Struktur und Patternbildung in der mbira-Musik der Shona in Zimbabwe. Komposition und Improvisation in einer afrikanischen Musikkultur.*
Hornbostel, Erich M. von
1905 „Die Probleme der vergleichenden Musikwissenschaft", in Kaden/Stockmann 1986, S.40-58.
1909 a „Wanyamwezi-Gesänge", in *Anthropos* 4, S.781-800,1033-1052, 8 S. Noten.
1909 b (mit Otto Abraham): „Vorschläge für die Transkription exotischer Melodien", in Kaden/Stockmann 1986, S.112-150.
1910 „Wasukuma-Melodie", in *Bulletin de l'Académie des Sciences de Cracovie*, Juli-Heft, S.711-713.
1913 „Musik", in Günter Tessmann, *Die Pangwe*, Bd. 2, Berlin, S.320-357.
1914 (mit Curt Sachs): „Systematik der Musikinstrumente. Ein Versuch", in Kaden/Stockmann 1986, S.151-206.
1917 „Gesänge aus Ruanda", in Jan Czekanowski, *Forschungen im Nil-Kongo-Zwischengebiet*, Bd. 1, S.379-412, 14 S. Noten.
1925 „Die Einheit der Sinne", in *Melos* 5(6), S.290-297.
1928 „African Negro Music", in *Africa* 1(1), S.30-62.
1933 „The Ethnology of African Sound-Instruments. Comments on ‚Geist und Werden der Musikinstrumente' by C. Sachs", in *Africa* 6, S.129-157, 277-311.
Jones, Arthur M.
1934 „African Drumming. A study of the combination of rhythms in African music", in *Bantu Studies* 8(1), S.1-16.
Jungraithmayr, Herrmann / Möhlig, Wilhelm J.G. (Hg.)
1983 *Lexikon der Afrikanistik. Afrikanische Sprachen und ihre Erforschung*, Berlin.
Kaden, Christian / Stockmann, Erich (Hg.)
1986 *Erich Moritz von Hornbostel: Tonart und Ethos. Aufsätze zur Musikethnologie und Musikpsychologie*, Leipzig.
Kirby, Percival R.

1934 *The Musical Instruments of the Native Races of South Africa*, London.

Knight, Roderic

1971 „Towards a Notation and Tablature for the Kora and its Application to Other Instruments“, in *African Music* 5(1), S.23-36.

Koetting, James

1970 „Analysis and Notation of West African Drum Ensemble Music“, in *Selected Reports in Ethnomusicology* 1(3), S.116-146.

Kubik, Gerhard

1983 „Kognitive Grundlagen afrikanischer Musik“, in Artur Simon (Hg.), *Musik in Afrika*, Berlin, S.327-400.

1984 „Einige Grundbegriffe und -konzepte der afrikanischen Musikforschung“, in *Jahrbuch für musikalische Volks- und Völkerkunde* 11, S.57-102.

1985 „The emics of African musical rhythm“, in *Cross Rhythms* 2, S.26-66.

Merriam, Alan P.

1960 „Ethnomusicology. Discussion and Definition of the Field“, in *Ethnomusicology* 4(3), S.107-114.

1969 „Ethnomusicology Revisited“, in *Ethnomusicology* 13(2), S.213-219.

Rycroft, David

1961 „The Guitar Improvisations of Mwenda Jean Bosco. Part 1“, in *African Music* 2(4), S.81-98.

Simon, Artur

1978 „Probleme, Methoden und Ziele der Ethnomusikologie“, in *Jahrbuch für musikalische Volks- und Völkerkunde* 9, S.8-52.

Tracey, Andrew

1962 „Transkription von Mwenda Jean Boscos ´Bombalaka´“, in *African Music* 3(1), S.96.

Wachsmann, Klaus P. / Christensen, Dieter / Reinecke, Hans-Peter (Hg.)

1975 *Hornbostel Opera Omnia 1*, The Hague.

Waterman, Christopher A.

1991 „The Uneven Development of Africanist Ethnomusicology: Three Issues and a Critique“, in Bruno Nettl / Philip V. Bohlman (Hg.), *Comparative Musicology and Anthropology of Music*, Chicago and London, S.169-186.

Waterman, Richard A.

1952 „African Influence on the Music of the Americas“, in Sol Tax (Hg.), *Acculturation in the Americas*, Chicago, S.207-218.

Welmers, Wm.E.

1971 „Checklist of African Language and Dialect Names“, in Thomas A. Sebeok (Hg.), *Linguistics in Sub-Saharan Africa*, The Hague and Paris, S.759-900.

Hornbostels Klangarchiv: Gedächtnis als Funktion von Dokumentationstechnik

Wolfgang Ernst

Absenz

Dem Verhältnis Erich Moritz von Hornbostels zu seinen phonographisch aufgespeicherten Klangquellen entspricht die Situation jedes Historikers: Beide wollen ein Archiv von (im erweiterten Sinne) Schrift-Körpern (geschriebene Texte, beschriebene Wachswalzen) zum Klingen bringen.[1] Deren Aktivierung hieß vor der Epoche medialer Apparate energetische Aufladung durch imaginäres *reenactment*: Jules Michelet, Historiker der Französischen Revolution, vernahm im Archiv halluzinatorisch das Murmeln der Toten, als ob Texte immer schon das logozentristische Derivat eines Phonogramms seien. Seine Schriften machten ihn selbst zum Klangkörper, durch den diese Stimmen der Toten liefen. Anstelle von Apparaten war es der historische Diskurs als Droge der Einbildungskraft, die ihm zu dieser Wahrnehmung verhalf: „Dans les galeries solitaires des Archives où j´errai vingt années, dans ce profond silence, des murmures cependant venaient à mon oreille."[2]

Gehörgänge ins Jenseits (Bernhard Siegert) operieren auch in anderer Richtung: Beim Festakt zur 75-Jahr-Feier des Germanischen Nationalmuseums in Nürnberg am 18. August 1927 versetzten die Streichquartett-Töne in der alten Kartäuserkirche das Publikum buchstäblich in historische Stimmung; durch die Synästhesie von visuellen und akustischen Daten fühlte man sich in alte Zeiten zurückversetzt.[3]

Klangspeicher sind Artefakte zur Dokumentation einer Absenz: „Dans la musique enregistrée, s´il s´agit de transmettre <..> l´impossibilité, pour l´auditeur, de localiser visuellement les musiciens. <...> Dans une musique

1 Ein technisches Scharnier ist das in Berlin hergestellte *Notoscript*, eine Schreibmaschine für Musikkomponisten, erhalten im Musikinstrumentenmuseum Posen. Zur Übertragung der alphabetischen Ästhetik auf die Klaviatur des Klaviers siehe Wolfgang Scherer, *Klavier-Spiele. Die Psychotechnik der Klaviere im 18. und 19. Jahrhundert*, München (Fink) 1989.

2 Jules Michelet, *Histoire de France*, Préface de 1869, S. 24 (= *Oeuvres Complètes* IV, éditées par Paul Viallaneix, Paris / Flammarion 1974).

3 Albert Paust, „Zum fünfundsiebzigjährigen Bestehen des Germanischen Nationalmuseums", in: *Börsenblatt für den Deutschen Buchhandel*, Jg. 94, Nr. 190 u. 208, 1927, S. 1084f.

composée pour la reproduction sur disque ou bande magnétique, le compositeur doit tenir compte de l´absence visuelle."[4] Diese Absenz der organischen Stimmträger kehrt technisch im Negativ wieder, was sich in Hornbostels Klangarchiv in Form der Galvanos abspielte. *Reco(r)*ding: Nun gilt es, diese auf optischem Wege in digitale Form (DAT) umzuwandeln. Damit ist die Archivierung der Stimme das, was sie als *architrace* im Sinne Derridas immer schon war: Schrift, also lesbar. Doch nur noch Computer vermögen ein Gedächtnis zu lesen, das den menschlichen Sinnen unzugänglich geworden ist.

Phonozentrismus um 1800

Die Seele von Kulturen ist ihren Aufzeichnungsmedien buchstäblich verschrieben. Kultur als Gedächtniseffekt (im Sinne der Semiotik von Jurij Lotman) verbindet Hornbostels Projekt mit Karl Philipp Moritz' *Magazin für Erfahrungsseelenkunde* (1783). Und Jean Paul definierte in *Selina, oder die Unsterblichkeit der Seele*, in Korrespondenz zu den Visualisierungsversuchen von Musik durch den romantischen Akustiktheoretiker Chladni: „Nehmet einmal recht lebhaft an, daß wir Alle nur Klangfiguren aus Streusand sind, die ein Ton auf dem zitternden Glase zusammenbauet, und die nachher ein Lüftchen ohne Ton vom Glase wegbläset in den leeren Raum hinein: so lohnet es der Mühe und des Aufwandes von Leben nicht, daß es Völker und Jahrhunderte gibt und gab. <...> in funfzig Jahren verfliegen die Figuren und die Schätze, und nichts mehr ist da, als das Dagewesensein."[5]

Jacob Grimm verschickte 1815 in Wien als Sekretär der hessischen Legation ein *Circular wegen Aufsammlung der Volkspoesie*; zugleich mit der politischen Restauration der post-napoleonischen Staatenwelt Europas stellte sich die Mobilisierung eines symbolischen Kapitals ein, das im Zeichen von Unterbrechung und Verlust stand (auch das verbliebene Hornbostel-Archiv am Museum für Völkerkunde Berlin „widmete sich fortan der Sammlung und Verbreitung rezenter Musikformen"[6]). Diese Gesellschaft - darunter ein *Hornpostel* - hatte zum Ziel, „alles, was unter dem gemeinen deutschen Landvolke von Lied und Sage vorhanden ist, zu retten und zu sammeln."[7]

4 *Vocabulaire d'esthétique*, hrsg. v. Anne Souriau, Paris (Presses Universitaires de France) 1990, S. 3-5, hier: S. 4.

5 Zitiert nach: Stefan Rieger, „Memoria und Oblivio. Die Aufzeichnung des Menschen", in: Miltos Pechlivanos, ders., Wolfgang Struck und Michael Weitz (Hrsg.), *Einführung in die Literaturwissenschaft*, Stuttgart / Weimar (Metzler) 1995, S. 378-392, hier: 379.

6 Susanne Ziegler, „Das ehemalige Berliner Phonogramm-Archiv", in: Annegrit Laubenthal (Hrsg.), *Studien zur Musikgeschichte. Eine Festschrift für Ludwig Finscher*, Kassel u. a. (Bärenreiter) 1995, S. 766-772, hier: S. 766.

7 J. Grimm, *Circular wegen Aufsammlung der Volkspoesie.* Facsimile, mit einem Nachwort von Kurt Ranke, hrsg. v. Ludwig Deneke, Kassel (Brüder Grimm-Museum) 1968.

In diesem Moment schrieb sich Archäo-Logie logozentristisch: „Noch ist unser Vaterland aller Enden ausgestattet mit diesem Gut, das <...> im Verborgenen, seiner eigenen Schöne unbewußt, fortlebt, und seinen unverwüstlichen Grund allein in sich selber trägt. <...> Es ist vor allem daran gelegen, daß diese Gegenstände getreu und wahr, ohne Schminke und Zuthat, aus dem Munde der Erzählenden, und thunlich in und mit deren selbsteigenen Worten, auf das genaueste und umständlichste aufgefaßt werden, und was in der lebendigen örtlichen Mundart zu erlangen wäre, würde darum von doppeltem Werthe seyn, wiewohl auf der andern Seite selbst lückenhafte Bruchstücke nicht zu verschmähen sind.“ Gleichzeitig gründet Hegel „die erfüllte Äußerung der sich kundgebenden Innerlichkeit“ im *Ton* (*Enz.* § 459); demgegenüber ist (im nächsten Paragraphen) die Erinnerung der Äußerlichkeit des phonetischen Ereignisses „das Gedächtnis“.[8] Die Konsequenz aber hieß Statistik. Was Grimm noch als Gruppenunternehmen plante (und damit scheitert), leistet sein Schüler Wilhelm Mannhardt mit der Aussendung von 150.000 Fragebogen im Jahr 1868, kulminierend im Befragungswerk zum Deutschen Volkskundeatlas in den zwanziger und dreißiger Jahren dieses Jahrhunderts.

Sehr bald schaltet die Volkskunde von Schrift- auf Tonmonopol um, und Phonozentrismus wird technisch real. Seit den 30er Jahren des 19. Jahrhunderts existiert die *Tonschreibekunst*, auch *Phono- und Vibrographie* genannt. In der ersten Nummer der *Phonetischen Studien* (1888) schrieb J. A. Lundell aus Uppsala: „Nicht nur Bopp und Grimm, sogar Schleicher und Curtius sind schon antiquiert <...>. Die inschriften auf felsenwänden und tempelmauern, auf steinen, kupfer- und bleitafeln, papyrusrollen, gergilbte kodizes von pergament oder papier beschäftigen die philologen zwar nicht weniger als früher. Aber das gesprochene wort, der fluss der rede wird zum eigentlichen gegenstand des studiums. Die *epea pteróenta* des jetzt lebenden alltagsmenschen <...> werden unmittelbarer und allseitiger beobachtung zugänglich <...>.“[9] Seit dem müssen auch orale Traditionen „als aktuelle Texte älterer, inzwischen verlorengegangener Versionen eingeschätzt werden.“[10]

8 Dazu Jürgen Trabant, „Vom Ohr zur Stimme. Bemerkungen zum Phonozentrismus zwischen 1770 und 1830“, in: H. U. Gumbrecht / K. L. Pfeiffer (Hrsg.), *Materialität der Kommunikation*, Frankfurt/M. 1988, S. 63-79, hier: S. 64f.

9 Johann August Lundell, „Die Phonetik als Universitätsfach“, in: *Phonetische Studien*, hrsg. v. W. Vietor, Marburg 1888, Bd. 1, 5, zit. nach: Wolfgang Scherer, „Klaviaturen, Visible Speech und Phonographie. Marginalien zur technischen Entstellung der Sinne im 19. Jahrhundert“, in: Friedrich Kittler / Manfred Schneider / Samuel Weber (Hrsg.), *Diskursanalysen 1: Medien*, Opladen (Westdeutsche Verlagsanstalt) 1987, S. 37-54, hier: S. 37.

10 Dag Henrichsen, „´Ehi rOvaherero`. Mündliche Überlieferungen von Herero zu ihrer Geschichte im vorkolonialen Namibia“, in: *WerkstattGeschichte* 9 (1994), S. 15-24, hier: S. 15.

Schallkonservierung

„Der Akt des Redens oder des Lesens erscheint als etwas Unwiederholbares, Lebendiges, die Mitteilung ist ein unwiederholbarer, lebendiger Akt. Die Wahrheit stellt sich so beim Zuhören oder beim Lesen als etwas Einmaliges und deshalb Persönliches dar. Die Erkenntnis hingegen, die durch das Radio hingeworfen wird, ist *mechanisch* wiederholbar, es fehlt in der Mitteilung des Radios und im Zuhörenden das persönliche Element. <...> Die Erkenntnis erscheint beim Radio ein für allemal vollzogen <...>, die Erkenntnis wird in den Menschen gepreßt, wie eine Materie in leere Büchsen.“[11] Das sind Hornbostels Wachszylinder, mechanische Hohlräume einer logozentristisch imaginierten Fülle.

„Die gesprochene, sinnvoll zusammengefügte Lautfolge, die wir Sprache nennen, die ganz am Anfang der Menschheitsentwicklung steht, findet als letzte ihren Eingang in das Archiv. Das Bild, das in primitiver Form vor der Schrift existierte und sie überhaupt erst schuf, kam an zweiter Stelle <...>. Unter diesem Gesichtspunkt ergibt sich eine Gliederung des Archivgutes nach schriftlichem (Urkunden, Akten, Briefe), bildlichem (Karten, Pläne, Bilder) und phonetischem (Tonbänder und -platten). Es wäre allerdings verfehlt, das phonographische Material als höchste und beste, weil naturgetreueste Form historischer Überlieferung anzusehen. Die etwa bei einem Gefecht entstehende Fülle von Tönen läßt zwar auf seine Intensität schließen, aber damit ist ihr historischer Quellenwert auch erschöpft. Erst eine Gefechtsskizze und die entsprechenden amtlichen und persönlichen Berichte (Akten, Briefe) verschaffen einen möglichst vollständigen Eindruck des Geschehens.“[12]

Das logozentrische Klangarchiv bedarf also immer schon der Supplementierung durch die alphanumerischen Aufschreibesysteme. Herbert Dominik, Chefingenieur im Reichsministerium für Volksaufklärung und Propaganda, Direktor der Reichsrundfunk-Gesellschaft, unterschied drei Verfahren der „Schallkonservierung“: Mechanisch (Nadelton), lichtelektrisch (Lichtton), magnetisch (Magnetton). Die Schallplatte ist als Fortschreibung Mimesis: „In eine rotierende Wachsplatte werden in Spiralenform gewellt Rillenzüge eingeschnitten, deren seitliche Auslenkungen ein getreues Abbild der aufgezeichneten Schallwellen sind.“[13]

Kultur ist die Funktion eines Sicherungsarchivs: „Das *Reichsschallarchiv*, das in engem Zusammenhang mit dem Rundfunk steht, darf als die größte und

11 Max Picard, *Die Welt des Schweigens*, Erlenbach-Zürich (Eugen Rentsch) 1948, S. 209f.

12 Karlheinz Blaschke, „`Bildstücke´ im Archiv“, in: *Der Archivar*, 7. Jg. Heft 3 (1954), S. 191-196, hier: S. 194f.

13 Herbert Dominik, „Hochwertige Schallaufzeichnung und Dokumentation“ in: Deutsche Gesellschaft für Dokumentation (Hrsg.), *Die Dokumentation und ihre Probleme*, Leipzig (Harrassowitz) 1943, S. 46-50, hier: S. 46.

bedeutendste Lautsammlung gelten. Dort sind alle politischen Ereignisse, alle Reden bedeutender Staatsmänner (auch solche, die nicht publiziert werden), die Berichte der Propagandakompanien und alle wichtigen kulturellen Leistungen des In- und Auslandes archiviert und dokumentarisch aufgeschlossen. <...> Matrizen, die als echte Archivalien gelten müssen. Ihre Lagerung erfolgt so, daß eine Beeinträchtigung oder ein Verlust nach menschlichem Ermessen ausgeschlossen ist." Erst das Tempo des Rundfunks überführt dieses Archiv in Echtzeit-Synchronisation: „Alle diese Schallkonserven müssen innerhalb weniger Minuten greifbar und sendebereit sein. Die Katalogisierung und Dokumentation muß daher so weit ausgebildet sein, daß alle Bedarfsträger und Sachbearbeiter daraus alle wesentlichen Angaben über Titel und Datum, Inhalt und Laufdauer, genaue Beurteilung (politische, künstlerisch und technisch) sowie sonstige Merkmale entnehmen können."[14]

Der Phonograph hob die raum-zeitliche Fixierung des Klanges auf; die Kontextualisierung der ethnographischen Information, für die Franz Boas' ethnographische Methode stand, wird von ihren Aufzeichnungstechniken konterkariert. Die von Paul Valéry gesehene „Eroberung der Allgegenwärtigkeit" heißt Überführung des Kulturgedächtnisses in die Kybernetik von Synchronisation.

„Nicht erst das Material, sondern schon die Zeitachse des Gedächtnisses erzwingt eine samplingartige Konzeption von Erinnerung. <...> Die Registratur der Daten opfert die Zeit-Differenzen auf dem Altar des Gottes Echtzeit <...>. AV-Speichermedien präsentieren Vergangenes nur in der paradoxen Form einer unhintergehbaren Gegenwart der Wahrnehmung. <...> Zeit als Intervall wird insgesamt minimalisiert. Virtuell gleichzeitig vollzieht sich, was chronologisch als Begriff des Bezugs auf Archive, d. h. nicht nur auf Gedächtnisspeicher, sondern auch auf Gegenstände möglicher Erinnerung und damit auf eine klare, sequentielle Ordnung der Zeit orientiert gewesen war. <...> Die notwendig in einer linearen Abfolge strukturierten Phasen der Registratur / Selektion, Inszenierung / Aktualisierung, Speicherung / Archivierung, Reaktualisierung / Re-Inszenierung sind nunmehr topologisch austauschbar, im einzelnen umkehrbar und strategisch nach Gesichtspunkten manipulierbar, die nicht mehr der chronologisch-linearen Ordnung folgen müssen."[15]

14 Ebd., S. 48.

15 Hans Ulrich Reck, „Das Enzyklopädische und das Hieroglyphische", in: ders. / Mathias Fuchs (Hrsg.), *Sampling* (= Heft 4 der Arbeitsberichte der Lehrkanzel für Kommunikationstheorie), Wien (Hochschule für angewandte Kunst) 1995, S. 6-29, hier: S. 9 u. S. 11.

Ethnographie und Klassifikation

Ausverkauf der Psyche an die Apparate: Eine besondere Gruppe von Quellen für die Ethnologie bilden die phono- und photographischen Aufnahmen. „Da sie <...> nicht die Erscheinungen selbst wiedergeben, sondern an die Stelle des Mediums der menschlichen Psyche nur das Medium eines leblosen Apparates setzen, lassen sie sich begrifflich nicht als unmittelbare Zeugnisse auffassen. Sie nähern sich ihnen aber methodisch in der Objektivität der Wiedergabe, eine Annäherung, die besonders durch den Vergleich mit den analogen Aufnahmeverfahren früherer Zeit, etwa den nach dem Gehör niedergeschriebenen Melodien oder den Handzeichnungen und -malereien, deutlich wird <...>."[16]

Hornbostels grammophonetische Apparatur korrespondiert mit der Position des Ethnologen, der am Tisch sitzend die Erzählungen eingeborener Informanten aufschreibt (*graphein*). Von der fließenden Rede zum „gefrorenen Text" (Horst Wenzel): Er selbst wird zum Phonographen in diesem Sinne.[17]

Louis-François Jauffret, Begründer der Pariser *Société des Observateurs de l'homme* 1799, befaßte sich ebenso mit einer Geschichte der Hieroglyphen wie mit der Idee einer Universalsprache. Seine Definition von Schrift als „Ansammlung sichtbarer, von der menschlichen Hand gemalter oder geritzter Zeichen" wird im Phonogrammarchiv Hornbostels als Verschränkung von Stimme und Schrift auf eine unerwartete Weise technisch sinnfällig[18]; solange die Ethnologie nicht über phonische Aufzeichnungsmedien verfügte, kam Musik als Objekt der Betrachtung wenig in Betracht. Der Zusammenhang von Erkenntnis und Interesse ist (auch) ein Effekt seiner Bedingtheit im Apparativen. Mit dem Wachszylinder sind Objekt und Medium der Beobachtung, *object* und *record* nicht länger getrennt. Nicht länger galt für ethnographische Objekte in musealen Sammlungen die Differenz von Monument und Dokument, „that artefacts were only meaningful if they were explained from outside, because they have nothing to say for themselves."[19]

Die *Société* unternahm so gut wie keine eigenen Forschungsexpeditionen und war daher auf ein Netz umfangreicher Korrespondenz verwiesen. Hornbostels Kollege Felix von Luschan nahm „in die vom Berliner Völkerkundemuseum herausgegebene `Anleitung f. ethnograph. Beobachtungen und Sammlungen in Afrika und Oceanien´ auch einen Abschnitt für phonographische Arbeiten im

16 F. Graebner, *Methode der Ethnologie*, Heidelberg (Winter) 1911, S. 54.

17 Siehe die entsprechende Fotografie in: George Stocking (Hrsg.), *Observers observed*, Madison, Wisc. (Univ. of Wisconsin Press) 1983, S. 82.

18 Zitiert nach: Sergio Moravia, *Beobachtende Vernunft. Philosophie und Anthropologie in der Aufklärung*, Frankfurt/M., Berlin, Wien (Ullstein) 1977, S. 77.

19 Susan M. Pearce, „Objects in Structures", in: dies. (Hrsg.), *Museum Studies in Material Culture*, London 1988, S. 47.

Felde auf und veranlaßte, daß fortan kein deutscher Forschungsreisender mehr auszog, ohne eine phonographische Ausrüstung mitzunehmen <...>. Auch amerikanische Forscher - vor allem F. Boas - und Museen sandten phonographisches Material zur wissenschaftlichen Bearbeitung.“[20]

Das Programm des Archivs stand von vornherein fest: Was nicht real gerettet werden kann, konserviert sich vielleicht als Information. „Es galt, die vor der alles nivellierenden Zivilisation rasch dahinschwindenden musikalischen Äußerungen aller Völker der Erde zu sammeln und für vergleichende Studien auf den Gebieten der Musikwissenschaft, Ethnologie, Anthropologie, Völkerpsychologie und Ästhetik bereitzustellen.“[21]

Der blinde Fleck dieser Aussage aber ist die technische Standardisierung der Kulturen im Akt der phonographischen Aufnahme selbst.

Hornbostels Klangarchiv verliert seine Einzigartigkeit als Teilmenge eines Projekts, das seit der Aufklärung nicht aufhört sich fortzuschreiben - Statistik und Ethnographie: „Das `Kuriositätenkabinett´ warf alles zusammen, wobei jedes einzelne Objekt metonymisch für eine ganze Region oder Bevölkerung stand. <...> Das 18. Jahrhundert brachte ein ernsthafteres Interesse für Taxonomien und den Aufbau vollständiger Reihen. Das Sammeln wurde in zunehmendem Maße von Naturwissenschaftlern betrieben <...>, und Objekte wurden wertgeschätzt, weil sie ein Aufgebot systematischer Kategorien exemplifizierten <...>. Pitt Rivers´ typologische Präsentationen waren Mitte des 19. Jahrhunderts Höhepunkte dieser taxonomischen Vision <...>. Das Objekt war nicht mehr hauptsächlich exotische `Kuriosität´, sondern nun eine Informationsquelle <...>. Mit Franz Boas und der Entstehung der relativistischen Anthropologie festigte sich die Haltung, Objekte in besondere, reale Kontexte zu stellen.“[22]

Ethnologie oszilliert zwischen Dokumentation und Monument; so schreibt Boas am 23. November 1886 von der Rückreise von Comox auf Vancouver Island an Felix von Luschan in Berlin: „Ich habe kein Stück meiner Sammlung, zu dem ich nicht die ganze Erklärung habe <...>. Sie können sich kaum denken, wieviel hier zu thun wäre, man könnte Jahre lang hier arbeiten und doch nicht fertig werden. <...> Der Himmel verzeihe, was frühere Sammler gesündigt haben. Die Masken, zu denen man hier nicht gleich die Geschichten sammelt, werden grösstentheils immer unverstanden bleiben.“[23]

20 E. M. v. Hornbostel, „Das Berliner Phonogrammarchiv“, in: *Zeitschrift für vergleichende Musikwissenschaft* I / 1933, S. 40-45, hier: S. 40f.

21 Hornbostel 1933: S. 41.

22 James Clifford, „Sich selbst sammeln“, in: Gottfried Korff / Martin Roth (Hrsg.), *Das historische Museum. Labor, Schaubühne, Identitätsfabrik*, Frankfurt/M. 1990, S. 87-106, hier: S. 100f.

23 Nachlaß F. v. Luschan, zitiert nach: Erich Kasten, „Masken, Mythen und Indianer: Franz Boas´ Ethnographie und Museumsarbeit“, in: Michael Dürr, ders., Egon Renner, *Franz Boas. Ethnologe, Anthropologe, Sprachwissenschaftler. Ein Wegbereiter der modernen Wissenschaft vom Menschen*, Ausstellungskatalog (Staatsbibliothek zu Berlin), Wiesbaden (Reichert) 1992, S. 79-102, hier: S. 82.

Mit dem Wunsch nach phonographischer Aufzeichnung lebendiger Stimme korrespondiert die Praxis der Ausstellung lebender Exponate[24], analog zum Phonogramm: „Museums are to the past as books are to the spoken word", und der Effekt einer toten Vergangenheit ist eine Funktion „by the `dead´ way in which artifacts are presented in the museums."[25] Realistische *life groups* und museale Dioramen sind die mediale Kehrseite jener animatorischen Halluzinationen, die *qua* Phonographie im technisch Realen implementiert werden.

Schallaufnahmen aus der Ferne für Hornbostel geschahen für das Archiv - Aufzeichnungen, in den Papierkorb geschrieben, als aufgeschobene, im Archiv aufgehobene, latente Gegenwart. Heute ist sie eine Vergangenheit, die nie Gegenwart war, „vergangene Zukunft" (Reinhart Koselleck). Die Mobilisierung des Archivs ist auch in der Archäologie ihr sekundäres Anderes: „Now archaeologists are having to make judgments on the work of their predecessors as they are excavating in the field *and in archives*." [26]

Nicht nur Kulturen, auch ihr Fortleben in Archiven ist vom Verlust bedroht; nach dem Zweiten Weltkrieg wurden ein Großteil der ursprünglichen Bestände des Hornbostel-Archivs für verloren gehalten.

Das Archiv schreiben

Der Dresdner Bibliothekar Gustav Klemm (1802-67) plädierte für einen archivischen Blick des Wissensarchäologen auf Kultur: „Dieß ist die wahre Unpartheilichkeit und Gerechtigkeit des Historikers, dem die wegwerfende und bedauerliche Vornehmheit ganz fremd ist, mit welcher der Kunstdilettant auf die anspruchslosen Schnitzwerke der Eskimos oder die seltsamen Gruppen und krausen Gebilde der Chinesen, Mexicaner und Ägypter blickt und einem Rafael oder einen mediceischen Venus zueilt, um hier seine Kenntniß der Kunstsprache zu entfalten. Wie der Naturforscher die Bandwürmer, Scolopendern, Kröten und deren Genossen mit derselben Theilnahme betrachtet, die wie Labradorsteine, Magnolien, Argus, Colibri und Gazellen, so bieten dem Historiker die schmierigen Pelze und Geräthe der Bosjesman und Eskimo nicht minder Stoff zum Denken dar, als die Federkleider der Mexicaner oder die Marmorstatuen der Hellenen."[27]

24 Siehe den Abschnitt „Beleben - réanimer" in: Anne-Marie Thormann, „Wieso Museen?", in: Jacques Heinard / Roland Kaehr (Hrsg.), *Temps perdu / Temps retrouvé. Voir del choses passé au présent*, Neuchâtel (Musée d´Ethnographie) 1985, S. 137-152, hier: S. 143.

25 Christopher McIntosh, „Bringing the Past Alive: Museums and Archaeology", in: *Country Life*, vol. 152, 3. August 1972, S. 280.

26 L. Bonfante, „Introduction", in dies. (Hrsg.): *Etruscan Life and Afterlife: A Handbook of Etruscan Studies* (Warminster, 1986), S. 4 (meine Hervorhebung, W. E.).

27 *Allgemeine Cultur-Geschichte der Menscheit* 1-10. Leipzig 1843-52. 1, S. 352-62. Zitiert nach Bernward Deneke, „Das System der deutschen Geschicht- und Altertumskunde des Hans von und zu Aufseß und die Historiographie im 19. Jahrhundert", in: *Anzeiger des Germanischen Nationalmuseums 1974*, Nürnberg 1974, S. 148.

Franz Boas verfuhr empirisch, wenn er ethnologische Daten sammelte: „Von Kritikern wird immer wieder hervorgehoben, daß Boas an der Analyse des Materials letztendlich scheiterte, weil er im partikularistischen Auflisten von Details steckenblieb und nie den Versuch von Synthesen unternahm. <...> Gerade angesichts der vielen inzwischen ausgestorbenen oder dem Aussterben nahen Sprachen und angesichts des durch die immer weiter voranschreitende Akkulturation verlorenen kulturellen Wissens war Boas´ Insistieren auf Datensammeln sehr wichtig."[28]

Dokumentationswissenschaft resistiert gegenüber der Schließung (*clôture*) von Daten durch Erzählung: „As we require a new point of view now, so future times will require new points of view and for these the texts, and ample texts, must be made available."[29]

Feldforschungen als Sammelreisen für Sprachdaten, für Texte, für materielle Güter und für physisch-anthropologische Meßdaten waren Informations*retrieval*: „Seine Vergleiche sind mit Tabellen und `Statistiken´ - z. T. mit Gegenprobe durch eine weitere, andersartige Anordnung - quantifiziert und die Motive werden durch einen Index erschlossen."[30]

Hornbostels Initiative, reisende Gelehrte mit Phonographen auszustatten, ist Teil einer epistemologischen Disposition zur Aufzeichnung, Transfer und Prozessierung von Daten um 1900: „In assuming that empirical data collected by gentleman amateurs abroad could provide the basis for the more systematic inquiries of metropolitan scholar-scientists, anthropologists were in fact following in the footsteps of other mid-Victorian scientists <...>."[31]

Eine dokumentationswissenschaftliche Semiotik der Information tritt im fortgeschrittenen 19. Jahrhundert an die Stelle der Schatzsuche; vormals ästhetische Objekte werden als Datenträger wahrgenommen. Im Vorwort zur englischen Ausgabe von *A Century of Archaeological Discoveries* des Straßburger Archäologen Adolf Michaelis erinnert sein britischer Kollege P. Gardner daran, daß seit dem Beginn der deutschen Grabungen im antiken Olympia archäologische Funde nicht mehr in die Nationalmuseen der ausgrabenden Länder gelangten, sondern im Gastland verblieben. Seitdem verläßt kein Objekt mehr Griechenland:

„All that the western nations are now allowed to gain by work in the East is knowledge. We have reached the scientific stage of discovery. And since knowledge has thus been put in the place of actual spoil, it is natural that excavation has been conducted in a more orderly and scientific way, find spots and circumstances of finding being recorded with great exactness."[32]

28 Michael Dürr, „Die Suche nach `Authentizität´: Texte und Sprachen bei Franz Boas", in: Ausstellungskatalog Boas 1992, S. 103-124, hier: S. 123.

29 Brief von Boas an Holmes vom 24.7.1905, hier zitiert nach Dürr 1992: S. 123.

30 Dürr 1992: S. 105.

31 Stocking 1983: S. 72.

32 Adolf Michaelis, *A Century of Archaeological Discoveries*, London (John Murray) 1908, S. X.

Information und Aufzeichnung treten anstelle der versammelten Materialität der Objekte. Damit wurde 1875 der Schritt zur Archäologie als Datenspeicherung vollzogen, wie sie der Computer heute digital optimiert. Kunst als ästhetisch wahrgenommenes Monument lenkt ab vom Dokument als Information. Auf deren Seite steht die Datenverarbeitung; jenseits der historischen Imagination hält sich *machine reasoning* an das Vorgefundene.[33] Diese Archäologie ist keine antike Kunstgeschichte mehr, sondern *science*, eine exakte Wissenschaft, *mathesis*: „Archaeology, relieved of the passion for objects (from antiquities and works of art to museum pieces) needs to seek, record, consult, process, reconstruct the truncated and distorted information <...>."[34]

Unter den Bedingungen elektronischer Kybernetik schließlich verschiebt sich die klassische Opposition Dokument/Monument ins (fast) Indifferente des Informationsbegriffs:

„La rivoluzione documentaria tende <...> a promuovere una nuova unità d'informazione: al posto del fatto che conduce all'avvenimento e una storia lineare, a una memoria progressiva, essa privilegia il dato, che porta alla serie e a una storia discontinua. Diventano necessari nuovi archivi in cui il primo posto è occupato dal corpus, il nastro magnetico. La memoria collettiva si valorizza, si organizza in patrimonio culturale. Il nuovo documento viene immagazzinato e maneggiato nelle banche dei dati."[35]

Ethnophonographie

Vom Symbolischen der Schrift (etwa Degérandos ethnographischen Erhebungen) zum Realen der phonographischen Tonaufzeichnung seit Thomas Alva Edisons Erfindung 1877, worin der logozentristische Effekt Mensch eine Funktionen der allgemeinen Datenverarbeitung ist: Anthropologie wird seit dem von Maschinen geschaltet, im Reellen also implementiert. Im Unterschied zu Schrift aber zieht die phonographische Aufzeichnung keine semiotisch faßbare Differenz zwischen Sinn und Unsinn, Kultur und Nicht-Kultur, und dieselben phonographischen Aufzeichnungsmaschinen, die bei Hornbostel im Dienst der Rettung von ethnographischem Kulturgut stehen (so wie Edison seinen Phonographen gleichzeitig für Blinde, für Administration und zur Bewahrung der Stimmen historischer Größen konzipierte - im Verbund von Memoria und Infrastruktur),

33 M. J. Doran, „Archaeological reasoning and machine reasoning", in: J.-C. Gardin (Hrsg.), *Archéologie et Calculateurs*, Paris (Éditions du CNRS) 1970, S. 57-69.

34 F. Djindjian, „Introduction", in: ders. / H. Ducasse (Hrsg.), *Data Processing and Mathematics Applied to Archaeology* (= Pact 16/1987, Council of Europe), S. 11.

35 Jacques Le Goff, *Storia e memoria*, Torino (Einaudi) 1982, Kapitel III „Documento / monumento", S. 443-455, hier: S. 449.

dienten gleichzeitig sprachphysiologischen Experimenten mit Menschen mitten im Herzen Europas - der Erfassung seiner Psyche durch Fixierung mithin.[36]

„The recording surface of the phonograph is not a recording surface inscribed with signifiers the way speech is inscribed in phonic writing and vice versa; rather it is inscribed with singular material points or lines which can be *decoded* but which do not *represent* what they record. The phonograph reproduces speech without itself speaking; its lines and bands are silent, without intention or subjectivity, and can support a micro-regime of phonocentrism without themselves participating in phonocentrism <...>.“[37]

Der Phonograph steht nicht im Dienst der Hermeneutik, sondern der Informatik: „Deleuze and Guattari argue in *Anti-Oedipus* that the type of language proper to capitalism has nothing to do with signifiers, transcendental or otherwise, but rather with information flows and data processing in which it is not necessary to know what a message means in order to know what it indicates you should do.“[38]

William Pietz untersucht unter dieser Voraussetzung den am 19. Januar 1885 in der *New York Times* erschienenen Artikel „The Phonograph in Africa“; der Phonograph steht - auch bei Hornbostel - im Dienst eines *geo-graphism*. In Afrika wurde Phonograph als transportabler Fetisch-Gott wahrgenommen, dem man gehorchte.

Expositionen

Der Ethno-Photograph Hans Helfritz studierte zunächst Vergleichende Musikwissenschaft bei Hornbostel in Berlin. Fotos, die ihn selbst zum Objekt machen, zeigen ihn folgerecht bei Tonaufnahmen (auf Wachswalzen) von Beduinen in Hadramaut 1933. „Als Helfritz seine erste Orientreise unternahm, hatte er nicht nur das Buchprojekt, sondern auch musikethnologische und archäologische Studien im Sinn.“[39]

Foto, Musik und Museum im Medienverbund: Phonogramm und Fotografie sind zwei Emanationen eines technisch-epistemologischen Dispositivs. Exposition ist - nicht nur bei Derrida - „<...> als *Darstellung* im Sinne von Ausstellung, Darlegung zu verstehen. Daneben kommt noch die phototechnische Bedeutung

36 Rieger 1995 (vgl. Fn. 5): S. 389f.

37 William Pietz, „The phonograph in Africa: international phonocentrism from Stanley to Sarnoff“, in: Derek Attridge / Geoffrey Bennington / Robert Young (Hrsg.), *Post-structuralism and the question of history*, Cambridge 1987, S. 263ff, hier: S. 263.

38 Ebd., S. 266.

39 Infotafel der Ausstellung *Hans Helfritz*, AGFA-Foto-Historama im Wallraf-Richartz-Museum Köln, März 1996.

von *Belichtung* in Betracht, sowie die etymologische Lesart von Heraus-Stellung (vgl. das deutsche Fremdwort *exponiert*).“[40]

Hornbostels Ästhetik ist eingebettet in eine museale Tradition. Im Germanischen Nationalmuseum zu Nürnberg bildet die kunst- und kulturgeschichtliche Sammlung einen Medienverbund in Kopplung an „eine damit verbundene historische und archäologische Bibliothek, sowie ein Archiv; durch trefflichste Katalogisierung und Nutzbarmachung der vorhandenen Schätze, sowie durch Repertorien in Schrift und Bild <...>.“[41]

Das Berliner Phonogramm-Archiv reiht sich ein in die Serie von Speichern, in denen nicht das ästhetische Objekt, sondern die Information auf der semiotischen Ebene seiner Verzeichnung im Vordergrund steht. „Was ist ein Museum heute? <...> Zum ersten ist es eine Stätte wissenschaftlicher Forschung ähnlich wie Bibliotheken, Archive und andere Institute es sind - die Dokumente - welcher Art auch immer - sammeln und ordnen und sie für weitere forschende Arbeit bereit halten.“[42]

Erst Phonograph und Wachswalze haben zusammengeführt, was bislang verschiedenen Medien angehörte: Klang und Gedächtnis. Im letzten Drittel des 19. Jahrhunderts hat das Germanische Nationalmuseum die Grenzen der Darstellbarkeit von Musik erfahren, denn dort sind nicht alle Künste repräsentiert: „Die Poesie, der geistige Inbegriff aller Kunst, ist nicht körperlich genug, um Denkmale zu schaffen, die an und für sich Sammlungs- und Ausstellungsgegenstände wären; die Bücher, in denen ihre Denkmale niedergeschrieben und aufbewahrt sind, gchörcn dcr Bibliothck an. Ähnlich vcrhält cs sich mit ihrer Schwester, der Musik. Diese hat indessen in den Instrumenten, auf denen sie vorgetragen wurde, Denkmäler hinterlassen, die eine eigene Sammlung bei uns bilden.“[43]

Nicht Musik, sondern nur ihre Diskurse lassen sich lesen: „Werke, welche sowohl Musikalien und damit den Entwicklungsgang der Musik, als auch die Theorien enthalten, bilden einen Theil der Bibliothek; eine kleine Auswahl ist, anschließend an die Instrumente, ausgelegt und dabei auch wesentlich auf das

40 Michael Wetzel in einer Anmerkung zu seiner Übersetzung des Beitrags Jacques Derridas zu Marie-Françoise Plissart, *Recht auf Einsicht*, Graz / Wien 1985, S. XXXIV. Derridas eigentlicher photographiephilosophischer Versuch schlägt sich in *Die Tode von Roland Barthes* (Berlin 1987) nieder.

41 August Essenwein, *Die Aufgaben und die Mittel des germanischen Museums. Eine Denkschrift*, Nürnberg 1872. Verlag der literarisch-artistischen Anstalt des germanischen Museums, S. 8.

42 Günther Busch, „Die Bedeutung der Museen in heutiger Zeit“, in: *Neue Zürcher Zeitung* 1261 v. 23. März 1966.

43 August Essenwein, „Das germanische Nationalmuseum zu Nürnberg. Bericht über den gegenwärtigen Stand der Sammlungen und Arbeiten, sowie die nächsten daraus erwachsenden Aufgaben, an den Verwaltungsausschuß erstattet (1870)“, mit Anmerkungen von Rainer Kahsnitz versehen in: B. Danecke / ders. (Hrsg.), *Das Germanische Nationalmuseum Nürnberg 1852-1977. Beiträge zu seiner Geschichte*, Berlin / München 1978, S. 993-1026, hier: S. 1008.

Formelle Rücksicht genommen, so daß das Publikum die Neumen, die Entwicklung der Notenschrift und Verwandtes, was sich eben mit den Augen und nicht mit dem Ohre erfassen läßt, selbst die verschiedene Gestalt der Noten- und Chorbücher überblicken kann.“[44]

„Sodann ist folgendes zu bedenken. Musik hat mit Sprache, Theater und Ballett gemeinsam, daß sie nicht mehr existiert, sobald sie verklungen, bzw. zu Ende gespielt wird. Die Einzelheiten der Tonkunst werden dokumentiert durch graphische Symbole, Tonwerkzeuge und musikikonographische Belege. Diese drei Kategorien `gefrorener Musik´ erscheinen <...> in Aufseß´ System <sc. von 1853>: Instrumente, Instrumentenikonographie (unter `Instrumentalmusikalien´; geschriebene und gedruckte Noten für Instrumente werden als `Instrumentalmusikalien´ aufgeführt; es fehlt somit die für die Aufführungspraxis so wichtige Ikonographie der Vokalmusik) <...>. In einem undatierten Faltblatt aus der Frühzeit des Museums über `Die musikalischen Sammlungen des germanischen Museums zu Nürnberg` werden unter `musikalischen Sammlungen` allerdings nur geschriebene oder gedruckte Kompositionen und theoretische Werke <...> verstanden. Musikinstrumente und Musikikonographie werden nicht einmal am Rande erwähnt.“[45]

Inventar und Dokumentation

1872 wurde von den vorhandenen Musikinstrumenten ein relativ systematisch geordnetes Inventar angelegt, in dem die Einzelstücke mit dem Sigel MI und einer laufenden Nummer versehen wurden[46]; „Zu einer Übersicht der Geschichte der musikalischen Instrumente hat sie <sc. die Musikinstrumentenabteilung> sich trotzdem bis jetzt nicht erheben können.“[47]

Das symbolische Zeichenregime des Inventars (buchstäblich: Signaturen als Verweise des materiellen Speichers) und die Ordnung der Historie (im Imaginären) klaffen auseinander; hier findet eine Verschiebung zwischen der Abbildung der realen Sammlung im musealen Raum (Katalog/Führer) und der Gedächtnisordnung des Depots (Inventar) statt. „Eine der wichtigsten Möglichkeiten, eine Sammlung zu erschließen, ist die Veröffentlichung eines Kataloges. <...> Ein Meilenstein <...> war der erste Band des Kataloges der Musikinstrumente des Conservatoire in Brüssel, von Victor-Charles Mahillon <sc. 1880> geschrieben. Dieser Band enthält eine sehr ausführliche Einleitung, in welcher der Verfasser eine Klassifikation der Musikinstrumente ausarbeitet, die bis auf den heutigen

44 Ebd., S. 1009.

45 John Henry van der Meer, „Historische Musikinstrumente“, in: Daneke / Kahsnitz 1978, S. 814-832, hier: S. 815.

46 Van der Meer 1978: S. 817.

47 Essenwein 1870: S. 1008.

Tag Gültigkeit besitzt"; eben dieser Katalog wurde um 1914 von Hornbostel und Curt Sachs verfeinert.[48]

Longue durée (Fernand Braudel) gilt es nicht auf der Ebene der Historie, sondern der Speicher-Infrastruktur anzusiedeln: Katalog und Systematik als wissensarchäologische Setzung überdauern historische Ereignisse.

Kommt es in der Moderne zur Abspaltung des medialen Gedächtnisses vom Raum des Archivs? „Im übrigen wird der Name `Archiv´ häufig auf Sammlungen angewandt, die nicht nur keinen Archivcharakter tragen, sondern überhaupt kein Archivgut enthalten. <...> `Film-´ und `Phonogrammarchive´ enthalten in der Regel Bibliotheks- und Museumsgut und können Abteilungen technischer Museen bilden."[49]

Das 1970 auf Anregung des Deutschen Musikverleger-Verbandes, der Gesellschaft für Musikforschung und des Deutschen Musikrates gegründete Deutsche Musikarchiv (DMA) ist die zentrale Quellensammlung der Musik in der Bundesrepublik Deutschland: „In ihm wird die Idee einer `Reichsmusikbibliothek´, die auf das Jahr 1900 zurückgeht, den heutigen Gegebenheiten entsprechend realisiert; zugleich setzt das DMA die Tätigkeit der ihr unmittelbar vorausgegangenen `Deutschen Musik-Phonothek´ fort, es übernimmt damit auch die Aufgaben einer deutschen Nationalphonothek. Die Anbindung an die Deutsche Bücherei und ihre gesetzlichen Grundlagen sichert eine kontinuierliche und weitgehend lückenlose Dokumentation der in Deutschland erscheinenden Musikdrucke und Musikträger. <...> Die retrospektive Ergänzung der Bestände kann sich bei den Notendrucken auf den Zeitraum ab 1945 beschränken, da mit der sog. `Deutschen Musiksammlung´, die sich in der Staatsbibliothek zu Berlin erhalten hat, eine Belegsammlung der deutschen Verlagsproduktion von etwa 1870 bis 1945 vorhanden ist. Dagegen bemüht sich das DMA mit großem Einsatz um den Aufbau einer bis zum Aufkommen der phonographischen Aufzeichnung zurückreichenden historischen Tonträgersammlung."[50]

Es begann mit der Ethnologie und endete mit den Dokumentationswissenschaften. Der Freiherr von und zu Aufseß war mit seinem Plan, im Germanischen Nationalmuseum von Nürnberg nach 1850 ein *General-Repertorium* deutscher Archiv-, Literatur- und Bildquellen des Mittelalters zusammengetragen, an den technischen Grenzen gescheitert. Ein Jahr nach Erich Moritz von Hornbostels Exil publiziert Paul Otlet im Rahmen des Brüsseler *Mundaneums* (Palais Mondial) seine Grundlage der Dokumentationswissenschaften:

48 Van der Meer 1978: S. 822.

49 Adolf Brenneke, *Archivkunde. Ein Beitrag zur Theorie und Geschichte des europäischen Archivwesens*, bearbeitet von Wolfgang Leesch, Leipzig (Koehler & Amelang) 1953, S. 35.

50 Aus einem Informationsblatt des DMA zur *PopCom*-Messe, Köln 1996

„242.5 Musique.
242.51 *Notion.*
a) Dans le vaste cercle de la documentation, la musique occupe un secteur important. Tantôt cette documentation est séparée de toutes les autres, tantôt combinée avec elles."[51] Otlet faßt Musik hier im Verbund von „Documents graphiques autres que les ouvrages imprimés", konkret: Manuskripte, Karten und Pläne, Atlanten, Ikonographie (Briefmarken, Stiche, Photographie), Archive (Teile, Sammlungen, Depots), und figürliche Monumente (Inschriften, Münzen, Medaillen).

Hornbostels akustische Datenbank ist Teil eines epistemologischen Dispositivs, das sowohl im Sinne Michel Foucaults ein die Form der Aussagen generierendes *Archiv* und Archiv als Dokumentationsverbund war - der Zug zur Inventarisierung der Kultur. So korrespondiert Hornbostels Projekt grammophonetisch etwa mit der Photogrammetrie als technischer Bedingung von Albrecht Meydenbauers *Denkmäler-Archiv*. Selbst wenn Meydenbauer das Organisationsprinzip seines Denkmälerarchivs mit dem der Bibliothek verglich, heißt das Dispositiv Archiv: „Nicht erst mit den 80er Jahren des 19. Jahrhunderts wurde das Modell Archiv zur vorherrschenden Organisationsform fotografischer Bedeutungskonstituierungen, sondern bereits 1839, im ersten Jahr der Fotografie."[52]

Was für Meydenbauer bald darauf als Denkmälerarchiv existierte, blieb für die preußische Regierung *Messbildanstalt*. Meydenbauer gelang es nicht, die Umbenennung und damit Umfunktionierung in die Wege zu leiten.[53] Die Welt des Vergangenen und des Fremden ist durch ihre Abgeschlossenheit von der immediaten Gegenwartswahrnehmung abgesetzt; sie wird in ihrer Intelligibilität von der Totalität der Zeugnisse definiert, bildet also - ganz im Sinne von Turings Berechenbarkeitsthesen zum Computer - eine berechenbare Größe; insofern gilt Vicos Axiom *verum et factum convertuntur*. Wo das Gedächtnis auf sich selbst gekommen ist: Auf diesem durch technische Apparaturen operativ geschlossenen, autoreferentiellen System Archiv als Aussagesockel sitzen Hornbostels Schriften zur Klangmessung auf. Was gehört wird, sind Frequenzen, nicht Menschen.

1837 bereits unternahm die *Commission des Monuments historiques* die Herausgabe eines Werkes namens *Archives des la commission des monuments historiques*, um die französischen Denkmäler in „Bild und Maß" der Nachwelt

51 Paul Otlet, *Traité de Documentation. Le Livre sur le Livre. Théorie et Pratique*, Brüssel (Mundaneum) 1934, S. 208.

52 Herta Wolf, „Das Denkmälerarchiv Fotografie", in: *Camera Austria* 51/52 (1995), S. 133-145, hier: 142.

53 Wolf 1995: S. 135f, unter Bezug auf: Rudolf Meyer (Hg.), *Albrecht Meydenbauer. Baukunst in historischen Fotografien*, Leipzig 1985, S. 41.

zu erhalten.[54] Das 19. Jahrhundert ist eben nicht nur das Zeitalter des Historismus, sondern auch des Positivismus. In Gedächtnispolitik formuliert, hieß das die Vermessung der Kultur als Archiv, Museum, Bibliothek in Text, Bild, Klang. Thomas Richards interpretiert die viktorianische Gesellschaft im englischen 19. Jahrhundert als „one of the first information societies in history“, indem er nicht nur den Zusammenhang von wissenschaftlicher und militärischer Landvermessungspraxis von Seiten der Royal Geographical Society in den britischen Kolonien beschreibt, sondern auch die Rolle des British Museum als *imperial archive* definiert. Der Katalog des British Museum diente dabei als das Modell eines Universalen Katalogs. 1867 führten neun der zehn Abteilungen dieses Hauses den Großteil ihrer Arbeiten jenseits der Mauern des Museums durch, auf Expeditionen und in Ausgrabungen anderwärts. Der Wunsch, das Wissen der Welt zu erfassen, deckt sich mit dem der administrativen Kontrolle und militärischen Herrschaft zeitgleich. Längst war einsichtig, daß Herrschaft nicht nur in unmittelbarer Gewaltausübung, sondern viel effektiver in der Kontrolle des symbolischen Wissens besteht, der *semiocolonization*.[55]

Dokumentationswissenschaften zielen auf den Medienverbund. Der Computer implementiert diesen Wunsch im Reellen der Maschine, wo alle Differenz in die reinen Serien von Binärzahlenkolonnen überführt werden. „Und wenn die Verkabelung bislang getrennte Datenflüsse alle auf eine digital standardisierte Zahlenfolge bringt, kann jedes Medium in jedes andere übergehen. <...> - ein totaler Medienverbund auf Digitalbasis wird den Megriff Medium selbst kassieren.“[56]

Auch das Geschick des Berliner Phonogramm-Archivs endet in der Option einer digitalen Umschreibung.

54 E. Dolezal, „Die Photographie und Photogrammetrie im Dienste der Denkmalpflege und das Denkmälerarchiv“, S. 45-70, hier: 50, in: *Internationales Archiv für Photogrammetrie*, 1. Bd. 1908/9, Wien / Leipzig 1909, S. 47.

55 Thomas Richards, „Archive and Utopia“, in: *Representations* 37, Winter 1992, S. 104-135. Allein eine Museologie, die sich von ihrer manifesten Anbindung an die Institution Museum löst, kann diese Transformation mitvollziehen, ohne ihrerseits museal, d. h. pure „Gedächtnisprothese“ zu werden (Bernard Deloche).

56 Friedrich A. Kittler, *Aufschreibesysteme 1800/1900*, München (Fink) 1986, S. 8.

Erkenntnis-zu-Wachs: die Einrichtung von Erich Moritz von Hornbostel im habsburgisch-preussischen Schreibsystem der Jahrhundertwende

Jörg Derksen

„Jede Woche eine neue Welt."
Fernsehwerbemotto eines Genussmittelunternehmens (1996)

I. Lageplan

Eine heutige musikwissenschaftliche Forschung geht vorschnell von der selbstverständlichen Vereinnahmung Erich Moritz von Hornbostels als einem der ihrigen aus. Das ist bei feingliedriger Betrachtung irritierend, da entscheidende Punkte seines Wissenschaftlerlebens nicht dafür sprechen: 1.) Hornbostel ist nicht durch eine der seinerzeit verbindlichen, philologisch orientierten Schulen der Musikwissenschaft gegangen.[1] 2.) Der in jenen Pflanzstädten sanktionierte Lehr- und Bildungskanon war nicht Gegenstand der Lehre und Forschung Hornbostels. 3.) Außerdem war er - der Nicht-Preuße - der wissenschaftssoziolo-

1 Bis ins 20. Jahrhundert hinein kann es als ein ungeschriebenes Gesetz - daher womöglich im Sinne aktiver Frömmigkeitsübung auch als ‚Gesätz' - gelten, dass Nachwuchsmusikwissenschaftler mit einer Arbeit zur antiken oder mittelalterlichen Musiktheorie promoviert werden. (N. b.: Ausnahmen bestätigen die Regel.) Dieses Lehrgebäude wankte zwar ab und an, doch stand es in sich fest. Die zeitgenössische Kulturphilosophie fand hierfür in ihrem Deuter Theodor Lessing (1872-1933) die sinnigen Worte: „Inmitten von gischtendem Wogenprall und strudelndem Schäumen steht auf urgranitenem Felsen das Schloß und stemmt dem uferlosen Elemente die Macht der *Mauer* entgegen. [Absatz] Auf dem Felsen ‚Geist' hat die Menschheit ihr Schloß *Logos* erbaut. Darin hält sie nun stand gegen Urwirre und Chaos. [Absatz] Dieses Schloß hat einen Oberbau von vielen Stockwerken, genannt *Ethos*. Von der Spitze dieses Oberbaus kann man das unermeßliche Meer frei überblicken und über ihm den Himmel und die führenden Sterne." - Theodor Lessing, „Otto Weininger", Anhang in Otto Weininger, *Über die letzten Dinge*, München 1980, S. 197-212, hier S. 203.

gischen Durchformung einer Universitätslaufbahn nicht anheim gefallen.[2] Dennoch oder vielleicht auch gerade deswegen konnte er wie kein anderer im Wissenschaftsbetrieb der Zeit prägend mitwirken. Das Hauptfach, für das er sich einsetzte, existierte noch nicht als ein funktionierendes Ganzes - es sollte sich erst nach dem Zweiten Weltkrieg international als Musikethnologie formieren -, die historisch-philologische Untergruppe 'Musikwissenschaft', innerhalb der Hornbostel auch tätig gewesen war, bildete gleichzeitig ein zwiespältiges Rezeptionsverhalten ihm gegenüber aus.[3]

Umso erstaunlicher sind dann die zwei Editionsanläufe aus West und Ost, die dem fachwissenschaftlichen Œuvre Erich M.[oritz] von Hornbostels[4] angediehen wurden: Die Edition einer Opera-Omnia-Ausgabe und die maniable Kurzausgabe der Aufsätze unter dem Titel *Tonart und Ethos*. Gerade diese beiden Editionsebenen bilden eine Ausgangsplattform für die folgenden Überlegungen. Nach einem erfolgreichen Start[5] ist die auf großfläche Gesamtschau angelegte Ausgabe auf absehbare Zeit als unvollständig zu bezeichnen. Bezüglich der Vorteile der mikroskopischen gegenüber einer makroskopischen Zugangsweise bewies die universalbibliothekarische Kurzform sich als beständig und war dadurch von vornherein mit der Vorgehensweise Hornbostels verbunden: "Jedes Phonogramm wird für ihn [von Hornbostel] zu einer Herausforderung, einem Experiment, das zu einer Entdeckung führen könnte, zu einem relativ gesicher-

2 Vgl. Martin Schmeiser, *Akademischer Hasard. Das Berufsschicksal des Professors und das Schicksal der deutschen Universität. 1817-1920*, Stuttgart 1994.

3 Ein einschlägiger Beitrag als Gelehrtennekrolog auf Hornbostel erschien bezeichnenderweise in *J. C. Poggendorff's biographisch-literarisches Handwörterbuch für Mathematik, Astronomie, Physik mit Geophysik, Chemie, Kristallographie und verwandte Wissensgebiete*, red. v. Hans Stobbe; Bd. 6.2, 1923 bis 1931, Berlin 1937.

4 *[Erich Moritz von Hornbostel:] Hornbostel Opera Omnia*, hg. v. Klaus Wachsmann / Dieter Christensen / Hans-Peter Reinecke. Den Haag 1975ff. (bisher ersch.: Bd.1 [1903-1906] / Bibliographien, zusammengest. v. Nerthus Christensen). *Erich Moritz von Hornbostel. Tonart und Ethos. Aufsätze zur Musikethnologie und Musikpsychologie*, hg. v. Christian Kaden / Erich Stockmann (=Reclams Universal-Bibliothek; 1169). Leipzig 1986. - Die auffällige Namensschreibung setzt sich wie folgt zusammen: Nach der 1860 erfolgten Erhebung des Großvaters Theodor Friedrich (von) Hornbostel (1815-1888) in den erblichen österreichen Adelsstand lautete der Geburtsname Erich Moritz von Hornbostel. Der Anglizismus eines *middlename initial* orientiert sich an der Vita Hornbostels. Daher die hier angeführte Namensansetzung, vgl. beispielsweise den die vielen Nachkriegswunden nicht verkennenden biographischen Beitrag von Curt Sachs, [Art.] „Hornbostel, Erich M[oritz] von" in *Die Musik in Geschichte und Gegenwart*, hg. von Friedrich Blume, Kassel 1957, Bd. 6, Sp. 719-723.

5 „Das Verständnis für die Schwierigkeiten eines umfangreichen bibliographischen Projektes dieser Art, das die Mitarbeiter der Aus- und Fernleihe der Universitätsbibliothek der Freien Universität Berlin bei der Auslegung der Benutzungsordnung bewiesen, muß jedoch besonders erwähnt werden. Der Fall, dass ein Benutzer Dutzende von Büchern gleichzeitig erhält und zentnerweise abfahren darf, ist darin nicht vorgesehen." - Vorwort / Preface [Nerthus Christensen] In *Hornbostel Opera Omnia*, Bibliographien, S. VIII.

ten Punkt auf der riesigen weißen Karte der Weltmusikkulturen. Selbst wenn es sich nur um eine einzige Melodie z. b. eines afrikanischen Stammes handelte, wie im Falle der von dem bedeutenden polnischen Ethnologen J. Czekanowski aufgenommenen 'Wasukuma-Melodie' (1910), widmete er dieser seine konzentrierte Aufmerksamkeit, da ihre Untersuchung einen wenn auch noch so geringen Erkenntniszuwachs versprach."[6]

Die folgenden Gedankenschritte stellen den Versuch dar, einer Frühgeschichte der Schallarchivierung eine adäquate Erschließung zu ermöglichen und beschränken sich schwerpunktmäßig auf die Zeit bis zum Ersten Weltkrieg 1914/1918. Denn das noch junge Jahrhundert war fähig, auch wissenschaftlichen Gefallen an den bis zu diesem Zeitpunkt erfundenen technischen Neuerungen zu finden, und es war hier gerade die aufregende Überlappung mit der „verhältnismäßig kurzen Periode zwischen 1890 und 1910, dem Höhepunkt der wilhelminischen ‚Ära', in der auch *alle* Innovationen der Kunst ihren Ursprung haben."[7] Hierzu bietet sich eine Vorgehensweise in zwei Schritten an. Um die Sinneswahrnehmung und schon gar deren Speicherung bedingende Erregung geht es in einem ersten Herangehen und -tasten an phonogrammarchivalische Gegebenheiten. In einem weiteren Teil werden die diesbezüglichen Austauschpartner in eine nähere Besichtigung mit einbezogen.

II. Erregung

Es ist mehrfach auf chronologischer Grundlage festgestellt worden, dass das Phonogrammarchiv der Akademie in Wien in Bezug auf die Berliner Gründung eine Art ‚Mutterhaus' darstellt. Dabei war das Stumpf-von Hornbostelsche Institut keinesfalls ein Ableger oder gar eine Dépendance der Wiener Formation. Doch eben diese stellte eine gekonnte und ausgeklügelte denkmechanische Durchformung dar, und so nahm Wien auch bei späterer quantitativer Überlegenheit Berlins eine technologische Führungsrolle ein.[8] Dieser kam es dann zu, alle erdenklichen organisatorischen, aufnahmetechnischen oder programmatischen Archivierungsfragen zumindest einmal exemplarisch durchzuspielen. -

6 Vorwort (Erich Stockmann) in *Hornbostel. Tonart und Ethos*, S. 10.

7 Nicolaus Sombart, *Die deutschen Männer und ihre Feinde. Carl Schmitt - ein deutsches Schicksal zwischen Männerbund und Matriarchatsmythos*, München / Wien 1991, S. 105.

8 Die Wiener Phonogramme sind herstellungsgleich mit den landläufig bekannten Schallplatten mit der nach ihrem Erfinder benannten *Berliner Schrift*; wohingegen immer wieder Modifikationen an den Phonographen und Grammophonen vorgenommen worden sind, so dass man hier von einer eigenen „Wiener Type" sprechen kann. Vgl. hierzu Leo Hajek, „Herstellung und methodische Verwertung von Schallaufnahmen" in *Handbuch der biologischen Arbeitsmethoden*, hg. v. Emil Abderhalden, Abt. 5, Teil 7.2., Berlin / Wien 1937, S. 1307-1383.

Noch im alten Jahrhundert (1899) bewegte Sigmund Exner (1846-1926) die beiden Klassen der Wiener Akademie zur entscheidenden Gründungstat.[9] Wieder sind es zwei Punkte, welche den Gründungsakt des Physiologen Sigmund Exners bedingt haben. Zuerst war es eine organisatorische, die inneren Arbeitsabläufe der Akademie betreffende Auffälligkeit. In den Vorjahren ging nämlich eine sehr große Anzahl von unterschiedlichen Berichten, Meldungen und ähnlichen Vorlagen ein, die alle nach akademischer Vorgabe ernst genommen und wahrgenommen werden mussten. Dabei sind bei Durchsicht der entsprechenden Bericht- und Anzeigenbände die reinen Erzählschemata als eher stereotyp zu bezeichnen: Alle Forschungsreisenden präsentieren zuerst die eingeschlagene Route, dann meist die erwarteten oder unerwarteten Auffälligkeiten ihres jeweiligen Forschungsbereichs (etwa bzgl. der Ureinwohner oder den Naturgegebenheiten), und zuletzt erwähnen sie eventuell vorkommende akustische Mirabilien, die ihnen als wichtig aufgefallen sind. Sie schließen oftmals die Berichterstattung mit dem Bedauern, leider gerade diese Spezimina nicht oder nur unzulänglich - etwa durch einfaches Nachmachen - vorführen zu können. In dieser oder ähnlicher Form geht es zur damaligen Zeit in vielen akademischen Wissenschaftsforen Europas und in ihren (meist zwei unterschiedlichen) Klassen zu. Unter solch einem arbeitsökonomischen Aspekt setzte der talentierte Sigmund Exner seine Phonogrammarchivgründung in die Welt. Denn wenn nach 1900 ein mitteilungsfreudiger Bote vor eine der Wiener Gelehrtenversammlungen trat und bedauerte, keine Kostproben bieten zu können, so konnte man ihn mit Hinweis auf das Phonogrammarchiv eines Besseren belehren. Tatsächlich führen die Investitionen zu den gewünschten Erfolgen. Das Phonogrammarchiv bildet von Anfang an eine Anlauf-, Versorgungs- und Abspielstätte für die Bewältigung des schallkonservierenden Dokumentationswesen, und das wirkte sich als überaus entschlackend auf den Gesamtorganismus *Akademie* aus.

9 Neben anderen setzte sich auch der Bruder Exners, der zu seiner Zeit namhafte Technologe Franz Exner, für die Unternehmung ein. (Somit kann die Gründung als ein Resultat gebildet aus zwei unterschiedlichen Klassen und zwei verschiedenen Brüdern gesehen werden.) Vgl. Leo Hajek, *Das Phonogrammarchiv der Akademie der Wissenschaften in Wien von seiner Gründung bis zur Neueinrichtung im Jahre 1927* (= 58. Mitteilung der Phonogrammarchivs-Kommission / Akademie der Wissenschaften, Philosophisch-historische Klasse. Sitzungsberichte; 207, 3), Wien 1928. - Die Mitteilungen der Phonogrammarchivs-Kommission stellen eine bibliographische Herausforderung dar: Sie erschienen durch die Zeiten unabhängig nach jeweils aktueller Themenlage in den 4 [!] Sitzungsberichtreihen der Mathematisch-naturwissenschaftlichen Klasse, deren Anzeiger, den Sitzungsberichten der Philosophisch-historischen Klasse und auch in deren Anzeiger.

Foto 1: Wiener Archiv-Phonograph, Type 1929

Ein zweiter Punkt betrifft die Frage nach der Ausrichtung phonoakustischer Forschung. Wie angedeutet können mannigfache Beobachtungen auf dem Gebiet der Schallsammlung ‚interessant' sein, ob sie Bedeutung haben, vermittelt ihnen ganz allein die Einrichtung, unter welcher die Aufnahmen gemacht werden. Eo ipso stellen die Phonogramme, als *Textura* verstanden, schon eine Art ‚Kammgarn' dar, da bereits der Rechen des Banalexotisch-Alltäglichen passiert worden ist und entsprechende Unreinheiten entfernt wurden. Von daher können die Vorarbeiten als ein Bürsten oder Kämmen verstanden werden; es wird ausgewählt hinlänglich Güte der Aussagekraft eines jeden Phonogramms. Nicht zufällig spricht man allgemein seit dieser Zeit vom *Telegrammstil*: Kurz, aussagestark und prägnant sollen die zu übermittelnden Informationen wie auch die musikalischen Phonogramme sein. Der Umschweif, die Arabeske, vielleicht damals erkennbare Manieriertheiten oder aufgesetzte Grandezza haben unter dem Aspekt eines synchron wirkenden ‚Phonogrammstils' eine geringe Chance, dokumentiert zu werden. Alle weichen Feinheiten fallen weg, die Aufnahmetechniker in-

Foto 2: Aufnahmesaal des Wiener Phonogrammarchivs. Wandverkleidung mit Insuliteplatten, Bodenbespannung mit Filz

teressieren sich nur für den puren, harten und phonologisch auslegbaren Text. Von daher sind die meisten Phonogramme nüchterne Momentaufnahmen und muten heutigen Hörern bestenfalls asketisch schlicht an. Eine - womöglich im Untergang begriffene - Welt war hier immer nur dem Kenner offen und seiner Ausdeutung zugänglich. Es liegt dabei auf der Hand, dass er (oftmals in Personalunion) mit dem Feldforscher interessengleich ausgerichtet war. Man hörte vom Ansatz her genau das, was man erwartete und/oder bereit war zu hören.

Sehr aufschlussreich für den zu erörternden Zusammenhang ist eine weitere Überlegung: Für Österreich-Ungarn wurde die Frage nach kultureller Identität weniger nationalstaatlich als vielmehr unter dem Auspizium des Herrscherhauses kultur-zivilisatorisch reflektiert. Das Wiener Schallarchiv war somit eine höchst patrimoniale Einrichtung. Das heißt, die selbst auf ethnische Vielschichtigkeit angelegte K. u. K. Monarchie spiegelte sich in der Anlage und Ordnung dieser Institution wider. Zum einen in der Hinsicht als nationale Referenzinstitution für die österreichischen Lande.[10] Weiterhin auch im repräsentativen Selbstverständnis der Zeit. Eine Hauptstadt mit Metropolenfunktion - z. B. in Bezug auf Prag oder Budapest - zeichnet sich durch ihre Einrichtungen selbst aus. In den damaligen Verkehrsformen ein nicht zu verachtender Faktor: Ein Staatensystem trifft Vorsorge für Fälle und Forderungen, die gegebenenfalls später erst eintreten können, und tritt gleichzeitig in Konkurrenz zu anderen sammlungsaktiven Kapitalen der Welt.

Trotz der verschiedenen Körperschaften, welche die Phonogrammarchive in den beiden Kaisermetropolen Wien / Berlin trugen, standen sie in der zu betrachtenden Aufbauphase in engem, das Wissen organisierendem Kontakt. Man kann darauf aufbauend die Institutionalisierungslaufbahn Hornbostels besser zuordnen. Wenn auch Hornbostel als aktiver Sammler nur äußerst selten vor Ort war, konnte er sich zu jeder Zeit in unterschiedlichen Publikationsformen als Berliner Phonogrammarchivar zu Wort melden. Denn bereits zuvor war er bei der Wiener Akademie als Gastkoreferent in Erscheinung getreten.[11] Eine später immer wiederkehrende kollegiale Gemeinsamkeit eröffnet sich hier: Der an der Heidelberger Universität promovierte Chemiker gibt mit einem Koautor seinen publizistischen Einstand an der Akademie seines Geburtsortes. Er ist folglich im Gelehrtenkreis der Wiener Akademie kein Unbekannter, als er später von Berlin aus seine Arbeit aufnimmt. Mit anderen Worten, Erich Moritz von Hornbostels Œuvre trägt von Beginn in Bezug auf seine Distribution und Kontribution festgelegte Züge. Für Hornbostels spätere Forschungen ist es unabdingbar miteinzukalkulieren, für wen und mit wem er arbeitet. (Und das heißt konkret: Im Phonographenlabor hört und schreibt.)

Wahrt man allein den Standpunkt der Materialgüte, gelangt man zu einer weiteren erstaunlichen modellhaften Ausbildung: In nicht ganz zufälligem Rahmen entstand annähernd zeitgleich als „ein Versuch" die „Geschichte der Por-

10 Vgl. etwa *Unsere Monarchie. Die Österreichischen Kronländer zur Zeit des fünfzigjährigen Regierungs-Jubiläums Seiner K. u. K. Apost. Majestät Franz Joseph I. / Nasza Monarchia. Prowincye Austryackie Fodczas So Letniego Jubileusza Panowania Jego C. i. Kr. Apost. Mosći Franciszka Józefa I. / La Nostra Monarchia. Le Provincie Austriache al Tempo del Giubileo di 50 Anni del Regno di Sua Maesta Apost. I. e. R. Francesco Giuseppe I. / Našé Mocnářství. Rakouské země Korrunní V Době Oslavy 50 Letého Panování Jeho C. a. K. Apošt. Veličenstua Františka Josefa I. Hg. v. Julius Laurenčič*, Wien 1898.

11 Erich v. Hornbostel / Eduard O. Siebner, „Über Condensation von Glyoxal mit Isobutyraldehyd", in *Sitzungsberichte der Kaiserlichen Akademie der Wissenschaften. Mathematisch-naturwissenschaftliche Klasse*, Bd. 108, Abt. 2b (1899) S. 545-546. - Die „vorläufige Mittheilung" gibt an, das sie im Laboratorium des bekannten Wiener Chemikers Adolf Lieben entstand. Es ist zu vermuten, dass sie in engem Bezug zur Hornbostelschen Dissertation steht, ist jedoch keinesfalls mit jener identisch. Beide Autoren bedanken sich am Schluss bei ihrem „hochverehrten Lehrer" Lieben und kündigen weitere Untersuchungen auf dem ihnen als Arbeitsgebiet zu gewährenden Wissensfeld an.

trätbildnerei in Wachs" des Wiener Kunsthistorikers Julius von Schlosser (1866-1938). Der ‚Rahmen' ist noch heute beeindruckend: Der Beitrag erschien im „Jahrbuch der Kunsthistorischen Sammlungen des Allerhöchsten Kaiserhauses, herausgegeben unter Leitung des Oberstkämmerers Seiner Kaiserlichen und Königlichen Apostolischen Majestät Leopold Grafen Gudenus vom Oberkämmereramte" im Jahrgang 1910/1911 und misst im Format ansehnliche 27 cm und 38 cm in Breite mal Höhe. Das ist deswegen erwähnens- und mitteilenswert, weil der informationsdatentragende eigentliche Druck im Satzspiegel lediglich bescheidene 16 cm mal 24,5 cm einnimmt. Es wurde von vornherein eine großzügige Papiervergabe berechnet und realisiert. Das Imperium holt aus zum publizistischen Großschlag: Da man um die bibliothekarische Ablage und Leserschaft solcher Prestigedinge weiß, bezieht man auch die oben im Hinblick auf das Phonogrammarchiv beobachteten TatSachen mit ins eigene Kalkül ein. - Julius von Schlosser gelingt es fernerhin, weit über den Standards der gängigen Kulturgeschichtsschreibung stehend, anhand klassischer Darstellungsform die künstlerische Wachsbildnerei in der Bedeutung als *Effigie* zu ergreifen, somit gegebenenfalls zu erweichen und umzuschmelzen. Oder: „Die Epoche, in der er [Julius von Schlosser] entstanden und mit der er verschmolzen ist wie die Magie des Wachses mit dem Tod, kennzeichnet er als kulturelle Schwellensituation."[12] Auch das Wachs der Phonogramme war als prototypischer Informationsträger für damalige Schallereignisse viel empfindlicher als spätere Siliziumdeviationen. Kommt es in die richtigen (wohltemperierten) Wissenschaftlerhände, modellieren diese hieraus neue Sinneswelten: Wachs ist 1900/1910 der Stoff, aus dem die Wissenschaftlerträume sind.

III. Herrendiskurs

Es ist festzustellen, dass die Berliner Anfangsjahre Hornbostels sich weder im Dunkel der Zeitgenossenschaft verlieren, noch stehen sie im Zwielicht subjektivistischer Legendenbildung. Vielmehr stehen sie im vollen Licht damaliger Zusammenhänge von Wissenschaft, Kultur und Technik. Bereits der Mentor Carl Stumpf (1848-1936) schuf eine exemplarisch neue Verständigungsgrundlage auf alter printmedialer Vorgabe. Er verfasste ein handliches Tafelwerk, das auf gra-

12 Thomas Medicus [Nachwort], in Julius von Schlosser, *Tote Blicke. Geschichte der Porträtbildnerei in Wachs. Ein Versuch*, hg. v. Th. Medicus (= Acta humaniora), Berlin 1993, hier S. 127. Neuausg. d. im Text angeführten Beitrags. - Da der „Versuch" selten zur Zeit seiner Erstveröffentlichung Aufstellung in privaten Räumen fand, kann man hier bedingt von einer Erstausgabe sprechen. Vgl. auch Arthur Engelbert, „Von Eleusis nach Las Vegas. Anmerkung zur Phänomenologie des Sehens", in Michael Fehr et al. (Hg.), *Platons Höhle. Das Museum und die elektronischen Medien*, Köln 1995, S. 139-175.

phischem Weg die Philosophiegeschichte „seit Thales“ umsetzte. Mit dieser Abschiednahme vom bloßen Fließtext hin zur sinnkonstruierenden Alternative geht ein richtungsweisender Wahrnehmungswandel einher. In den Worten Stumpfs hört sich das wie folgt an: „Zur Ausarbeitung dieser Tafeln wurde ich zunächst durch die Wahrnehmung veranlasst, dass in Vorlesungen zu viel Aufmerksamkeit und Zeit auf das Niederschreiben der Namen und Jahreszahlen verwendet und dabei doch oft genug Verkehrtes hingeschrieben wird. Dazu kommt, dass in Vorlesungen wie in Büchern Gleichzeitiges nacheinander behandelt werden muss und der Studirende versucht ist, sich die Ordnung der Schulen und der einzelnen Denker nach dem Muster des Gänsemarsches vorzustellen. Die Tafeln wehren der Versuchung, indem sie die zeitlichen Verhältnisse ohne weiteres anschaulich machen“[13] Die Berliner Universität besaß mit Carl Stumpf ein Mitglied des Lehrkörpers, das neben fachlicher Kompetenz ein richtungsprüfendes Auge auf die Stenogramme der Zuhörer warf - eine ideal zu nennende Voraussetzung für spätere Richtigstellungen oder Neubesetzungen. Denn mit Erich Moritz von Hornbostel kommt der geeignete Organisator und besttauglichste Rezipient an sein Institut, um ein Berliner Phonogrammarchiv auf den Weg zu bringen. Die Universität bedingt dabei fast von selbst zwei komplementär zueinander stehende Wissensspeicher: Das in Ordnung und Präsentation flexible Museum und die - im Vergleich mit Archivaufgaben - nicht minder instabil veranlagte Bibliothek.

Das Berlin Erich Moritz von Hornbostels war unter museologischen Gesichtspunkten durch Wilhelm (von) Bode (1845-1929) geprägt. Ihm, den man *Condottiere* nannte, verdanken die Berliner Museen ihre herausragende Stellung.[14] Alle neben ihm neu aufkommenden Einrichtungen drohten in ihrer Ausstrahlung zu erblassen. In bibliothekarischen Ausstattungsfragen wurde Berlin nachhaltig beeinflusst durch die beiden Direktorate August Wilmanns' (1886-1905) und Adolf (von) Harnacks (1905-1921) an der Königlichen Bibliothek. Hierbei kamen den neuen, kurz *PI* genannten, erfolgreichen Kurzinstruktionen "für die alphabetischen Kataloge der Preuszischen Bibliotheken" (1899) der Charakter einer unschlagbar buchspezifischen Betriebssoftware zu, dem dann

13 Carl Stumpf, *Tafeln zur Geschichte der Philosophie. Graphische Darstellung der Lebenszeiten seit Thales und Übersicht der Litteratur seit 1400.* 2. verm. Aufl., Berlin 1900, hier: Vorwort, o. pag. (Das oktavformatige Werk in Heftstärke besteht aus 4 losen Tafeln zu den Philosophenleben und 16 Heftseiten synchroner Literaturübersicht mit dem Vorwort und einem Verzeichnis philosophischer Gesamtausgaben. - Gegenwärtigen Lernverhältnissen ist hingegen als Comicstrip angepasst Richard Osborne, *Philosophie. Eine Bildergeschichte für Einsteiger*, München 1996.)

14 Hier sei exemplarisch Wilhelm von Bodes publizistische Aktivität herausgestellt, die auch in einer der wenigen internationalen Blätter ihren Niederschlag fand: Seit der Eröffnungsnummer (1907) schrieb von Bode für die als Beilage der *Münchener Allgemeinen Zeitung* erscheinende „Internationale Wochenschrift für Wissenschaft, Kunst und Technik“ und wurde damit auf seinem Gebiet das hochoffizielle Sprachrohr nach Außen.

durch “Einweihung des Bibliothekspalastes Unter den Linden”[15] (1914) eine raumdominierende bibliothekarische Hardwareummantelung hinzugefügt worden ist. Kurz, da frühere sammlungsgeschichtliche Weichenstellungen verbindlich waren, ging das Anfüllen von Museums- und Bibliotheksspeichern nicht mehr auf eigentliche medientechnische Innovationen der Zeit ein. Museum und Bibliothek konnten lediglich als interimistische Depot- oder Einlagerungsstätte des Phonogrammarchivs fungieren.

Bestenfalls war das Berliner Phonogramm-Archiv Arbeitshilfe und Arbeitsstätte für diejenigen, die mit den spezifischen Interna vertraut waren; Schaulustige aller Art fanden hier keinen Einlass. Um doch einen solchen EinBlick auf das musealisierte Fremde zu erhalten, ist eine andere exemplarische Momentaufnahme notwendig, welche ethnographische Darbietungsformen in Wort und Bild programmatisch wiedergibt. Allein der verlässliche Paul Maria Baumgarten (1860-1948), zu der in Frage kommenden Zeit Mitglied der römischen Kurialen, liefert in erstaunlicher Qualität das Gewünschte: Sein Opus Magnum von 1902 über die römisch-katholische Kirche hält im beschließenden dritten Band (im 4. Punkt des 8. Kapitels „Die Kongregation zur Ausbreitung des Glaubens *Congregatio de propaganda fide*“ des 1. allgemeinen Abschnitts) über das „Museo Borgia der Propaganda“[16] in Rom fest: “Die Ausbreitung des Glaubens in weniger erforschten Gegenden brachte es naturgemäss mit sich, dass die Missionare allerlei interessante Gegenstände, Dokumente und Andenken sammelten, die für uns Europäer bislang unbekannt waren. Sie dienten zur besseren Schilderung der Gegenden und Völker und sie erleichterten das Studium der Völkerkunde, Geographie, Geschichte, Sprachen, Sitten und Gebräuche. Die Kongregation der Propaganda benützte ihre hervorragende Stellung von Anfang an dazu, um auf jede Weise alle Zweige der Wissenschaft und Civilisation zu fördern und die Kenntnis bisher unbekannter Dinge zu ermöglichen und zu erleichtern. Archiv, Bibliothek und Druckerei sind sprechende Zeugen für diese verdienstvolle Thätigkeit. Aber auch das Museum verdient hierbei mit Ehren genannt zu wer-

15 Eugen Paunel, *Die Staatsbibliothek zu Berlin. Ihre Geschichte und Organisation während der ersten zwei Jahrhunderte seit ihrer Eröffnung. 1661-1871*, Berlin 1965, hier S. XXI. Vgl. auch Peter Berz, „Weltkrieg/System. Die ‚Kriegssammlung 1914‘ der Staatsbibliothek Berlin und ihre Katalogik“, in *Krieg und Literatur / War and Literature* 5 (1993), S. 105-130.

16 Paul Maria Baumgarten (Bearb.), *Das Wirken der Katholischen Kirche auf dem Erdenrund. Unter besonderer Berücksichtigung der Heidenmissionen, unter Mitwirkung von Fachgenossen und mit Benutzung amtlichen Materials* (= Die Katholische Kirche unserer Zeit und ihre Diener in Wort und Bild, hg. v. d. Leo-Gesellschaft Wien; 3), München 1902. (Die zit. Textpassage wird mit folgender abgesetzter *Captatio benevolentiae* eröffnet: „In diesem Bande befinden sich zahlreiche Bilder, die die Unterschrift tragen ‚Aus dem Museo Borgia der Propaganda.‘ Welche Bewandtnis es mit diesem Museum hat, will ich hier kurz erzählen.“ Ebd., S. 72.) Vgl. ferner Carl Schmitt, *Römischer Katholizismus und politische Form*. 2. Aufl. (= Der katholische Glaube; 13), München 1925. (Reprint Stuttgart 1984).

den. [Absatz] Der Kardinal Stephan Borgia [1731-1804], Suburbikarbischof von Ostia und Velletri, hatte um die Wende des 18. Jahrhunderts erhebliche ethnographische, numismatische und archäologische Schätze in seinem Museum in Velletri zusammengebracht. Bei seinem Tode hinterliess er die ganze Sammlung dem Kollegium der Propaganda. Bei der Auseinandersetzung mit den Erben beliess das Kollegium, um Streit zu vermeiden einen Teil der Schätze diesen, während die anderen Dinge im Kolleg Aufstellung fanden. Einige Gegenstände wanderten später in das vatikanische Museum, vornehmlich in die ägyptische Abteilung. [Absatz] Seit der Zeit der Aufstellung hat sich die ursprüngliche Sammlung, hauptsächlich durch Zuwendungen von Seiten der Missionen, in bedeutender Weise ausgestaltet. Dies trifft besonders zu für die Handschriften und Codices aus aller Herren Länder. Die Münz- und Medaillensammlung ist in jeder Beziehung hervorragend, sei es durch die Seltenheit der Stücke oder den inneren Wert einzelner besonders wichtiger Medaillen. Die geschnittenen Steine, Siegel, Metalle, Amulette, Gläser und alle Arten von Kultgegenständen sind wissenschaftlich und nach Zahl von hohem Werte. Nach dem Urteile von Fachmännern ist die Sammlung der geographischen und topographischen Karten aus alter und ältester Zeit sehr beachtenswert und gehört mit zu den bedeutendsten, die wir haben. [...] Die Zahl der Handschriften auf Leder, Pergament, Papier u. s. w. ist gross. Die meisten dürfen auf ein grosses Interesse der Forscher rechnen. Sie sind in chinesischer, armenischer, griechischer, arabischer, siamesischer, malabarischer, brahmanischer, slavischer etc. Sprachen geschrieben und reichen vom 10. bis zum 17. Jahrhundert. Neben zwei Papyrushandschriften aus Theben bewundern wir Urkunden und Bücher auf Palmblättern in tamulischer, malabarischer, indo-peguanischer, bomanischer und indianischer Sprache geschrieben. Ein altmexikanischer Codex auf Hirschfell geschrieben gehört mit zu den berühmtesten Handschriftenschätzen. Die Autographensammlung stammt zumeist aus der Zeit des Kardinals Borgia. Die ethnographischen Gegenstände sind weitaus die zahlreichsten. [Absatz] Vor mehreren Jahren sandte die Propaganda ein Rundschreiben an alle Missionen, worin dieselben aufgefordert wurden, alle irgenwie interessanten Gegenstände zu sammeln und nach Rom zu senden. Besonders zu bevorzugen seien alle auf die Geographie, Geschichte und Religion bezüglichen Dinge. Diese Aufforderung war von dem erfreulichsten Erfolge begleitet, so dass das Museum eine erhebliche Bereicherung seiner Gegenstände erfahren hat und andauernd erfährt."[17]

Man erkennt deutlich die sammlungsgeschichtlichen Brüche, Ordnungs- und Migrationsschübe über sehr lange Zeit. Die Annahme, ethnographische Sammlungen seien in ihrem Bestand homogen gewachsen, statisch festlegbar und formbar, müsste überdacht werden. Auch sind Hausinterna wie hier die Doku-

17 P. M. Baumgarten, *Das Wirken der Katholischen Kirche*, S. 72-74.

mentations- und Vervielfältigungsstellen („Archiv" / „Druckerei") keine originären Innovationen des 20. Jahrhunderts. Zudem stehen verkündeter Anspruch und pragmatischer Umgang mit den Sammlungsrealien oft unkoordiniert nebeneinander. Das römische Museum führt als zeittypisches Beispiel vor, wie die Organisation einer Institution beschaffen sein muss, damit das Konzept einer Betriebsform *Archiv/Sammlung* arbeiten kann. (Auch hierbei scheint die Hardware eine entsprechende Software zu generieren.)

Das besondere Viatikum *Schalldokument* evoziert eine archivalische Ein/Ausstellung, und die Verortungs- bzw. Einrichtungsstrategien zeitigten bald Resultate. Sicherlich ist der Hornbostelsche Lexikonbeitrag von 1913[18] als eine solche erste Ergebnispräsentation zu verstehen; ein lexikalischer Kontext, von dem noch Generationen hindurch gezehrt werden sollte.[19] (Erkennbar eskortiert wird Erich Moritz von Hornbostels Kontribution noch von Beiträgen Hugo Riemanns (1849-1919),[20] was man als mögliche publizistische Ruhigstellung auslegen kann.) Hornbostel stellt einleitend fest, dass "die Musik auch bei den primitivsten Völkern schon so weit entwickelt [sei und] daß ein sicherer Schluß auf ihren Ursprung kaum mehr möglich ist."[21] Allen diesbezüglichen Erklärungsversuchen (einschl. derer Carl Stumpfs) erteilte er als "notwendigerweise hypothetisch" eine Absage. Vielmehr erklärt er alle Fragen nach einem Ursprung aus den Gesängen selbst heraus und hat dabei meist den kultisch-magischen Bereich vor Augen. Die hiernach vollzogene Rückeinbindung der Musik der Naturvölker in europäische Musikschemata von Instrumentation oder Melodiebildung stellt kein Problem dar. Dabei kommt dem am Schluss kurz erwähnten phonographischen Aufnahmeverfahren die Bedeutung eines annähernd absoluten Garanten für Authentizität zu.[22] - Die aufgezeigten Punkte unterstreichen, dass Erich Mo-

18 Erich von Hornbostel, [Art.] „Musik der Naturvölker" in *Meyers Großes Konversations-Lexikon*. 6. Aufl.; 24 (= Jahressuppl. 1911-1912), Leipzig / Wien 1913, S. 639-643.

19 Stellvertretend sei folgende Parenthese angeführt: „Das gehörte zu den Ratschlägen meines Vaters: ‚Wenn du was nicht weißt, schlag im Meyer nach, da findest du alles, zumindest den Hinweis auf das Buch, in dem alles steht.' Auch heute noch steht Meyers Konversationslexikon, in der Ausgabe von 1906 - der, die in der väterlichen Bibliothek war - in meinem Arbeitszimmer, und ich muß sagen, es vergeht fast kein Tag, an dem ich das wilhelminische Kompendium bürgerlicher Bildung nicht benutze." - Nicolaus Sombart, *Jugend in Berlin. 1933-1943. Ein Bericht*. Erw. Ausg. München / Wien 1996, hier S. 255. - Es können hier ergänzend damalige Preise für Printmedien in Relation geboten werden: So war der Anschaffungspreis pro Lexikonbd. je nach Ausstattung mit M. 10.- oder M. 12.- festgelegt und korrelierte preislich etwa mit dem des sich durchsetzenden Dudenschen Wörterbuchs [M. 1.65].

20 Im vorherigen Jahressupplement war bereits ein Artikel zur Musiktheorie aus der Feder Hugo Riemanns erschienen, im angeführten Bd. 24 folgt dem Beitrag Hornbostels ein 5-seitiger Riemannscher Artikel zur Musikgeschichte allgemein.

21 Hornbostel, „Musik der Naturvölker", S. 638.

22 Denn die damalige Klaviatur der Wissenschaftspolemik und des kompetenzabsprechenden Insabseitsstellen bespielt Hornbostel souverän. Vgl. beispielshalber: „Einige dem Werk von Bert-

ritz von Hornbostel zwischen den vorhanden Grundlegungen lediglich auszuwählen brauchte. Sein Agieren wurde zum abmessbaren Oszillieren zwischen den geläufigen Wissenschaftsparametern. Dennoch war das Handeln von Beginn an herrschaftsorientiert, wenn es darum ging, den Besitzstand zu wahren, zu pflegen und nach Möglichkeit auszubauen. Nur auf der Ebene der Richtungsgleichheit und auffälligerweise im Tauschverhältnis 'Ware gegen Ware' konnte man mit dem Berliner Phonogramm-Archiv verkehren.

IV. AbLage

Der rückgeführte Bestand des Berliner Phonogramm-Archivs stellt einen einmaligen Schatz dar. Selbstredend sind die Rückbrüche zu groß, als dass man vom verpflichtenden ‚Erbe', welches in naiver Unschuld auf die Gegenwart gekommen ist, sprechen kann. Für die Forscher bleibt das überkommene, zum Dreischritt erweiterte „Tolle, lege, [mirare]" von Bestand, doch erscheinen weitere Koordinaten unbestimmt. Dem Archivar Erich Moritz von Hornbostel ging es nicht um eine „Buribunkologie", welche mit einer „wuchtigen Tatsächlichkeit von Arbeiten dem subversiven Zweifel an ihrer Möglichkeit als Wissenschaft den Weg verlegt."[23] Als archivalisch diensttuender 'Plattenleger' (oder in der Vertikale geschnitten als 'Walzenguide') ist Hornbostel nicht fassbar, ihm schwebten zu seiner Zeit nicht die "über 400 000 buribunkologischen Dissertationen" geteilt in "20 Divisionen" vor.[24] Dennoch sind nach Übereignung, Flüchtung und Rekonstruktion des Berliner Phonogramm-Archivs auch seinem ehemaligen Gründungsleiter neue postume Qualitäten zuzuerkennen.[25]

Das zu einem Kernsatz verdichtete „Der Leidschatz der Menschheit wird humaner Besitz" (Aby Warburg)[26] leitet auf eine weiterführende Fährte hin zu ei-

ram Thomas: Arabia felix, London 1932, beigegebenen Notierungen nach dem Gehör kommen für wissenschaftliche Zwecke nicht in Betracht". Erich M. v. Hornbostel / Robert Lachmann. „Asiatische Parallelen zur Berbermusik", in *Zeitschrift f. vergleichende Musikwissenschaft* 1 (1933), S. 4-11, Anm. 2. Hier zit. nach *Hornbostel. Tonart und Ethos*, S. 279.

23 Carl Schmitt, „Die Buribunken", in *Summa*. Eine Vierteljahresschrift. Drittes Viertel. Hellerau 1918, S. 89-106, hier S. 89.

24 Ebd., S. 90.

25 Vgl. Susanne Ziegler, „Die Walzensammlung des ehemaligen Berliner Phonogramm-Archivs. Erste Bestandsaufnahme nach der Rückkehr der Sammlung 1991", in *Baessler-Archiv*, N. F., 43 (1995), S. 1-34. - Cornelia Vismann, „Mann ohne Kehlkopf, sprechender Hund. Stockflecken und gestauchte Ecken: Das Berliner Phonogramm-Archiv wird rekonstruiert", in *Frankfurter Allgemeine Zeitung* v. 15.5.1995 [S. N 6].

26 Notiz zu einem Vortrag in der Hamburger Handelskammer (10.4.1928). Vgl. auch Martin Warnke, „Der Leidschatz der Menschheit wird humaner Besitz", in Werner Hofmann et al., *Die Menschenrechte des Auges. Über Aby Warburg* (= Europäische Bibliothek; 1), Frankfurt am

ner gegenwärtig möglichen Bestimmung des Berliner Phonogramm-Archivs als Ort des sozialen Gedächtnisses. Es bedarf der an aktuellen Bedingtheiten orientierten EinRichtungen, wie es aus geschichtswissenschaftlicher Perspektive von Pierre Nora in Bezug auf eine immer mehr historisierende Gegenwart formuliert worden ist: "Das Interesse an jenen Orten, an die sich das Gedächtnis lagert oder in die es sich zurückzieht, rührt von diesem besonderen Augenblick unserer Geschichte her. Wir erleben einen Augenblick des Übergangs, da das Bewußtsein eines Bruchs mit der Vergangenheit einhergeht mit dem Gefühl eines Abreißens des Gedächtnisses, zugleich aber einen Augenblick, da dies Abreißen noch soviel Gedächtnis freisetzt, daß sich die Frage nach dessen Verkörperung stellen läßt. Es gibt *lieux de mémoire*, weil es keine *milieux de mémoire* mehr gibt."[27] - Die eine Erinnerungskultur konstruierende Einheit Erich Moritz von Hornbostels ist nicht absolut oder exakt ermittelbar, aber nach dem angeführten "Abreißen" werden Räume und Potenzen freigesetzt, die eine neuerliche Annäherung an ihn ermöglichen.

Main 1980, S. 113-186. Vgl. ferner Uwe Fleckner (Hg.), *Die Schatzkammern der Mnemosyne. Ein Lesebuch mit Texten zur Gedächtnistheorie von Platon bis Derrida*, Dresden 1995.

27 Pierre Nora, *Zwischen Geschichte und Gedächtnis* (= Kleine Kulturwissenschaftliche Bibliothek; 16), Berlin 1990, hier S. 11. Auch in Fleckner, *Schatzkammern der Mnemosyne*.

Erich M. von Hornbostel und das Berliner Phonogramm-Archiv

Susanne Ziegler

Einleitung

Über Erich M. von Hornbostel ist schon viel geschrieben worden[1], trotzdem ist der Zugang zu seiner Persönlichkeit nicht leicht. Einerseits besticht an ihm die ungewöhnliche Vielseitigkeit seiner Interessen, die seiner Zeit weit vorauseilende Gedankenfülle, sein unermüdlicher Einsatz und Fleiß, die ihn zu einem der Großen des Fachgebiets der vergleichenden Musikwissenschaft/Ethnomusikologie gemacht haben, auf der anderen Seite verwundert sein oft unbeholfen wirkender Umgang mit Organisation und Verwaltung, seine Abneigung gegen alle Arten von Verbeamtung und seine absolut unpolitische Haltung, wie sie in den Briefen und Akten des Phonogramm-Archivs zum Ausdruck kommen.

Ziel des folgenden Beitrags ist es, die Persönlichkeit Hornbostels in ihrer eigentlichen Wirkungsstätte, dem Berliner Phonogramm-Archiv darzustellen. Ausgangspunkt sind dabei nicht primär die Schriften Hornbostels, sondern seine Arbeit in und mit dem Phonogramm-Archiv. Das Phonogramm-Archiv war - wie aus den Archivunterlagen hervorgeht - nicht nur seine Arbeitsstelle, sondern bildete offensichtlich seinen Lebensinhalt, es war Grundlage und Inspiration seiner wissenschaftlichen Arbeiten und Quelle neuer Erkenntnisse. In einem Memorandum vom 11. Juli 1933 über die Zukunft des Archivs nennt Carl Stumpf das Archiv „Hornbostels eigenste Schöpfung". In diesem Zusammenhang sei angemerkt, daß Hornbostels Tätigkeit im Phonogramm-Archiv bis 1922 ehrenamtlich und unentgeltlich war und daß er darüber hinaus einen Teil seines privaten Vermögens in das Archiv steckte. Erst bei der Übernahme des Archivs durch den Preußischen Staat 1923 wurde Hornbostel Beamter im Staatsdienst.

Hornbostel ging im September 1933 nach Amerika, das Archiv blieb in Berlin, es wurde 1934 auf Betreiben Marius Schneiders dem Museum für Völker-

1 Vgl. beispielsweise den Artikel „Hornbostel" in *Die Musik in Geschichte und Gegenwart* (1. Aufl.) sowie die verschiedenen dort zitierten Nachrufe, weiterhin die Würdigung von Hornbostel in *Hornbostel Opera Omnia I* (1975), Kaden/Stockmann (1986), Christensen (1991) etc.

kunde angegliedert. Nach der kriegsbedingten Evakuierung im Jahre 1944 war der Bestand fast 50 Jahre nicht zugänglich.[2] Heute gehört das ehemalige Berliner Phonogramm-Archiv zur Abteilung Musikethnologie im Museum für Völkerkunde in Berlin-Dahlem, dort befinden sich auch die der vorliegenden Studie zugrundeliegenden Quellen Es handelt sich dabei in erster Linie um primäre Quellen, also die Phonogramme selbst mit den dazugehörigen Dokumentationen sowie verschiedene Phonographen, ferner die Archivsunterlagen und die auf den Sammlungen basierenden Publikationen. Ob die Quellen vollständig sind, darf bezweifelt werden, doch ist zum gegenwärtigen Zeitpunkt noch kein besserer Überblick möglich.

Grundlegung und Blütezeit (1900 - 1914)

Im Gegensatz zum Wiener Phonogrammarchiv, das 1899 mit einem offiziellen Dekret gegründet wurde, erste Tonaufnahmen aber erst 1901 ausweist[3], nimmt die Geschichte des Berliner Phonogramm-Archivs ihren Anfang mit Tonaufnahmen, die Carl Stumpf, Professor für Psychologie an der Berliner Universität, von einer damals in Berlin gastierenden siamesischen Theatertruppe machte. Die ersten Aufnahmen stammen vom September 1900 und sind in den alten Inventaren mit den Nummern Inv. nr. 1 - 20 bezeichnet.

Carl Stumpf hatte sich seit 1883 intensiv mit akustischen und tonpsychologischen Fragen befaßt und auch schon früher mit „exotischer" Musik beschäftigt (Stumpf 1886, 1892). Daher stand er der phonographischen Technik sehr aufgeschlossen gegenüber und hatte vor, Edisons Erfindung auch für seinen Arbeitsbereich zu nutzen. 1901 kam der damals 24jährige frisch promovierte Chemiker Hornbostel nach Berlin, der sich „mit Eifer und Sachverständnis" (Brief von Carl Stumpf vom 7.2.1905 an den Direktor des Königlichen Museums für Völkerkunde, F. von Luschan) in die phonographischen Belange einarbeitete. Bereits im Herbst 1901 erscheint Hornbostels Name bei den ersten Aufnahmen japanischer Musik zusammen mit dem des Arztes Otto Abraham, der damals als Assistent von Stumpf am Psychologischen Institut arbeitete. Die beiden jungen Wissenschaftler nutzten das Gastspiel der Theatertruppe Kawakami und der Musikerin Sada Yacco zu Tonaufnahmen japanischer Musik (Sammlung Archiv Japan 1901, Inv. nr. 24 - 59), und sie setzten diese Forschungen im Psychologischen Institut sowie im Museum für Völkerkunde fort (vgl. auch Abraham/

2 Zur Nachkriegsgeschichte des Berliner Phonogramm-Archivs vgl. Reinhard (1961, 1972), Simon (1973, 1991) und Ziegler (1995a).

3 Vgl. L. Hajek, *Das Phonogrammarchiv der Akademie der Wissenschaften in Wien von seiner Gründung bis zur Neueinrichtung im Jahre 1927*, Wien 1928 (= 58. Mitteilung der Phonogrammarchivs-Kommission).

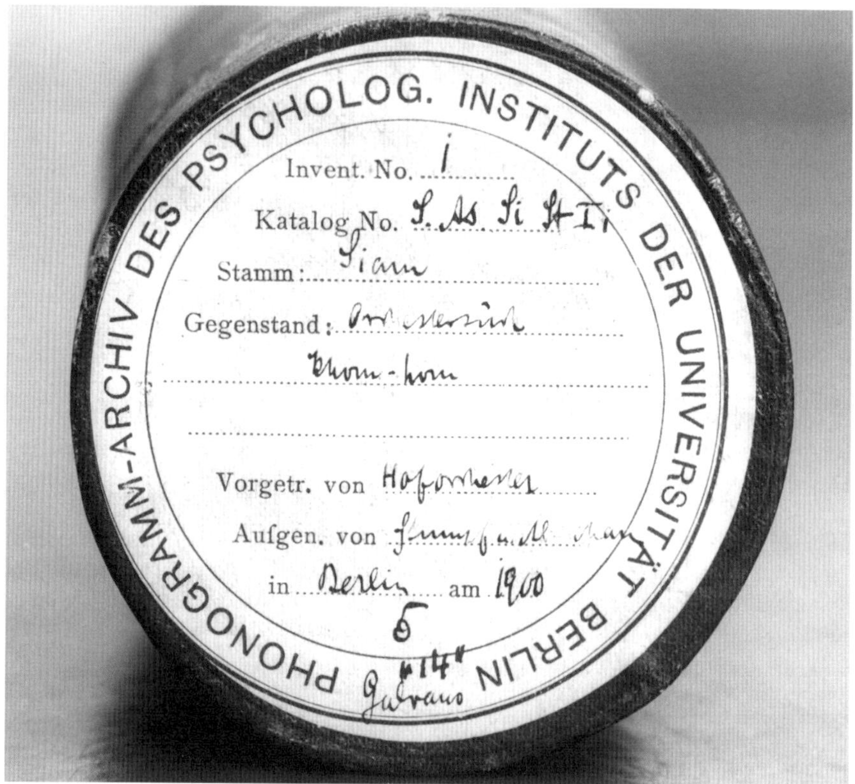

Foto 1: Aufbewahrungsdose der Walze Inv. Nr. 1 aus den Sammlungen des Berliner Phonogramm-Archivs. Aufnahme Stumpf/Abraham: Süd-Asien Siam I 1, Orchesterstück „Khom-hom" (Süße Worte)

Hornbostel 1903). Kurz darauf folgten Aufnahmen mit indischen (Sammlung Archiv Indien 1902, Inv. nr. 60 - 76, vgl. auch Abraham/Hornbostel 1904a) und afrikanischen Musikern (Sammlung Archiv Suaheli 1902, Inv. nr. 93 - 95).

Verfolgt man die Liste der ersten Sammlungen (vgl. Anlage 1), so wird deutlich, daß Aufnahmen ausländischer Musiker in Berlin den Grundbestand des Archivs bilden (Inv. nr. 1 - 107), erst nach und nach kamen auch Tonaufnahmen fremden Ursprungs dazu, seien es Feldforschungsaufnahmen oder Kopien anderer Institutionen. Hornbostel als treibende Kraft des kleinen Archivs nutzte jede Gelegenheit, den Bestand zu erweitern. 1904 schreibt er zusammen mit Otto Abraham einen Aufsatz über die Bedeutung des Phonographen für die vergleichende Musikwissenschaft (Abraham/Hornbostel 1904b), dem eine „Anleitung

Foto 2: Siamesische Theatertruppe (Erstveröffentlichung in Stumpf 1901)

zur Handhabung des Phonographen für Forschungsreisende und Missionare" angehängt ist, die von Luschan in seine „Anleitung für ethnographische Beobachtungen und Sammlungen in Afrika und Ozeanien" (1908) übernahm. Danach bestand eine strikte Trennung zwischen denen, die Musik aufnahmen, und denen, die sie auswerteten. Die in diesem Aufsatz erwähnten Vorzüge des Phonographen beziehen sich nur auf die Reproduktion von Musikstücken, nicht aber grundsätzlich auf die Notwendigkeit, möglichst viele phonographische Aufnahmen zu machen (S.190). Dieser Gedanke findet sich erst wenig später in Hornbostels Aufsatz: „Die Probleme der vergleichenden Musikwissenschaft" (1905:252 f.), der mit einem Appell an die Musikwissenschaft, Ethnographie und Psychologie schließt, „die letzten Spuren fremden Singens und Sagens vor der Ausbreitung europäischer Kultur zu retten" (S.270), er zieht sich fortan wie ein roter Faden durch alle weiteren Schriften zum Berliner Phonogramm-Archiv.

Von Anfang an bestand eine enge Verbindung mit dem Königlichen Museum für Völkerkunde in Berlin, dessen damaliger Direktor Felix von Luschan den Gebrauch des Phonographen in der Feldforschung selbst erprobt hatte (vgl. drei Walzensammlungen von Felix von Luschan: Vorderasien 1902, Südafrika 1905, Australien 1905). 1904 wurde beim Museum ein Antrag auf Einrichtung eines

Phonogrammarchiv des psychologischen Instituts der Universität Berlin.

Inventar. (Dezemb. 1907)

1 - 20 Siam. Coll. Prf.Stumpf u.Dr.Abraham, Berlin, September 1900.
21 - 23 Süd-Afrika. (Muvenda). Coll.Dr.Abraham, Berlin,1900.
24 - 59 Japan. Coll. Dr. Abraham u.Dr.v.Hornbostel, Berlin,1901.
60 - 76 Ost-Indien. Coll. Dr. Abraham u.Dr.v.Hornbostel,Berlin,1902.
77 - 79 Syrien. Coll. Dr.v.Hornbostel, Berlin,1905.
80 - 92 Tunis. Coll. Dr.v.Hornbostel u. Dr. Abraham, Berlin, 1904.
93 - 95 Suaheli. Coll. Dr. v.Hornbostel, Berlin, 1902.
96 Dualla. Coll. Dr.v.Hornbostel, Berlin, 1905.
97 - 107 Ewhe. Coll. Dr.Abraham u.Dr.v.Hornbostel, Berlin,1905/06. (Vgl. 249-258)
108 - 153 Abessynien. Coll. Prof.Felix Rosen, Abessynien,Frühjahr 1905.
154 - 166 Bismarck-Archipel. Coll. Marine-Stabsarzt Dr.Emil Stephan,1904
167 - 214 Togo. Coll. Oberlt. Smend, Togo, 1904.
215 - 248 Togo. Coll. Oberlt. Smend, Misahöh, 1905.
249 - 258 Ewhe. Coll. Dr.Abraham u.Dr.v.Hornbostel,Berlin,1906. (vgl. 97 - 107)
259 - 270 Madagaskar. Coll. Prof.Dr.Krämer. 1906.
271 - 276 Sumatra. Coll. Prof. Dr. Krämer. 1906.
277 - 281 Java. Coll. Prof.Dr.Krämer. 1906.
282 - 312 Pawnee. Coll. Dr.v.Hornbostel. Oklahoma, Herbst 1906.
313 - 325 Hopi. Coll. Dr. Abraham, Berlin, 1906.
326 - 337 Ost-Afrika. Coll. Oberlt. Hans Paasche. 1906.
338 - 344 Wenden. Coll. Dr.v. Hornbostel. Burg i.Spreewald, 1907.
345 - 358 Iren. Coll. Dr. Richard de Hindeberg, Waterford, 190? (Copien)
359 - 366 Melanesen. Coll. Oberlt. Dempwolf, Dar-es-Salam, 1906?

II.

367 - 403 Abessynien. Coll. Stabsarzt Dr.Kaschke, Axum, 1906 ?
404 - 414 China. Erw. durch Dr. R. Thurnwald, Hongkong, 1906.
415 - 470 Ost-Turkestan. Coll. A.v.Le Coq, 1905/06.
471 - 490 Kongo. Coll. L. Frobenius, 1906.
491 - 508 Kamerun. Coll. Dr.Waldow, 1907.
509 - 518 Singhalesen. Coll. Dr.v.Hornbostel, Wien, 1907.
519 - 528 Deutsch Neu-Guinea. Coll. Dr.Pöch, 1904.
529 - 584 Tehuelche. Coll. Prf. Dr.Lehmann-Nitsche, La Plata.
585 - 614 Bolivianische Indianer. Coll.Prof.Dr.Lehmann-Nitsche, San Pedro de Jujuy, 1906.
615 - 699 Südsee. Coll. Dr.Richard Thurnwald, Herbertshöhe, 1907.
700 - 701 Murray Island, Torres Straits. Coll. Prf.Ch.S.Myers.(Kopien)
702 - 711 Borneo. Coll.Prf.Ch.S.Myers, Sarawak. (Kopien)
712 - 767 Deutsch Ost-Afrika. Coll. Prf.Dr.K.Weule, 1906.(Copien)
768 - 783 Turkestan. Coll.Dr.Karutz, Kasalinsk, Sept. 1905.
784 - 799 Tunis. Coll. Dr. Karutz, Tunis, 1906.

Anlage 1: Liste der ersten Walzensammlungen des Archivs (Inventarverzeichnis von 1907).

sprach- und musikwissenschaftlichen Phonogramm-Archivs gestellt, der jedoch abschlägig beschieden wurde (vgl. Simon 1973). So blieb die Institution offiziell am Psychologischen Institut verankert, seit 1905 zeichnete Hornbostel als Leiter des Phonogramm-Archivs des psychologischen Instituts der Universität Berlin. Lediglich ein Jahr (1905 - 1906) war er offiziell als Assistent von Stumpf an der Universität angestellt.

Aus den Dokumenten der ersten Jahre des Archivs geht hervor, daß nicht primär ethnologische oder musikwissenschaftliche Ziele verfolgt wurden, sondern daß die Tonaufnahmen in gleicher Weise akustischen, psychologischen und sprachwissenschaftlichen Interessen dienten. Erst im Laufe der Jahre wurde die Ausrichtung auf die ethnologische Musikforschung festgeschrieben. In diesem Zusammenhang soll ein genauerer Blick auf eine der frühen Sammlungen geworfen werden, die die Verbindung zwischen (musik)ethnologischen Fragestellungen und (musik)psychologischem Interesse deutlich macht: die Aufnahme einer Gruppe von Hopi - (Moki) - Indianern in Berlin am 15.12.1906. Dazu erschien im *Berliner Tageblatt* vom 17.12.1906 folgende Zeitungsnotiz:

„Indianer in Berlin. Die bisher im Zirkus Schumann gastierenden Moki-Indianer waren einer Einladung der Ethnologischen Gesellschaft gefolgt und hatten sich mit ihrem Impresario Major Crager unter der Führung des Barons v. Hagen im Gebäude der Gesellschaft in der Dorotheenstraße eingefunden. Ungefähr 300 Gelehrte usw. hatten sich dort versammelt, um die Rothäute in Augenschein zu nehmen. Am Schluß der Vorstellung wurden die Kriegsgesänge der Indianer phonographisch aufgenommen, um sie auf diese Weise auch dem Kaiser vorführen zu können. Kaiser Wilhelm hatte den Wunsch geäußert, die Gesänge für seine Privatsammlung zu besitzen. Zum Dank für die Gefälligkeit der Indianer ließ der Kaiser jedem von ihnen eine kleine mit dem kaiserlichen Namenszug versehene Börse überreichen, in der sich fünf nagelneue Zwanzigmarkstücke befanden. Die Freude der Rothäute war groß. Sie steigerte sich noch, als die Ethnologische Gesellschaft jedem eine Kiste Zigarren und mehrere hundert Zigaretten zum Geschenk machte."

Es wurden von der Gruppe insgesamt 7 Walzen aufgenommen, zu denen auch eine schriftliche Dokumentation vorliegt (Anlage 2). Parallel zu den Inventarlisten existiert jedoch sehr häufig eine handschriftliche Originaldokumentation, die in diesem Falle besonders aufschlußreich ist, denn sie gibt über die Angaben zu den einzelnen Stücken hinaus wertvolle Informationen zu den Tonaufnahmen und anschließenden Interviews. In diesen Unterlagen findet sich beispielsweise zu dem in der Dokumentation unter Walze Nr. 7 als „Totengesang" bezeichneten Musikstück folgende Bemerkung:

Schrank 2, 7

Hopi-Indianer Phonogramme, aufgenommen von Dr. Otto Abraham,

Berlin, d. 15. Dezember 1906.

Inv.	Kat. nach Abr.		
313		I) Liebesgesang mit Trommel, Händeklatschen und Fussstampfen.	
314	Copirt.	Ia) Wiederholung. (Schluss mit aufgenommen.) nicht cop.	
315	Copirt.	2) Schlangengesang.	
316	Copirt.	2a) Dassselbe mit Klatschen.	
317	Copirt.	3) Das Gebet (die Geburt?) des Adlers, mit Trommeln und Händeklatschen.	
318	Copirt.	3a) Dasselbe mit Trommel und Schellen. nicht cop.	
319	Copirt.	4) Gesang vor dem Kriege, zweimal.	= Favorite 1
320	Copirt.	5) Gesang während des Krieges.	= " 2
321	Copirt.	6) Medicingesang.	
322	Copirt.	7) Totengesang, sehr alt.	= Favorite 3
323	Copirt.	7a) Totengesang von einem Einzelnen gesungen.	
324	Copirt.	8) Flötensolo mit fusstreten, zum Schlangenanlocken. nicht cop.	
325	Copirt.	9) Flötenskala.	"

Anlage 2: Originaldokumentation der Hopi-Aufnahmen vom 15. Dezember 1906.

„7.) Todengesang.uralt. ungern vor fremden gesungen: Die leute haben keine neuen lieder, keine componisten. jeder stamm hat seine eigene melodie und bei besuch singen sie sich die gesänge gegenseitig vor. auch die weiber singen mit. sie stehen dabei in der mitte und heben sich regelmässig auf die zehen, wärend die männer aussen im kreis herumtanzen. europaeische einflüsse lenen sie ab. die vollblütigen wollen auch keinen unterricht.

Text zu diesem lied „existiert nicht", obwol der gesang scheinbar articuliert ist und von vielen ganz bestimmten gesten begleitet wird. (zeigen auf die brust, nach vorwärts; herumfaren von rechts nach links; aufheben des zeige fingers, drohen damit, die hole hand wird mit dem rücken nach oben auf und ab bewegt.)"[4]

Im Anschluß an die Dokumentation der Gesänge findet sich das Protokoll eines Interviews mit einem der Sänger, das mehrere Einzelversuche umfaßte und Fragen zur Terminologie, zur Musikalität der Sänger und zur Musikästhetik einschließt:

„1. Terminologie
Umfang der Stimme: Für hoch und tief felt die bezeichnung und der begriff. der tiefste ton ungefär grosses As, der höchste des', keine leitern, sondern singen von liedern.

2. Musikalität
nachsingen eines tones < der orgel >: ein gegebener wird um einen ton zu tief nachgesungen, dann um eine terz zu hoch, dann um eine sexte zu tief, dann um eine quarte. nachsingen nach der singstimme geht viel besser. der dreiklang wird gut hinunter und hinauf gesungen. dann geht es auch nach der orgel besser. der ser hoch gegebene dreiklang in die tiefere octave transponiert.

3. Ästhetik
I dur f ,a' c2 II moll f ,as ,c2 II schöner
I dur f a c II f a cis das erste schöner. Er meint, dies sei das erste paar in umgekerter reihenfolge
I moll g b d II dur g h d II schöner
I f a cis II f a c II schöner
I f as c II f a c I schöner. erinnerung an eine tonfolge im todengesang.
I f a c II f as c II schöner
I f a cis II f as c I und später II schöner
I g b d II g h dis II schöner
I fis gis II h cis II schöner."

4 Die vielen orthographischen und grammatikalischen Fehler dieses Protokolls, die hier nach der authentischen Handschift wiedergegeben sind, lassen darauf schließen, daß der Schreiber wohl kein Deutscher ist, seine Identität ließ sich bisher jedoch nicht feststellen.

Eine schriftliche Auswertung dieser Notizen im Zusammenhang mit einer Betrachtung der Musik liegt nicht vor (vgl. Stumpf 1911:145 ff), doch haben derartige Beobachtungen mit Sicherheit bei der Beurteilung außereuropäischer Musik eine Rolle gespielt, auch wenn sie nicht explizit angeführt werden. Daß akustische und musikpsychologische Experimente mit Musikern aus fremden Kulturen in der Frühzeit des Phonogramm-Archivs anscheinend regelmäßig durchgeführt wurden, geht aus der Literatur hervor[5], in den Dokumentationen der Tonaufnahmen haben sie aber - bis auf wenige Ausnahmen - keinen Niederschlag gefunden.

Während Stumpf und Abraham die Möglichkeiten, die das gut ausgestattete akustische Labor des Phonogramm-Archivs in den Räumen des Psychologischen Instituts bot, auch weiterhin hauptsächlich für tonpsychologische Studien nutzten, begann Hornbostel, sich mehr und mehr auf Aufnahmen „exotischer" Musik zu spezialisieren. Die Fremdartigkeit und Besonderheit der außereuropäischen Musik faszinierte ihn derart, daß er ihrem Studium fortan seine ganze Aufmerksamkeit widmete und den Bestand des Phonogramm-Archivs hauptsächlich in dieser Richtung erweiterte. Sein Ziel war, „eine Sammlung von musikalischen Phonogrammen von allen Völkern der Erde" zu schaffen, „die vergleichenden Studien auf den Gebieten der Musikwissenschaft, Ethnologie, Anthropologie, Völkerpsychologie und Ästhetik dienen konnte" (Hornbostel 1927:50).

Um eine breitere Basis für wissenschaftliche Untersuchungen außereuropäischer Musik zu schaffen, wurden nicht nur Aufnahmen in Berlin gemacht, sondern auch Ausrüstungen (Geräte und Walzen) an Forschungsreisende ausgeliehen, damit sie vor Ort Musik aufnehmen konnten. Zu den ersten, die mit einer phonographischen Ausrüstung im Gepäck reisten und ihre Aufnahmen anschließend dem Phonogramm-Archiv zur Verfügung stellten, gehörten neben dem Völkerkundler Felix von Luschan beispielsweise der Hamburger Linguist Carl Meinhof (102 Walzen umfassende Sammlung ostafrikanischer Musik aus dem Jahr 1902), Oberleutnant Smend (Westafrika, Togo 1904), der Marinestabsarzt Stephan (Südsee 1904), Professor Felix Rosen (Abessinien 1905), der Arzt und Ozeanist Augustin Krämer (Madagaskar - Indonesien 1906) und viele andere mehr.

Auch Hornbostel selbst war keineswegs ein reiner „armchair ethnomusicologist", wiewohl sich seine Feldforschungstätigkeit in Grenzen hielt. Im Jahr 1906 unternahm er im Rahmen eines dreimonatigen Aufenthaltes in Amerika zusammen mit dem Linguisten George A. Dorsey in Oklahoma eine Reise zu den

5 Vgl. z.B. Hornbostels Aufsatz „Über vergleichende akustische und musikpsychologische Untersuchungen" von 1910, wo er einige Ergebnisse derartiger Befragungen anführt. Auch Carl Stumpf widmet in seinem Artikel über „Tonsystem und Musik der Siamesen" akustischen Beobachtungen an siamesischen Musikern einen ganzen Abschnitt (Stumpf 1901/1922, S.150 ff). In der entsprechenden Dokumentation finden sich keine Notizen dazu.

Pawnee-Indianern, um - wie Stumpf (1911:161) schreibt -, „Intonationsstudien zu unternehmen". Neben 31 Walzen, der entsprechenden Dokumentation und den Texten haben sich Briefe Hornbostels an Stumpf erhalten, in denen er sich über seine Erlebnisse äußert. Aus diesen Briefen geht hervor, daß er neben den phonographischen Aufnahmen von Indianergesängen auch psychologische Untersuchungen durchführte. So schreibt er beispielsweise in einem Brief an Geheimrat Stumpf vom 15.11.1906 : „Ich habe einige 20 Walzen mit ca. 40 Gesängen für unsere Sammlung erobert, z.T. solche, die für gewöhnlich geheim gehalten werden und darum schwer zu haben sind. Ich bleibe noch bis Sonntag 18. hier, um Kriegstänze zu sehen; außer den Beobachtungen, von denen ich schon berichtet habe, habe ich eine richtige Meskalzeremonie erlebt u. einen Abend lang sehr interessante Medizingesänge gehört. Die Gedächtnistests (Figuren successiv - visuell, 2stellige Zahlen akustisch, und Konsonanten simultan visuell .....) habe ich außer in der Indianerschule auch an 2 Klassen (höchste und zweitniedrigste) der hiesigen Bleichgesichtschule probiert und werde sie mit den Indianern in Chilocco und eventuell mit Negerkindern in Hampton, Virg. wiederholen." Der Aufenthalt in USA hat außerdem dazu gedient, die Kontakte zu den dortigen Kollegen zu vertiefen und einen Austausch von phonographischen Aufnahmen in die Wege zu leiten. Infolgedessen schickten viele renommierte amerikanische Forscher (Franz Boas, Berthold Laufer, George Dorsey u.a.) ihre Tonaufnahmen nach Berlin und trugen auf diese Weise dazu bei, den Bestand des Archivs beträchtlich zu erweitern.

Hornbostel war eifrig darum bemüht, so viele Musikkulturen wie möglich in seinem Archiv zu dokumentieren; er knüpfte auch mit vielen Wissenschaftlern Kontakte an, ohne daß eine Zusammenarbeit zustandekam. So konnten die Aufnahmen, die Albert Schweitzer in Lambarene vermitteln wollte, wegen des Ausbruchs des 1. Weltkriegs nicht stattfinden (vgl. Simon 1973:369 ff), der Ankauf anderer Phonogramme, beispielsweise von Walzenaufnahmen der Ainu auf Sachalin und Hokkaido, die der polnische Anthropologe Bronisław Piłsudski zwischen 1902 und 1905 gemacht hatte, scheiterte. Viele Institutionen ließen durch das Archiv von originalen Walzenaufnahmen über Matrizen Kopien anfertigen, die dann als Leihgaben in Berlin blieben. Hornbostel war es nämlich in kurzer Zeit gelungen, das Berliner Archiv sowohl inhaltlich wie technisch zu einer der bedeutendsten Institutionen auf diesem Gebiet zu machen, so daß man gerne seinen Rat in allen phonographischen Belangen und seine Hilfe beim Kopieren von Walzenaufnahmen suchte.

Allerdings war das Archiv kaum in der Lage, die enormen Kosten für Geräte und Vervielfältigung aus den Mitteln der Universität zu bestreiten. Finanzielle Unterstützung kam von der Akademie der Wissenschaften, der Gräfin-Bose-Stiftung, der Rudolf-Virchow-Stiftung, doch findet sich in einem Brief Hornbostels von 1910 der Hinweis: „Das Archiv ist arm, Geheimrat Stumpf bestreitet unseren ganzen Etat ex propriis ...“(Brief Hornbostels an F. von Luschan vom 27.7.1910). Sicher hat auch Hornbostel private Mittel zur Unterhaltung des Phonogramm-Archivs beigesteuert. Stumpf hatte sich mit einem dramatischen Appell 1908 an die Öffentlichkeit gewandt, in dem er auf die Bedeutung und gleichzeitig die geringe Unterstützung des Archivs aufmerksam machte. Der Aufruf wurde in fast allen deutschen Zeitungen abgedruckt, hatte jedoch kaum den erwarteten Erfolg. Bezeichnend ist, daß Thomas A. Edison im Jahr 1911 zwar Berlin besuchte, jedoch über das Archiv nicht informiert wurde (Notiz im *Berliner Tageblatt* vom 22.10.1911).

Bis zum Anfang des 1. Weltkriegs war der Bestand auf ca. 9000 originale Aufnahmen angewachsen, den größten Anteil stellte dabei Musik aus den deutschen Kolonien in Afrika und Ozeanien (vgl. Ziegler 1995a).

Kriegs- und Nachkriegsjahre (1914 - 1922)

Die Kriegsjahre wurden ebenfalls zu einer groß angelegten Aufnahmeaktion genutzt. Unter dem Vorsitz von Carl Stumpf wurde auf Initiative des Lehrers Wilhelm Doegen 1915 die "Königlich Preußische Phonographische Kommission" ins Leben gerufen, deren Ziel es war, Sprache und Musik der in deutschen Kriegsgefangenenlagern festgehaltenen Fremden aufzunehmen. Neben vielen prominenten Sprachwissenschaftlern war auf Empfehlung Stumpfs der Musikwissenschaftler Georg Schünemann (1884 - 1945) an der Aktion beteiligt, der Walzenaufnahmen für das Phonogramm-Archiv machte. Die parallel laufende Sammeltätigkeit von Wilhelm Doegen, dem Begründer des Lautarchivs (später Institut für Lautforschung), bezog zwar auch Musik mit ein, war aber primär auf Sprachaufnahmen ausgerichtet und wurde mit einem Grammophon durchgeführt. Nur eine Auswahl der auf Walzen vorliegenden Musikaufnahmen Georg Schünemanns ist auch auf Platten des Lautarchivs festgehalten.[6] Als Ergebnis der Sammeltätigkeit der Preußischen Phonographischen Kommission liegen 985 Walzen mit den jeweiligen Protokollen und Texten (Original und Übersetzung) vor, die bis heute jedoch nie bearbeitet wurden, im Gegensatz zu den entsprechenden Aufnahmen des Wiener Phonogrammarchivs (Lach 1926 ff.). Schünemann veröffentlichte lediglich die Sammlungen von Kazantataren und Deutschrussen (Schünemann 1918, 1922). Erich M. von Hornbostel war den vorliegenden Dokumenten nach nur kurz an dieser Sammlung beteiligt.[7]

6 Heute befinden sich die Platten des ehemaligen Lautarchivs im Musikwissenschaftlichen Seminar der Humboldt-Universität, eine Sichtung und Bearbeitung steht noch aus.

7 Vgl. dazu einen Brief des damaligen Direktors der Musikhochschule Fritz Stein (auf der Grundlage einer schriftlichen Notiz von Curt Sachs) an das Ministerium vom 9. Juni 1933: „von Hornbostel konnte während des Krieges aus körperlichen Gründen nicht zum Militärdienst ein-

Aus dieser Zeit der gemeinsamen Arbeit in der Phonographischen Kommission resultiert wohl die gute Zusammenarbeit Stumpfs mit Schünemann, der 1920 Professor und stellvertretender Direktor der Hochschule für Musik geworden war; sie führte dazu, daß nach Stumpfs Emeritierung im Jahr 1922 das Phonogramm-Archiv an die Hochschule für Musik angegliedert wurde.

Die Zeit zwischen 1900 und 1922, während der Carl Stumpf als einflußreicher Mann seine schützende Hand über das Archiv hielt, ist in der Rückschau als die fruchtbarste Zeit des Archivs anzusehen. Sowohl Carl Stumpf wie Erich M. von Hornbostel, die heute weltweit als die „Väter der Vergleichenden Musikwissenschaft" gelten (Christensen 1991), haben ihren Anteil an diesem Archiv gehabt. In Stumpfs Augen (Brief vom 11.7.1933 an Fritz Stein) kam ihm selbst „die Grundlegung, die Propaganda und die Betreibung von Geldmitteln" zu, Hornbostels Leistung sieht er in der „Erweiterung der Sammlungen, der Überwachung der technischen Arbeiten, der Publikation der Bestände und der eigentlichen Initiative". Eine Publikation zum Archiv selbst oder Bestandslisten wurden in dieser Zeit nicht veröffentlicht, die Mehrzahl der Publikationen sind wissenschaftliche Bearbeitungen des gesammelten Materials auf der Grundlage von Transkriptionen. Eine Liste der auf der Grundlage der Bestände des Archivs veröffentlichten Publikationen wurde von Stumpf begonnen (1911, 30 Titel) und von Hornbostel (1927,1933) und den weiteren Leitern des Archivs fortgeführt (Schneider 1938, Reinhard 1961, Simon 1973).

Musikhochschule (1922 - 1933)

Bei der Übernahme des Archivs durch die Musikhochschule wurde ein offizieller Schenkungsvertrag aufgesetzt, in dem jeder Seite Verpflichtungen auferlegt wurden. Aus dem Vertragstext wird deutlich, daß das Archiv bisher fast ausschließlich aus privaten Mitteln (Stumpf und Hornbostel) finanziert worden war und demgemäß juristisch als privates Eigentum der beiden Genannten betrachtet

gezogen werden. Indessen hat er der Kriegsführung ausserordentliche Dienste geleistet, indem er das erste Verfahren zur Ortsbestimmung feindlichen Feuers ausarbeitete, im dienstlichen Auftrag lange die Front bereiste, auf Kriegsschiffen und sogar Unterseebooten tätig war und bei der Organisation der Schallmeßtrupps entscheidend mitwirkte." Dagegen findet sich in dem Artikel „Hornbostel" in *Die Musik in Geschichte und Gegenwart* (1. Aufl., Kassel 1957, Bd. 6, Sp. 721) folgende Passage: „Als der 1. Weltkrieg ausbrach, entwickelte er, zusammen mit Max Wertheimer, die physikalischen und psychologischen Grundlagen des Richtungshörens und war ebenso oft an der Artilleriefront und im Unterseeboot, als er zwischen zwei Kommandos in den Gefangenenlagern fremde Volkslieder und Stammesgesänge phonographierte." In den Protokollen und Berichten der Phonographischen Kommission ist sein Name nicht erwähnt. Ein kurzer Hinweis auf die Teilnahme Hornbostels findet sich lediglich bei W. Doegen, *Unter fremden Völkern – Eine neue Völkerkunde*, Berlin 1925, S. 10.

wurde. Die Hochschule verpflichtete sich, das Archiv fortan finanziell zu unterhalten und Hornbostel als Beamten in den preußischen Staatsdienst zu übernehmen. Das Archiv seinerseits, das in den Räumen des Psychologischen Instituts verblieb, verpflichtete sich, den Bestand für Forschung und Lehre der Hochschule zugängig zu machen und Einnahmen zu erzielen.[8]

Im Zusammenhang mit dieser Forderung ist die Zusammenstellung der sog. „Demonstrationssammlung“ zu sehen, die Hornbostel etwa in dieser Zeit verfaßte. Dafür wählte er 120 Walzen aus, die einen Überblick über alle bisher bekannten Musikkulturen der Welt geben sollte. Die Korrespondenz weist zahlreiche Institutionen und Privatsammler aus, die diese Sammlung kauften, Kopien sind heute noch in allen großen Schallarchiven und Universitäten der Welt zu finden. Eine Auswahl von 42 Walzen der in USA vorhandenen Kopien aus der Demonstrationssammlung wurde 1963 von der Indiana University publiziert (List/ Reinhard 1963).

Neben seiner Arbeit als Leiter des Phonogramm-Archivs lehrte Hornbostel an der Berliner Universität; 1923 wurde er zum Privatdozent, 1925 zum a.o. Professor für Systematische und Vergleichende Musikwissenschaft ernannt. Finanziell wirkte sich diese Arbeit allerdings kaum aus, da er kein festes Gehalt, sondern nur Geld für die Lehrveranstaltungen erhielt.

Die Anbindung an die Musikhochschule brachte zunächst wieder bessere Arbeitsmöglichkeiten, Hornbostels Studenten und die Mitarbeiter der Musikhochschule konnten das Archiv nutzen und dafür werben. So wurden jetzt auch Musikwissenschaftler als Mitarbeiter gewonnen, beispielsweise der Holländer Jaap Kunst (1891-1960), der seine umfangreiche Sammlung indonesischer Musik nach Berlin schicken ließ (vgl. den Aufsatz von M. van Roon in diesem Sammelband), Robert Lachmann (1892-1939), der für das Phonogramm-Archiv insgesamt 10 Sammlungen arabischer und nordafrikanischer Musik aufnahm[9], der isländische Komponist Jon Leifs (1899-1968), der Hornbostel seine Feldforschungsaufnahmen aus Island zukommen ließ, die dieser sogleich veröffentlichte (Hornbostel 1930), der Komponist, Dokumentarfilmer und Reiseschriftsteller Hans Helfritz mit Sammlungen aus Palästina und dem Jemen (1929 - 1933)

8 Vgl. die „Acten betreffend Phonogrammarchiv, gen. der Staatlichen akademischen Hochschule für Musik, Abschrift zu U IV 12899. Vertrag zwischen Dr. phil. et med. Carl Stumpf, Geh. Reg.-Rat, Universitätsprofessor und dem Preußischen Staat, vertreten durch den Minister für Wissenschaft, Kunst und Volksbildung, vertreten durch Professor Kestenberg und Ministerialrat Schitzler vom 7.10.1922“. Das Archiv ging mit Wirkung vom 1.4.1923 an den preußischen Staat über.

9 Robert Lachmann hat insgesamt 10 Sammlungen in das Berliner Phonogrammarchiv eingebracht: Nordafrika (Forschungsreise 1919), Beduinen/Kabylen (Forschungsreise im Anschluß an den Kongreß für arabische Musik in Kairo 1932) sowie in Berlin zustande gekommene Aufnahmen mit Musikern aus der Türkei (1923), Persien (1923), Japan (1924/5), Tunesien (1930) und Marokko (1930).

u.a.m. Georg Schünemann selbst, damals stellvertretender Direktor der Musikhochschule, machte während dieser Jahre Aufnahmen von in Berlin gastierenden auswärtigen Musikern (Inder, Japaner, Uzbeken). Als Assistent Hornbostels arbeitete von 1922 - 1924 George Herzog, der Ende der 20er Jahre nach USA ging, weiterhin sehr guten Kontakt mit Hornbostel hielt und 1938 ein ähnliches Archiv an der Indiana University in USA gründete. Viele von Herzogs Sammlungen sind im Berliner Phonogramm-Archiv inventarisiert und als Matrizen vorhanden. Mrs. Mary Wheelwright, die als Sponsorin amerikanischer Sammlungen auftrat, finanzierte Herzogs indianische Sammlungen von Navaho-Musik. Nach seiner Promotion bei Hornbostel über Bestände des Phonogramm-Archivs (Kolinski 1930) arbeitete auch Mieczyslaw Kolinski als Assistent am Archiv (1930 - 1932), er machte in dieser Zeit mehrere Feldforschungen im süddeutschen Raum (Bayern, Böhmerwald, Riesengebirge etc.) und arbeitete für viele Sammler als Transkriptor. Auch Kolinski emigrierte 1934 nach USA, über seine Tätigkeit im Berliner Phonogramm-Archiv ist bisher nichts veröffentlicht worden.

Über die inhaltliche Arbeit des Phonogramm-Archiv geben die jährlichen Berichte der Musikhochschule Auskunft, eine Zusammenfassung bietet 1933 der einzige aus Hornbostels Feder stammende Aufsatz über das Archiv (Hornbostel 1933). Von den Aktivitäten dieser Jahre zeugen auch Publikationen wie beispielsweise die Edition der *Sammelbände für vergleichende Musikwissenschaft* (Band 1, 3, 4 1922/1923) und die Herausgabe der *Zeitschrift für Vergleichende Musikwissenschaft* (3 Bände 1933 - 1935), zu deren Mitarbeit sich viele namhafte Musikwissenschaftler bereitfanden.

Die allgemeine Rezession und zunehmende Geldknappheit brachten auch das Phonogramm-Archiv arg in Bedrängnis. Der technische Aufwand, den die phonographische Ausrüstung von Feldforschungen und die Galvanisierung von Walzen erforderte, kostete mehr Geld, als die Musikhochschule auszugeben bereit war. Schon im November 1923 mußte das Archiv „wegen vollständiger Mittellosigkeit seine Arbeit einstellen“ (Brief vom 28.11.1923). Als nachteilig wirkte sich in diesen Jahren auch der allmählich schlechter werdende Gesundheitszustand Hornbostels aus, der ihn zwang, sich öfter krank zu melden und einen Vertreter zu bestellen. Die strenge preußische Administration nahm an den häufigen Krankmeldungen, den vielen Beurlaubungen, und natürlich den zu hohen Ausgaben Anstoß, die - wie man meinte - auf die Unerfahrenheit des Archivleiters zurückzuführen seien. Das Verhältnis zu Schünemann verschlechterte sich, das Ministerium wurde als Vermittler eingeschaltet. 1930 fing Hornbostel an zu resignieren, nach einer Mitteilung des Staatssekretärs Leo Kestenberg war damals sein Vermögen schon gänzlich zur Neige gegangen und Hornbostel war ausschließlich auf die Einkünfte aus dem Phonogramm-Archiv angewiesen. Aufgrund einer Krankmeldung wurde er Ende 1931 wiederum beurlaubt, die Vertretung übernahm sein damaliger Assistent Marius Schneider. Die Verwaltung der Hochschule drohte, Hornbostel zu entlassen, falls er nicht wieder zum Dienst erschiene. Nach 10 Wochen meldete er sich pflichtgemäß zurück und versuchte weiterzuarbeiten wie bisher, scheint aber nicht sehr belastbar gewesen zu sein. Aus der Korrespondenz geht hervor, daß er im März 1932 an dem arabischen Musikkongreß in Kairo teilgenommen und die Zeit dort sehr genossen hat, zumal sich sein Gesundheitszustand in dem angenehmen Klima Ägyptens sehr verbessert hatte (Brief an El Hefny vom 23.7.1932). Die Angelegenheit eskaliert, als sich Hornbostel im Winter 1932 wieder krank meldet und von seinem Schweizer Erholungsort im März 1933 erneut um eine halbjährige Beurlaubung bittet, die ihm ab 1.4.33 aber nur für 13 Wochen bewilligt wird. Da hatte sich jedoch schon die politische Situation geändert. Nach dem Gesetz zur Wiederherstellung des Berufsbeamtentums vom April 1933 wurde Hornbostel als preußischer Beamter auf seine arische Abstammung überprüft, im Mai 1933 wurde daraufhin seine Kündigung zum 30.6.33 verfügt. Er bat dennoch am 13.8.33 von Zürich aus offiziell um Beurlaubung für zwei Jahre, um eine Einladung zu einer Gastprofessur an die New School for Social Research in New York anzunehmen. Die jeweiligen Schreiben Hornbostels und die Antworten überschneiden sich. Er kam nicht mehr nach Berlin zurück.

In Verbindung mit Hornbostels Kündigung und seinem Weggang aus Berlin wurden im Sommer 1933 Pläne diskutiert, das Phonogramm-Archiv wieder von der Hochschule zu trennen. Stumpf schlug in einem Memorandum vor, es wieder zu privatisieren, dabei verzichtete er selbst großmütig auf seine Rechte und schlug vor, das Archiv stattdessen Hornbostel rückzuübereignen. Auch die Verbindung mit anderen Institutionen wurde theoretisch ins Auge gefaßt (Rückkehr ans Psychologische Institut, Vereinigung mit dem Lautarchiv). Inzwischen hatte jedoch Marius Schneider mit dem Ministerium Verhandlungen geführt, die dazu führten, daß das Archiv vom 1.1.34 an an das Museum für Völkerkunde überging. Eine der ersten Amtshandlungen Schneiders war es, alle Walzen zu registrieren und ein neues Eingangsbuch anzulegen. In der folgenden Zeit gab es offensichtlich Mißverständnisse zwischen Schneider und Hornbostel über die Eigentumsverhältnisse an den noch nicht eingebrachten Sammlungen, wobei aber Schneider sich als der einzig rechtmäßige Erbe des Phonogramm-Archivs ansah und dementsprechend alle Feldforscher anwies, ihre Materialien an das Phonogramm-Archiv nach Berlin zu schicken. Hornbostels kurzer Aufenthalt in USA, die Verschlechterung seines Gesundheitszustands und sein früher Tod in England (28.11.1935 in Cambridge) setzten einen traurigen Schlußstrich unter seine erfolgreiche Arbeit.

Das Phonogramm-Archiv, nunmehr dem Museum für Völkerkunde angeschlossen, arbeitete weiter wie bisher, obwohl die Geldknappheit deutlich spürbar war. Nach Schneider (1938) waren in diesen Jahren die Rettung vom Aussterben bedrohter Musikkulturen und der Vergleich der inzwischen bekannten Musikkulturen Grundtenor der Arbeit. Einige bedeutende Sammlungen werden in den 30er Jahren eingebracht (Hickmann/Ägypten 1935, Himmelheber/Elfenbeinküste 1937, Nadel/Nigeria 1935, Kohl-Larsen/Ostafrika 1934 - 36, Kauffmann/Assam 1937 u.a.), manche jedoch nicht mehr galvanisiert. Schneider wird 1940 zur Wehrmacht eingezogen. Die letzten datierten Aufnahmen des Phonogramm-Archivs entstehen 1943. Ende 1944 werden die Bestände, neben vielen tausend Walzen auch mehr als 1800 Schallplatten, mit anderen Ethnographica aus Berlin ausgelagert. Nach einer fast 50jährigen Odyssee durch Osteuropa gelangten sie erst 1991 wieder zurück in das Museum für Völkerkunde.

Technik

Hornbostel hatte als Naturwissenschaftler ein besonderes Verständnis für technische Fragen. Mit großer Aufmerksamkeit verfolgte er alle neuen Entwicklungen auf diesem Gebiet, ließ sich neue Apparate vorführen und diskutierte mit Fachleuten deren Vor- und Nachteile.

Im Phonogramm-Archiv wurde mit Edison-Phonographen aufgenommen. Bei diesen Apparaten, die man in verschieden großen Ausführungen und auch als tragbare Geräte erhielt, wurden Schallwellen mittels einer Membran, die mit einer Nadel verbunden ist, in rotierende Wachsrollen eingraviert. Durch Vertauschen des sog. „recorders“ mit einem „reproducer“ konnte das zuvor Aufgenommene unmittelbar danach abgehört werden. Der Vorteil eines Phonographen gegenüber dem hauptsächlich kommerziell genutzten Grammophon bestand darin, daß der Phonograph keinen Strom benötigte, leicht zu transportieren und auch für Laien einfach zu handhaben war; er war damit das ideale Gerät für die ethnologische Feldforschung (vgl. auch Abraham/Hornbostel 1904b).

Das große Problem der mit einem Edison-Phonographen aufgenommenen Wachswalzen war neben der schlechten Lagerfähigkeit ihre Vergänglichkeit, denn bei jedem Abspielen verloren sie an Information. Gerade ethnographische Aufnahmen, die ja nach dem Gehör transkribiert und daher oft mehrmals hintereinander abgespielt werden mußten, waren in besonderem Maße dem Verschleiß unterworfen. Da man davon ausgehen konnte, daß es in den meisten Fällen unmöglich war, diese einzigartigen Aufnahmen wieder zu beschaffen, mußte dringend eine Möglichkeit zur Konservierung der ursprünglichen Toninformation gefunden werden. In Berlin bediente man sich dabei einer besondern Technik, nämlich der Herstellung von Walzenkopien aus Kupfermatrizen, die durch Galvanisierung von den originalen Walzen gewonnen wurden. Dabei wurde von den originalen Wachswalzen durch galvanische Verfahren ein negativer Kupferabdruck hergestellt, von dem dann wiederum in beliebiger Anzahl positive

Foto 3: Edison-Phonograph des Berliner Phonogramm-Archivs, tragbares Modell GEM (ca. 1905)

Wachskopien gegossen werden konnten. Bei dem Galvanisierungsprozeß ging im Normalfall das Original verloren. Für die Kopien wurde eine besondere Wachsmischung verwendet, die härter als das originale Wachs, aber leichter brüchig war. Vor der Galvanisierung wurden alle Walzen beschriftet, daher sind sowohl die Kupfernegative wie die entsprechenden daraus gewonnenen Kopien leicht zu identifizieren. Im Dezember 1907 wurde ein Vertrag mit der Presto-Firma (Inh. Fritz Moldenhauer) abgeschlossen, der die Galvanisierung aller vorhandenen und zukünftig eingebrachten Wachswalzen des Phonogramm-Archivs zum Ziel hatte. Nach dem Konkurs dieser Firma wurde die Fa. Quadfasel in Berlin-Neukölln Partner des Phonogramm-Archivs und mit der Galvanisierung aller Walzen beauftragt.

Viele ausländische Sammler schickten ihre originalen Wachswalzen nach Berlin, um sie hier galvanisieren zu lassen, sie selbst erhielten dann beliebig viele Kopien, eine kostenlos, die anderen gegen Bezahlung. Eine Kopie behielt das Archiv selbst. Es wurden jedoch nicht grundsätzlich alle Walzen galvanisiert,

Foto 4: Walzen aus dem Bestand des Berliner Phonogramm-Archivs. Von l. n. r.: Originalwalze (helles Wachs), Galvano-Negativ (Kupfer), Wachskopie (Hartwachsmischung), Kunststoffkopie (aus den 60er Jahren)

sondern Hornbostel traf selbst eine Auswahl, welche Originalwalzen galvanisiert wurden und welche nicht. Es wird berichtet, daß Hornbostel sich begierig auf alle neu ins Archiv kommenden Walzen stürzte, um sie abzuhören und dabei nicht nur Einblick in ihre technische Qualität, sondern auch den Inhalt zu bekommen. Seit 1907 wurden in der Regel alle Walzen einer neuen Sammlung galvanisiert, eine Ausnahme bildeten lediglich Probeaufnahmen, Sprachaufnahmen sowie offensichtlich mißlungene Aufnahmen. Aus den Sammlungen, die vor dieser Zeit ins Archiv gekommen waren, mußte eine Auswahl getroffen werden, da die immer nur begrenzten Geldmittel nicht zum Galvanisieren aller Sammlungen reichten. Besonders in den 20er Jahren, als die Musikhochschule das Archiv finanzierte, wurden viele Gelder zur Galvanisierung angefordert, jedoch selten bewilligt. Obwohl es inzwischen möglich war, Wachswalzen auf Schallplatten umzuschneiden[10], wurden noch bis August 1944 Wachswalzen galvani-

10 Bei der Herstellung von Schallplattten von originalen Walzenaufnahmen war die der Musikhochschule ebenfalls angeschlossene Rundfunkversuchsstelle beteiligt.

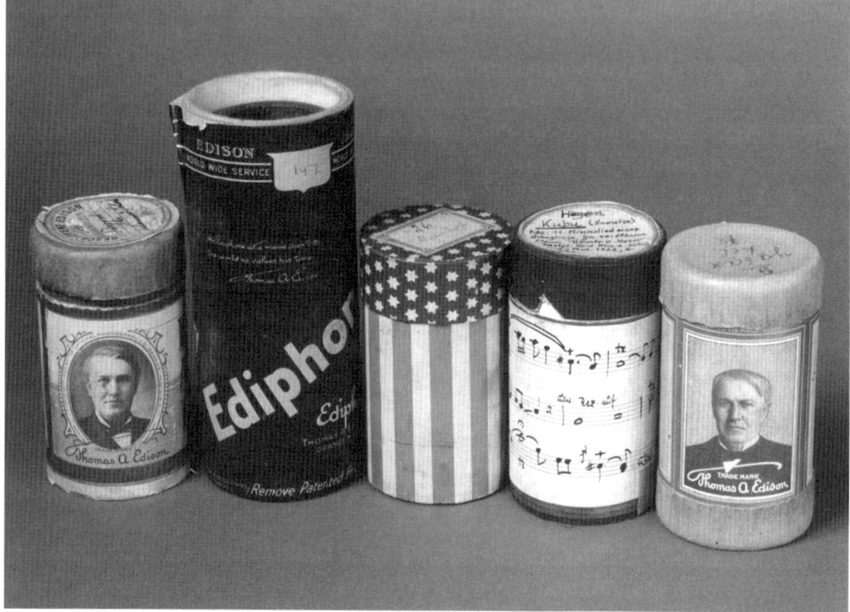

Foto 5: Aufbewahrungsbehälter von Walzen, Berliner Phonogramm-Archiv. Besonders bemerkenswert die zweite Dose v.r. mit einer von Hornbostel angefertigten Transkription der auf der Walze befindlichen Tonaufnahme (Sammlung B. v. Hagen / Kubu-Sumatra 1905, Nr. 11 - Minnelied eines Jünglings)

siert und kopiert. Die letzte Sammlung des Phonogramm-Archivs, 22 Walzen mit ukrainischer Musik aus dem Jahr 1943, liegt ebenfalls in galvanisierter Form vor. Galvanisiert wurden auch viele Experimentalaufnahmen, z.B. Testwalzen für „Versuche mit Primitiven", deren Kopien den Forschungsreisenden mitgegeben wurden, Sprachproben, Kinderaufnahmen u.a.m., was die Bedeutung, die diesen Aufnahmen beigemessen wurde, unterstreicht.

Ebenso wie viele inhaltliche Fragen nur unter Heranziehung der Archivkorrespondenz geklärt werden können, so ist diese auch für technische Fragen äußerst aufschlußreich. Sie zeigt, daß Hornbostel stets versuchte, sich auch auf diesem Gebiet auf dem laufenden zu halten. Die parallel zu den Walzen laufende Entwicklung der Grammophonplatten lag ihm besonders am Herzen. So bestand beispielsweise eine Verbindung mit der Hannoveraner Schallplattenfirma Favorite, die Aufnahmen der Hopi-Indianer und wendische Volkslieder auf Platten herausbrachte, beide Sammlungen sind auch als Walzensammlungen vorhanden (Archiv Hopi 1906 und Hornbostel/Wenden 1907). Die ethnographischen

Sammlungen des Phonogramm-Archivs schlossen daher von Anfang an nicht nur Walzen, sondern auch Schallplatten (Schellack) ein. Ende 1944 umfaßte der Archivbestand mehr als 1878 Schellackplatten mit außereuropäischer Musik, von denen allerdings heute nur noch ca.1300 vorhanden sind. Im Rahmen des geplanten Projektes sollen neben den vorhandenen Walzen auch sämtliche erhaltenen Schallplatten auf digitale Tonträger übertragen werden.

Ausblick

Seit Ende des 2. Weltkriegs hat das Phonogramm-Archiv stürmische Zeiten erlebt; Evakuierung und Auslagerung, Transporte und Zerstörung haben den Sammlungen große Schäden zugefügt. Nach einer beinahe 50jährigen Nachkriegsodyssee kam der größte Teil der Bestände erst 1991 wieder in das Museum für Völkerkunde in Dahlem zurück. Heute liegen mehr als 30.000 Walzen, 1383 Schellackplatten, die alten Verzeichnisse und Eingangsbücher, die zu den Sammlungen gehörigen Dokumentationen und Publikationen sowie die Korrespondenz des Archivs seit 1903 fast vollständig vor.

Die erste Arbeit nach der Rückkehr der Bestände war ihre Identifizierung und der Vergleich mit den vorliegenden Bestandsverzeichnissen. Da sich sämtliche alten Inventarverzeichnisse als lückenhaft erwiesen, galt es zunächst, den Bestand statistisch zu erfassen. Demnach beläuft sich die Zahl der originalen Walzen auf mehr als 16.000 (14.000 Galvano-Negative und 2.700 Originale), die sich auf 315 Sammlungen verteilen (Ziegler 1995a). Ziel eines groß angelegten Projekts ist die Übertragung sämtlicher historischer Tondokumente auf moderne Medien und ihre Veröffentlichung in Verbindung mit einem Bestandskatalog. Dabei sind die technischen Probleme immens, aber die außerordentliche Bedeutung des Archivs rechtfertigt alle Mühen.

Bedenkt man, daß im Jahr 1933, als Hornbostel seinen Bericht über das Phonogramm-Archiv verfaßte, bereits ca. 10.000 originale Walzen und 371 Platten vorlagen, so wird verständlich, daß für ihn die Trennung von diesem Archiv zugleich die Trennung von seinem Lebenswerk bedeutete. Er war wohl der einzige, der die Sammlungen genau kannte und alles, was er hörte, in diesem Umkreis einzuordnen verstand. Seine Kenntnis der unterschiedlichen im Phonogramm-Archiv dokumentierten Musikkulturen war so groß, daß er auf diesem Fundament aufbauend viele teilweise bis heute gültige Theorien formuliert hat. Zwar sind die meisten der in Frage kommenden Musikkulturen heute intensiver und besser erforscht, doch die große Gesamtschau fehlt. Erst dann, wenn - wie bald zu erwarten - die entsprechenden Musikstücke des Phonogramm-Archivs auch wieder zu hören sein werden, wird man die Leistung Hornbostels wohl richtig einschätzen können. Er baute das Archiv nicht nur auf und betreute es lange Jahre technisch und archivarisch, sondern hatte das ungeheuer vielfältige und umfangreiche Tonarchiv auch ohne Datenverarbeitung im Kopf und vermochte es in grandioser Weise wissenschaftlich zu nutzen. Dadurch trug er seine Bedeutung in alle Welt hinaus und sicherte ihm einen vorrangigen Platz unter den Schallarchiven. Stets hatte er nur das Wohl des Archivs, nicht sein eigenes Wohlergehen im Kopf.

Aufbauend auf Hornbostels Pionierarbeit konnte das Phonogramm-Archiv seine Arbeit erfolgreich bis heute fortsetzen. Inzwischen hat sich die Zahl der Tondokumente verzehnfacht, die der Publikationen verdreifacht, die technischen Möglichkeiten haben sich erheblich gewandelt und verbessert, das Archiv wurde um eine große Instrumentensammlung erweitert und ist inzwischen wieder weltweit anerkannt (vgl. Simon 1991). Die Arbeit, die Erich M. von Hornbostel für das Berliner Phonogramm-Archiv geleistet hat, wird hier nicht in Vergessenheit geraten.

Zitierte Literatur

Abraham, Otto und E.M. von Hornbostel

1903 „Studien über das Tonsystem und die Musik der Japaner", in *Sammelbände der Internat. Musikges.* 4 (1902-1903) H. 2, S.302-60. Reprint in *Sammelbände für vergleichende Musikwiss.* 1 (1922), S.179-231.

1904a „Phonographierte indische Melodien", in *Sammelbände der Internat. Musikges.* 5 (1903-1904) H. 3, S.348-401. Reprint in *Sammelbände für vergleichende Musikwiss.* 1 (1922), S.251-290.

1904b „Über die Bedeutung des Phonographen für die vergleichende Musikwissenschaft", in *Zeitschrift für Ethnologie* 36 (1904), S.222-236.

Christensen, Dieter

1991 „Erich M. von Hornbostel, Carl Stumpf, and the institutionalization of Comparative Musicology", in *Comparative Musicology and Anthropology of Music.* Ed. B. Nettl and Ph. Bohlman. The University of Chicago Press. S.201-209.

Hornbostel, Erich M. von

1905 „Die Probleme der vergleichenden Musikwissenschaft", in *Zeitschrift der Internationalen Musikgesellschaft* 7 (3), S.85-97.

1910 „Über vergleichende akustische und musikpsychologische Untersuchungen", in *Zeitschrift für angewandte Psychologie*, Bd. 3, Heft 6, S.465-487.

1923 „Phonographische Methoden", in *Handbuch der biologischen Arbeitsmethoden*, Abt.V, Teil 7. Hrsg. von Emil Abderhalden. Wien-Berlin, S.419-438.

1927 „Phonogramm-Archiv", in *Staatl. akad. Hochschule für Musik in Berlin. Jahresbericht* für die Zeit vom 1.Oktober 1925 bis zum 30.September 1927, S.50-54.

1930 „Phonographierte isländische Zwiegesänge", in *Deutsche Islandforschung*, Bd. 1, S.300-320. Reprint in Kaden/Stockmann 1986, S.287-314.

1933 „Das Berliner Phonogrammarchiv", in *Zeitschrift für Vergleichende Musikwissenschaft* Bd. I, S.40-45.

1975 *Hornbostel Opera Omnia.Vol I.* Ed by K.P. Wachsmann, D. Christensen, H.-P. Reinecke. Martinus Nijhoff - The Hague.

Kaden, Christian und Erich Stockmann (Hrsg.)

1986 *Erich Moritz von Hornbostel - Tonart und Ethos. Aufsätze zur Musikethnologie und Musikpsychologie.* Reclam-Verlag Leipzig.

Kolinski, Mieczyslaw

1930 „Die Musik der Primitivstämme auf Malaka und ihre Beziehungen zur samoanischen Musik", in *Anthropos* 25, S.585-648.

Lach, Robert

1926 *Gesänge russischer Kriegsgefangener.* Bd. I - III. Wien 1926 - 1931.

List, George und Kurt Reinhard

1963 *The Demonstration Collection of E.M. von Hornbostel and the Berlin Phonogram-Archive.* Ethnic Folkways Library FE 4175.

Luschan, Felix von

1908 *Anleitung für ethnographische Beobachtungen und Sammlungen in Afrika und Ozeanien.* Königliches Museum für Völkerkunde in Berlin. Abschnitt L. Musik.

Reinhard, Kurt

1961 „Das Berliner Phonogramm-Archiv", in *Baessler-Archiv* N.F. 9, S.83-94.

1972 „Zwanzig Jahre Wiederaufbau des Berliner Phonogramm-Archivs", in *Jahrbuch für musikalische Volks- und Völkerkunde* 6, S.65-76.

Schneider, Marius

1938 „Das Phonogramm-Archiv des Museums für Völkerkunde", in *Archiv für Vergleichende Phonetik* 1, S.41-47.

Schünemann, Georg

1918 „Kazantatarische Lieder", in *Archiv für Musikwissenschaft* 1, S.499-515.

1922 *Das Lied der deutschen Kolonisten in Rußland.* (Sammelbände für Vergleichende Musikwissenschaft Bd. 3). München.

Simon, Artur

1973 „Musikethnologische Abteilung", in *Hundert Jahre Museum für Völkerkunde Berlin.* Baessler-Archiv, N.F. Bd. XXI, S.359-375.

1991 „Sammeln, bewahren, forschen und vermitteln - Die musikalischen Traditionen der Menschheit in der Arbeit der Abteilung Musikethnologie des Museums für Völkerkunde", in *Jahrbuch Preußischer Kulturbesitz* Bd. XXVII, S.215-229.

Stumpf, Carl
1886 „Lieder der Bellakula-Indianer“, in *Vierteljahresschrift für Musikwissenschaft* 2, S.405-426. Reprint in *Sammelbände für Vergleichende Musikwiss.* Bd. 1 (1922), S.87-103.
1892 „Phonographierte Indianermelodien“, in *Vierteljahresschrift für Musikwissenschaft* 8, S.127-144. Reprint in *Sammelbände für Vergleichende Musikwiss.* Bd. 1 (1922), S.113-126.
1901 „Tonsystem und Musik der Siamesen“, in *Beiträge zur Akustik und Musikwissenschaft*, Heft 3, S.69-138. Reprint in *Sammelbände für Vergleichende Musikwiss.* Bd. 1 (1922), S.127-177.
1908 „Das Berliner Phonogramm-Archiv“, in *Internationale Wochenschrift für Wissenschaft, Kunst und Technik* 2, Sp.225-246.
1911 *Die Anfänge der Musik.* Leipzig.

Ziegler, Susanne
1994 „From Wax Cylinders to Digital Storage - The Berlin Phonogram Archive Today“, in *Resound - A Quarterly of the Archives of Traditional Music*, vol. XIII no. 1/2, S.1-5.
1995a „Die Walzensammlungen des ehemaligen Berliner Phonogramm-Archivs - Erste Bestandsaufnahme nach der Rückkehr der Sammlungen 1991“, in *Baessler-Archiv* N.F. Bd. XLIII Heft 1, S.1-34.
1995b „Deutschsprachige Sammlungen im ehemaligen Berliner Phonogramm-Archiv (heute Musikethnologische Abteilung des Museums für Völkerkunde Berlin)“, in *Jahrbuch für Volksliedforschung* Bd. 40, S.129-134.
1995c „Auf der Suche nach dem verlorenen Klang - Zur Geschichte und Erschließung der historischen Tondokumente des Berliner Phonogramm-Archivs“, in *Jahrbuch Preußischer Kulturbesitz* Bd. XXXI - 1994, S.153-167.

Erich M. von Hornbostel: Gestaltpsychologie und kulturvergleichende Forschung

Martin Müller

„In E.M. VON HORNBOSTEL verliert die Wissenschaft einen ihrer gedankenreichsten Forscher. An allem geistigen Ausdruck des Lebens interessiert, hat er die verschiedensten Gebiete durch bedeutende Entdeckungen bereichert. Wahrnehmung, Sprache und Musik beschäftigten seine ungewöhnliche Phantasie vor allem. Seine akustischen und musikwissenschaftlichen Untersuchungen haben ihn nicht nur in den Kreisen der Psychologen, sondern ebenso in denen der Physiker und Ethnologen auf der ganzen Welt bekannt gemacht. Wir, die wir ihm nahe standen, wissen, daß seine Publikationen, so zahlreich, vielseitig und originell sie waren, seine einzigartige Persönlichkeit kaum vollkommen sichtbar werden ließen. Von ihm ist ebenso wahr, daß er ganz im Geistigen lebte, wie daß nichts vom trockenen Gelehrten an ihm war. Forschung war für ihn ein herrliches Spiel, eine Freude, die sein Leben schön und reich machte“ (Nachruf, 1937).

1. Einleitung

Ohne Zweifel war Erich M. von Hornbostel (1877-1935) ein äußerst origineller und interdisziplinär arbeitender Wissenschaftler. Es ist leicht, ihm eine Vielzahl von fachbezogenen Etiketten anzuhängen: Musikethnologe, Gestaltpsychologe, Musikästhetiker, Chemiker usw. Die Gefahr aber, daß Hornbostel aus enger fachhistorischer Sicht in eine Schublade gezwängt wird, besteht kaum. Schon die Beschäftigung mit nur einigen seiner Arbeiten zeigt nämlich, daß er einfach nirgends ganz hineinpaßt, denn ein wesentliches Charakteristikum seines Vorgehens bestand in der problembezogenen Synthese von Methoden, Modellen und Erkenntnissen aus sehr verschiedenen Disziplinen oder deren Teilgebieten (Anm.1). Dies betraf z. B. die gleichzeitige Verwendung von Elementen der Akustik, der Experimentalpsychologie und der Musikethnologie, die Anwendung der Gestalttheorie auf die Ästhetik oder die Verbindung von chemischem Modell und Psychophysik (vgl. Stockmann, 1986, Kaden, 1986, Müller, 1992).

Hornbostel war auf vielfältige Weise mit dem Psychologischen Institut der Friedrich-Wilhelms-Universität zu Berlin verbunden. Erst in diesem Kontext werden zahlreiche seiner gestaltpsychologischen und kulturvergleichenden Forschungsintentionen verständlich.

2. Hornbostel als Experimental- und Gestaltpsychologe

2.1. Der institutionelle und wissenschaftshistorische Kontext

Im ausgehenden 19. und beginnenden 20. Jahrhundert stellte die Tonpsychologie, die an den Grenzen von Akustik, Experimentalpsychologie, Musikwissenschaft und Ästhetik angesiedelt war, ein wesentliches Forschungsgebiet am Psychologischen Institut der Friedrich-Wilhelms-Universität dar. Die Ursache lag darin, daß der Autor des zweibändigen Werkes „Tonpsychologie" (1883, 1890), Carl Stumpf (1848-1936) im Jahre 1893 auf den 3. Lehrstuhl für Philosophie nach Berlin berufen und zum Leiter des Seminars für experimentelle Psychologie ernannt wurde (vgl. Sprung, Sprung und Kernchen, 1986). Stumpf hielt das Gebiet der Tonempfindungen aus forschungsmethodischen und inhaltlichen Gründen für äußerst geeignet, um psychologische Sachverhalte wie z. B. Aufmerksamkeit, Unterscheidungsfähigkeit, Gefühl zu untersuchen (vgl. Stumpf, 1883, S. V, VI). Gemäß dieser Überzeugung gestaltete er das Seminar in der Dorotheenstraße 95/96 - seit 1900 Psychologisches Institut - aus. Insbesondere modern eingerichtete akustische und tonpsychologische Laboratorien (vgl. Müller, 1987) bildeten die entscheidende Voraussetzung für Schülerarbeiten auf diesem Gebiet. Verwiesen sei in diesem Zusammenhang nur auf Wolfgang Köhlers (1887-1967) „Akustische Untersuchungen" (vgl. Köhler, 1910, 1911). Die seit 1898 unter Stumpfs Leitung erscheinenden „Beiträge zur Akustik und Musikwissenschaft" (vgl. Stumpf, 1898-1924) stellten eine Art Institutszeitschrift dar, in der Stumpf selbst, seine Schüler und Mitarbeiter sowie Musikwissenschaftler und Naturwissenschaftler, mit denen er eine engere Zusammenarbeit pflegte, veröffentlichten. Im Jahre 1900 waren die ersten Grundlagen für das Phonogrammarchiv gelegt worden (vgl. Hornbostel, 1933).

Im Jahre 1922 löste dann der Gestaltpsychologe Wolfgang Köhler seinen Lehrer Stumpf als Direktor des Psychologischen Instituts ab, das seit 1920 im ehemaligen Kaiserschloß untergebracht war, wo etwa 25 Räume für Institutszwecke zur Verfügung standen (vgl. Metzger, 1970).

Hornbostel, der maßgeblich an der tonpsychologischen Forschung beteiligt war, wirkte sowohl mittelbar als auch unmittelbar am gestaltpsychologischen Projekt mit. Zum gestaltpsychologischen Wissenschaftsverständnis gehören insbesondere das *„Primat der Ganzheitlichkeit"* (vgl. Sprung und Sprung, 1995, S. 263) im Gegensatz zum Elementarismus. Damit waren in erster Linie die Ehrenfels-Kriterien „Übersummativität" und „Transponierbarkeit" (vgl. von Ehrenfels, 1890) gemeint.

Das *„Primat der Phänomenanalyse gegenüber der Reizanalyse"* (vgl. Sprung und Sprung, 1995, S. 265) geht auf die Erkenntnis zurück, daß gleichen Erscheinungen unterschiedliche Reizmodalitäten zugrunde liegen können. Dies konnte Max Wertheimer (1880-1943) im Herbst/Winter des Jahres 1910 (vgl. Wertheimer, 1912b) mit seinen berühmten Untersuchungen zum Phi-Phänomen überzeugend demonstrieren.

Das *„Prinzip der psychophysischen Isomorphie"* (vgl. Sprung und Sprung, 1995, S. 264) besagt, daß psychischen Prozessen physiologische Prozesse - als Feldprozesse, chemische Sedimentierungen usw. - umkehrbar eindeutig zuordenbar sind (vgl. z. B. Köhler, 1920, 1923).

Dieses Psychologieverständnis stieg allerdings nicht wie Phoenix aus der Asche, sondern war in der experimentellen und in der Philosophiepsychologie Deutschlands und Österreichs bereits vorbereitet worden. Stumpf (vgl. Sprung und Sprung, 1995) und einige seiner Mitarbeiter (vgl. Fries, 1987) hatten beträchtliche Voraussetzungen theoretischer, empirischer und qualifikatorischer Art dafür geschaffen. Köhlers Feststellung, mit Wertheimers Untersuchungen zum Phi-Phänomen habe die „Ausbildung der Gestalttheorie" eingesetzt (vgl. Köhler, 1933, S. 82), stellt eher eine willkürliche Festsetzung und Abgrenzungsbestrebung dar. Sowohl bei Köhler selbst (vgl. Müller, 1987) als auch bei Wertheimer lassen sich die Anwendung gestaltpsychologischer Prinzipien viel früher nachweisen. Letzterer hatte auf der Basis von analysierter Musik der Wedda (Wertheimer, 1909/10) konstatiert: „Man kann sagen: eine Melodie ist nicht durch individuell bestimmte Intervalle und Rhythmen gegeben, sondern ist eine Gestalt, deren Einzelteile eine in charakteristischen Grenzen freie Variabilität besitzen" (S. 305).

Frau Dr. Selenka hatte diese Aufnahmen 1907 für das Phonogrammarchiv des Psychologischen Instituts der Friedrich-Wilhelms-Universität zu Berlin gemacht, das Hornbostel seit dem Jahre 1906 leitete. In den Jahren 1905/06 war Hornbostel Stumpfs Assistent am Psychologischen Institut (vgl. Universitätsarchiv der Humboldt-Universität zu Berlin, Phil. Fak., Akte 1238, Bl. 270). In Stumpfs Schreiben vom 07.10.1905 an das Ministerium für geistliche, Unterrichts- und Medizinal-Angelegenheiten heißt es bezüglich von Hornbostel u. a.: „Dann hat er seit dem Herbst 1901 im psychologischen Institut, zeitweilig auch im physiologischen (bei Professor Nagel) gearbeitet, sowie mehrere gute Untersuchungen zur Tonpsychologie veröffentlicht" (Zentrales Staatsarchiv Merseburg Rep. 76 Va, Sekt. 2, Tit. X, Nr. 150, Bd. 1, Blatt 258/258^{V}).

Diese Zusammenarbeit zwischen Stumpf und Hornbostel setzte sich auch später fort. So meldeten sie z. B. für den 4. Kongreß für experimentelle Psychologie in Innsbruck im Jahre 1910 ein gemeinsames Referat „Über die Bedeutung ethnologischer Untersuchungen für die Psychologie und Ästhetik der Tonkunst" (vgl. Stumpf und Hornbostel, 1911) an, und Stumpf zollte der gemeinsamen Forschung mit seinem 'jungen Mitarbeiter' in „Die Anfänge der Musik" (1911) mehr als Anerkennung: „Keine Zeile, die nicht mit ihm besprochen, keine Melodie, die nicht Note für Note von ihm nachgeprüft wäre" (Stumpf, 1911, Vorwort).

Von den Psychologen seiner Generation scheint Hornbostel zu Max Wertheimer das engste Verhältnis gehabt zu haben. Hinsichtlich der Jahre, die sein Vater kurz nach der Jahrhundertwende in Berlin verbrachte, konstatierte Michael Wertheimer: „...lernte Max auch Erich von Hornbostel kennen, der 3 Jahre älter war als er und schon tief in die ethnomusikalische Arbeit an den Berliner Phonographischen Archiven eingedrungen. Auch zu ihm entwickelte Max eine lebenslange Freundschaft", (Michael Wertheimer, 1991, S.140). Im Jahre 1912 bemerkte Wertheimer in seiner Abhandlung „Über das Denken der Naturvölker", diese Studie verdankt „...Herrn Dr. von Hornbostel viel freundliche Förderung und Unterstützung" (Wertheimer, 1912a, S. 322). Während des I. Weltkrieges arbeiteten beide gemeinsam an kriegsrelevanten Projekten zur Lokalisierung von Schallrichtungen (vgl. Hoffmann, 1993).

Ich will nun an 3 ausgewählten Beispielen zeigen, auf welchen wesentlichen Gebieten psychologischer Grundlagenforschung Hornbostel tätig war und wie Interdisziplinarität und Gestalttheorie in diesem Zusammenhang konkret wurden.

2.2. Das Richtungshören und der Hörraum

Im Jahre 1920 stellten Hornbostel und Wertheimer der wissenschaftlichen Öffentlichkeit ihre Theorie des Richtungshörens vor, die auf den Experimenten fußte, die beide während des I. Weltkrieges im Auftrage der 'Artillerie-Prüfungskommission' zur Entwicklung eines 'Richtungshörers' für die Artillerieaufklärung durchgeführt hatten (vgl. Hoffmann, 1993). Die grundlegenden Untersuchungen fanden unter Mitwirkung Kurt Koffkas im Psychologischen Institut der Berliner Universität im März/April 1915 statt. Die entscheidende Frage war, welche Faktoren die Entstehung des (subjektiven) Richtungseindrucks determinieren. Dabei standen drei prinzipielle Möglichkeiten zur Wahl: Die gehörte Richtung hängt (1.) von Stärkeunterschieden, (2.) von Phasenunterschieden oder (3.) vom unterschiedlichen Zeitpunkt der Erregung des einen und des anderen Ohres ab. Hornbostel und Wertheimer favorisierten die Zeittheorie, die sie mit Hilfe der folgenden Versuchsanordnung stützten: Zwei Trichter oder Mikrophone zur Schallaufnahme sind über gleich lange Schläuche mit den Ohren verbunden. Die Weglänge des Schalls wurde auf verschiedene Weise variiert, z. B.

durch Einbau von Teleskopröhren mit Zentimetereinteilung zwischen Ohr und Mikrophon (vgl. Hornbostel und Wertheimer, 1920). Später verwendete man nur eine vergabelte Leitung (vgl. Hornbostel, 1926, S. 612). Mit Hilfe der Teleskopröhren konnte über die Weglänge der Zeitunterschied so variiert werden, daß das Geräusch ein Ohr früher erreichte als das andere. Das Schallbild erscheint auf der Seite des vorlaufenden Reizes. Auf diese Weise ließen sich auch Schwellenunterschiede für die Schallrichtungswahrnehmung sehr genau feststellen. Demnach nimmt die Empfindlichkeit für Richtungseindrücke von der Mediane zur Seite hin immer mehr ab (vgl. Hornbostel und Wertheimer, 1920).

In ausdrücklicher Analogie zu Wertheimers Hypothese über die Wirkung zentralnervöser „Feldprozesse" während der Darbietung optischer Reize, die durch Interstimulusintervalle unterschiedlicher Länge voneinander getrennt waren (vgl. Wertheimer, 1912b), versuchte Hornbostel, diese wesentliche gestalttheoretische Position auf akustische Prozesse zu übertragen (Anm.2): Treffen kurzdauernde Wellen mit kleinen physikalischen Zeitunterschieden auf die Ohren, können sie phänomenal „simultan" erscheinen. Dies ist so zu erklären, daß sie sich in einem „Zeitfeld" berühren. D. h. der auf den ersten Reiz hin eingeleitete zentral-physiologische Prozeß (meist als elektrisches Feld gedacht) ist noch nicht abgeklungen, wenn der zweite einsetzt. Liegt der zweite „Anstoß" außerhalb dieses „Zeitfeldes", dann handelt es sich um zwei durch eine Pause getrennte Vorgänge, das sogenannte „Sukzessivstadium" (vgl. Hornbostel, 1923, S. 102).

2.3. Der Hornbostelwürfel

Eine explizit gestaltpsychologische Untersuchung stellt auch die Arbeit „Über optische Inversion" aus dem Jahre 1922 dar. Sie wendet sich der Organisation optischer Wahrnehmung in fast spielerischer und kurioser Weise zu (vgl. Berz, 1993): „Stelle dich auf Armeslänge vor einen Spiegel, halte den Drahtwürfel an seinem Stiel nahe an die Spiegelebene, so daß du durch ihn hindurch sein Spiegelbild siehst. Nun drehe den Würfel um den Stiel als Achse" (Hornbostel, 1922, S. 131). Der kleinere Würfel im Spiegel dreht sich in dem größeren Drahtwürfel. Worauf es dabei ankommt ist, daß sich beide gleichsinnig drehen. Hält man den Drahtwürfel hingegen so, daß der Spiegelbildwürfel nicht in ihm, sondern neben ihm „liegt", und dreht ihn, dann drehen sich beide Würfel gegeneinander. Wichtig ist dabei, daß der Umschlag von gleichsinniger in gegensinnige Drehung ohne Übergang erfolgt. Hornbostel wollte mit solchen Versuchen Faktoren bestimmen, die die Raumwahrnehmung, deren Rangordnung und die Stärke ihrer Verbindungen festlegen (vgl. Hornbostel, 1922).

Wie bei Wertheimers Experimenten zum Phi-Phänomen wurde auch hier demonstriert, daß rein quantitative Reizänderungen zu einem Phänomenumschlag führen können. Zugleich belegt dieser Versuch, welchen großen Wert die Gestaltpsychologen Fertigkeiten des Wissenschaftlers zur präzisen Wahrnehmung beimaßen. Die Phänomenanalyse stellte stets einen zentralen Aspekt empirischer gestaltpsychologischer Forschung dar.

2.4. Die Äquivalenzbestimmung „im Dreieck" - Hornbostels intermodaler Vergleich

Lassen sich Phänomene unterschiedlicher Sinnesgebiete miteinander vergleichen? Die Grundidee der experimentellen Lösung dieses Problems schrieb Hornbostel seinem Freund, dem Mediziner und Tonpsychologen Otto Abraham (1872-1926), zu. Dieser „...fand 1916, daß er auf dem Klavier die 'Tonhöhe' von frischem Flieder bestimmen konnte und daß auch andere Vpn. diesem Geruch immer denselben Ton - zwischen a_1 und b_1 - als gleich hell zuordnen" (Hornbostel, 1931, S. 518).

Hornbostel setzte zunächst voraus, daß „Helligkeit" eine „allen sinnlichen Erscheinungen gemeinsame Eigenschaft" sei, die ein eindimensionales, abgestuftes Kontinuum zwischen zwei gegensätzlichen Extremen darstellt. Hinter dieser Überlegung verbirgt sich die Möglichkeit, alle Empfindungen unterschiedlichster Qualität auf eine gemeinsame - angenommene - subjektive Skala zu beziehen, nämlich die der „Helligkeit" von hell bis dunkel.

Die experimentelle Prüfung dieser Annahme wurde in folgender Weise realisiert: Zunächst entwickelte er eine umfassende chemische Geruchstheorie. Dazu sei angemerkt, daß Hornbostel im Jahre 1900 in Wien seinen philosophischen Doktorgrad mit einer chemischen Arbeit erworben hatte. Zu einem bestimmten vorgegebenen Geruch ließ er mit Hilfe des Farbkreisels das „gleichhelle" Grau herstellen, anschließend zu eben diesem Geruch einen „gleichhellen" Ton. War zu diesem Ton das entsprechende Grau herzustellen, dann mußte es annähernd denselben Kreiselwert aufweisen wie das Grau, das direkt auf den speziellen Geruch hin erzeugt worden war. „Benzol = 40° Weiß; Benzol = 220 Hertz; 220 Hertz = 41° Weiß" lautete z. B. eine solche „Helligkeitsgleichung" (vgl. Hornbostel, 1931, S. 519).

Hornbostel zog aus seinen Untersuchungen den Schluß: „Durch solche Äquivalenzbestimmungen 'im Dreieck' erscheint die Annahme begründet, daß *Helligkeit nicht nur eine analoge, sondern eine identische Seite der Phänomene der verschiedenen Sinnesgebiete ist.* Dann wird aber auch in den zugrunde liegenden Nervenvorgängen ein von der Sinnesmodalität unabhängiger Parameter für die Helligkeit vorauszusetzen sein" (Hornbostel, 1931, S. 519).

Letzteres stellt wieder einen typischen gestalttheoretischen Schluß im Sinne des Isomorphieprinzips dar.

2.5. Zwischenzusammenfassung

Diese wenigen Beispiele belegen wohl, daß Hornbostel ein origineller Experimentator war, der sehr eigenständige Beiträge zur Gestaltpsychologie leistete. Obwohl sein Hauptarbeitsgebiet die akustische Wahrnehmung war, forschte er auch zur optischen und konstruierte eine Methode des intermodalen Vergleichs. Was uns heute vielleicht völlig bedeutungslos erscheint, kennzeichnete Hornbostel zu seiner Zeit als Gestaltpsychologen, nämlich die Übertragung gestalttheoretischer Modelle (Anm.3) und Prinzipien vom optischen auf den akustischen Bereich.

Es sei aber darauf hingewiesen, daß diese Entwicklung ihren Ausgangspunkt im Kontext der Tonpsychologie nahm. Zu diesem Ausgangspunkt möchte ich nun wieder zurückkehren.

3. Vergleichende Musikpsychologie - die völkerpsychologische Variante Berlins

Die Tonpsychologie stellte den Kern der Stumpfschen empirischen Psychologie dar. Ihre Anwendung auf verschiedene Musikkulturen führte dann zur vergleichenden Musikpsychologie, die Hornbostel im Jahre 1910 (S. 465) als „jüngsten Zweig der Völkerpsychologie" bezeichnete.

Die Erforschung außereuropäischer Ethnien und Kulturen stellte damals ein hochaktuelles Thema dar: Wilhelm Wundt (1832-1920) war unentwegt dabei, seine zehnbändige Völkerpsychologie herauszugeben, Richard Thurnwald (1869-1954) prägte wenig später den Begriff „Ethno-Psychologie" (Thurnwald, 1912, 1913), Freud begann die Arbeit an „Totem und Tabu".

Es gab eine Reihe außerwissenschaftlicher Gründe, die das Interesse an einer solchen Forschung beförderten: Dazu gehörten z. B. die Fragen nach der „Kulturfähigkeit" bzw. „Bildungsfähigkeit" kolonial abhängiger Völker (Boas, 1914, Nieuwenhuis, 1913, Franke, 1915) und nach begründeten Verhaltensmaßregeln gegenüber Kolonien (Thurnwald, 1912).

Ja, der Begriff „Kolonialpsychologie" selbst existierte (Schultze, 1900, S. III).

Was versprachen sich Psychologen von solch einer Forschungsrichtung?

1) Die Feststellung von Universalien und die Abschätzung des Variationsspielraumes von Phänomenen (vgl. Stumpf, 1886, S. 405, Stumpf und Hornbostel, 1911, S. 256).

2) Die Feststellungen von Rasse- und Kulturdifferenzen (vgl. Rivers, 1905, Bruner, 1908, Franke, 1915).

3) Es bestand die Hoffnung, auf der Basis des ungeheuer angewachsenen empirischen Materials eine „psychologische Entwicklungsgeschichte der Menschheit“ (vgl. Wundt, 1912) zu entwerfen.

Mit allen drei Intentionen waren sowohl die Verwendung linearer Kulturentwicklungsmodelle als auch eurozentristische Kulturdeskriptionen und -bewertungen verbunden (vgl. Müller, 1993, Schneider und Müller, 1993).

Insbesondere in der Bekämpfung derart starrer Stufenmodelle und in der erfolgreichen Suche nach kulturadäquaten Beschreibungs- und Vergleichsmitteln liegt das besondere Verdienst der Berliner kulturvergleichenden Forschung. An dieser Unternehmung beteiligten sich insbesondere Hornbostel, Otto Abraham, aber auch Stumpf und Max Wertheimer. In der heutigen kulturvergleichenden Psychologie sind diese Probleme mit den Begriffen *„dimensionale Identität“, „funktionale Gleichwertigkeit“, „Erhebungsäquivalenz“* bzw. mit der *emic-etic-Kontroverse* verbunden (vgl. z.B. Wassmann, 1988, Helfrich, 1993).

Hier können nur einige wesentliche Ergebnisse der Forschungen zu Beginn unseres Jahrhunderts skizziert werden:

Den eigentlichen Ausgangspunkt bildete die Analyse musikalischer ‘Äußerungen’ im engeren Sinne. Die dabei gewonnenen methodischen Positionen wurden schrittweise auf andere Gegenstandsbereiche psychologischer Forschung - bis hin zur Intelligenz - übertragen.

Um sogenannte „exotische Melodien“ adäquat, d. h. hinsichtlich ihrer spezifischen Eigenentwicklungen beschreiben zu können, mußte die europäische Notenschrift modifiziert und ergänzt werden, z. B. hinsichtlich der „Vortragsweise“, „Klangfarbe“ usw. (vgl. Abraham und Hornbostel, 1909/10). Ebenso wurden die Erfassung von Situations- und Zweckgebundenheit der Melodien und Texte, die Beschreibung der Sänger und Orte des Gesanges strikt gefordert (vgl. Hornbostel, 1909).

In gestaltpsychologischem Kontext stand die Feststellung, daß insbesondere in Musikkulturen, die nicht über Instrumente mit fest fixierten Intervallgrößen verfügen (vgl. Hornbostel, 1910, 1927), die absoluten Tonhöhen weniger bedeutsam sind als die Tonverhältnisse (vgl. Hornbostel, 1909, Wertheimer, 1909/10).

Nach der Analyse interkultureller Hörschwellenuntersuchungen forderte Hornbostel die Verwendung *„biologisch adäquater“ Reize* im Kulturvergleich. Darunter verstand er solche Reize, die den Erfahrungen, Einstellungen und der Umgebung der „Eingeborenen“ entsprechen und nicht solche, die einem spezifisch europäischen Kontext entstammen (vgl. Hornbostel, 1910, S. 467-469).

Im Jahre 1912 weitete er diese Forderung auf dem V. Kongreß für experimentelle Psychologie zu einer der vielleicht schärfsten Kritiken in der Psychologiegeschichte an der beliebigen Anwendung von in Europa entwickelten Intelligenztests bei interkulturellen Vergleichen aus (Anm.4). Er selbst hatte im Jahre 1906 - während seiner Feldstudien in den Vereinigten Staaten - das

„*Melodiengedächtnis*" von Indianern geprüft. Er setzte dabei keine spezifisch europäischen Anforderungen, sondern ließ die Versuchspersonen so viele Lieder singen, wie sie kannten (vgl. Hornbostel, 1910).

Parallel dazu und auf der Basis dieser Erkenntnisse entstand ein Kulturmodell, das leider nie eine konsequente Gesamtdarstellung (Anm.5) erfahren hat, sondern ebenfalls in zahlreichen Abhandlungen verstreut ist: Kulturzustände, die man bei sogenannten „Naturvölkern" antrifft, sind nicht schlechthin älteren Entwickungsstufen gleichzusetzen (vgl. Hornbostel, 1912a). Auch die allereinfachsten Kulturen blicken auf sehr lange Entwicklungen zurück (vgl. Hornbostel, 1905/06). Manche Kulturelemente können entlehnt sein. Innerhalb desselben Kulturkreises entwickeln sich einige Elemente sehr viel schneller als andere (vgl. Hornbostel, 1912a). Musikalische Tradition und Praxis, die selbst durch außermusikalische, physikalische Bedingungen der Instrumente in gewissem Maße bestimmt werden, prägen das musikalische Bewußtsein, das die kulturspezifische Praxis wieder hervorbringt (vgl. Hornbostel, 1910, 1927). Von diesem Kulturverständnis ausgehend, wurde nicht nach Defiziten, sondern nach den Elementen gesucht, die die kulturelle Spezifik ausmachten. Damit deutete sich ein Kulturmodell an, das strikte Linearität von Entwicklung ablehnte, aber die Möglichkeit der Vergleichbarkeit aufrecht erhielt.

4. Fazit

Hornbostels Forschungen auf psychologischem Gebiet werden nur vor dem Hintergrund seiner institutionellen Verankerung am Psychologischen Institut der Friedrich-Wilhelms-Universität zu Berlin verständlich. Eine besonders intensive Zusammenarbeit pflegte er mit Carl Stumpf und Max Wertheimer.

Seine herausragenden Leistungen im Feld der 'vergleichenden Musikpsychologie' - zu nennen wären insbesondere die Entwicklung kulturadäquater Forschungsmethoden und Modelle - lassen sich in diesem Kontext (und bezogen auf Hornbostels Zeit) durchaus als Bemühungen um eine spezielle völkerpsychologische Variante auffassen. Hervorhebenswert bleibt die konsequente Übertragung der dabei entwickelten Prinzipien auf wahrnehmungs- und intelligenzpsychologische Problemfelder des 'Kulturvergleichs'. Insofern darf Hornbostel ohne Frage auch zu den Pionieren der 'Ethnopsychologie' und 'Kulturpsychologie' gezählt werden.

Als Gestaltpsychologe hat er insbesondere im Gebiet der akustischen Wahrnehmung gewirkt. Bestechend sind nach wie vor seine originellen methodischen Lösungsansätze, etwa im Zusammenhang mit der Theorie des Richtungshörens oder dem intermodalen Vergleich.

Interdisziplinarität scheint für ihn die naheliegendste Forschungsstrategie gewesen zu sein. Und diesbezüglich stellt er nun wirklich eine Ausnahmeerscheinung - nicht nur in seiner Zeit - dar. Vielleicht bietet die intensive Beschäftigung mit der Musik einen möglichen Erklärungsansatz dafür. „Eine Melodie bleibt die nämliche, mag sie vom Baß oder vom Sopran, mag sie in C oder in E gesungen werden. Diese Fähigkeit des Wiedererkennens und des Transponierens von Melodien finden wir unter den Naturvölkern, soweit unsere Kenntnisse reichen, allgemein", formulierte sein älterer Kollege Stumpf im Jahre 1911 (Stumpf, 1911, S. 10).

Erich M. von Hornbostel konnte Lösungsansätze und Methoden über scheinbar weit entfernte Disziplinen und Problemgebiete transponieren. In mehrfacher Hinsicht gilt für ihn: Er hat 'Melodien' erkannt und wiedererkannt.

Anmerkungen

Anm. 1: „Ursprünglich Chemiker, besitzt Hornbostel eine ungewöhnlich vielseitige Bildung, sowohl auf der physikalischen als psychologischen und ethnologischen Seite", hob Carl Stumpf am 26.07. 1922 im Zusammenhang mit dem Habilitationsverfahren Hornbostels hervor und betonte zugleich dessen Gewissenhaftigkeit und Bescheidenheit (vgl. Universitätsarchiv der Humboldt-Universität zu Berlin, Philosophische Fakultät, Akte 1238, Bl.280-282).
Im selben Kontext läßt uns Max Dessoir wenige Tage später (am 15.08.1922) etwas von der spezifischen Wirkung spüren, die Hornbostel in seinem universitären Umfeld hinterließ: „Ein einziges Bedenken konnte geltend gemacht werden: das ist die rednerische Unvollkommenheit des ausgezeichneten Gelehrten. So klar, ja reizvoll er zu schreiben weiß - man vergleiche den Essai ueber 'Musikalischen Exotismus' -, so ungewandt ist er in muendlichen Darbietungen" (Universitätsarchiv der Humboldt-Universität zu Berlin, Philosophische Fakultät, Akte 1238, Bl.283).

Anm. 2: Wertheimer führte im Herbst und Winter des Jahres 1910 im Psychologischen Institut zu Frankfurt a.M. eine Reihe von Versuchsserien im Bereich der optischen Wahrnehmung durch. Die Versuchsanordnungen und die Ergebnisse der Experimente waren zu diesem Zeitpunkt nicht prinzipiell neu. Den Versuchspersonen wurden zwei optische Reize (z.B. Lichtpunkte) zeitlich nacheinander und in einem gewissen räumlichen Abstand dargeboten. Bei hinreichend großen Zeitabständen zwischen den Darbietungen der Objekte A und B wurden diese als nacheinander erscheinend wahrgenommen. Das Zeitintervall zwischen den Expositionen von A und B wurde nun soweit verkürzt, bis der Eindruck zweier nacheinander erscheinender Objekte durch „...einen Strich, der sich von der einen Stellung in die andere bewegt" (Wertheimer, 1912b, S. 169), abgelöst wurde. In vielen Fällen konnte diese Scheinbewegung nicht von den gezeigten echten Bewegungen, z.B. eines Lichtpunktes, unterschieden werden. Bei einer weiteren Reduzierung des Interstimulusintervalles konstatierten die Versuchspersonen nun zwei gleichzeitig erscheinende Lichtpunkte (phänomenal), die aber tatsächlich (reizseitig) nacheinander dargeboten wurden. Neu war nun, daß Wertheimer den Wahrnehmungen der Versuchspersonen konsequent physiologische Korrelate ('Isomorphieprinzip') zuordnete, die zugleich die Nichtübereistimmung zwischen der Reizseite und der Wahrnehmungsseite begründeten: „Ist t, die Zwischenzeit zwischen dem Eintritt der Erregung in die beiden sukzessiv gereizten Stellen, a und b, z u g r o s s, so ist die Umkreiswirkung um a schon erloschen, wenn die von b eintritt (Stadium der S u k z e s s i o n); ist die Zwischenzeit kürzer, so, dass die Umkreiswirkung von a da ist ev. am Höhepunkt ihrer Verlaufskurve sich befindet, wenn die von b eintritt, so ergibt sich das Hinüber von Erregung; ist t sehr kurz, so treten die Umkreiswirkungen von a und b zu gleichzeitig auf...(Stadium der S i m u l t a n r u h e)". Es kann wegen der geringen Erregung nicht zu einem „gerichteten Kurzschluß" kommen (Wertheimer, 1912b, S. 248).

Anm. 3: Dieses Modell erwies sich für die experimentelle gestaltpsychologische Forschung über den Zeitraum eines Vierteljahrhunderts hinweg als heuristisch sehr wertvoll, besitzt in seiner Ausformulierung - insbesondere die konkreten hirnphysiologischen Prozeßbeschreibungen betreffend - gegenwärtig aber keine direkte forschungsleitende Relevanz mehr.

Anm. 4: Hornbostel ergriff im Anschluß an William Sterns Vortrag 'Über die psychologischen Methoden der Intelligenzprüfung' das Wort. Den exemplarischen Anlaß seiner Empörung bildete der folgende Vorfall: „In der Ausstellung 'Nordland', die diesen Winter in Berlin eine Anzahl sogenannter Primitiver vereinigte, wurde in dem Vortrag, der den öffentlichen Vorführungen vorausging, neben einer ethnographischen Charakteristik der Stämme auch erwähnt, daß einige Samojeden auf der Klinik des Herrn Geheimrat Ziehen auf ihre Intelligenz geprüft und diese der eines sechsjährigen Kindes entsprechend gefunden wurde" (Hornbostel, 1912b, S.107).

Die in der vergleichenden Musikwissenschaft und in Auseinandersetzung mit der 'Prüfung der Sinnesleistungen' entwickelten methodischen Standpunkte mußten in ihrer Übertragung auf den Bereich der Intelligenz dann fast zwingend die folgende Form annehmen: „Ich zweifle nicht an der Feststellung, daß auch bei Versuchspersonen verschiedener Nationalität bei gleichem Prüfungsverfahren gleiche Resultate zu erzielen sind, da es sich immer nur um Versuchspersonen derselben Kultur gehandelt hat (Nordamerikaner, europäische Kinder usw.). Wenn es sich dagegen darum handelt, Versuchspersonen einer ganz anderen Kultur zu prüfen, so scheint es mir absolut unangängig, Tests zu verwenden, die für Versuchspersonen einer bestimmten Kultur, nämlich der unsrigen -...- gemacht sind. Selbst wenn man, wie Herr Stern sagte, bei der Intelligenzprüfung nur die Fähigkeit prüfen will, sich an neue Umstände anzupassen, so würde bei der Prüfung sogenannter Primitiver mit europäischen Intelligenztests die Aufgabe für die Versuchsperson eine so ungeheure Erschwerung erfahren durch die einfache Tatsache des Kulturunterschieds, daß sie unsinnig wird....Wie man aber schon für europäische Versuchspersonen je nach dem Individuum, seinem Stande, seiner Individualität einzelne Aufgaben wird modifizieren müssen, so muß man bei der Prüfung sogenannter Primitiver die Gesamtheit der Tests ändern" (Hornbostel, 1912b).

Anm. 5: Als eine vorläufige Zusammenfassung - mitten in der intensivsten Phase der Forschung - könnte Carl Stumpfs „Die Anfänge der Musik" aus dem Jahre 1911 gelten. Er muß dies selbst so eingeschätzt haben, denn im 'Vorwort' sprach er die folgende Erwartung aus: „Ich kann dem Büchlein nur den Wunsch mitgeben, daß es bald durch ein umfassenderes Werk...ersetzt werde" (Stumpf, 1911, Vorwort).

Zitierte Literatur

Abraham, O. und Hornbostel, E. M. von (1909/1910). Vorschläge für die Transkription exotischer Melodien. *Sammelbände der Internationalen Musikgesellschaft,* 11, S.1-25.

Berz, P. (1993). I-Welten. In H.-G. Pott (Hrsg.), *Robert Musil - Dichter, Essayist, Wissenschaftler* (S.171-192). München: Fink.

Boas, F. (1914). *Kultur und Rasse.* Leipzig: Veit & Comp.

Bruner, F. G. (1908). The hearing of primitive peoples. *Archives of Psychology,* 11, S.1-113.

Ehrenfels, Ch. von (1890). Über Gestaltqualitäten. *Vierteljahresschrift für wissenschaftliche Philosophie und Soziologie*, 14, S.249-292.

Franke, E. (1915). Die geistige Entwicklung der Negerkinder. *Beiträge zur Kultur- und Universalgeschichte,* Heft 35. Leipzig: R. Voigtländer.

Freud, S. (1988/1913). Totem und Tabu. In *Siegmund Freud: Essays I*, S.318-514. Berlin: Volk und Welt.

Fries, M. (1987). *Forschungsziele und Forschungsgegenstände der experimentellen Psychologie in Deutschland im Spiegel der 'Zeitschrift für Psychologie und Physiologie der Sinnesorgane' von 1890-1909.* Diplomarbeit an der Sektion Psychologie der Humboldt-Universität zu Berlin (unveröffentlicht).

Helfrich, H. (1993). Methodologie kulturvergleichender psychologischer Forschung. In A. Thomas (Hrsg.), *Kulturvergleichende Psychologie* (S.81-102). Göttingen, Bern, Toronto: Hogrefe.

Hoffmann, Ch. (1993). Wissenschaft und Militär. *Psychologie und Geschichte,* 5 (3/4), S.261-285.

Hornbostel, E. M. von (1905/1906). Die Probleme der vergleichenden Musikwissenschaft. *Zeitschrift der Internationalen Musikgesellschaft,* 7 (3), S.85-97.

Hornbostel, E. M. von (1909). Wanyamwezi-Gesänge. *Anthropos. Internationale Zeitschrift für Völker- und Sprachkunde,* IV, S.781-800 und 1033-1052.

Hornbostel, E. M. von (1910). Über vergleichende akustische und musikpsychologische Untersuchungen. *Zeitschrift für angewandte Psychologie und psychologische Sammelforschung,* 3, S.465-487.

Hornbostel, E. M. von (1912a). Arbeit und Musik. *Zeitschrift der Internationalen Musikgesellschaft,* 13 (10/11), S.341-350.

Hornbostel, E. M. von (1912b). Diskussion. *Bericht über den 5.Kongreß für experimentelle Psychologie* (S.107). Leipzig: Barth.

Hornbostel, E. M. von (1922). Über optische Inversion. *Psychologische Forschung,* 1, S.130-156.

Hornbostel, E. M. von (1923). Beobachtungen über ein- und zweiohriges Hören. *Psychologische Forschung,* 4, S.64-114.

Hornbostel, E. M. von (1926). Psychologie der Gehörserscheinungen. In A. Bethe (Hrsg.), *Handbuch der normalen und pathologischen Physiologie, Band 11* (S.701-730). Berlin: Springer.

Hornbostel, E. M. von (1927). Musikalische Tonsysteme. In H. Geiger und K. Scheel (Hrsg.), *Handbuch der Physik, Bd. 8* (S.425-449). Berlin: Springer.

Hornbostel, E. M. von (1931). Über Geruchshelligkeit. *Pflügers Archiv für die gesamte Physiologie des Menschen und der Tiere,* 227, S.517-538.

Hornbostel, E. M. von (1933). Das Berliner Phonogrammarchiv. *Zeitschrift für vergleichende Musikwissenschaft,* 1, S.40-45.

Hornbostel, E. M. von und Wertheimer, M. (1920). Über die Wahrnehmung der Schallrichtung. *Sitzungsberichte der Preußischen Akademie der Wissenschaften,* S.388-396.

Kaden, Ch. (1986). Vorwort. In Ch. Kaden und E. Stockmann (Hrsg.), *Erich Moritz von Hornbostel. Tonart und Ethos. Aufsätze* (S.21-39). Leipzig: Reclam jun.

Köhler, W. (1910). Akustische Untersuchungen I. *Zeitschrift für Psychologie,* 54, S.241-289.

Köhler, W. (1911). Akustische Untersuchungen II. *Beiträge zur Akustik und Musikwissenschaft,* 6, S.1-82.

Köhler, W. (1920). *Die physischen Gestalten in Ruhe und im stationären Zustand.* Braunschweig: Vieweg.

Köhler, W. (1923). Zur Theorie des Sukzessivvergleichs und der Zeitfehler. *Psychologische Forschung,* 4, S.115-175.

Köhler, W. (1933). *Psychologische Probleme.* Berlin: Springer.

Metzger, W. (1970). Verlorenes Paradies. *Schweizerische Zeitschrift für Psychologie,* 29, S.16-25.

Müller, M. (1987). Wolfgang Köhler in Deutschland - Leben, Werk und Wirken bis zum Beginn der 30er Jahre. *Gestalt Theory,* 9 (3/4), S.288-298.

Müller, M. (1992). Erich Moritz von Hornbostel (1877-1935) und die kulturvergleichende Psychologie in der Berlin-Frankfurter Schule der Gestaltpsychologie. In L. Sprung und W. Schönpflug (Hrsg.), *Zur Geschichte der Psychologie in Berlin* (S.185-196). Frankfurt a. M., Bern, New York: Lang.

Müller, M. (1993). Kulturkonzepte erzeugen Realitäten: Ethnopsychologie und Völkerpsychologie in den ersten Jahrzehnten des 20.Jahrhunderts. In K.F. Wessel, F. Naumann und M. Lehmann (Hrsg.), *Migration* (S.62-80). Bielefeld: Kleine.

Nachruf auf E.M. von Hornbostel (1937). *Psychologische Forschung,* 21, zwischen S.112 und 113.

Nieuwenhuis, A. W. (1913). Die Veranlagung der Malaiischen Völker des Ost-Indischen Archipels, erläutert an ihren industriellen Erzeugnissen. *Internationales Archiv für Ethnographie,* Supplement zu Band XXI.

Rivers, W. H. R. (1905). Observations on the sense of the Todas. *British Journal of Psychology,* 1 (4), S.321-396.

Schneider, Ch.M. und Müller, M. (1993). Die Völkerpsychologie - Entstehung und Weiterentwicklung unter kulturpsychologischen Aspekten. *Schweizerische Zeitschrift für Psychologie,* 52 (2), S.93-102.

Schultze, F. (1900). *Psychologie der Naturvölker.* Leipzig: Veit & Comp.

Sprung, L., Sprung, H. und Kernchen, S. (1986). Erinnerungen an einen fast vergessenen Psychologen? Carl Stumpf (1848-1936) zum 50. Todestag. *Zeitschrift für Psychologie,* 149, S.509-516.

Sprung, L. und Sprung, H. (1995). Carl Stumpf (1848-1936) und die Anfänge der Gestaltpsychologie an der Berliner Universität. In S. Jaeger, I. Staeuble, L. Sprung und H.-P. Brauns (Hrsg.), *Psychologie im soziokulturellen Wandel - Kontinuitäten und Diskontinuitäten* (S.259-268). Frankfurt a.M., Berlin, Bern: Lang.

Stockmann, E. (1986). Vorwort. In Ch. Kaden und E. Stockmann (Hrsg.), *Erich Moritz von Hornbostel. Tonart und Ethos. Aufsätze* (S.5-21). Leipzig: Reclam jun.

Stumpf, C. (1883/1890). *Tonpsychologie.* Erster und zweiter Band. Leipzig: S. Hirzel.

Stumpf, C. (1886). Lieder der Bellakula-Indianer. *Vierteljahresschrift für Musikwissenschaft,* 2, S.405-426.

Stumpf, C. (1911). *Die Anfänge der Musik.* Leipzig: Barth.

Stumpf, C. (Hrsg.)(1898-1924). *Beiträge zur Akustik und Musikwissenschaft,* 1-9.

Stumpf, C. und Hornbostel, E. M. von (1911). Über die Bedeutung ethnologischer Untersuchungen für die Psychologie und Ästhetik der Tonkunst. *Bericht über den 4. Kongreß für experimentelle Psychologie in Innsbruck* (S.256-270). Leipzig: Barth.

Thurnwald, R. (1912). Probleme der ethno-psychologischen Forschung. *Beihefte zur Zeitschrift für angewandte Psychologie und psychologische Sammelforschung,* 5, S.1-27.

Thurnwald, R. (1913). Ethno-psychologische Studien an Südseevölkern. *Beihefte zur Zeitschrift für angewandte Psychologie und psychologische Sammelforschung,* 6.

Universitätsarchiv der Humboldt-Universität zu Berlin, Philosophische Fakultät, Akte 1238, Bl. 270, S.280-283.

Wassmann, J. (1988). Methodische Probleme kulturvergleichender Untersuchungen im Rahmen von Piagets Theorie der kognitiven Entwicklung - aus der Sicht eines Ethnologen. *Zeitschrift für Ethnologie,* 113 (1), S.21-66.

Wertheimer, M. (1909/1910). Musik der Wedda. *Sammelbände der Internationalen Musikgesellschaft,* 11, S.300-309.

Wertheimer, M. (1912a). Über das Denken der Naturvölker. *Zeitschrift für Psychologie,* 60, S.321-378.

Wertheimer, M. (1912b). Experimentelle Studien über das Sehen von Bewegung. *Zeitschrift für Psychologie*, 61, S.161-265.

Wertheimer, Michael (1991). Max Wertheimer - Gestaltprophet. In H.-J. Walter (Hrsg.), *Max Wertheimer. Zur Gestaltpsychologie menschlicher Werte* (S.123-164). Opladen: Westdeutscher Verlag.

Wundt, W. (1912). *Elemente der Völkerpsychologie.* Leipzig: Kröner.

Zentrales Staatsarchiv Merseburg. Rep.76 Va, Sekt.2, Tit. X, Nr.150, Bd.1, Blatt 258/258^{v}.

Grenzen der Menschheit
In memoriam Franz Boas (1858-1942)

Karlheinz Barck

Unmittelbar vor der Gründung des Staates Israel im Jahre 1948 hatte Jean Paul Sartre, der Autor des 1944 geschriebenen Essays *Réflexions sur la question juive*, in einem Artikel gefordert, daß die UNO den neuen Staat mit allen Mitteln garantiert. „Ein palestinensischer Staat, ein unabhängiger, freier und pazifistischer Staat ist eine Friedensgarantie unter der Voraussetzung, daß er stark genug ist, um respektiert zu werden." Später, im Juni 1949, erklärte er, er habe sich zwar immer gewünscht, daß das Judenproblem im Rahmen einer „Menschheit ohne Grenzen" seine endgültige Lösung fände, da „aber keine gesellschaftliche Entwicklung das Stadium der nationalen Unabhängigkeit umgehen kann", müsse man sich darüber freuen, daß „ein autonomer israelischer Staat die Hoffnungen und die Kämpfe der Juden aus aller Welt legitimiert ... Für die Juden ist es die Krönung ihrer Leiden und ihres heroischen Kampfes; für uns bezeichnet es einen konkreten Fortschritt hin zu einer Menschheit, in der der Mensch die Zukunft des Menschen sein wird" (E. Groepler 1987, S. 111).

Unmittelbar nach der Machtübergabe an die Nationalsozialisten veröffentlichte die Strasburger Zeitung *Die Neue Welt* im November 1933 unter dem Titel „Arier und Nichtarier" einen Essay des international renommierten deutsch-amerikanischen Anthropologen und Ethnologen Franz Boas, der seit 1899 den Lehrstuhl für Anthropologie an der New Yorker Columbia University innehatte.

Boas' Text ist in Deutschland bis heute nicht publiziert worden. Er kursierte im Untergrund Nazi-Deutschlands als Broschüre, die 1934 in Hamburg und in Oslo von der *Internationalen Hilfs-Vereinigung* gedruckt worden war, ergänzt durch einen Brief Boas' an den Präsidenten der Münchner Akademie der Wissenschaften F. von Müller, der Boas als deutschen Juden aufgefordert hatte, seine Mitgliedschaft in der Akademie zur Verfügung zu stellen (Melville J. Herskovits 1943). Von dieser Broschüre habe ich bislang kein Exemplar finden können. Der Text von Franz Boas, den der Herausgeber in den vorliegenden Band aufgenommen hat (s. Anhang C), basiert auf einem Typoskript, das im Archiv der *Hoover-Institution* an der Stanford-University aufbewahrt wird. Es findet sich dort im Nachlaß von Eduard Fuchs.[1]

Boas' vor der Shoah geschriebener Essay ist wie seine zahlreichen anderen öffentlichen Stellungnahmen gegen den „politischen Terrorismus, der in Rußland, Italien, Deutschland und anderen Ländern gegen politische Gegner ausgeübt wurde“ (F. Boas 1938, 1955, S. 232), ein wissenschaftsgeschichtlich und politisch gleichermaßen aktuelles Dokument. Boas argumentiert gegen die pseudowissenschaftlichen Rassenlehren des Nationalsozialismus als Linguist, Ethnologe und Anthropologe. Er erkennt die rassistische Ausgrenzung der deutschen Juden als Bedrohung der Menschheit als Gattung und damit als Stunde der Wahrheit eines ethno- und eurozentristischen universalgeschichtlichen Ordnungsdenkens. Die bevölkerungs- und geopolitischen Thesen des Nazismus, „die über hunderttausende Deutschsprechende und Deutschdenkende das Verdammungsurteil ausspricht, und die in Gesetze umgesetzt die Verelendung der ganzen betroffenen Menschenmenge nicht nur bewirkt, sondern auch beabsichtigt“, ist legalisierte Unmenschlichkeit. Wer kein Arier ist, ist kein Deutscher und kein Mensch. Boas, dessen erstes Hauptwerk *The Mind of Primitive Man* (1911) unter dem Titel *Kultur und Rasse* 1914 in Leipzig erschien und 1933 von den Nazis verbrannt wurde[2], nimmt die von der aggressiven Nazi-Ideologie ausgehenden

1 Cf. Materials from Eduard Fuchs' life as a refugee in France, 1933-1940. Nicolaevsky Collection, Box 617-1. - Außer einer 1935 in Buenos Aires publizierten spanischen Übersetzung (*Arios y No-Arios*) existiert eine von Boas verfaßte englische Version, die 1934 im *American Mercury* (Nr. 32) erschien und in einem neueren Sammelband zugänglich ist: *Franz Boas, Race and Democratic Society*, New York, Biblio and Tamen 1969. - Die beste Einführung in Werk und Wirkung vermitteln zwei Sonderhefte des *American Anthropologist*, das eine unmittelbar nach seinem Tode, das andere anläßlich seines 100. Geburtstages erschienen: Franz Boas 1858-1942. (By A. L. Kroeber, Ruth Benedict, Murray B. Emeneau, Melville J. Herskovits, Gladys A. Reichard and J. Alden Mason). American Anthropologist, New Series, Vol. 45, July-September, 1943, No. 3, Part 2. / Walter Goldschmidt (ed.), The Anthropology of Franz Boas. Essays on the Centennial of his Birth. The American Anthropologist, N. S., Vol. 61, No. 5, Part 2. Memoir No. 89 (October, 1959).

2 Die nach der erweiterten Ausgabe von 1938 von Eva Heilmann und dem Berliner Ethnologen Gerdt Kutscher besorgte deutsche Übersetzung, die 1955 unter dem Titel *Das Geschöpf des sechsten Tages* im Colloquium-Verlag Berlin erschien, ist bis heute das einzige in Deutschland verbreitete Buch von Franz Boas. - Warum auch noch nach Lévi-Strauss, der Boas' eminente Bedeutung als des eigentlichen Begründers einer Kulturanthropologie in der *Strukturalen Anthropologie* erläutert hat; nach E. Leach, der ihn „il piú influente etnologo americano“ nennt (Art. *Anthropos* in *Enciclopedia Einaudi*, Bd. I, p. 617) und nach Margaret Mead, die ihn als Wissenschaftler charakterisiert hat, „who made anthropology into a Science“, Boas´ Werk in Deutschland selbst in Fachkreisen so gut wie verschwiegen wird, ist eine noch offene Frage und bezeichnet einen dunklen Punkt der Wissenschaftsgeschichte. Es hat wohl mit der eigentümlichen Verdrängung zu tun, die zum ersten Mal Ende 1989 auf einer Kölner Tagung über *Ethnologie und Nationalsozialismus* zur Sprache kam. „Eine mögliche Erklärung mag sein“, schrieb R. Schumacher in seinem Bericht von dieser Tagung (Cf. *TAZ*, 11. 2. 1991, S. 14), „Daß viele der von '33 bis '45 aktiven Wissenschaftler auch nach dem Krieg wesentliche Machtpositionen in der deutschen Völkerkunde besetzten. Warum sich jedoch die '33 und '34 geschaßten und in die Emigration gezwungenen Ethnologen nicht zu Wort meldeten, bleibt unklar.“ - Zum ersten Mal

Gefahren (anders als zu viele seiner Zeitgenossen) ernst. Daß die Pläne der Nazis mit der Ausgrenzung ganzer Bevölkerungsgruppen und ganzer Völker durch eine von Wissenschaftlern ausgearbeitete und beglaubigte „regelrechte Theorie des Völkermords" (G. Aly/S. Heim 1991, S. 492) legitimiert wurden, konnten sich damals nur wenige vorstellen.

Boas' „rein wissenschaftliches Nachdenken" ist illusionslos und verzweifelt. Er sah eine Saat der Vorurteile aufgehen, die er mit seinem wissenschaftlichen Werk hatte aufklären wollen. Die Überschreitung der Grenzen der Humanität wurde erlebt als Begrenztheit von Vernunft und Aufklärung. In einem Vorwort zur Neufassung von *The Mind of Primitive Man* (1938) formulierte er die Enttäuschung als Kritik an der Selbstaufgabe der Wissenschaftler:

„Weit schlimmer (als die Rassenvorurteile im Leben Amerikas) ist freilich die Knebelung der Wissenschaft durch törichte Vorurteile in den Ländern, die autoritär regiert werden. Eine Kontrolle dieser Art ist ganz besonders bei den Veröffentlichungen wirksam gewesen, die sich mit dem Thema von Rasse und Kultur beschäftigen. Da nichts gedruckt werden darf, was den törichten Phantasien oder Vorurteilen der herrschenden Kaste zuwiderläuft, kann es keine verläßliche Wissenschaft geben. Ein Verleger, dessen Stolz in der Zahl und dem Wert seiner wissenschaftlichen Veröffentlichungen bestanden hatte, zeigt in seinem Verlagskatalog ein Buch an, das die Unschädlichkeit der Rassenmischung nachzuweisen versucht - der gleiche Verleger zieht eben dieses Werk zurück, nachdem ein Diktator die Macht übernommen hat. Große Nachschlagewerke erhalten auf Grund vorgeschriebener Lehrmeinungen eine neue Gestalt. Wissenschaftler wagen Ergebnisse, die den alleinherrschenden Doktrinen widersprechen, nicht mehr zu veröffentlichen, oder es wird ihnen deren Veröffentlichung direkt verboten. Andere Gelehrte folgen - aus materiellen Interessen oder von unkontrollierbaren Gefühlen geleitet - blind dem ihnen von oben vorgeschriebenen Weg, so daß man keiner ihrer Angaben Vertrauen schenken kann. Die Unterdrückung der geistigen Freiheit bedeutet den Tod der Wissenschaft" (F. Boas 1938, 1955, S. 6).

Sartre hatte in seinen *Réflexions sur la question juive* zwischen formalen und konkreten Demokraten unterschieden und „den Demokraten kritisiert, der alles für den Citoyen und nichts für den Juden fordert" (Cl. Lanzmann 1987, S. 77). Das Recht des anderen, das nicht im Widerspruch zum Universalismus steht, war

seit den 20er Jahren wurde Franz Boas mit seinem Œuvre einer breiteren Öffentlichkeit durch eine umfangreiche Ausstellung in der Staatsbibliothek zu Berlin - Preußischer Kulturbesitz (17.12.1992-6.3.1993) vorgestellt. Aus diesem Anlaß wurde ein Katalog mit exzellenten Beiträgen zu Boas´ Leben und Werk publiziert: Michael Dürr/Erich Kasten/Egon Renner (Hrsg.), *Franz Boas. Ethnologe - Anthropologe - Sprachwissenschaftler. Ein Wegbereiter der modernen Wissenschaft vom Menschen.* Berlin 1992.

auch das Thema von Franz Boas' Aufsätzen über *Race and Democratic Society*. Die in Nazi-Deutschland gleichgeschalteten Ethnologen und Anthropologen gebrauchten den Rassenbegriff nicht nur im Sinne einer Kombination von äußerlichen Merkmalen, sondern im Sinne einer genetisch verankerten psychischen und charakterlichen Disposition, die sie als „Rassenseele" bezeichneten. Mit den Rassenlehren der Nazis war ein Denken blutiger Ernst geworden, dessen Kritik den Ausgangspunkt von Boas' „historischem Partikularismus" (M. Harris 1968) als dem methodischen und ethnischen Prinzip seiner Forschungen zur Kulturanthropologie bildete. Der prägnante Punkt war die Auseinandersetzung mit den Evolutionstheorien des 19. Jahrhunderts, Lévi-Strauss zufolge „die direkte Auswirkung der biologischen Evolutionstheorie" (1969, S. 13), in der Boas einen Universalismus der Ausgrenzung sah. Die sogenannten universalen Gesetze in der Entwicklung der Menschheit gründen sich auf eine unzulässige Verallgemeinerung von „Möglichkeiten der 40 %" der Menschheit, wie Boas einmal schrieb (F. Boas 1936), als von den Grenzen zwischen erster, zweiter, dritter und vierter Welt noch keine Rede war. Boas' gattungsgeschichtliche Perspektive ist die Einheit der Menschheit in der Partikularität und Pluralität ihrer Geschichten und Kulturen. Das verbindet ihn mit seinem Zeitgenossen Marcel Mauss, für den die Gesellschaft nur als universales Konkretum begreifbar ist, als „société comme universel concret" (L. Dumont 1983, S. 199). Boas' Kulturanthropologie bricht mit den universalgeschichtlich begründeten Mechanismen der Ausgrenzung und entwickelt ein neues Gattungsbewußtsein als Voraussetzung für eine mögliche andere Universalgeschichte. Insofern steht er in der Tradition Montaignes und Vicos, die auf die mit der Entdeckung und Eroberung der Neuen Welt entstandene Frage nach den Grenzen der menschlichen Gattung (sind die Indianer sprechende Tiere oder Menschen?) wie später Rousseau mit der Einsicht in die Relativität der Geschichte und Kultur antworteten. Das christliche Abendland hatte seine Identität nach der Entdeckung der Neuen Welt in den Raum multipliziert. Die ausgegrenzten kolonialisierten Völker blieben ohne zeitliche (geschichtliche) Perspektive. Noch Hegel nennt in seiner Philosophie der Weltgeschichte (1830) die Völker Südamerikas geschichtslos, weil bei ihnen „der Geist der Vernünftigkeit noch garnicht vorhanden ist" (Hegel 1970, S. 265). „Egal à luimême, l'Occident ne cherche qu'à se multiplier" (A. Dupront 1946, S. 55). Boas behauptet im Gegensatz zu diesem Denken die Gleichheit aller Menschen als Angehörige der biologischen Gattung des *Homo sapiens sapiens*. Mit ihm wird die Ethnologie und die Anthropologie zum Anti-Prinzip jeden Ethno- und Eurozentrismus, wird jede universalgeschichtlich legitimierte Ausgrenzung anderer als unvertretbare Grenze der Menschheit und der Menschlichkeit durchschaut. In diesem Sinne ist ihm Anthropologie nur als historische denkbar. „The science of anthropology deals with the history of human society" (F. Boas 1938, 1965, S. 1). Schon früh hatte er auf die Begrenztheit universalgeschichtlichen

Systemdenkens aufmerksam gemacht, als er 1889 in einem New Yorker Vortrag „Die Ziele der Ethnologie“ definierte:

„So lange nun die Wissenschaft versuchte, von dem Standpunkte unserer Kultur aus die Frage nach der Entwicklung der Familie zu lösen, konnten diese Tatsachen (i. e. die Tendenz eines Übergangs vom Mutterrecht zum Vaterrecht, K. B.) keine Erklärung finden. Erst als man begann, sich in den Kreis der Anschauungen und Bräuche fremder Völkerschaften zu versetzen, deren Entwicklung unabhängig von der unseren vor sich gegangen oder die auf primitiveren Stufen stehen geblieben sind, begann ein Verständnis für die wahre Entwicklung der Familie aufzudämmern“ (F. Boas 1889, S. 21).

Aus dem heute in der Debatte über die Postmoderne in aller Schärfe bewußt gewordenen Dilemma universalgeschichtlicher Allgemeinbegriffe hat Boas die Einsicht gewonnen, daß der Universalismus die Erkenntnis der Partikularität und Identität sowohl der „fremden“ wie der „eigenen“ Kultur blockiert. „We renounce the vain endeavor to construct a uniform systematic history of the evolution of culture“ (F. Boas in: M. Harris 1968, S. 259). Als Grenzgänger im Denken befragte er auch die disziplinären Grenzen zwischen den verschiedenen kulturwissenschaftlichen Gebieten. Seine diesbezüglichen Gedanken haben den Weg für die reflexive Ethnologie geebnet, die heute in Gestalt der *Ethnomethodologie* die Sozial- und Kulturwissenschaften in ihren erkenntnistheoretischen Grundlagen grenzüberschreitend orientiert. „There is an interesting point of convergence between the current trend towards a *reflexive* practice in ethnography and sociological Ethnomethodology. The awareness of how impossible it is to act as an objective outside-observer has transformed the self-reflexive observer into the epistemological hero of our times“ (H. U. Gumbrecht 1991, S. 21).

Mit dem seine Forschungen fundierenden methodischen (und mentalitätsgeschichtlichen) Prinzip, „to understand the thoughts of a people the whole analysis of experience must be based on their concepts, not ours“ (F. Boas 1943, S. 314), hat Boas diesem „epistemologischen Helden unserer Zeit“ ein Gesicht gegeben. In Deutschland wird erst heute, und wie immer verspätet, langsam begriffen, daß „zunehmend die Ethnologie und nicht mehr die Soziologie das Paradigma der Humaniora liefert, die sich jetzt lieber Kultur- als Sozialwissenschaften nennen“ (H. Schlaffer 1991, S. 317). Die Bedeutung der reflexiven Ethnologie für die soziologische Theorie der Beobachtung und für eine neue Theorie der Wissenschaftsgeschichte ist in Frankreich und in den USA (nicht zuletzt dank Boas') früh erkannt worden. „Die *Unmöglichkeit*, eine Beobachtung vollständig dem Einfluß des Beobachters zu entziehen, ist für die Ethnographie noch weniger zu vernachlässigen als in den anderen Wissenschaften“ (M. Leiris 1950,

1985, S. 54). In diesem Sinne hat Hans Blumenberg 1974 in seiner Gedenkrede für Ernst Cassirer einen für die Wissenschaftsgeschichte heilsamen *ethnological turn* gefordert:

„In der Ethnographie ist seit langem nicht mehr möglich, was in der Wissenschaftsgeschichte noch gang und gäbe ist: den raum-zeitlichen Standpunkt des Betrachters zum Bezugspunkt seiner Faktenwahl und seiner Urteile zu machen, auch wenn wir nur allmählich lernen, die ganze Hintergründigkeit der Ethnozentrik zu begreifen" (H. Blumenberg 1986, S. 169).

Das Werk Franz Boas' sollte dabei endlich auch in Deutschland den ihm gebührenden Platz einnehmen. In einer Welt, wo nicht nur „demokratische und auch pluralistische Rassismen" (L. Balbo/L. Manconi 1990) virulent sind, wo „a ‚west' whose authority to represent unified human history is now widely challenged and whose very spatial identity is increasingly problematic" (J. Clifford 1988, S. 12), wo eine Euphorie des Grenzenlosen die realen Ausgrenzungen verklärt - („Über den Wolken" vermutet man die „grenzenlose Freiheit" in der Show-Version des *American Dream*, dessen militärstrategische Variante das SDI-Programm ist) -, bleibt Franz Boas' verantwortungsethische Perspektive einer Menschheit ohne Ausgrenzung aktuell.

Zitierte Literatur

Aly, G./Heim, S., 1991, *Vordenker der Vernichtung. Ausschwitz und die deutschen Pläne für eine neue europäische Ordnung*, Hamburg.

Balbo, L./Manconi, L., 1990, *I razzismi possibili*, Milano.

Blumenberg, H., 1974, 1986, *Wirklichkeiten, in denen wir leben*. Stuttgart.

Boas, F., 1889, *Die Ziele der Ethnologie*, New York.

Boas, F., 1911, 1938, *The Mind of Primitive Man*, New York.

Boas, F., 1914, *Kultur und Rasse*, Leipzig.

Boas, F., 1920, „The Methods of Ethnology", in *American Anthropologist*, N. S., Bd. 22.

Boas, F., 1936, „History and Science in Anthropology: Reply", in *American Anthropologist*, N. S., Bd. 38.

Boas, F., 1938, 1955, *Das Geschöpf des sechsten Tages*, Berlin.

Boas, F., (ed.) 1938, 1965, *General Anthropology*, New York.

Boas, F., 1943, „Recent Anthropology. Adress before the American Ethnological Society. May 13, 1942", in *Science* 98.

Boas, F., 1969, *Race and Democratic Society*, New York.

Clifford, J., 1988, *The Predicament of Culture. Twentieth-Century Ethnography, Literature, and Art*, New York.

Dumont, L., 1983, *Essais sur l'individualisme. Une perspective anthropologique sur l'idéologie moderne*, Paris.

Dupront, A., 1946, „Espace et Humanisme", in *Bibliothèque d'Humanisme et de Renaissance*, T. VIII, Paris.

Groepler, E., 1987, „Sartres Überlegungen zur Judenfrage", in *Babylon. Beiträge zur jüdischen Gegenwart*, H. 2, Frankfurt/M.

Gumbrecht, H. U., 1991, „'Everyday-World' and 'Life-World' as philosophical concepts. A genealogical approach", in M. E. Blanchard (ed.), *The Problematic of Daily Life*, Baltimore.

Harris, M., 1968, *The Rise of Anthropological Theory*, New York.

Hegel, G. F. W., 1970, *Vorlesungen über die Philosophie der Weltgeschichte. Bd. 1, Die Vernunft in der Geschichte*, Berlin.

Herskovits, M. J., 1943, „Franz Boas as physical anthropologist", in *American Anthropologist*, N. S., vol. 45, No. 3, Part 2.

Lanzmann, Cl., 1987, „Sartres 'J'accuse'", in *Babylon. Beiträge zur jüdischen Gegenwart*, H. 2, Frankfurt/M.

Leiris, M., 1950, 1985, *Die eigene und die fremde Kultur*. Ethnologische Schriften, Bd. 1, Frankfurt/M.

Lévi-Strauss, Cl., 1969, *Strukturale Anthropologie*, Frankfurt/M.

Schlaffer, H., 1991, „Symbolische Macht", in *Leviathan*, H. 2, Köln.

Hornbostels Nadelkurven

Sebastian Klotz

Der fünfundzwanzigjährige Adorno legte mit dem Aufsatz „Nadelkurven", der in der Zeitschrift *Musikblätter des Anbruch* im Jahr 1928 erschien, eine hellsichtige und aphoristisch geschriebene Auseinandersetzung mit der Ideologie der Schallplatte vor[1]. Wichtige Themenfelder von Adornos Kulturkritk und Medientheorie wie die Figur der Versöhnung, die Zweideutigkeit fortschreitender Technik und Rationalisierung, die deformierte Existenz des Menschen angesichts der gefährdeten Realität der aufgezeichneten Gegenstände kommen in diesem frühen Text zur Sprache. Er entfaltet sein kritisches Potential in dem Aufruf zur Veränderung der Gegenstände, die der Aufzeichnung unterliegen. Dieses Aufbegehren zielt auf die gesellschaftliche Lage der Musik in der bürgerlichen Kultur und auf eine Reform der Umgangsformen mit den Medien.

Adornos Text liefert das Stichwort für eine Würdigung der Projekte Hornbostels, die sich medientechnisch auf der Höhe der Zeit bewegen, denen ein fundierter kulturkritischer Impetus aber fehlt. Auf dieser Bruchlinie bewegen sich die folgenden Erörterungen. Hornbostels Nadelkurven erwachsen aus der einmaligen interdisziplinären Konstellation von vergleichender Linguistik, Völkerpsychologie, Wahrnehmungsforschung und Physiologie, früher Anthropologie und vergleichender musikalischer Völkerkunde. Diese Disziplinen sind durch vielfältige Traditionslinien tief im 19.Jahrhundert verankert. Adorno hingegen reagiert auf eine gereifte künstlerische und mediale Moderne, die kulturkritische und politische Reflexionen provoziert, denen gegenüber Hornbostel merkwürdig stumm bleibt. In diesem Schweigen, in dieser gänzlich anderen Mentalität kommen Ambivalenzen zum Tragen, die bestimmend für Hornbostels Metierbewußtsein wurden. Zu dessen Widersprüchlichkeit gehören die Vielseitigkeit seiner Studien und wissenschaftlichen Kompetenzen, die Wissenschaftsgläubigkeit, der methodische Ernst und der anachronistische Sammlergeist einerseits wie andererseits eine augenscheinliche Ohnmacht gegenüber der Verwestlichung der Kolonialgebiete, eine auffällig skurrile Lebensführung, eine große Distanz zu

1 Theodor Wiesengrund-Adorno, „Nadelkurven", in *Musikblätter des Anbruch* 10 (1928) 2, S.74-50.

zeitpolitischen Fragen und eine Isoliertheit als Persönlichkeit in öffentlicher Verantwortung, die er bis 1933 in Deutschland war.

Hornbostel steht an einem neuralgischen Punkt, an dem die durch das Phonogramm-Archiv und die neue Medienpraxis ermöglichte, exakt verortete Kartographie der Tonsysteme und Normierungen mit den wissenschaftlichen Obsessionen des 19.Jahrhunderts konfrontiert wird: mit der großen Erzählung von Geschichte, mit Kategorien wie Fortschritt, Entwicklung, Universalien, kultureller Genese und rassischer Differenzierung. In der Art und Weise, wie er mit dieser Konfrontation umgeht - könnte man als erste These formulieren -, zeichnen sich die Züge einer ambivalenten Modernität ab.

In dieser Modernität brechen sich die objektivierenden Standards der modernen Naturwissenschaften, die Etablierung der künstlerischen Moderne und der Massenkultur, die neue Medienpraxis und die Diskursfelder einer modernen, normgebenden Subjektivität.

Drei weitere Thesen wären hier zu formulieren: Eine Aufzeichnungs- und Archivierpraxis, die anhand von Wachsrollen von jeweils zwei Minuten Spieldauer Schallfragmente aller Kulturen analysiert, wird bei Hornbostel durch das unterschwellige Bedürfnis gesteuert, durch den Rückgriff auf eine „Einheit der Sinne“[2] zu Universalien vorzustoßen. Der interkulturelle Vergleich mit Hilfe von Maßnormen ist hier in der Überzeugung verankert, daß das Individuum als ganzheitlich-integriertes Wesen erfahrbar ist. Diese im Grunde anachronistische Universaliensuche kollidiert mit seinen eigenen originellen methodischen Vorschlägen, die anstelle von Universalien die Beziehungen zwischen Merkmalskomplexen in einer anthropologisch, historisch und regional differenzierten Sicht als Agenturen kultureller Genese identifizieren.

Hornbostel registriert den Zwiespalt zwischen seinem klassifizierend-vergleichenden Geist, positivistischen Ambitionen, dem Impuls, zu übersetzen, und dem aussichtslosen Unterfangen, alle primitiven Kulturen erschöpfend zu dokumentieren und vor der Verdrängung durch den modernen Westen zu bewahren. Sein Paternalismus mündet nicht in eine mediengestützte Kulturkritik, die Begegnungsformen des Fremden mit der Massenkultur analytisch reflektiert. Ebensowenig äußert er sich zur ästhetischen Dimension des Umgangs mit dem Phonographen. Seine kritische Modernität kommt vielmehr in seinem Ansatz des interkulturellen Vergleichs zur Geltung.

Hornbostel kultiviert unterschiedliche Diskursformen: stark objektivierende Aufsätze einerseits, schwelgerische, zur Hypothesenbildung neigende Briefe andererseits. Auch diese Differenz scheint durch den Druck begründet zu sein, die die frühe Moderne auf die Wissenschaftspraxis und die geforderten Schreibregister ausübte. Die Prägung durch die Wiener Kanzlei- und Advokatentradition, eine anscheinend nicht zu erschütternde Wissenschaftsgläubigkeit, das Ver-

2 Das ist der Titel eines Aufsatzes von Hornbostel in *Melos* 4 (1925) 6, S. 290-297.

trauen in die Erträge vergleichender Untersuchungen, die Einführung naturwissenschaftlicher Kriterien in die Auseinandersetzung mit musikalisch-künstlerischen Sachverhalten, die Abstinenz von kulturphilosophischer und kulturkritischer, vor allem auch politischer Reflexion - hierin sehe ich Facetten eines Wissenschaftsstils, eines Selbst- und Metierbewußtseins begründet, die die Geschicke der vergleichenden Musikwissenschaft, wie sie Hornbostel praktizierte, kennzeichnen.

Diese Thesen werden im folgenden erörtern und präzisiert[3]. Dabei sollen anhand der Projekte Hornbostels die Medienarchäologie, also die Dispositive der Institutionen, die Ideologie der Medienpraxis und ihrer Aufzeichnungstechniken, in eine philologisch-biographisch orientierte Darstellung der disziplinären Geschichte einbezogen und die wissenschaftlichen Anregungen Hornbostels in kritischer Weise gewürdigt werden.

Die Einführung von Maßnormen als kulturgeschichtliche Forschungsmittel

Die frühe Musikethnologie beginnt nicht als Musikwissenschaft. Sie verdankt ihr Entstehen dem Umstand, daß sich Physiologen, Naturforscher, Psychologen und Mediziner den Grundlagen menschlicher Wahrnehmung zuwenden und aufgrund ihrer musischen Interessen die Musik und das Hören zu einem herausragenden Untersuchungsgegenstand erklären.

Seit Helmholtz hat dieser neuartige Zugriff Konsequenzen für das Verständnis von Musik als Medium[4]. Mit der medientechnischen Zäsur, die die Einführung des Phonographen darstellt, wird die ästhetische Theoriebildung im Medium der Sprache ergänzt durch tonometrische und frequenzanalytische Messungen. Hermeneutische Neugier wird verdrängt durch den Blick in die Cent-Tafel (siehe Foto 1). Diese Tafel gestattet die Zuordnung von absoluten Schwingungszahlen zu Intervallverhältnissen auf der Grundlage logarithmischer Berechnungen. Die durch Alexander J. Ellis eingeführte Maßeinheit Cent teilt den temperierten Halbton in einhundert geometrisch gleiche Stufen[5].

3 Diesem Beitrag liegen meine Ausführungen auf dem Hornbostel-Kolloquium an der Humboldt-Universität zu Berlin am 9.12.1995 und ein Vortrag für das von Anselm Gerhard geleiteten Kolloquium *Musikwissenschaft - eine verspätete Disziplin?* aus Anlaß des 75jährigen Bestehens des Instituts für Musikwissenschaft der Universität Bern, 14. bis 16.November 1996, zugrunde.

4 Vgl. Friedrich Kittler, „Musik als Medium", in Bernhard J. Dotzler und Ernst Müller (Hrsg.), *Wahrnehmung und Geschichte: Markierungen zur Aisthesis materialis*. Berlin 1995 (Literaturforschung), S. 83-99.

5 Hornbostel erläutert die Verwendung der Cent-Tafel zur Verwandlung von Zahlenverhältnissen in Cents und umgekehrt sowie zur Transposition von Intervallen, insbesondere in außereuropäischen Leitern, in „Eine Tafel zur logarithmischen Darstellung von Zahlenverhältnissen", *Zeitschrift für Physik* 6 (1921) 1, S. 29-34.

Eine Tafel zur logarithmischen Darstellung von Zahlenverhältnissen. 33

n	0	1	2	3	4	5	6	7	8	9	*n*
34	**0**	**5**	**10**	**15**	**20**	**25**	**30**	**35**	**40**	**45**	34
35	50	55	60	64	69	74	79	84	89	94	**35**
36	98	103	108	113	118	122	127	132	136	141	**36**
37	146	151	155	160	164	169	174	178	183	187	**37**
38	192	196	201	206	210	215	219	224	228	232	**38**
39	237	242	246	250	255	259	263	268	272	276	**39**
40	**281**	**285**	**289**	**294**	**298**	**302**	**306**	**311**	**315**	**319**	40
41	324	328	332	336	340	344	349	353	357	361	**41**
42	365	369	373	377	382	386	390	394	398	402	**42**
43	406	410	414	418	422	426	430	434	438	442	**43**
44	446	450	454	458	462	466	469	473	477	481	**44**
45	485	489	492	496	500	504	508	512	516	519	**45**
46	523	527	530	534	538	542	546	549	553	557	**46**
47	560	564	567	571	575	578	582	586	589	593	**47**
48	596	600	604	607	611	614	618	622	625	629	**48**
49	632	636	640	643	646	650	654	657	660	664	**49**
50	**667**	**670**	**674**	**678**	**681**	**684**	**688**	**691**	**695**	**698**	50
51	702	705	708	712	715	718	722	725	728	732	**51**
52	735	738	742	745	748	752	755	758	761	765	**52**
53	768	771	774	778	781	784	788	791	794	797	**53**
54	800	804	807	810	813	816	820	823	826	829	**54**
55	832	836	838	842	845	848	851	854	857	860	**55**
56	863	866	869	872	876	878	882	885	888	891	**56**
57	894	897	900	903	906	909	912	915	918	921	**57**
58	924	927	930	933	936	939	942	945	948	951	**58**
59	954	957	960	962	965	968	971	974	977	980	**59**
60	**983**	**986**	**988**	**991**	**994**	**997**	**1000**	**1003**	**1006**	**1008**	60
61	1011	1014	1017	1020	1023	1026	1028	1031	1034	1037	**61**
62	1040	1042	1045	1048	1051	1054	1056	1059	1062	1064	**62**
63	1067	1070	1072	1075	1078	1081	1084	1086	1089	1092	**63**
64	1094	1097	1100	1102	1105	1108	1110	1113	1116	1118	**64**
65	1121	1124	1126	1129	1132	1134	1137	1140	1142	1145	**65**
66	1148	1150	1153	1156	1158	1160	1163	1166	1168	1171	**66**
67	1174	1176	1179	1181	1184	1186	1189	1192	1194	1197	**67**
68	1200	1202	1204	1207	1210	1212	1214	1217	1220	1222	**68**
69	1224	1227	1230	1232	1235	1237	1240	1242	1245	1247	**69**
70	**1250**	**1252**	**1254**	**1257**	**1260**	**1262**	**1264**	**1266**	**1269**	**1271**	70
71	1274	1276	1279	1281	1284	1286	1288	1291	1293	1296	**71**
72	1298	1300	1303	1305	1308	1310	1312	1315	1317	1320	**72**
73	1322	1324	1327	1329	1332	1334	1336	1339	1341	1343	**73**
74	1346	1348	1350	1353	1355	1358	1360	1362	1364	1366	**74**
75	1369	1371	1373	1376	1378	1380	1382	1385	1387	1389	**75**
76	1392	1394	1396	1398	1401	1404	1406	1408	1410	1412	**76**
77	1415	1417	1419	1422	1424	1426	1428	1430	1433	1435	**77**
78	1437	1440	1442	1444	1446	1448	1450	1453	1455	1457	**78**
79	1459	1461	1463	1466	1468	1470	1472	1474	1476	1478	**79**
80	**1481**	**1483**	**1485**	**1487**	**1490**	**1492**	**1494**	**1496**	**1498**	**1500**	80
n	0	1	2	3	4	5	6	7	8	9	*n*

Zeitschrift für Physik. Bd. VI. 3

Foto 1: Die Cent-Tafel Hornbostels zur logarithmischen Darstellung von Zahlenverhältnissen

Mit der neuen Medienpraxis entstehen Arbeits- und Archivierformen, die der traditionellen Musikwissenschaft fremd sind. Jenseits einer schrift- und notentextfixierten Philologie wird Musik als etwas in erster Linie Klingendes rehabilitiert. Die aus der Fremde eingesandten Aufnahmen sind scheinbar autorenlose Schallaufzeichnungen. Sie gehen auf Musizieren als eine Tätigkeit zurück, die Tonspuren hinterläßt. Frei von ästhetischer Werturteilsbildung gestatten ihre vergleichenden Schallanalysen auf der Basis mehrerer tausend Aufnahmen eine Kartographie musikalischer Tonsysteme.

Hornbostels Aufsatz „Die Maßnorm als kulturgeschichtliches Forschungsmittel" erschien 1928[6]. Ausgehend von Alexander J. Ellis´ Beobachtung, daß es nicht nur „eine einzige ´natürliche´, d.h. allgemein-menschliche, auf psychophysischer Grundlage ruhende und daher notwendige und überall wieder entstehende Leiter gibt, sondern ´sehr verschiedene, sehr künstliche, sehr eigenwillige´ Leitern"[7], geht Hornbostel den folgenden originellen Weg: Er sucht nach offensichtlich willkürlich gewählten musikalischen Normen, deren paralleles Auftreten kulturgenetische Rückschlüsse gestattet, weil ein zufälliges Übereinstimmen dieser Normen ausgeschlossen werden kann. Dabei stößt er zunächst auf „die Vergleichung der auf Instrumenten mit fester Abstimmung gemessenen Schwingungszahlen"[8]. Von da aus gelangt er zu den normierten Maßen, die ihm als einzige weitere kulturelle Tatsachengruppe ein zuverlässiges Hilfsmittel der Forschung zu sein scheinen. Auch diese absolute Größe der Maßeinheit ist nach Hornbostel frei von psychophysischen und praktisch-technischen Bedingungen. Aus der Kopplung der beiden Größen, der Instrumentaltonhöhe und den Maßen, entwickelt er detaillierte historische Ableitungen. So entdeckt er in der von China ausgehenden „Kulturwelle der Panpfeife"[9], die er anhand der Äquivalenz von absoluter Tonhöhe und Maßnorm über das Gebiet des Stillen Ozeans bis hin nach Südamerika identifiziert, eine tragfähige Anwendung seiner Hypothese. Die Bestätigung liefert ihm ein Vergleich der Schwingungszahlen mit den als Norm geltenden Längenmaßen im alten China. Der Wissenschaftler stößt auf einen Zusammenhang zwischen den altchinesischen und sumerischen Maßnormen[10] und auf darüber hinausreichende Übereinstimmungen von Maßnormen in „räumlich und zeitlich weitgetrennten Kulturen"[11]. In der Euphorie des Vergleichs kommt Hornbostel auf die Frage nach der Urnorm, die er dahingestellt

6 Erich M. von Hornbostel, „Die Maßnorm als kulturgeschichtliches Forschungsmittel", in W. Koppers (Hrsg.), *Festschrift P. W. Schmidt.* 76 sprachwissenschaftliche, ethnologische, religionswissenschaftliche, prähistorische und andere Studien, Wien 1928, S. 303-323.

7 Ebd., S. 303.

8 Ebd., S. 304.

9 Ebd., S. 305.

10 Ebd., S. 311.

11 Ebd., S. 319.

bleiben läßt, da er vielmehr im Umstand der Normierung selbst einen historisch einmaligen kulturellen Vorgang innerhalb der Hochkulturen erkennt.

Waren die ersten Seiten der Maßnorm-Untersuchung noch streng maß- und objektorientiert, hebt gegen Ende eine Hymne an, in der Passagen aus Märchen und aus alten Mythen, die Einteilung des Kalenders, Zeugnisse der materiellen Kultur, die etymologischen Verwandtschaften von Maßbezeichnungen und Instrumentenbezeichnungen herangezogen werden, um die „Setzung der Maßnorm" als „Grundanschauung" zu würdigen, "die alles irdische Tun und alle irdischen Dinge regelt, um sie dem Weltgeschehen und seinen Gesetzen einzupassen"[12].

Vor dem Hintergrund dieser universalistischen Kosmologie wird die ungebrochene Neugier verständlich, mit der Hornbostel die Ankunft neuer Wachszylinder im Archiv erwartete. Anstelle eines kulturgeschichtlichen Relativismus geht es hier um die in Maßnormen verwurzelte Rückführung von Zeugnissen der Hochkultur auf Grundanschauungen, in deren Rahmen noch die entlegensten Schallzeugnisse im Beziehungsgeflecht einen sinnvollen Platz erhalten können. Die Medienpraxis - vor allem der Pointillismus und der Fragmentcharakter der Tonaufzeichnung - hat diese Sichtweise gewiß nachhaltig beeinflußt: die Wachswalzen liefern konsequent diejenigen Parameter, auf die Hornbostel zur Identifizierung der Normen angewiesen war. Die Perspektive lenkt den Blick auf die materiellen Träger der Musikerzeugung, auf Instrumente, anthropologische und ergonomische Maße der Spielbeherrschung. Damit hat sie gleichsam nebenbei Musizieren als eine Tätigkeit bekräftigt, die wirkungsvoll und ästhetisch faszinierend mit transzendenten Energien operiert, jedoch aus einem menschlich-maßvollen Spielvermögen, aus einer normierbaren, materiell fundierten kulturellen Praxis hervorgeht. Hornbostel diskutiert die verinnerlichten und spieltechnisch trainierten Normen nicht gleichsam über die Köpfe der Beteiligten hinweg. Er ist an der Verfaßtheit des Tonsystems ebenso interessiert wie an den musikalischen Lebensformen innerhalb der Tonsysteme[13].

Dennoch steckt in diesem hochspezialisierten Analyseverfahren wohl auch eine realitätsferne Wissenschaftsgläubigkeit, die der Arbeitsteilung der modernen Wissenschaften geschuldet ist. Es bleibt unklar, wie Hornbostel über die photographische und filmische Dokumentation fremdländischer Musizierpraktiken dachte. Es sollten wohl nur akustische Boten des Exotischen zu ihm

12 Ebd., S. 321.

13 Man vgl. etwa Hornbostels Aufsatz „Die Musik der Feuerländer", in dem zunächst musikalische Charakteristika, dann die „Stellung der Musik innerhalb der Kultur" und schließlich die „ethnologischen Ergebnisse" zu den übergreifenden kulturellen Erbgängen der Feuerländer vorgestellt werden. Dt. Erstveröffentlichung in Christian Kaden und Erich Stockmann (Hrsg.), *Erich Moritz von Hornbostel. Tonart und Ethos.* Aufsätze zur Musikethnologie und Musikpsychologie. Leipzig 1986, S. 228-268.

dringen. An eine Ausstattung der Forschungsreisenden mit einem Photoapparat, der die Umstände der Aufnahme festhalten könnte, war wohl nicht gedacht. Einen Phonographen konnten sie im Berliner Phonogramm-Archiv zu Aufnahmezwecken ausborgen. Zumindest vom Verfilmen der Tänze mit Hilfe eines Kinematographen hätte sich Hornbostel allerdings einiges versprochen[14]. Seine Eindrücke von einer Ägyptenreise 1932 anläßlich des Kairoer Kongresses - bis auf eine Untersuchung im Jahr 1906 hat er selbst keine Feldforschungen in fremden Gefilden unternommen - muten wie die Augen öffnenden, dankbar angenommenen, aber doch irritierenden Erfahrungen eines Mannes an, der eher im Ton-Labor zu Hause ist: „Den Fremden frappieren, weil so ungewohnt, Wesenszüge der Rasse: die weich-federnde Kraft des Schreitens und der Geste; die der Welt geöffnete, der Weite hingegebene Ruhe der Haltung; die metallische Dichte, der schwere helldunkle Mattglanz der Stimme ...“[15] Das Fazit des Ägyptenreisenden: „Wieweit wir fremde Kulturen überhaupt verstehen können, bleibt fraglich... Am schwierigsten, und wahrscheinlich meist überhaupt unmöglich ist es, den Gefühlsausdruck einer fremden Musik zu erfassen.“[16] Hornbostels wissenschaftliche Erfahrungen mit konkreten und exakt analysierbaren Gegenständen und Prozessen im Aufschreibesystem 1900 - Richtungshören, Schallortung, die Physiologie der Gehörserscheinungen, diskrete Tonfrequenzmessungen, die Systematik der Musikinstrumente - ließen eine Erinnerung an die philosophische Ästhetik, in der Kategorien wie Gefühlsausdruck noch Platz hatten, eigentlich nicht zu. Die expressiven Aspekte wirken in Hornbostels Wendung vom unergründbaren Gefühlsausdruck wie Chiffren für das Befinden einer Individualität, deren Gefühlslagen nicht tonometrisch geortet werden können, obwohl sie doch das Hauptgeschäft musikalischer Berufung und Kunstübung sind. Seit mit Nietzsche die Ästhetik zur angewandten Physiologie geworden war und Musik unter Medienbedingungen technisch synthetisiert und analysiert wurde[17], waren die Koordinaten für die Bestimmung des Gefühlsausdrucks ins Schwimmen geraten. Sie verlieren sich zwischen physiologischen Wahrnehmungskategorien, Reizstrukturen, Frequenzmessungen, der Beschreibung rhythmischer Muster, Tests zur Ermittlung der Begabung und Memorierfähigkeit, also „am Abgrund von Messung und Wahrnehmung“, von objektivierbarer Struktur und ästhetischem Effekt, der sich mit den Untersuchungen von Leonhard Euler, Marin Mersenne und Joseph Sauveur aufgetan hatte[18]. Als offenbar maßlose und stark subjektiv

14 Erich M. von Hornbostel, „Die Probleme der vergleichenden Musikwissenschaft“, in *Zeitschrift der Internationalen Musikgesellschaft* VII (1905-1906) 3, S. 96.

15 Erich M. von Hornbostel, „Zum Kongreß für Arabische Musik - Kairo 1932“, in *Zeitschrift für vergleichende Musikwissenschaft* 1 (1933), S. 17 (Reprint Nendeln/Liechtenstein 1976).

16 Ebd., S. 16f.

17 F. Kittler, „Musik als Medium“, S. 83f.

18 Ebd., S. 85f.

empfundene Dimension erscheint der Gefühlsausdruck zumal in fremden Kulturen unzugänglicher denn je.

Die wissenschaftliche Gesinnung der frühen vergleichenden Musikforschung konzentrierte sich nicht auf Spekulationen zu emotionalen Gehalten, sondern auf die meßbaren Größen musikalischer Tätigkeit und auf die Archäologie der Tonsysteme. Diese Einschränkung bedeutete zugleich die Befreiung von der hermeneutischen Last, die Befunde inhaltlich zu interpretieren und mit ästhetischen Werturteilen zu verknüpfen. In diesem sowohl analytischen als auch integrierenden Dispositiv, daß neuartige komparatistische Perspektiven erschließen konnte und Merkmalskomplexe der menschlichen Entwicklung zu beschreiben suchte, scheint mir die vorrangige Forschungsintention Hornbostels begründet zu liegen.

Einer immanenten Modernität, also der konsequenten Vorführung von Musik als Schallereignis, deren physiologische Wirkungsweise experimentell erkundet werden kann, steht keine gleichwertige, medial gebundene Archäologie der Gefühlsempfindungen gegenüber.

Die quälende Befürchtung, damit die Substanz von Musik zu verfehlen, wird durch eine Sinnesanthropologie kompensiert, die noch einmal das Ganze des Menschen in den Blick nimmt, wobei der Musik eine Schlüsselfunktion zukommt.

Hornbostels Sinnesanthropologie

Im Ersten Weltkrieg war Hornbostel als Mitarbeiter eines Schallmeßtrupps mit den elementarsten und verheerendsten Erscheinungsformen von Schall, nämlich mit Artilleriefeuer, konfrontiert und wissenschaftlich befaßt. Auf die Studien zur Wahrnehmung der Schallrichtung, die sich im Umfeld kriegspathologischer Untersuchungen zur Beanspruchung und Funktion des Hörsinns, also zur Fragmentierung der Sinne, bewegen, folgten Arbeiten zur optischen Inversion[19] und zur Geruchshelligkeit (1931). Hornbostel praktizierte hier Formen des intermodalen Vergleichs, indem er die subjektive Verhältnishaftigkeit von Reizen in verschiedenen Modalitäten wie Tonhöhen und Geruchshelligkeit untersuchte. In dem Aufsatz „Psychologie der Gehörserscheinungen" von 1926 beschreibt er den Vibrationssinn als einen „phänomenal und funktionell" dem Hören besonders nahen Sinn[20]. In einem Aufsatz für die Musikzeitschrift *Melos* griff Hornbostel

19 Erich M. von Hornbostel, „Über optische Inversion", in *Psychologische Forschung*. Zeitschrift für Psychologie und ihre Grenzwissenschaften I (1921) 1, 2, S.130-156.

20 Erich M. von Hornbostel, „Psychologie der Gehörserscheinungen, in Albrecht Bethe et al. (Hrsg.), *Handbuch der normalen und pathologischen Physiologie*, Bd. 11. Receptionsorgane 1, E/III. Tangoreceptoren . Thermoreceptoren . Chemoreceptoren . Phonoreceptoren . Statoreceptoren. Berlin 1926, S. 703.

im Jahr 1925 den Gedanken einer „Einheit der Sinne“ auf[21]. Das Heft wird mit dem Essay „Hören und Vernehmen“ des Philosophen Helmuth Plessner eröffnet, der das akustische Vernehmen dem Bewußtseinsakt des Verstehens an die Seite gibt. Musik gibt laut Plessner „ihren Sinn ... in einer noch vorsymbolischen Weise in und mit der Klangmaterie, in und mit den Sinnesempfindungen kund.“[22]

Mir geht es um Hornbostels Phänomenologie der Sinne, um die gegenseitigen Ergänzungen und Entsprechungen zwischen hell und dunkel empfundenem Licht sowie hell und dunkel empfundenen Tönen. Der Psychologe spricht von dem konsonanten Gefühl, das ein Oktavzweiklang auf der Haut und in den Ohren auslöst[23]. Dieses simultane Hören und Vibrieren würde noch die ursprüngliche Einheit der Sinne spüren lassen, die sich inzwischen stark in Einzelsinne verselbständigt habe. In der gegenseitigen Ergänzung und Vereinigung der Sinne, das heißt mit dem „ganzen, auch nicht-sinnlichen Erleben in uns, und mit all dem draußen, was es zu erleben gilt“, entdeckt er das „Wesentliche des Sinnlich-Anschaulichen.“[24]

Hornbostel distanziert sich mithin vom Paradigma der Repräsentation, vom Leitbegriff der Nachahmung, um sich Platz für die Erkundung der Wahrnehmungsprinzipien zu schaffen. Mit dem Ende der Repräsentation, das laut Foucault die Schwelle zur Moderne markiert, rücken einerseits die gestaltenden Prinzipien der Wahrnehmung, andererseits das Erlebnis als zentrale Kategorie in den Mittelpunkt. Das Erlebnis gestattet es, den Menschen als Subjekt, als Ort empirisch zugänglicher Erkentnisse zu sehen und die Formen dieser Erkenntnisinhalte zu untersuchen[25]. Genau in diesem Idiom beschreibt Hornbostel die Art und Weise, wie aus den gestaltenden Prinzipien der Wahrnehmung heraus das starre Sein zum Organismus belebt, das strömende Geschehen zu Ganzheiten geschlossen, wie die Linie zur Melodie und die Melodie zur überschaubaren Figur werden[26].

Zu dieser anschaulichen Gestaltung des Sinnlichen ist die Einheit der Künste, der eine Einheit der Sinne zugrunde liegt, gefordert. Hornbostel spielt gegen

21 Erich M. von Hornbostel, „Die Einheit der Sinne“, in *Melos* 4 (1925) 6, S. 290-297.

22 Helmuth Plessner, „Hören und Vernehmen“, in *Melos* 4 (1925) 6, S. 290. - Plessner hatte zwei Jahre vor dem Aufsatz ein Buch mit dem Titel *Die Einheit der Sinne. Gundlinien einer Ästhesiologie des Geistes* (Bonn 1923) vorgelegt. Darin zielt er weder auf Erkenntnistheorie noch auf Ästhetik, sondern auf „alle Möglichkeiten unmittelbaren Erkennens in Wahrnehmung und Ausdrucksverständnis“ (Vorrede zur Erstausgabe, S. XV). Womöglich deuten sich hier Parallelen zu gestaltpsychologischen Grundsätzen an.

23 Hornbostel, „Einheit der Sinne“, S.291.

24 Ebd., S.294.

25 Vgl. Michel Foucault, *Die Ordnung der Dinge*. Eine Archäologie der Humanwissenschaften. Aus dem Franz. von Ulrich Köppen. Frankfurt/M. 1974, S. 384-389.

26 Hornbostel, „Einheit der Sinne“, S. 296.

Ende seines Aufsatzes bezeichnenderweise auf eine Praxis an, in der diese urspünglichen Einheiten noch unversehrt sind. Selbstverständlich führt er eine Praxis außereuropäischer Kulturen an, nämlich den Maskentanz. Diese Argumentation scheint mir symptomatisch für eine Interpretation kultureller Phänomene zu sein, die den interkulturellen Vergleich zwar auf Maßnormen zwecks Klassifikation der Tonsysteme begründet, aber vor allem davon ausgeht, daß in primitiven Kulturen die Einheit der Sinne noch funktioniert, daß die psychophysische Organisation des Menschen noch sozial integrativ zur Wirkung kommt. Der „tönende Wirbel menschlichen Tuns" sei eben im Maskentanz noch voller „kosmischen Bedeutens."[27] Diese Potentiale primitiver Kulturen werden durch Hornbostel keineswegs nostalgisch verklärt. Er erhoffte sich - das können wir aus seinen Briefen schließen - gerade aus außereuropäisch geprägter Musik wie dem modernen Jazz, aus dem „Dadaismus der Neger", wie er es ausdrückte, wichtige Impulse für die europäische Musik. Daß er für diese Rehabilitierung der Sinne kein Programm entwirft, sondern den Zerfall von „Hören und Sehen, Drinnen und Draußen, Seele und Leib, Gott und Welt" nur beklagen kann[28], belegt einmal mehr die Ambivalenz, die Hornbostels Analyse und Verständnis kultureller Vorgänge durchzieht: eine hochgerüstete experimentelle Wahrnehmungs- und Tonometrieforschung, die noch an der Vision einer ganzheitlichen humanen Befindlichkeit festhält, steht aktuellen Entwicklungen wie der Modernekritik, der Technikfeindlichkeit und Kulturmüdigkeit ohnmächtig und pauschalisierend gegenüber.

Die Einheit der Sinne als Korrektiv der Medienpraxis

Bei näherem Hinsehen erweist sich Hornbostels Zugang zum Musizieren, der eben die Einheit der Sinne, die gestaltenden Prinzipien der Wahrnehmung und die ganzheitliche Betrachtung musikalischer Erscheinungen wie auch anthropologischer Gegebenheiten in Erwägung zieht, als wichtiges Korrektiv für die neue Medienpraxis des Phonographen. Es geht dabei um die Frage, welche heuristische Funktion die diskret quantifizierten und isolierbaren technischen Dimensionen in einem Diskurs des Ausströmens, der aktiven Betätigung, der gestaltenden Formung und des strömenden Geschehens übernehmen können.

Eine vorläufige Antwort hatte den Blick auf die Maßnormen gelenkt. Im zweiten Anlauf jedoch muß an Hornbostels Überzeugung erinnert werden, daß es zutiefst unpsychologisch sei, davon auszugehen, daß Musik aus Tönen bestehen würde[29]. Das Wesentliche der Musik seien die melodische Linie, Klangfar-

27 Ebd., S. 296.

28 Ebd., S. 296.

29 Erich M. von Hornbostel, „Melodie und Skala", in *Jahrbuch der Musikbibliothek Peters für 1912*, XIX, Leipzig 1913, S. 13.

ben, Ausdrucksnuancen, die Tonbewegungen und der Rhythmus[30]. Überhaupt sei die Zerlegung eines Organismus in Teil-Funktionen eine Fiktion[31]. Die menschliche Gebärde, das Gefühl und die Wahrnehmung dieser Gebärde stünden in einem anderen Zusammenhang als der Semaphor mit der Nachricht, die ein Zeichengeber einem anderen übermitteln will[32].

Innerhalb der Praxis der neuen Medien behauptet sich also bei Hornbostel ein Begriff von Musik, auf den die technische Verfaßtheit der Medien nur mittelbar Einfluß nimmt. Der Wissenschaftler setzt hier der Modernität der Medien die wahrnehmungspsychologisch fundierten Befunde zur Gestalthaftigkeit sinnlicher Anschauung entgegen, vor allem jedoch eine Sichtweise von Musik, die in Musik nun doch mehr als das Klingende sieht. Die Klangfarben, Ausdrucksnuancen, melodischen Linien und nicht zuletzt die Konsonanzwahrnehmung, die musikalischen Gebärden und musikalischen Vibrationen auf der Hautoberfläche erweisen sich als kulturell geprägte, für den Umgang mit Musik wesentliche Phänomene, die durch die neuen Medien zwar wiedergegeben, nicht jedoch in einer medieneigenen Form als solche identifiziert werden können. Welche Konstellation als konsonant, welcher Ton als Bezugston einer melodischen Phrase in Frage kommen, geben weder der Phonograph noch die Cent-Tafel als unmittelbar ohrenfällige bzw. visuelle, medial herausgehobene Charakteristika preis.

An der Schnittstelle des sozusagen warmen, durch Linien und gestalthafte Züge geprägten Formbegriffs von Musik und des neuen Mediums, dessen Nadel unwillkürlich den Schallverlauf registriert, lassen sich diese Vermutungen anschaulich darstellen. Die Schnittstelle ist die Transkription, an der eine in aller Konsequenz schriftlose Musik - sieht man von der Nadelschrift auf der Walze ab - schließlich in das Muttermedium aller Philologie übertragen wird. Bei ihren Vorschlägen zur Transkription exotischer Melodien sind sich Hornbostel und sein Kollege Otto Abraham über die diskrete Form der verwendeten Zeichen im klaren. Er möchte jedoch mit deren Hilfe den „melodischen Gesamteindruck" vergegenwärtigen[33]. Die anschaulichen Leistungen herkömmlicher Tonschrift ergänzt er durch sparsame Zeichen zur Phrasierung, zu Klangfarben, Melismen, zur Dynamik, dem Tempo und dem Rhythmus, die die Eigenheiten der exotischen Musik im Medium herkömmlicher Notation verdeutlichen sollen. Beim Abhören der Walzen, die ein absolutes Tonbewußtsein und hohes technisches Geschick voraussetzt, könne man die Aufnahme unterbrechen, um komplizierte

30 Ebd., S. 14.

31 Erich M. von Hornbostel, „Laut und Sinn", in *Festschrift Meinhof*, Hamburg 1927, S. 346.

32 Ebd., S. 330.

33 Otto Abraham und Erich M. von Hornbostel, „Vorschläge für die Transkription exotischer Melodien", in *Sammelbände der Internationalen Musikgesellschaft* XI (1909-1910) 1, S. 2.

Passagen isoliert zu hören[34]. Die angemessene Rotationsgeschwindigkeit der Walze könne erst nach dem kompletten Abspielen festgestellt werden, sobald man einen Überblick über die musikalische Struktur und über die „Einheitsauffassung der melodischen Motive" habe[35]. Der Übertragung melodischer Verläufe steht die Messung der Tonhöhen zur Seite. Hornbostel empfiehlt die Eintragung der Schwingungszahlen in das Notenbild[36]. Es kennzeichnet Hornbostels Position, daß er durch die Cent-Messungen weder den Geist der Musik gefährdet noch sich veranlaßt sah, durch die offensive Quantifizierung seine gestaltpsychologischen Grundsätze vom Wesen der Musik aufzugeben. In der Komplementarität beider Sichtweisen liegt eine Ambivalenz begründet, die über den immanent modernen Charakter der neuen Apparate hinausreicht.

Hornbostels Metierbewußtsein

Von der Gründung des Archivs im Jahr 1906 an bis zum Entzug der Lehrbefugnis und der Emigration Hornbostels im Jahr 1933 dürfte der Wissenschaftler jeden Tag im Archiv gearbeitet haben. Er hatte offensichtlich den Ehrgeiz und die Energie, jede eingehende Aufnahme zu begutachten und darüber zu entscheiden, ob eine Galvano-Negativ-Kopie zur Vervielfältigung hergestellt werden soll. Die ständig wachsenden Bestände, die mit der gewonnenen Erfahrung verfeinerten analytischen Methoden und die aufgrund der größer werdenden Basis an Aufzeichnungen besser fundierten Vergleiche und Verallgemeinerungen beschreiben eine prinzipiell offene Forschungssituation, eine „Suche nach positiven Erkenntnissen"[37]. Sie fordert vom Wissenschaftler handwerkliche Fähigkeiten im Umgang mit den Geräten, ein tadelloses Erinnerungsvermögen, ein unbestechliches musikalisches Gehör, einen kooperativen Ton im Umgang mit den wissenschaftlichen Partnern und mit den Korrespondenten des Archivs. Es ist auffällig, wie viele Arbeiten Hornbostels in Zusammenarbeit mit einem Fachkollegen entstanden sind. Der Archivar führte offensichtlich eine Gelehrtenkorrespondenz wie im 18.Jahrhundert. Zudem sind seine Abhandlungen laut Jacques Handschin „weit verstreut" und „manchmal an entlegenen Orten versteckt."[38] Handschin

34 Erich M. von Hornbostel, „Phonographische Methoden", in Emil Abderhalden (Hrsg.) *Handbuch der biologischen Arbeitsmethoden*. Abt. V: Methoden zum Studium der Funktionen der einzelnen Sinnesorgane des tierischen Organismus, Teil 7 (1.Hälfte), Methoden zur Untersuchung der Sinnesorgane, Berlin und Wien, 1930, S. 429.

35 Abraham/Hornbostel, „Vorschläge für die Transkription", S. 16.

36 Ebd., S. 19.

37 Hornbostel, „Die Probleme der vergleichenden Musikwissenschaft", S. 87.

38 Vgl. den Nachruf von Jacques Handschin auf Hornbostel, ursprünglich in *Neue Zürcher Zeitung* CLVI, num. 2209, 15.12.1935, enthalten in *Gedenkschrift Jacques Handschin*. Aufsätze und Bibliographie. Hrsg. v. d. Ortsgruppe Basel der Schweizerischen Musikforschenden Gesellschaft. Zusammengest. v. Hans Oesch, Bern und Stuttgart 1957, S. 387.

Foto 2: Tonvariator nach William Stern (1909), bestehend aus 4 Flaschen, deren jede eine Oktave Umfang hat. Bei der zweiten Flasche sind der Flaschenkörper und das Ziffernblatt abgenommen worden, um die Bauweise sichtbar zu machen.

zählte zu den „Bevorzugten", die von Hornbostel mit Separatdrucken bedacht wurden[39]. Die Arbeitsteilung im Archiv dürfte minimal gewesen sein. Man könnte fast von einem Privatarchiv sprechen. Der Aufnahme- und der Abspielvorgang der Walzen glichen einem Hörversuch, der auch den Abhörenden eine gehörige Differenzierungsarbeit an den Schwellen der Wahrnehmung abverlangte. Die Versuchsanordnung Phonogrammarchiv machte Hornbostel in erster Linie zum handwerklich versierten Beobachter fragiler Wachsobjekte, des Appunnschen Tonmessers, des Sternschen Tonvariators (siehe Foto 2), des Reisetonometers und anderer Apparate[40].

Diese epistemische Praxis, die durch den Kultur- und Medienwissenschaftler Peter Berz zunächst auf Hornbostels Hörraumexperimente während des Ersten

39 Ebd., S. 387.

40 Abraham/Hornbostel erläutern in „Vorschläge zur Transkription" die Funktionsweise einiger Apparate zur Bestimmung der Schwingungszahl, S. 18. Dort heißt es: „Stern´scher Tonvariator (angeblasene Flaschen, deren Volumen durch kontinuierliches Senken und Heben eines als Boden dienenden Stempels variiert wird). Vorteile: Kontinuierliche Tonreihe (infolgedessen bequemes Abstimmen bis zur Schwebungsfreiheit), milde Klangfarbe. Nachteile: große Abhängigkeit von Temperatur (Feuchtigkeit) und Winddruck (daher unmöglich ein für alle Male zu aichen), Inkompendiosität (und hoher Preis)".

Weltkriegs, auf die Archivierung der Kriegspathologien und ihren Reflex in der Literatur, etwa bei Robert Musil, bezogen wurden[41], wäre hier insgesamt auf die Archivarbeit mit den Phonogrammwalzen auszudehnen. Das Archiv stellt sich als ein Laboratorium dar.

Ob Hornbostel seine Lehrverpflichtungen an der Universität, wo wir die Entstehung der Musikwissenschaft in erster Linie ansiedeln, mit Leidenschaft und Neugier wahrgenommen hat, vermag ich nicht einzuschätzen. Er galt nicht als überragender Hochschullehrer[42]. Da scheint mir das Bild des englischen *amateur*, des *gentlemanly specialist* treffender zu sein - nicht bezüglich des professionellen Niveaus, das Hornbostel erreichte, sondern bezüglich des Forschungshabitus. Die enorme Distanz zwischen einer esoterisch-originellen, dilettantisch-flexiblen englischen Landhauswissenschaft und der frühzeitig institutionalisierten deutschen Labordisziplin hatte sich bereits zwischen Charles Darwin und dem deutschen Botaniker Julius Sachs abgezeichnet. Ist es ein Zufall, daß Hornbostel dem englischen Wissenschaftstyp nachhing und nicht der Deutschland benachbarten anderen europäischen Paradekultur Frankreich? Ob hier der technologische Vorsprung auf akustischem und analytischem Gebiet zur Geltung kommt, den England und Amerika mit Ellis und Edison erworben hatten? Und fanden die deutschen Forschungen in der zweiten Geniegeneration nicht euphorische Aufnahme in England und in Übersee? Es ist ganz auffällig, wie sich Hornbostel in seinen Studien an englisch-amerikanischen Wissenschaftlern orientiert. Diesen Strang würde es sich lohnen weiterzuverfolgen, denn nationale Wissenskulturen und institutionelle Strategien nahmen in vielfältiger Form Einfluß auf die Projekte der frühen Musikethnologie. Die Gründungsimpulse des Fachs hätten sich in Deutschland ohne eine ausgeprägte Wissenschaftsgläubigkeit und Leistungsbereitschaft, die anscheinend auch durch den Ersten Weltkrieg nicht erschüttert wurden, in andere Richtungen fortgepflanzt.

Über diese methodischen Mentalitäten hinaus wird das Metier- und Rollenverständnis Hornbostels durch die vielfältigen fachinternen und gegenstandsbezogenen Erfahrungen und Entscheidungen geprägt, die der Wissenschaftler aufgegriffen hat. Sie reichen bis in die Spätaufklärung, auf Johann Gottfried Herder und auf den Humboldtschen Sprach- und Bildungsgedanken zurück. In der allgemeinen anthropologischen Theorie und vergleichenden Linguistik spielte der „Wegbereiter dieser modernen Wissenschaft vom Menschen“[43], Franz

41 Peter Berz, „I-Welten“, in Hans Georg Pott (Hrsg.), *Robert Musil - Dichter, Essayist, Wissenschaftler*, München 1993 (Musil-Studien Bd.8), S. 171-192.

42 Vgl. den Beitrag von Marjolijn van Roon im vorliegenden Band.

43 Vgl. *Franz Boas: Ethnologe, Anthropologe, Sprachwissenschaftler; ein Wegbereiter der modernen Wissenschaft vom Menschen*; Ausstellung der Staatsbibliothek zu Berlin - Preußischer Kulturbesitz, 17.Dezember 1992 - 6. März 1993 (Ausstellung und Katalog: Michael Dürr, Erich Kasten, Egon Renner), Wiesbaden 1992.

Boas, eine entscheidende Rolle. Auf dem Gebiet der Visualisierung der durch Experimente gewonnenen Erkenntnisse gingen Hornbostels Nadelkurven die myographischen Experimente zur Aufzeichnung von Froschkurven voraus[44]. Die Diagrammdarstellung physiologischer Vorgänge wurde durch den Berliner Physiologen Emil du Bois-Reymond entwickelt, der bereits 1847 die Kurve als angemessene Darstellungsform für physiologische Vorgänge erklärt hatte[45]. In diesem Dispositiv dokumentierten und symbolisieren die preußischen industriellen und wissenschaftlichen Eliten des 19.Jahrhunderts den greifbaren und abbildbaren Erfolg eines nationalen und labortechnischen Aufschwungs[46]. Völkerpsychologische und verhaltensbiologische Anregungen, das Œuvre von Hermann von Helmholtz, die Berliner Schule der Gestaltpsychologie - diese wegweisenden Theorien werden teilweise in anderen Aufsätzen des vorliegenden Bandes erörtert. Festzuhalten bleiben die Qualität und das methodische Niveau, auf dem sie durch Hornbostel weitergeführt wurden. So sind der Evolutionismus und die Suche nach den Ursprüngen in avancierter Form in sein Methodenarsenal eingegangen, wobei der Wissenschaftler ein beachtliches Beharrungsvermögen gegenüber kolonialer Bevormundung, europazentristischen Sichtweisen und ihren Äquivalenten in den Theorien kulturellen Vorsprungs und einer pauschalen Zivilisations- und Modernitätskritik bewies.

Das differenzierte Verhältnis zu modernen wissenschaftlichen Trends wird etwas in Hornbostels Lautlehre deutlich. Ganz im Gegensatz zu Ferdinand de Saussure, für den die Sprache ein System reiner Differenzen darstellt, das keine natürliche Beziehung zwischen Laut und Idee aufweist, erkundet Hornbostel die Adäquanz und historische Differenzierung des Verhältnisses von Laut und Sinn. Anstelle einer neuen Semiologie, die das Problem der Repräsentation wieder neu aufwirft, interessiert ihn, wie Sprache zu tönendem Sinn wird, wie sie sich als *energeia*, als unaufhörliche Aktivität im Humboldtschen Sinn, in der außereuropäischen und abendländischen Praxis bewährt und wandelt. Bis zu seinem Tode arbeitete Hornbostel an einem Projekt zum Ursprung des Alphabets, das - so würde ich vermuten - modern verkürzenden Darstellungen wiederum eine dynamisierte, an den Modalitäten des Alphabetgebrauchs interessierte Ursprungstheorie gegenüberstellt.

Vornehmheit und Eleganz des Stils von Hornbostel sind auch eine Vornehmheit und Subtilität wissenschaftlicher Erkenntnis, in der sich - so könnte man es überspitzt ausdrücken - seine ruhige, nicht auftrumpfende Solidarität mit dem Fremden, sein Ideal einer vorurteilsfreien Erforschung bekundet.

44 Ein Stylus ritzte die Muskelkontraktionen auf eine Rolle ein.

45 Vgl. Robert M. Brain und M. Norton Wise, „Muscles and Engines: Indicator Diagrams and Helmholtz´s Graphical Methods", in *Universalgenie Helmholtz. Rückblick nach 100 Jahren.* Hrsg. von Lorenz Krüger, Berlin 1994, S. 133.

46 Ebd., S. 140-142.

Für Max Webers musikethnologische Passagen seines sogenannten musiksoziologischen Fragments war Hornbostel ein herausragender Gewährsmann, was Christoph Braun minutiös nachgewiesen hat[47]. Eine publizistisch und wissenschaftlich einflußreiche Theorie aber, noch dazu in griffigen und anschlußfähigen Konzepten und Formulierungen, wie sie Webers These von der Rationalisierung darstellt, wird man bei Hornbostel vergeblich suchen.

Hornbostel verstand sein Metier als fächerübergreifende, historisch und regional differenzierte Sinnsuche von universellem Zuschnitt.

Hornbostels ambivalente Modernität

Im Zusammenhang mit der Figur der Modernität, die in ambivalenter Form Hornbostels Rollenverständnis sowie seine Medienpraxis geprägt hat, möchte ich schließlich die grundsätzliche Frage nach der Verfaßtheit seiner Vorstellung von kultureller Entwicklung aufwerfen.

Die philosophische Moderne hatte, mit Habermas gesprochen, eine Auseinandersetzung darüber geführt, ob sie die normativen Begründungen philosophischer Theoreme und sozialer Kommunikation noch aus sich selbst heraus schöpfen kann oder ob die Vernunft mit ihrer subjektphilosophischen Erblast vor dieser Herausforderung versagt[48].

Diese Überlegungen bringen mich zu den folgenden Fragen: In welcher Weise ist der Mensch in Hornbostels Überlegungen präsent? Fungiert Subjektivität als Instanz von Sinnbildung? Wer sind die Agenturen der kulturellen Entwicklungen, die Hornbostel nachvollziehen und verstehen möchte? Wo zieht er die Trennlinie zwischen den Feldern des Gesellschaftlichen und des Natürlichen, die durch die Moderne erst getrennt wurden[49]? Auf welchem Erkenntnisniveau siedelt sich seine vergleichende Wissenschaft an? Betreffen die Gesetze, die sie formuliert, die Musik als tonsystematisch erfaßbare Kunstübung oder den Menschen in seiner leib-seelischen Natürlichkeit? Geht es um ontologische Kontinuitäten, um geistzentrierte Phänomene, um die Realisierung teleologischer Entwicklungen oder eschatologischer Erwartungen?

Eine vorläufige Antwort muß wiederum die Spannung von ausdrücklich modernen Elementen und einer anthropologischen Blickrichtung in Rechnung stellen, die erst in ihrem Zusammenspiel die methodische Höhe und innovative

47 Christoph Braun, *Max Webers 'Musiksoziologie'*, Laaber 1992 (Neue Heidelberger Studien zur Musikwissenschaft, Bd. 20), S. 235.

48 Vgl. Jürgen Habermas, *Der philosophische Diskurs der Moderne*. Zwölf Vorlesungen, Frankfurt/M. ²1985.

49 Vgl. Bruno Latour, *'Wir sind nie modern gewesen'. Versuch einer symmetrischen Anthropologie*. Aus dem Franz. von Gustav Roßler, Berlin 1995.

Foto 3: Erich M. von Hornbostel. Datum und Ort der Aufnahme nicht festgestellt

Kraft der Thesen Hornbostels ergeben. Einerseits sind kunstimmanente Entwicklungen wie die Tendenz zur Systematisierung des Tonsystems zu verzeichnen, andererseits bilden diese Entwicklungen nur einen Teil der kulturellen Dynamik ab, die Hornbostel mit Hilfe von Merkmalskomplexen identifizieren will. Er unterscheidet konstitutive und akzessorische Merkmale, die als zweckhafte bzw. zweckfreie Komplexe innerhalb der Kulturen zur Geltung kommen[50]. Sein oben skizzierter Rekurs auf die absolute Tonhöhe wählt nicht ohne Grund ein akzessorisches Merkmal. Christian Kaden hat die weitreichenden Erträge und die Aktualität der Thesen Hornbostels zum Nachweis kultureller Zusammenhänge stringent beschrieben[51]. In jüngster Zeit entwickelte Kaden die These, daß Hornbostels Blasquintentheorie, die bekanntlich durch Handschin und Bukofzer an prominenter Stelle scharf kritisiert worden war, den Vorzug der Falsifizierbarkeit aufweist, da sie die Ausgangsgrößen und Versuchsbedingungen hinreichend genau definiert. In der Reproduzierbarkeit und Kontrollierbarkeit der Bedingungen beweist die Blasquintentheorie nach Kaden ihre eminente Wissenschaftlichkeit[52].

Der Mensch ist in diesen Erwägungen auf verschiedenen Ebenen präsent, nicht nur als sinnenwaches, kommunikatives, empfindendes Wesen, sondern selbst als ein Medium, in dem sich Differenzierung, Lernprozesse, kulturelle Wanderung und Verdrängung von Kompetenzen zutragen. Jenseits einer Fixierung auf Autorschaft, ideengeschichtliche Prägungen, intendierte musikalische Inhalte und tradierte Gattungsnormen der Hochkulturen, worauf musikphilologische Analysen im Grunde gerichtet waren, eröffnet sich für Hornbostel im jahrelangen Dialog mit den Schallzeugen fremder Kulturen der Blick auf das Musizieren als Daseinsform tätiger Menschen, in denen verborgene Zusammenhänge eingeschrieben oder besser verkörpert sind. Subjektphilosophische Letztbegründungen, die Zuspitzung auf eine wie immer geartete menschliche Essentialität liegen dem Autor so fern wie kulturkritische Reflexionen, ein musikalischer Ästhetizismus oder die Abarbeitung an den Kategorien von Innerlichkeit, Präsenz und Repräsentation.

Ob Hornbostel die anspruchsvolle Programmatik, insbesondere einen ganzheitlichen Wahrnehmungs- und Lebensentwurf, in seiner eigenen Lebenspraxis hat einlösen können, ist zu bezweifeln. Seine Mitgliedschaft in einem Kreis von englischen *gentleman magicians*[53], die skurrile Begrüßung seines Fachkollegen Jaap Kunst mit balinesischen Schlaginstrumenten auf dem Anhalter Bahnhof in

50 Erich M. von Hornbostel, „Über ein akustisches Kriterium für Kulturzusammenhänge", in *Zeitschrift für Ethnologie* 43 (1911), S. 603f.

51 Ch. Kaden in *Hornbostel. Tonart und Ethos*, S. 21-39.

52 Vgl. den Beitrag von Christian Kaden im vorliegenden Band,

53 Jaap Kunst liefert diesen Hinweis in seinem Nachruf „Zum Tode Erich von Hornbostel´s", in *Anthropos* XXXII (1937) 1, 2, S. 243.

Berlin, die als Erkennungszeichen vereinbart worden war[54], deuten auf den Rückzug in private Mythologien, denen die Signaturen der Moderne eingeschrieben sind. Die Vermeidung jeglicher politischer Betätigung, so mein bisheriger Kenntnisstand anhand der Dokumente - verrät den Geistesaristokraten. Die „zerbrechliche Größe“[55] seiner öffentlich-wissenschaftlichen und seiner privaten Person angesichts der Naziherrschaft teilt er mit seiner Gelehrtengeneration[56].

Für die Episteme der wissenschaftlichen Moderne, die dem Versuch, der Funktionalität, den verborgenen Mechanismen, den unabsehbaren Sinneffekten diskreter Notation und analog codierter Apparate entspringen, haben die unauslotbaren Dimensionen musikalischer Seelenerlebnisse immer eine Irritation dargestellt[57]. Hornbostel nimmt diese Irritation ernst. Mit seinem „Sinn für Natur *und* Gesellschaft“[58] behauptet er sich als ein Gelehrter, der nie eigentlich modern gewesen ist. Er ist - wie es Michel Serres und Bruno Latour ausdrücken würden - einer der Hybride, die sich ins Gefüge der Moderne einmischen und die moderne Trennung von Gesellschaftlichem und Natürlichem unterwandern.

Die grenzwertigen Wahrnehmungsexperimente zur Verzerrung des optischen Raumes am kritischen Punkt von Konvexwinkel und Konkavwinkel drängen das Subjekt Hornbostel an den Rand der Selbstwahrnehmung. Die suggestive Macht der optischen Inversionswelten, in denen uns ein und derselbe Gegenstand phänomenal sowohl konvex und konkav erscheint, führt Hornbostel, wie bereits oben zu seinem Aufsatz zur Einheit der Sinne erörtert, wiederum zu einer fundamentalen Kluft, die sich zwischen reiner Hingabe und vollem Sich-Ausströmen, zwischen Wahrnehmung und Erlebnis, zwischen Anschauung und Einsicht auftut.

Im Sog deformierter Orientierung, im Moment zauberhafter Oszillation im Seh- und Hörraum bricht eine Sehnsucht durch, die Aporien der Moderne außer Kraft zu setzen und sinnlich-phänomenal zu überbrücken. Die Energie, wissenschaftliche Neugier und methodische Disziplin, mit der er den Phänomenen Musik und Musizieren begegnet und ihren Nadelkurven nachspürte, scheint mir auf zwei Ahnungen zurückzugehen: Zum einen auf die Hoffnung darauf, daß die Musik ebendiese Aporien gelegentlich suspendieren und verfremden kann. Zum anderen auf die Ahnung, das Musik dadurch unsere Individualität und Sozialität in ihren akustischen Inversionswelten maß-geblich zu bereichern vermag.

Erich von Hornbostel wollte diese Hoffnung messen.

54 Ebd., S. 244.

55 Diese Formulierung als Paraphrase zu Fritz Stern, *Verspielte Größe. Essays zur deutschen Geschichte des 20.Jahrhunderts*, München 1996.

56 Nach dem förmlichen Entzug der Lehrbefugnis war Hornbostel im Oktober 1933 der Universität nur noch einen Aktenvermerk wert. Man betrachte die verwaltungstechnisch ´korrekte´ Abwicklung auf der *Einbehaltungskarte einbehaltener Bezüge*, die im Anhang B des vorliegenden Bandes abgebildet ist.

57 Vgl. Margret Kaiser-El-Safti, „Robert Musil und die Psychologie seiner Zeit“, in H. G. Pott (Hrsg.), *Robert Musil*, S. 160.

58 Ch. Kaden im Vorwort zu *Hornbostel. Tonart und Ethos*, S. 39.

Bildanalytische Gewinnung von Tonsignalen aus alten Tonträgern - Kupfernegative von Edison-Zylindern

Gerd Stanke, Tim Wöhrle

Mit der Erfindung des Phonographen durch Edison wurde die Ära der reproduzierbaren Tonaufzeichnung eingeleitet. Das Trägermedium für die Originalaufnahmen waren Walzen aus Wachs, das ein relativ weiches Material ist und naturgemäß durch wiederholtes Abspielen einem mechanischen Verschleiß unterliegt. Um diesem Mangel auszuweichen, wurden in den ersten Jahrzehnten dieses Jahrhunderts in Berlin von originalen Wachswalzen auf galvanischem Wege Kupfernegative (Galvanos) erzeugt. Diese hatten den Vorteil, daß von ihnen immer wieder qualitativ gute Kopien gewonnen werden konnten. Stimmliches Kulturgut vieler Völker der Welt wurde auf diesem Wege „eingefroren", konserviert. Der historische Bestand des seit 1900 existierenden und heute zur Abteilung Musikethnologie im Museum für Völkerkunde gehörenden Berliner Phonogramm-Archivs umfaßt eine weltweit einzigartige Sammlung von ca. 30.000 Edisonwalzen, die zwischen 1893 und 1943 in allen Teilen der Welt aufgenommen und in Berlin zusammengetragen worden sind.

Diese nach unterschiedlichen Kriterien geordneten Walzensammlungen liegen jedoch zum überwiegenden Teil nur in Form der Kupfernegative vor (insgesamt ca. 20.000). Ihr wissenschaftlicher Wert ist besonders hoch, da diese Negative als Kopien der 1. Generation den verlorengegangenen Originalen am nächsten kommen und sie im Gegensatz zu den daraus gewonnenen positiven Kopien - 2. Generation - die Zeitläufe (teilweise 90 Jahre) relativ unbeschadet überstanden haben.

Um dieses nicht wiederbringbare Kulturgut aus der Zeit der Jahrhundertwende sowohl für die Forschung als auch für die Öffentlichkeit verfügbar zu machen, müssen die Tondokumente wieder hörbar gemacht und auf zeitgemäße (digitale) Tonträger übertragen werden. Es ist heute kein Verfahren bekannt, das es direkt gestattet, die in Form von Negativspuren auf den Innenseiten der Galvanos vorhandene Toninformation abzuspielen.

Die im Forschungsvorhaben der Gesellschaft zur Förderung angewandter Informatik e.V. in Ansatz gebrachte Technologie nutzt Verfahren der Bildanalyse aus. Das hat den Vorteil, daß eine berührungslose, nicht beeinflussende Abtastung der Tonspuren erfolgt, die im Bedarfsfall auch wiederholt werden kann.

Vom Bild zum Ton

Zur Ermittlung der geometrischen Gestalt eines Objektes, hier des wellenförmigen Verlaufes der Tonspur, werden in der Bildverarbeitung unterschiedliche Verfahren verwendet. Genannt seien interferometrische Techniken, das Lichtschnittverfahren, stereometrische Ansätze und das sogenannte „Shape from Shading". Favorisiert werden im Projekt die beiden letzteren Ansätze, da interferometrische Techniken Auswerteprobleme bringen und die Realisierung des Lichtschnittes für die Mikrostrukturen, die Spuramplituden liegen gemäß Beispielmessungen im Bereich von 20 - 30µm, nicht praktikabel ist. Das Shape From Shading macht sich zu Nutze, daß bei bekannter Geometrie von Beleuchtung und Kamera das von der Kamera aufgefangene Intensitätssignal abhängig vom Albedo und der Normalenrichtung der Oberfläche sowie von den Reflektanzeigenschaften des Materials ist. Wenn das Aldebo uniform ist (durch ein untexturiertes Material) und die Reflektanzeigenschaften bekannt sind, kann aus den Änderungen der Normalenrichtungen auf den Reliefverlauf der Oberfläche geschlossen werden. Es gibt zahlreiche unterschiedliche Shape Form Shading-Ansätze mit verschiedenen Meßgenauigkeiten und Robustheiten, von denen ein geeigneter ausgewählt werden muß.

Ein zweites Verfahren, die Stereoanalyse, beruht auf der Auswertung der Szene von 2 Standpunkten aus. Bei einer bekannten Position der beiden Betrachter (Kameras) zueinander können Bildbereiche, die in beiden Bildern erscheinen, korreliert werden. Ist ein Punkt auf der Oberfläche in beiden Bildern identifiziert, können seine Koordinaten als Schnittpunkt zweier Geraden, die durch den Kamerabrennpunkt und den Kamerabildpunkt verlaufen, berechnet werden. Wird diese Berechnung bildpunktweise durchgeführt, liegt ein Höhenprofil der Oberfläche vor, aus dem der Klang rekonstruiert werden kann.

Jede Menge Daten

Eine Besonderheit dieser Herangehensweise ist in ihrer durchgängigen digitalen Datenerfassung zu sehen. Die Klänge werden ohne den Umweg über analoge Medien digital gemessen und verarbeitet und können auf zeitgemäße Medien wie CDs überspielt werden. Eine anderweitige Verwendung der Daten (z.B. zu Analysezwecken) ist problemlos möglich.

Aus Sicht der Bildverarbeitung läßt sich die zu verarbeitende Bildmenge bei der Annahme, daß ein Bildpunkt in der Kamera bzw. im Rechner eine Fläche von ca. 4*4 μm^2 abbildet, wie folgt abschätzen: 1 mm Tonspur wird, bei 250 μm Spurbreite und einem Byte pro Bildpunkt, durch ein Datenvolumen von ca. 62,5 Kbyte dargestellt. Umgerechnet auf einen kompletten Zylinder mit 60 m Spurlänge sind das 3,75 Gbyte, notwendige Überlappungen der Bildbereiche lassen die Datenmenge auf das 1,5-fache ansteigen. Die Auswirkung von Auflösungsänderungen sind einfach berechenbar.

Das erste Bild entscheidet

Grundvoraussetzung für erfolgreiche Überführung der vorliegenden Tiefeninformation auf bildanalytischem Wege in Toninformation ist eine gute, geeignete Bildaufnahme. Hier lag der erste Schwerpunkt in der bisherigen Projektbearbeitung, und es sind deutliche Fortschritte erzielt worden, was die Homogenität der Bildgeometrie sowie der Ausleuchtung betrifft, damit sind anfängliche Störeinflüsse gemindert. Die bereits mit der verbesserten Technik aufgenommenen Bilder zeigen klar die „Gebirgsstruktur“ der Tonsignale und deuten umlaufende Spuren mit überlappenden Bildausschnitten an. Der beispielhafte charakterisierende Wellenverlauf zeigt, was mit ad hoc Versuchen aus verfügbarem Bildmaterial erreichbar ist, verdeutlicht aber auch, welche Qualitätsverbesserung noch geleistet werden muß. Hier liegt der noch zu bewältigende Schwerpunkt in der Projektdurchführung.

Das in der bestehenden Version verfügbare Aufnahmesystem gibt bereits jetzt die Möglichkeit, sich auf optischem Wege eine Information über den Zustand der Zylinderoberflächen zu verschaffen und auf Videoband festzuhalten. Dieser Schritt ist auch insofern relevant, da sich bei Tests gezeigt hat, daß durchaus unterschiedliche Erhaltungszustände, die im Endeffekt auch die Auswertbarkeit der Toninformation beeinflussen, für die vielen Galvanos vorliegen.

Das Jahrhundert hat Spuren hinterlassen

Das Jahrhundert ist an den Galvanos nicht spurlos vorbeigegangen. Technische Defekte und Unzulänglichkeiten beeinflußten den Herstellungsprozeß. Nichtsachgerechter Umgang führte zu Beschädigungen, das Kupfermaterial unterlag Alterungs-, Verschmutzungs- und Deformationsprozessen. Diese Einflußfaktoren müssen berücksichtigt, eliminiert bzw. ausgeglichen werden.

Wesentliche Fragen bei der Realisierung werden die Gewinnung eines geometrisch treuen Referenzmodells für definierte Teilflächen von Zylindern und die Beherrschung der Walzengeometrie sein, die, durch die damaligen Fertigungsmethoden bedingt, z.T. starke Unregelmäßigkeiten aufweist. Ersteres wird über die hochgenaue Vermessung mit sub-μ-Meter Auflösung vorbestimmter (kleiner) Flächen gelöst. Damit wird es möglich, parametrisierbare Operatoren so anzupassen, daß sie bestmöglich ein Modell für die Überführung von Bild- in Tiefeninformation geben. Um Fragen in der Inkonsistenz des Zylinders (Objektes), z.B. Abweichung von der Kreisform oder Nichtparallelität von Objektwand und Objektachse auszugleichen, wird ein rechnersteuerbares Positionier- und Drehsystem eingesetzt, das es ermöglicht, auf der Basis der Sensorinformation weitestgehend konstante Verhältnisse zwischen Aufnahmesystem und der die Toninformation tragenden Zylinderwand herzustellen.

Das Projektergebnis erschließt für die Geisteswissenschaften eine bisher nicht nutzbare Informationsquelle, läßt so zu, eine Lücke zu schließen und erlaubt, historisch wertvolles Material nutzbar zur Verfügung zu stellen.

Foto 1: Ansicht zweier Galvano-Negative (Kupfer) aus den Beständen des Berliner Phonogramm-Archivs

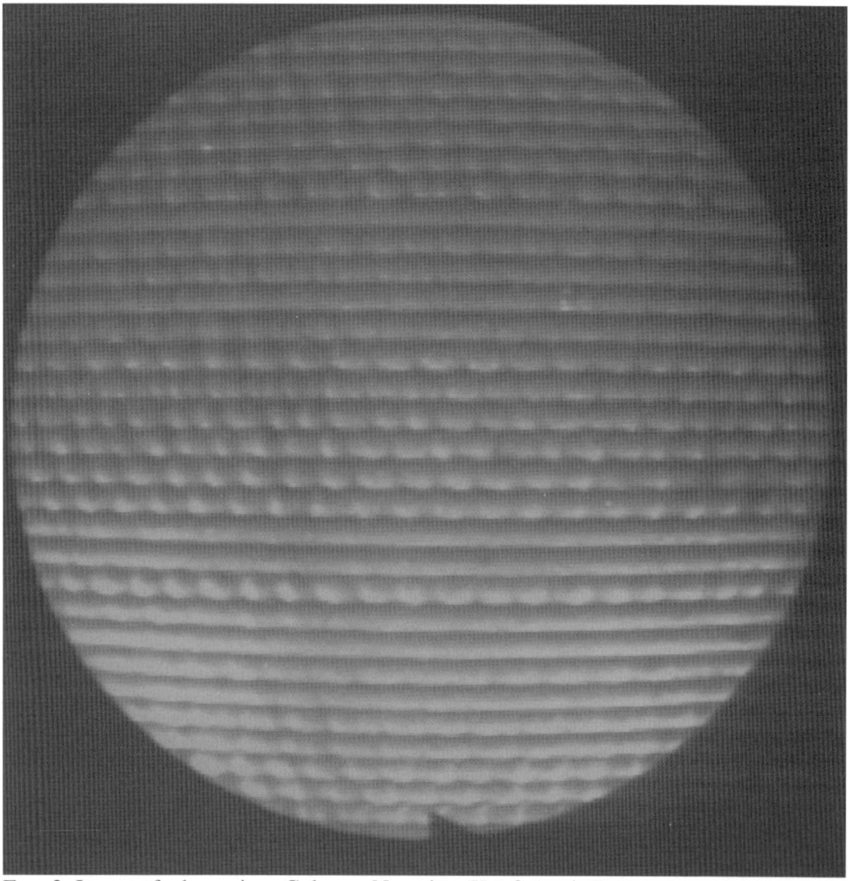

Foto 2: Innenaufnahme eines Galvano-Negativs (Kupfer) mit Tonspuren (erste Aufnahmereihe mit Endoskop)

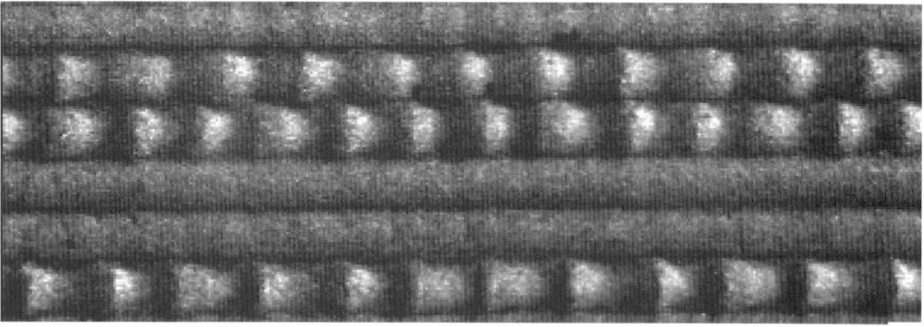

Foto 3: Aufnahmen eines Galvano-Negativs (Kupfer) mit verbesserter Aufnahmetechnik

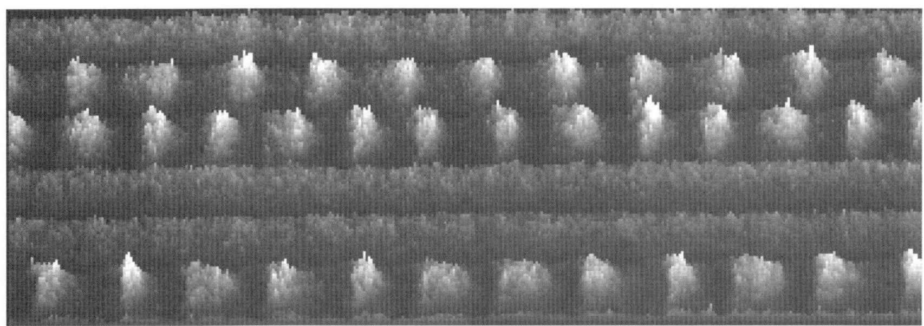

Foto 4: Pseudo-3D-Darstellung der Tonspuren. Erkennbar ist der Zusammenhang zwischen Helligkeit und Spurenhöhe

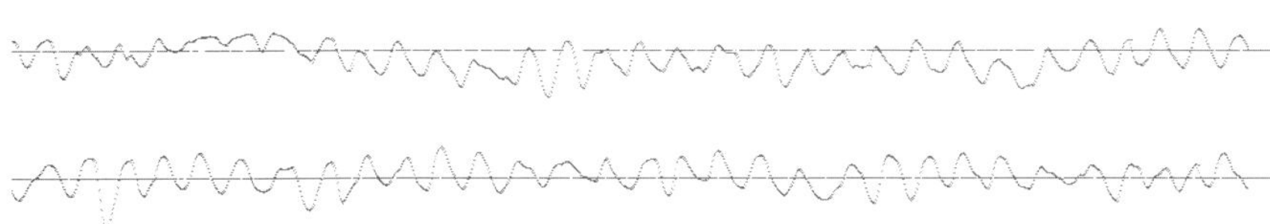

Foto 5: Stück eines *ad hoc* detektierten Wellenverlaufes

Anhang A

E. M. von Hornbostel - OPERA OMNIA.
Zusammengestellt durch Jaap Kunst, Amsterdam 1946.
Aufbereitet durch Marjolijn van Roon, Amsterdam 1996.

Das Typoskript von J. Kunst, das diesen gesammelten Werken als Vorsatz dient, weist die folgende Bemerkung (jeweils in holländisch, deutsch, englisch) auf: „Opera Omnia. Für soweit uns bekannt. Dreiteilig. Dieses Buch enthält die Opera Omnia von Erich Maria von Hornbostel (1877-1935)".
Marjolijn van Roon hat geringfügige Korrekturen („ß" für „sz", Großschreibung wo angebracht u.a.) vorgenommen und Namen in eckigen Klammern ergänzt. Die Liste der Artikel in chronologischer Reihenfolge mit den durch J. Kunst eingeführten HB-Nummern (s. u.) stammt von ihr.

Band I: *Außereuropäische Musik*

Band II: *Prinzipiell und zusammenfassend*

Band III: *Buchbesprechungen*

Diverse Gebiete

[von hierab nicht mehr eingebunden]

81. Die Herkunft der altperuanischen Gewichtsnorm. 1931
82. Chama String Games (Peru). 1939

Psycho-philosophische Studien

83. Musikpsychologische Bemerkungen über Vogelgesang. 1911
84. Physiologische Akustik. 1920
85. Über die Wahrnehmung der Schallrichtung. [mit Max Wertheimer] 1920
86. Über optische Inversion. 1921
87. Bemerkungen zu einer "Grundfrage der Akustik und Tonpsychologie". 1922
88. Physiologische Akustik. 1922
89. Beobachtungen über ein- und zweiohriges Hören. 1923
90. The psychophysiology of monotic and diotic hearing. 1923
91. Die Einheit der Sinne. 1925
92. Zur Psychologie der Tondistanz. [mit Otto Abraham] 1926
93. Psychologie der Gehörserscheinungen. 1926
94. Gestaltpsychologisches zur Stilkritik. 1930
95. Über Verschiebung der Tonhöhe. 1931
96. Über Geruchshelligkeit. 1931

Abschluß: *Epilog von Jaap Kunst.*

Liste der Artikel in chronologischer Reihenfolge mit den von Jaap Kunst angegebenen Quellen (siehe auch unter "Hornbostel", Nummern 1882-1963 in Jaap Kunst, *Ethnomusicology. With an extensive bibliography*, Den Haag 1955)

1903 HB 1, in: *Sammelbände der Internationalen Musikgesellschaft* 4; Neuausgabe in: *Sammelbände für vergleichende Musikwissenschaft*, München 1922.

1904 HB 2, in: *Zeitschrift für Ethnologie* 36; Neuausgabe in: *Sammelbände für vergleichende Musikwissenschaft*, München 1922.

1904 HB 3, in: *Sammelbände der Internationalen Musikgesellschaft* 5; Neuausgabe in: *Sammelbände für vergleichende Musikwissenschaft,* München 1922.

1904 HB 29, in: *Zeitschrift der Internationalen Musikgesellschaft* 5, 12.

1904 HB 30, in: *Zeitschrift für Ethnologie* 36, S.222 ff.

1905 HB 31, in: *Zeitschrift der Internationalen Musikgesellschaft* 3; Leipzig.

1906 HB 4, in: *Boas Anniversary Volume.* New York; Neuausgabe in: *Sammelbände für vergleichende Musikwissenschaft* 1, S.291 ff., München 1922.

1906 HB 32, in: *Kongreßbericht der Internationalen Musikgesellschaft*, Basel.

1906 HB 33, in: *Sammelbände der Internationalen Musikgesellschaft* 7.

1907 HB 5, in: *Sammelbände der Internationalen Musikgesellschaft* 8; Neuausgabe in: *Sammelbände für vergleichende Musikwissenschaft* 1, S.311 ff., München 1922.

1907 HB 6, in: E.Stephan und F.Graebner, *Neu-Mecklenburg*, Berlin; Neuausgabe in: *Sammelbände für vergleichende Musikwissenschaft* 1, S.349 ff., München 1922.

1908 HB 7, in: B.Hagen, *Die Orang Kubu auf Sumatra,* Baer & Co, Frankfurt/M.; Neuausgabe in *Sammelbände für vergleichende Musikwissenschaft* 1, S.359 ff., München 1922.

1909 HB 8, in: *Beobachtungen und Studien von Prof. Dr. A. Krämer,* Reichs-Marine-Amt, Berlin.

1909 HB 9, in: *Anthropos* 4, Wien.

1909 HB 34, in: *Sammelbände der Internationalen Musikgesellschaft* 11.

1910 HB 10, in: *Bulletin de l'Académie des Sciences de Cracovie, Classe des Sciences mathématiques et naturelles*, Série B, Sciences Naturelles.

1910 HB 11, in: Theodor Koch-Grünberg, *Zwei Jahre unter den Indianern* II, Sonderdruck, Berlin.

1910 HB 35, in: *Zeitschrift für Psychologie*. Und in: Stumpf, *Beiträge zur Akustik und Musikwissenschaft* 4-6, S.147 ff.

1911 HB 12, Sonderdruck aus: R. Karutz, *Unter Kirgisen und Turkmenen*, Leipzig.

1911 HB 37, Sonderdruck aus: *Bericht über den IV.Kongreß für experimentelle Psychologie in Innsbruck 1910*. Leipzig 1911.

1911 HB 38, in: *Zeitschrift für Ethnologie* 3/4, S.601 ff.

1911 HB 39, Sonderdruck aus: *Zeitschrift der Internationalen Musikgesellschaft* 12, 11.

1911 HB 66, Buchbesprechung in: *Zeitschrift der Internationalen Musikgesellschaft* 12, 3.

1911 HB 67, Buchbesprechung in: *Anthropos* 6, S.231.

1911 HB 83, in: *Zeitschrift der Internationalen Musikgesellschaft* 12.

1912 HB 13, Sonderdruck aus: K.Th.Preuß, *Die Nayarit-Expedition 1*.

1912 HB 14, Sonderdruck aus: R. Thurnwald, *Forschungen auf den Salomo-Inseln und dem Bismarck-Archipel* 1, S. 367 ff.

1912 HB 40, in: *Meyers Großes Konversations-Lexicon*, 6.Auflage, 24 (Jahressupplement 1911-1912). Leipzig/Wien 1913.

1912 HB 41, Sonderdruck aus: *Zeitschrift der Internationalen Musikgesellschaft* 13, S.341 ff.

1913 HB 42, in: *Jahrbuch der Musikbibliothek Peters* 20, S.11 ff.

1914 HB 15, in: G. Tessmann, *Die Pangwe II*, S.320 ff.

1914 HB 44, in: *Zeitschrift für Ethnologie* 46, S.553 ff.

1917 HB 17, in: Dr. Jan Czekanowski, [*Wissenschaftliche Ergebnisse der deutschen Zentral-Afrika-Expedition 1907-1908 - Forschungen im Nil-Kongo-Zwischengebiet* - 6, 1.Teil: Ethnographie und Anthropologie 1; Leipzig.

1919 HB 18, in: *Stumpf Festschrift, 1919*, S.477 ff.; Neuausgabe in: *Archiv für Musikwissenschaft* 1, 1918-1919.

1919 HB 45, in: *Deutsches Kolonial-Lexikon 2*, H-O; Leipzig.

1919 HB 46, in: *Anthropos* 14/15; Analecta et Additamenta, S.569 ff.

1920 HB 19, *Archiv für Musikwissenschaft* 2, S.306 ff., 1. April 1920. Schriftleitung Prof. Joh. Wolf, Berlin/Friedenau.

1921 HB 47, Sonderdruck aus: *Melos* 9.

1921 HB 48, Sonderdruck aus: *Zeitschrift für Ästhetik und allgemeine Kunstwissenschaft* 19. Stuttgart.

1921 HB 49, in: *Zeitschrift für Physik* 6, S.29 ff.

1923 HB 20, in: Theodor Koch-Grünberg: *Von Roroima zum Orinoco* 3, S.395 ff.

1923 HB 50, in: *Brief Hornbostels an Jaap Kunst*, 8. October 1923.

1924 HB 51, Sonderdruck aus: *Bericht über den Musikwissenschaftlichen Kongreß in Basel*, S.203 ff., Naumburg a.d.S.

1924 HB 52, in: *Zeitschrift für Ästhetik und allgemeine Kunstwissenschaft* 19.

1925 HB 53, *Geschichte des Phonogramm-Archivs der Staatlichen Hochschule für Musik in Berlin.*

1926 HB 21, in: *Anthropos* 21; Analecta et Additamenta, S.227.

1926 HB 69, Buchbesprechung in: *Die Deutsche Literaturzeitung* 28.

1926 HB 70, Buchbesprechungen in: *The International Review of Missions* 15, 60, October 1926, S.748 ff.

1926 HB 92, in: *Zeitschrift für Physiologie der Sinnesorgane* 98.

1926 HB 93, in: *Handbuch der Physiologie* 11, S.701 ff.

1927 HB 22, Sonderdruck aus: *Melos* 6,12.

1927 HB 54, in: *Festschrift Meinhof* (Hamburg und Glückstadt, 1927).

1927 HB 55, in: Geiger und Scheel, *Handbuch der Physik* 8, S.425 ff.

1927 HB 68, Buchbesprechung in: *Anthropos* 22.

1927 HB 71, Buchbesprechung in: *Ethnologischer Anzeiger* 2, 1927.

1927 HB 72, Buchbesprechung in: *Deutsche Literaturzeitung* 48, S.220 ff.

1928 HB 23, Sonderdruck aus: *Africa* 1, 1.

1928 HB 56, Vorlesung in Rostock, 1928.

1928 HB 79, in: *Festschrift Wilhelm Schmidt*, S.303 ff.

1929 HB 58, in: *Johannes Wolf-Festschrift*, S.73 ff.

1930 HB 57, in: *Brief Hornbostels an Jaap Kunst.*

1930? HB 59, in: *Brief Hornbostels an Jaap Kunst.*

1930 HB 80, in: *Anthropos* 25.

1930 HB 94, in: *Festschrift-Guido Adler.*

1931 HB 28, Text in: *Musik des Orients* (Schallplattensammlung Carl Lindström).

1931 HB 60, in: *Kultur und Schallplatte* 2, 10/11, Berlin.

1931 HB 73, Buchbesprechung in: *Baessler-Archiv* 15, S.55 ff.

1931 HB 74, Buchbesprechung in: *Orientalische Literaturzeitung*, 1931, Nr. 9/10.

1931 HB 95, in: *Zeitschrift für Laryngologie* 21, S.100 ff.

1932 HB 64, in: *Zeitschrift für vergleichende Musikwissenschaft* 1, S.16 ff.

1932 HB 75, Buchbesprechung in: *Zeitschrift für vergleichende Musikwissenschaft* 1, S.63 ff.

1933 HB 24, in: *Deutsche Island-Forschung*, S. 300-320, Breslau.

1933 HB 25, in: *Zeitschrift für vergleichende Musikwissenschaft* 1, S.4 ff.

1933 HB 26, in: *Zeitschrift für vergleichende Musikwissenschaft* 1, S.73 ff.

1933 HB 61, in: *Zeitschrift für vergleichende Musikwissenschaft* 1, S.25 ff.

1933 HB 62, in: *Africa* 6, S.129 ff. und S.277 ff., London.

1933 HB 63, in: *Zeitschrift für vergleichende Musikwissenschaft* 1, S.40 ff.

1933 HB 76, Buchbesprechung in: *Zeitschrift für vergleichende Musikwissenschaft* 1.

1933 HB 77, Buchbesprechung in: *Zeitschrift für vergleichende Musikwissenschaft* 2, S.60 ff. und 39.

1933 HB 78, Buchbesprechung in: *Zeitschrift für vergleichende Musikwissenschaft* 3, S.88 ff.

1936 HB 27, postum, in: *American Anthropologist,* New series 38, S.357 ff.

1948 HB 65, postum, in: *Ethnos* 3/4, S.61 ff., Stockholm.

Anhang B.
Dokumente zur Tätigkeit Hornbostels an der Friedrich-Wilhelms-Universität zu Berlin

Struktur und Sitz des Psychologischen Instituts, das 1920 mit dem Phonogramm-Archiv in das Schloß umgezogen war. Quelle: *Amtliches Personalverzeichnis der Friedrich-Wilhelms-Universität zu Berlin. Auf das Winterhalbjahr vom 16. Oktober 1920 bis 14. März 1921*. Berlin o.J.

Abschrift des Begleitschreibens des Preußischen Ministers für Wissenschaft, Kunst und Volksbildung an Dr. Erich von Hornbostel vom 25. Juni 1925 anläßlich der Ernennung zum nicht beamteten außerordentlichen Professor. Quelle: Professorenakte Hornbostel.

Hornbostel liest „Musik der Naturvölker" im Fach Musikwissenschaft und bietet „Tonpsychologische Übungen" im Musikhistorischen Seminar an. Quelle: *Friedrich-Wilhelms-Universität zu Berlin. Verzeichnis der Vorlesungen Wintersemester 1927-28*. Berlin 1927.

Verzeichnis der nicht beamteten außerordentlichen Professoren. Außer Hornbostel erscheinen aus seinem beruflichen Umfeld die Musikwissenschaftler Curt Sachs und Georg Schünemann, der Ethnologe Richard Thurnwald sowie die Psychologen Kurt Lewin und Hans Rupp. Quelle: *Amtliches Personalverzeichnis der Friedrich-Wilhelms-Universität zu Berlin für das 121. Rektoratsjahr 1930/31*, Berlin 1931.

Abschrift des Schreibens des Preußischen Ministers für Wissenschaft, Kunst und Volksbildung an Dr. Erich von Hornbostel vom 24. September 1933 mit dem Entzug der Lehrbefugnis. Quelle: Professorenakte Hornbostel.

„Einbehaltungskarte über die (...) einbehaltenen Bezüge" vom 10. Oktober 1933. Quelle: Professorenakte Hornbostel.
Alle Dokumente erscheinen mit freundlicher Genehmigung des Archivs der Humboldt-Universität zu Berlin.

Wissenschaftliche Anstalten der Universität.

1. Das Theologische Seminar.

Die allgemeine Direktion hat der Dekan der Theologischen Fakultät.

a) Alttestamentliche Abteilung.
(C 2, im Universitätsgebäude.)

Unter Leitung des ord. Prof. D. Dr. Graf von Baudissin.

b) Neutestamentliche Abteilung.
(C 2, im Universitätsgebäude.)

Unter Leitung des Geheimen Konsistorialrats, ord. Prof. D. Deißmann.
Assistent: Lic. theol. Schmidt, Karl Ludwig, Privatdozent — s. vorher.
Volontärassistent: Dr. phil. Nikos Weïs — Wilmersdorf, Uhlandstr. 62.
Repetent: Bertram, Vikar — Charlottenburg, Rückertstr. 11.

c) Kirchenhistorische Abteilung.
(W 8, Kaiser-Franz-Josef-Platz. F Ztr. 11 032.)

Die beiden Sektionen für ältere und neuere Kirchengeschichte stehen unter Leitung des Wirklichen Geheimen Rats, ord. Prof., Exzellenz D. Dr. von Harnack und des Geheimen Konsistorialrats, ord. Prof. D. Dr. Holl.

2. Das Praktisch-Theologische Seminar.
(C 2, im Universitätsgebäude.)

Die Leitung hat der Geheime Konsistorialrat, ord. Prof. D. Mahling.
Liturgische Vorträge und musikalische Übungen: Biehle, Prof. — s. vorher.

3. Das Seminar für christliche Archäologie und kirchliche Kunst.
(Christliches Museum.)
(NW 7, Dorotheenstr. 6.)

Direktor: D. Dr. Stuhlfauth, außerord. Prof. — s. vorher. F Ztr. 2294.

4. Seminar für nachbiblisches Judentum.
(C 2, im Universitätsgebäude, Zimmer 252/53.)

Leiter: D. Dr. Strack, ord. Honorarprof. — s. vorher.

5. Das Juristische Seminar.
(C 2, Kaiser-Franz-Josef-Platz, Anlagebäude. F Ztr. 11 032.)

Direktoren sind die ordentlichen Professoren der Fakultät.

Bibliothek des Juristischen Seminars.
(C 2, Kaiser-Franz-Josef-Platz, Anlagebäude. Geöffnet 9–5 Uhr.)

Die Direktion führt in Vertretung des Dekans: Dr. Seckel, Geheimer Justizrat, ord. Prof. — s. vorher.

Kommission für Bücheranschaffungen: der jeweilige Dekan, der mit der Direktion beauftragte ord. Prof. und der ord. Prof. Bruns.
Bibliothekar: Bacc. jur. von Gebhardt — Grunewald, Humboldtstr. 34.

6. Das Kriminalistische Institut.
(C 2, im Universitätsgebäude. F Ztr. 2561.)

Geschäftsführender Direktor z. Z.: Dr. E. Kohlrausch, ord. Prof. — s. vorher.
Mitdirektoren: D. Dr. Kahl, Geheimer Justizrat, ord. Prof. — s. vorher.
Dr. J. Goldschmidt, ord. Prof. — s. vorher.
Assistent: Dr. Schmidt, Eberhard, Privatdozent — s. vorher.

7. Das Kirchenrechtliche Institut.
(C 2, im Universitätsgebäude.)

Direktor: D. Dr. jur., phil. Stutz, Geheimer Justizrat, ord. Prof. — s. vorher.
Assistent: Dr. jur. Schönfeld, Walther, Gerichtsassessor a. D.

8. Institut für Auslands- und Wirtschaftsrecht.
(C 2, im Universitätsgebäude.)

Direktor: Dr. Heymann, Geheimer Justizrat, ord. Prof. — s. vorher.

9. Das Philosophische Seminar.
(NW 7, Dorotheenstr. 10. F Ztr. 6787.)

Direktoren: Dr. Stumpf, Geheimer Regierungsrat, ord. Prof. — s. vorher.
" Riehl, Geheimer Regierungsrat, ord. Prof. — s. vorher.
" Erdmann, Geheimer Regierungsrat, ord. Prof. — s. vorher.
D. Dr. Troeltsch, Geheimer Regierungsrat, ord. Prof. — s. vorher.
Dr. Dessoir, ord. Prof. — s. vorher.
" Spranger, ord. Prof. — s. vorher.
Assistentin: stud. phil. Gertrud Jung — NO 18, Landsberger Platz 5.

10. Das Psychologische Institut.
(C 2, im Schloß, Westportal. F Ztr. 6580.)

Direktor: Dr. Stumpf, Geheimer Regierungsrat, ord. Prof. — s. vorher.
Vorsteher: Dr. Köhler, Wolfgang, Privatdozent an der Universität Frankfurt a. M.
Assistenten: Dr. Rupp, Professor, Privatdozent — s. vorher.
" von Allesch — W 15, Fasanenstr. 32.
Leiter des Phonogrammarchivs: Dr. von Hornbostel, Professor — Steglitz, Arndtstr. 40. F Stgl. 3422.
Assistent des Phonogrammarchivs: Kreichgauer — Charlottenburg-Westend, Eichenallee 33.
Institutsgehilfe: Kaumann — NW 7, Dorotheenstr. 80.
Hilfsdiener: Nierzwicki — Neukölln, Hermannstr. 54.

11. Pädagogisches Seminar.
(Dorotheenstr. 6, 11.)

Leiter: Dr. Spranger, ord. Prof. — s. vorher.
Dr. F. J. Schmidt, außerord. Prof. — s. vorher.
Assistentin: Frl. stud. phil. Margarete Lubowski — W 62, Kleiststr. 29.

Der Preußische Minister
für Wissenschaft, Kunst und
Volksbildung

U I Nr. 6581 I.Ang. 1.

Bei Beantwortung wird um Angabe
der Geschäftsnummer gebeten.

Berlin W 8 den 25. Juni 1925.
Unter den Linden 4
Fernsprecher: Zentrum 11340–11343

2114

2. Aul.

Nachdem ich Sie zum nichtbeamteten außerordentlichen Professor ernannt habe, übersende ich Jhnen die darüber ausgefertigte Urkunde mit dem Bemerken, daß ----Sie durch diese Ernennung die mit Jhrer neuen Eigenschaft verbundenen Rechte im Rahmen der akademischen Korporation erhalten. Dagegen erwerben Sie keinen Anspruch gegen den Staat, insbesondere nicht auf Übertragung eines planmäßigen Lehrstuhls .

(Unterschrift)

An den außerordentlichen Professor Herrn Dr. Erich von Hornbostel
zu Berlin-Steglitz, Arndtstr. 40.

****

Abschrift zur Kenntnis.

Wegen Einordnung des Professors von H o r n b o s t e l in den amtlichen Verzeichnissen verweise ich auf den Erlaß vom 24. Februar 1921 -U I Nr. 3685-.

gez: B e c k e r

BEGLAUBIGT

MINISTERIAL-KANZLEISEKRETÄR.

An
Herrn Verwaltungsdirektor
bei der Universität
h i e r .

P. 2.

Musikwissenschaft

Musik der Naturvölker, Prof. **von Hornbostel**, Do 6-7, p. [1015

Geschichte der Musikinstrumente als Grundlage der Musikgeschichte, Prof. **Sachs**, Fr 5-7, p. [1016

Theorie und Geschichte der altgriechischen Musik, Prof. **Abert**, Di Fr 9-10, p. [1017

Geschichte der protestantischen Kirchenmusik, Prof. **Abert**, Di Fr 10-11, p. [1018

Musikgeschichte Italiens im 16. Jahrhundert, Prof. Johannes **Wolf**, Di 4-6, p. [1019

Geschichte der evangelischen Kirchenmusik von Bach bis zur Neuzeit, Prof. Johannes **Wolf**, Di 3-4, publ. [1020

Geschichte der Klaviermusik von Bach bis zur Neuzeit, Prof. **Schünemann**, Do 3-5, p. [1021

Musikalische Romantik, mit Erläuterungen am Klavier, Prof. **Friedlaender**, Mi 5-7, p. [1022

Hauptprobleme der deutschen Liedkomposition im 19. Jahrhundert (Schubert bis H. Wolf), Dr. **Blume**, Di Fr 12-1, p. [1023

Im Musikhistorischen Seminar:

1. Musikgeschichtliches Hauptseminar, Prof. **Abert**, Mi $11^1/_4$-$12^3/_4$, pg. [1024
2. Musikgeschichtliches Proseminar, Prof. **Abert**, So $11^1/_4$-$12^3/_4$, pg. [1025
3. Instrumentengeschichtliche Uebungen, Prof. **Sachs**, Mo 5-7, pg. [1026
4. Uebungen über die neuere Klaviermusik (im Anschluß an die Vorlesung), Prof. **Schünemann**, Mi 3-5, prss. [1027
5. Uebungen zum neueren deutschen Liede (17.-19. Jahrhundert), für Vorgeschrittene, Dr. **Blume**, Mi 9-11, pg. [1028
6. Uebungen zur Einführung in die musikalische Denkmälerkunde, für Anfänger, Dr. **Blume**, in zu vereinbarender Zeit, pg. [1029

Musikwissenschaftliche Uebungen für Fortgeschrittene, Prof. Johannes **Wolf**, So $8^1/_2$-10, pg. [1030

Collegium musicum (historische Kammer- und Orchesterübungen), für Studierende aller Fakultäten, Prof. **Abert**, Di $7^3/_4$-$9^1/_2$ a., pg. [1031

Chorübungen für Stimmbegabte (auch für Anfänger, verbunden mit einem Kolloquium über Geschichte des Liedes, Prof. **Friedlaender**, Do 6-8, pg. [1032

Tonpsychologische Uebungen, Prof. **von Hornbostel**, Do 5-6, pg. [1033

Kirchenmusik siehe auch Nr. 9, 68, 69 u. 71, Musikwissenschaftl. Akustik Nr 390, Stimmbildung Nr. 1219.

44 Philosophische Fakultät

Robert Pilger, Dr. phil., Zweiter Direktor d. Bot. Gartens u. Museums, Univ.-Prof. a. D., Dozent a. d. Techn. Hochsch. Berlin (Botanik) — Dahlem, Altensteinstr. 2. ☎ G 6 Breitenbach 0158 (0158).

Friedrich Henning, Dr. phil., Direktor bei d. Physikal.-Techn. Reichsanstalt (Physik) — Lichterfelde, Tulpenstr. 5. ☎ G 6 Breitenbach 1351.

Friedrich Solger, Dr. phil., stellv. Dir. d. Geolog.-Paläontolog. Inst. u. Museums ✠1 (Geologie, Paläontologie) — Steglitz, Dijonstr. 29. ☎ G 2 Steglitz 3788.

Alfred Byk, Dr. phil. (Physik) — Charlottenburg 4, Mommsenstr. 13. ☎ J 1 Bismarck 4082.

Werner Magnus, Dr. phil. (Botanik) — W 35, Am Karlsbad 4a. ☎ B 2 Lützow 2865.

Hans Pringsheim, Dr. phil. (Chemie) — W 62, Landgrafenstr. 5. ☎ B 5 Barbarossa 4310.

Hermann Großmann, Dr. phil. (Wirtschaftschemie u. Technologie) — Charlottenburg, Neuwestend, Mecklenburgallee 15. ☎ C 3 Westend 1372.

Franz Kiebitz, Dr. phil., Abt.-Dirigent i. Reichspost-Zentralamt ✠1 (BM4×) (SA3b×) (SLD2) (Physik) — Steglitz, Sedanstr. 2. ☎ G 2 Steglitz 3385.

Ernst Gehrcke, Dr. phil. (Physik) — Lichterfelde, Weddigenweg 8. ☎ G 3 Lichterf. 2853.

Otto Hahn, Dr. phil., Mitgl. d. preuß. Akad. d. Wissensch., Direktor d. Kaiser-Wilhelm-Inst. f. Chemie, korr. Mitgl. d. Ges. d. Wiss. in Göttingen, Mitgl. d. Leopoldin. Akad. in Halle ✠1 (Chemie) — Dahlem, Altensteinstr. 48. ☎ G 6 Breitenbach 1132.

Hans Rupp, Dr. phil., Assistent am Psycholog. Inst. (Philosophie) — Lankwitz Süd, Frankenhausener Str. 18–20. ☎ G 3 Lichterfelde 0358.

Paul Hofmann, Dr. phil. ✠2 (Philosophie) — Nikolassee, Sudetenstr. 23. ☎ G 4 Wannsee 5221.

Curt Sachs, Dr. phil., Prof. u. Leiter der Musikinstrumentensammlung a. d. Staatl. Hochschule f. Musik, Prof. a. d. Akad. f. Kirchen- u. Schulmusik (Musikwissenschaft, Instrumentenkunde) — W 10, Lichtensteinallee 2. ☎ B 5 Barbarossa 1061.

Otto Reichenheim, Dr. phil. ✠2 (Physik) — Charlottenburg 9, Ebereschenalle 4–6. ☎ C 3 Westend 573.

Wilhelm Westphal, Dr. phil., Hauptobservator a. Astrophysik. Observator. Potsdam, Lehrbeauftr. a. d. Techn. Hochsch. Berlin ○R. ✠1 (SA2) (WM3) (HH) (Physik) — Zehlendorf, Berlepschstr. 72a. ☎ G 4 Zehlendorf 1324.

Rudolf Ladenburg, Dr. phil., Wiss. Mitgl. d. Kaiser-Wilhelm-Inst. f. physikal. u. Elektrochemie, korr. Mitgl. d. Ges. d. Wiss. in Göttingen ✠2 (Physik) — Schlachtensee, Georgenstr. 24. ☎ G 4 Zehlendorf 3076. — Ersatzmann i. d. **Engeren Fakultät** und Mitgl. d. **Weiteren Senates.**

Erich Haarmann, Dr. phil. ✠2 (Geologie, Paläontologie, Wirtschaftsgeologie) — Halensee, Küstriner Str. 11. ☎ C 2 Bleibtreu 1560.

Otto Anselmino, Dr. phil. ✠ (BKV) (Pharmazeut. Chemie) — Steglitz, Paulsenstr. 55.

Martin Hobohm, Dr. phil., Archivrat u. Mitgl. d. Reichsarchivs ✠2 (Mittlere u. neuere Geschichte, Geschichte d. Kriegswesens) — Potsdam, Auguste-Viktoria-Str. 24. ☎ Potsdam 2244.

Georg Schünemann, Dr. phil., Stellv. Direktor u. Prof. d. Staatl. Hochschule f. Musik (Musikwissenschaft) — Wilmersdorf, Hohenzollerndamm 38. ☎ H 2 Uhland 4203.

Nicht beamtete außerordentliche Professoren 45

Walther Schrauth, Dr. phil. (Chemie) — Dahlem, Spohrstr. 7.

John Eggert, Dr. phil., Leiter d. Wiss. Zentrallaborator. d. Photogr. Abt. d. I. G. Farbenind. A. G. ✠ (Physikal. Chemie) — z. Zt. Leipzig, Montbéstraße 31. ☎ Leipzig 55884.

Max Rothstein, Dr. phil. (Klass. Philologie) — W 15, Pariser Straße 3. ☎ J 2 Oliva 3400.

Erich Ebeling, Dr. phil. (Oriental. Philologie u. Altertumskunde; Religionsgeschichte d. Alten Orients) — Frohnau, Gutshofstr. 27. ☎ Tegel 712.

Franz Babinger, Dr. phil., Lehrer am Sem. f. Oriental. Sprachen, korr. Mitgl. d. Akad. d. Wiss. in Agram ✠1 (BM4×) (ÖM3K) (TL×) (TH) (Islamwissenschaft) — W 15, Duisburger Str. 12. ☎ J 2 Oliva 5006.

Richard Thurnwald, Dr. phil. ✠1 ✠2 (Ethnologie, Völkerpsychol., Soziolog.) — Zehlendorf, Parkstr. 3.

Ernst Lewy, Dr. phil. (Allgem. u. finnisch-ugrische Sprachw.) — N 24, Am Kupfergraben 7.

Martin Heepe, Dr. phil., Lehrer u. Prof. a. Sem. f. Oriental. Sprachen (Afrikanische Sprachen) — Nikolassee, Teutonenstr. 17. — Mitgl. d. **Senates** u. d. **Weiteren Senates.**

Gerhard Hettner, Dr. phil., Oberassist. am Physikal. Inst. (Physik) — Charlottenburg 5, Witzlebenstr. 31.

Erich von Hornbostel, Dr. phil., Leiter d. Staatl. Phonogrammarchivs beim Psycholog. Inst. ✠ (ÖZVK) (Systemat. u. vergl. Musikwissenschaft) — Steglitz, Arndtstr. 40. ☎ G 2 Steglitz 3422.

Lise Meitner, Dr. phil., Mitgl. d. Kaiser-Wilhelm-Inst. f. Chemie, korr. Mitgl. d. Ges. d. Wiss. in Göttingen, Mitgl. d. Leopoldin. Akad. in Halle (Physik) — Lichterfelde, Zietenstr. 2. ☎ G 6 Breitenbach 2381. Mitgl. d. **Engeren Fakultät** u. d. **Weiteren Senates.**

Johann Baptist Rieffert, Dr. phil. ✠3 (ÖR4) (Philosophie) — Halensee, Nestorstr. 6. ☎ H 2 Uhland 1777. — Ersatzmann i. d. **Engeren Fakultät** und Mitgl. d. **Weiteren Senates.**

Hans Reichenbach, Dr. phil. (Erkenntnistheoret. Grundlagen d. Physik) — Zehlendorf, Schützallee 45. ☎ G 4 Zehlendorf 1795.

Kurt Lewin, Dr. phil., Assist. am Psycholog. Inst. ✠2 (OK2) (Philosophie) — Schlachtensee, Dianastr. 3.

Adolf Hammerstein, Dr. phil., Assist. am Mathem. Sem. ✠2 (BrM) (Schles. Adler 1 u. 2) (Mathematik) — Charlottenburg 2, Schlüterstr. 9.

Walter Grotrian, Dr. phil., Observator a. Astrophysikal. Observator. in Potsdam ✠1 ✠4 (Experimentalphysik) — Potsdam, Telegraphenberg. ☎ Potsdam 3367.

Karl Knoch, Dr. phil., Abt.-Vorsteher am Meteorolog. Inst., Hon.-Dozent a. d. Landwirtsch. Hochsch. Berlin ✠1 (StK2) (Meteorologie) — Friedenau, Handjerystr. 93. ☎ H 3 Rheingau 5318.

Arthur Liebert, Dr. phil., a. o. Prof. a. d. Handelshochsch. Berlin, ausw. Mitgl. d. Akad. d. Wiss. in Neapel, Geschäftsführer d. Kant-Ges. (Philosophie) — Dahlem, Gosslerstr. 29. — Mitgl. d. **Engeren Fakultät** u. d. **Weiteren Senates.**

Willy Hoppe, Dr. phil., Biblioth.-Direktor d. Industrie- u. Handelskammer (Mittlere u. neuere Geschichte) — Lankwitz, Franzstr. 11c. ☎ G 3 Lichterfelde 4267.

Hans Kauffmann, Dr. phil. (Kunstgeschichte) — W 30, Luitpoldstr. 20.

Charlotte Leubuscher, Dr. phil. (Staatswissensch.) — W 15, Bregenzer Straße 1. ☎ J 2 Oliva 4331. — Mitgl. d. **Weiteren Senates.**

Preußische Minister
ssenschaft, Kunst und
Volksbildung

U I Nr. 8638

Verw. Dir.
b. d. Univ. Berlin
Eing. 29.SEP 1933

Berlin W 8 den 24.September 1933.
- Postfach -

249

Auf Grund von § 3 des Gesetzes zur Wiederherstellung des Berufsbeamtentums vom 7. April 1933 entziehe ich Ihnen hiermit die Lehrbefugnis an der Universität

Berlin den 24 September 1933

(Siegel)

Der Preußische Minister für Wissenschaft,

Kunst und Volksbildung

In Vertretung

gez. Stuckart.

An den nichtbeamteten außerordentlichen Professor Herrn Dr. Erich von Hornbostel in Berlin-Steglitz, Arndtstraße 40.

Abschrift zur Kenntnis und weiteren Veranlassung. Die bisherigen Bezüge von Hornbostel sind mit Ende September 1933 endgültig in Abgang zu stellen.

In Vertretung

gez. Stuckart.

Preussisches Ministerium für Wissenschaft, Kunst und Volksbildung Kanzlei

Beglaubigt.

Ministerial-Kanzleisekretär.

An

Herrn Verwaltungsdirektor
bei der Universität

in

Berlin

Mitzahlung erfolgt am 10. 10. 1933

18

A	B	C	D	E	F	G	H	I	J	K	L	M	N	O	P	Q	R	S	Sch	St	T	U	V	W	X	Y	Z
a	b	c	d	e	f	g	h	i	j	k	l	m	n	o	p	q	r	s	sch	st	t	u	v	w	x	y	z
a	b	c	d	e	f	g	h	i	j	k	l	m	n	o	p	q	r	s	sch	st	t	u	v	w	x	y	z

(Vorderseite)

Einbehaltungskarte

über die

auf Grund der preuß. Einbehaltungs-VO. v. 8. 6. 32, GS. S. 199 u. der vorl. Durchf.Bestim.d. FM. v. 15. 6. 32 — IA 2. 1444 —, PrBesBl. S. 139 ff. sowie nach Maßgabe der erlassenen Ergänzungsbestimmungen einbehaltenen Bezüge

Personal-Nr.: ....

Familienstand: verheiratet

des Dr. phil. von Hornbostel, Erich
(Zu- u. Vorname, bei Frauen auch Geburtsname)

Kinder: 1

Nicht beamt. außerord. Prof. i. d. Phil. Fakultät d. Univ. Berlin
(Amtsbezeichnung, ggf. letzte Amtsbezeichnung)

Besondere Bemerkungen: ... (Tel. d. 24.9.1933 ... 8638)

Lfde. Nr.	Einbehaltungspflichtige Bezüge (außer Sp. 8 u. 10): Monatsbetrag RM, Rpf	Verrechnungsstelle: Kap., Tit.	Von laufenden Dienst- usw. Bezügen (Sp. 2) einbehaltene Beträge: vH-Satz der Einbehaltung (auch für Sp. 8 u. 10)	ab	monatlich RM, Rpf	zusammen RM, Rpf	Einmalige Einbehaltungsbeträge (außer Sp. 10): Bezeichn., Verrechnungsstelle und Tag der Einbehaltung	RM, Rpf	Von Nebenvergütungen einbehaltene Beträge: Bezeichnung und Betrag der Nebenvergütung sowie Verrechnungsstelle	ab	monatlich RM, Rpf	zusammen RM, Rpf	Summe der Einbehaltungsbeträge (Sp. 7 + 9 + 13) RM, Rpf	Bemerkungen über Änderungen der Einbehaltungsbeträge usw.	Bezeichnung der anweisenden Dienststelle	Feststellungsvermerk (Name und Amtsbezeichnung) des Rechnungsbeamten
1	2	3	4	5	6	7	8	9	10	11	12	13	14	15	16	17
									[illegible]	1.7.32 bis 30.9.33	6 29	94 35	94 35	[illegible] 1933–31.10.35 [illegible]	[illegible]	[illegible]

Auszahlung.

Gesamtbetrag: 94,35 RM.

Empfänger: Prof. v. Hornbostel

— vgl. Ausz.-Anw. v. 4. 10. 1933

V. D.-Nr. ... Verr.-Stelle: ...

Abschn.: „Ausgezahlte Einbehaltungsbeträge" für das Rechnungsjahr 1933.

..., Univ.-Obersekretär.

am 11. 10. 33.

Einbehaltung.

6,29 × 9 Jahressoll 1932 = 56,61 RM.

6,29 × 6 = „ 1933 = 37,74 „

Gesamtsoll 94,35 RM.

Festgestellt: ...

Univ.-Obersekretär.

Nr. 169 I. RO. Einbehaltungskarte für Beamte, Angestellte usw. (Berlin 1933.)

Preußische Druckerei- und Verlags-A.-G. Berlin

Nachdruck verboten.

Anhang C

Franz Boas, „Arier und Nicht-Arier“. (Reproduktion eines Aufsatzes von 1933).

Titelblatt (Ausschnitt) der in Straßburg erscheinenden Zeitung *Die Neue Welt* vom 6. November 1933 mit dem ersten Teil der Aufsatzserie „Arier und Nicht-Arier“ von Franz Boas. Reproduktion nach einem Foto aus der Stadt- und Universitätsbibliothek Frankfurt/M.

Reproduktion eines Typoskripts von Franz Boas mit dem Titel „Arier und Nichtarier“, das hiermit zum ersten Mal in Deutschland veröffentlicht wird. Es handelt sich um denselben Text, der in in Fortsetzungen in *Die Neue Welt* (Strassburg) vom 6., 7. und 8. November 1933 erschienen ist.
Das Typoskript befindet sich im Nachlaß von Eduard Fuchs in den Hoover Institution Archives in Stanford (Boris I. Nicolaevsky Collection, box 617, folder 1).

DIE NEUE WELT

ORGAN DER KOMMUNISTISCHEN PARTEI – OPPOSITION

Redaktion und Administration: STRASSBURG, Steinwallstr. 56 Telephon 32-26 | Nr. 257 | Montag, den 6. November 1933 | 10. Jahrg. | Abonnementspreis: Monatlich 6.50 Fr., Vierteljährl. 19.50 Fr Einzelpreis 25 Cts.

Arier und Nicht-Arier

Von Professor FRANZ BOAS [1]).

Ein Mensch, der nicht arischer Abstammung ist, kann kein Deutscher sein! Das ist eines der haßerfüllten Schlagworte, auf dem die heutige Regierung Deutschlands aufgebaut ist. Auf althergebrachtem Vorurteil und auf einer Afterwissenschaft fußend wird laut verkündet, daß selbst ein Tropfen nicht-arischen Blutes genügt, den am tiefsten Deutschdenkenden aus der Gemeinschaft der Deutschen auszustoßen.

Da lohnt sich wohl ein ruhiges, rein wissenschaftliches Nachdenken über eine solche These, die über hunderttausende Deutschsprechende und Deutschdenkende das Verdammungsurteil ausspricht, und die in Gesetze umgesetzt die Verelendung der ganzen betroffenen Menschenmenge nicht nur bewirkt, sondern auch bezweckt. Man sagt, es gebe 600 000 Nicht-Arier in Deutschland, aber da nach der vorgeschriebenen Definition ein Viertel nicht-arisches Blut genügt, um den Betreffenden als Nicht-Arier zu stempeln, dürfte die wirkliche Zahl leicht 1 200 000 erreichen.

Zunächst einmal, wer ist ein Arier? Arisch ist ein Sprachbegriff. Die meisten europäischen Sprachen und eine Reihe asiatischer Sprachen, wie Armenisch, Persisch, Hindustanisch werden arische Sprachen genannt, weil sie gewisse Züge gemeinsam haben, die zeigen, daß es dereinst eine Sprache gegeben hat, die sich allmählich über ein großes Gebiet [illegible]

die europäische Bevölkerung in drei Gruppen teilen, die in breiten Schichten gelagert sind: im Norden die großen, blonden, blauäugigen Nordwest-Europäer, in der Mitte, im Alpengebiet und östlich und westlich davon, die dunkleren Alpenvölker, und im Süden die kleinen, sehr dunklen Mittelländer, in Spanien, Italien und Südfrankreich. Es gibt natürlich auch andere örtliche Formen, die nicht gut in ein solches Schema eingereiht werden können.

Das Alter dieser größeren Gruppen kennen wir nicht. Nach Analogie mit der Entwicklung der Tierformen dürfen wir wohl annehmen, daß in sehr frühen Zeiten Menschengruppen lange genug isoliert waren, um durch Inzucht, Auswahl und unter dem Einfluß der Umwelt, in der sie lebten, gewisse Typen zu entwickeln. Worin dieser Vorgang besteht, ist schwer zu sagen. Wir wissen nur, daß nahe verwandte Formen, die lange durch Naturbedingungen isoliert sind, häufig geringe Verschiedenheiten entwickeln. So kann man bei Landtieren auf isolierten Inseln wohl für jede einzelne Insel Besonderheiten feststellen, die allerdings nicht immer durchgreifend zu sein brauchen.

Beim Menschen kommt nun noch hinzu, daß die Rassenformen ganz analog den Haustierformen sind. Dieses ist besonders schlagend bei der Blondheit und bei der tiefen Schwärze der Haut und der Kräuselung des [illegible]

Regierung Sarraut vorläufig genehmigt

Vertrauensvotum mit 307 gegen 34 Stimmen angenommen

Die Sozialisten enthalten sich der Stimme

Die Kammer hat Herrn Sarraut mit 30 gegen 34 Stimmen das Vertrauen ausgesprochen. Für die Regierung haben die Radikalen, die ganze bürgerliche Mitte und ein Teil der Rechten gestimmt. Die Sozialisten — «offizielle» und Neosozialisten — haben sich der Stimme enthalten. Unter denjenigen, die gegen die Regierung stimmten, befand sich auch Kamerad *Mourer*.

Eine besondere politische Bedeutung hat die Abstimmung nicht, es war mehr eine Formsache und sollte besagen, man werde «abwarten», bis Sarraut mit seinem eigentlichen Programm auf die Bildfläche trete. Mehr als eine Formsache konnte die Abstimmung auch gar nicht sein, angesichts der *Langweiligkeit* und

Unbestimmtheit der Regierungserklärung,

die jedes konkrete Wort über die politischen Maßnahmen des Kabinetts vermissen ließ.

Traditionell für ein

Kabinett der Bourgeoisie

war natürlich die *Parole der* «*Ersparnisse*», d. h. die Ankündigung einer *Abbaupolitik* im

Für den Kommunisten war es natürlich selbstverständlich, auch bei dieser «formalen» Abstimmung sich gegen die Regierung zu stellen. Ebenso klar und vom Standpunkt des Reformismus «konsequent» war es dann aber auch, daß die *Sozialisten*, wie eine jede andere bürgerliche Partei, «*abwarten*», denn das Wesen der parlamentarischen «Taktik» der Reformisten besteht ja gerade darin, stets sich an *Einzelheiten* einer Kabinettzusammensetzung und eines Regierungsprogramms zu halten und auf diese Weise eine «Mehrheit» gegen die andere ausspielen — solange dies noch geht. Bezeichnenderweise verfolgten auch die *Neosozialisten* die gleiche Taktik. Auch sie «warten ab».

Auch die Diskussion nach Sarrauts Erklärung war unwesentlich. Sie hatte nur zwei bemerkenswerte Augenblicke, nämlich einmal, als Bergery, ein früherer Abgeordneter der Radikalen, Herrn Sarraut fagte,

warum Herr Piétri in seinem Kabinett sitze,

und darauf hinwies, das deute darauf hin, daß

ARIER UND NICHTARIER

Franz Boas

Professor der Voelkerkunde an der Columbia-Universitaet, New-York

Ein Mensch, der nicht arischer Abstammung ist, kann kein Deutsche sein ! Das ist eines der hasserfuellten Schlagworte, auf dem die heutige Regierung Deutschlands aufgebaut ist. Auf althergebrachtem Vorurteil und auf einer Afterwissenschaft fussend wird laut verkuendet, dass selbst ein Tropfen nicht-arischen Blutes genuegt, den am tiefst Deutschdenkenden aus der Gesellschaft der Deutschen auszustossen.

Da lohnt sich wohl ein ruhiges, rein wissenschaftliches Nachdenke ueber eine solche These, die ueber hunderttausende Deutschsprechende und Deutschdenkende das Verdammungsurteil ausspricht, und die in Gesetze umgesetzt die Verelendung der ganzen betroffenen Menschenmenge nicht nur bewirkt, sondern auch bezweckt. Man sagt, es gebe 600 000 Nicht - Arier in Deutschland, aber da nach der vorgeschriebenen Defi tion ein Viertel nicht-arisches Blut genuegt, um den Betreffenden al Nicht - Arier zu stempeln, duerfte die wirkliche Zahl leicht 1200 00 erreichen.

Zunaechst einmal, wer ist ein Arier ? Arisch ist ein Sprachbegrif Die meisten europaeischen Sprachen und eine Reihe asiatischer Sprach wie Armenisch, Persisch, Hindustanisch werden arische Sprachen gena weil sie gewisse Zuege gemeinsam haben, die zeigen, dass es dereins eine Sprache gegeben hat, die sich allmaehlich ueber ein grosses Gebiet verbreitet hat, nicht ohne viel fremdsprachliches Gut in sich aufzunehmen, und die sich in all die verschiedenen heute gesprochenen

Sprachen entwickelt hat. Ein Arier ist also in dem Sinne jemand, der eine arische Sprache spricht, der Schwede sowohl wie der amerikanische Neger oder Hindu. Mit anderen Worten, arisch ist ein sprachlicher Begriff und hat nichts mit Rasse zu tun. Was man meint, wenn man von Ariern als Rasse spricht, beruht auf der unbeweisbaren Vermutung einiger Gelehrten, dass der Menschentypus, der Nordwest-Europa bewohnt, gewoehnlich der nordische Typus genannt, die arische Sprache und keine andere gesprochen hat, die sich dann weit verbreitete. Mit anderen Worten, man meint den blonden Nord-Europaeer, wenn man Arier sagt.

Ob nun wirklich die blonden Nordwest-Europaeer arisch gesprochen haben, kann kein Mensch sagen. Der Ursprung der heute erkennbaren " Ursprachen ", wenn man den Ausdruck gebrauchen darf, liegt so weit zurueck, dass bei den bestaendigen Wanderungen der Menschheit, dem Wechsel von Verkehr und Abgeschlossenheit, wohl niemand entscheiden kann, was Menschen, die vor 10 000 Jahren oder noch frueher lebten, gesprochen haben. Wir koennen finden, was fuer Steinwerkzeuge, Knochenschnitzereien oder Toepferei sie gemacht haben, aber nichts kann uns sagen, welche Sprache sie gesprochen haben. Arbeitsmethoden, wie sie in Korbflechtereien oder Toepferei gebraucht werden, haften oft mit unglaublicher Zaehigkeit am Boden und werden von einem Volke aufs andere uebertragen, sodass oft sogar der Bestimmung eines Volkes aus seinen Handerzeugnissen ein Zweifel anhaftet.

Die in der deutschen Regierung herrschende Anschauung sieht arisch und nicht-arisch als biologisch, erblich bedeutungsvoll an. Daher koennen wir die Frage, welche Sprache die Ahnen der Deutschen gesprochen haben, bei Seite lassen, und nur feststellen, dass die Ausdruecke arisch und nicht-arisch auf Unkenntnis ihrer Bedeutung beruhen. Es handelt sich in

Wirklichkeit um zwei Fragen, die eine, was ist der faelschlich sogenannte " Arier " oder " Nicht-Arier" rassenmaessig; die andere, in wiefern haengt das Verhalten des Menschen von seiner Abstammung ab.

In ganz rohen Zuegen darf man vielleicht die europaeische Bevoelkerung in drei Gruppen teilen, die in breiten Schichten gelagert sind : im Norden die grossen, blonden, blauaeugigen Nordwest-Europaeer, in der Mitte, im Alpengebiet und oestlich und westlich davon, die dunkleren Alpenvoeklker, und im Sueden die kleinen, sehr dunklen Mittellaender, in Spanien, Italien und Suedfrankreich. Es gibt natuerlich auch andere oertliche Formen, die nicht gut in ein solches Schema eingereiht werden koennen.

Das Alter dieser groesseren Gruppen kennen wir nicht. Nach Analogie mit der Entwicklung der Tierformen duerfen wir wohl annehmen, dass in sehr fruehen Zeiten Menschengruppen lange genug isoliert waren, um durch Inzucht, Auswahl und unter dem Einfluss der Umwelt, in der sie lebten, gewisse Typen zu entwickeln. Worin dieser Vorgang besteht, ist schwer zu sagen. Wir wissen nur, dass nahe verwandte Formen, die lange durch Naturbedingungen isoliert sind, haeufig geringe Verschiedenheiten entwickeln. So kann man bei Landtieren auf isolierten Inseln wohl fuer jede einzelne Insel Besonderheiten feststellen, die allerdings nicht immer durchgreifend zu sein brauchen.

Beim Menschen kommt nun noch hinzu, dass die Rassenformen ganz analog den Haustierformen sind. Dieses ist besonders schlagend bei der Blondheit und bei der tiefen Schwaerze der Haut und der Kraeuselung des Negerhaares. Eugen Fischer und B. Klatt haben ueberzeugend nachgewiesen, dass Blondheit und blaue Augenfarbe Merkmale der Haustiere sind, die bei wilden Tieren hoechst selten vorkommen. Wir haben blonde Pferde, Kaninchen,

Schweine. Wir haben schwarze Pudel mit englockigem Haar. Auch diese Formen kommen bei wilden Saeugetieren kaum je vor. Automatisch ist die menschliche Blondheit genau parallel der Blondheit der Haustiere.

Nun beruht die Zaehmung der Tiere wesentlich auf Aenderung der Nahrung und auf Schutz gegen Witterung und Feinde. In den fruehesten Formen der Zaehmung spielt die kuenstliche Zuechtung bestimmter Formen kaum eine Rolle. Wir wissen, dass schon im Eiszeitalter, vielleicht vor 50 000 Jahren, der Mensch seine Nahrung mit Feuer zubereitete und dass er sich durch Waffen zu schuetzen wusste. Wir duerfen darum sagen, dass der Mensch das aelteste, durch den Gebrauch des Feuers und der Waffen selbstgezuechtete Haustier ist.

Durchgreifende Isolierung, die zur Entwicklung stabiler Formen notwendig ist, hat nicht bis in neuere Zeiten, gewiss nicht bis zum Ende der Eiszeit, gewaehrt.

Alles, was wir von der Menschengeschichte wissen, deutet auf staendige Wanderung. Im Eiszeitalter fanden so starke Klimaschwankungen statt, dass der Mensch gezwungen war, die eisbedeckten Gebiete zu verlassen. Die Austrocknung Zentralasiens draengte den Menschen nach Europa und Suedasien. Von Asien ging er nach Amerika und besiedelte die neue Welt vom aeussersten Norden bis zum aeussersten Sueden. Die Neger des Nilquellengebietes ueberschwemmten den groesten Teil Suedafrikas. Die Voelker Zentralasiens dringen nach Suedasien und westlich nach Europa vor. Wohl viel spaeter durchmassen die Malayen die ganze Breite des stillen Ozeans und erreichten Madagaskar.

Selbst die Verteilung moderner Sprachen beweist die Beweglichkeit des Menschen, denn Ausdehnung eines Sprachgebietes erfordert persoenliche Beruehrung zwischen Voelkern. In Amerika spricht der Eingeborene Neumexikos eine Sprache, die eng mit der Sprache Alaskas verwandt

verwandt ist. Die Sprachen der Kariben werden in Suedbrasilien und dann wieder in Westindien gesprochen. Russland ist noch heute von vielen Staemmen durchsetzt, die finnische Sprachen sprechen, ein Anzeichen der neuzeitlichen Ausbreitung der Russen ostwaerts. Arabisch ist im Mittelalter die herrschende Sprache Nordafrikas geworden. All diese Wanderungen haben zu einer Mischung der Voelker gefuehrt. Ein gutes Beispiel bietet die Geschichte Spaniens. In frueher Zeit wurde die Halbinsel von Iberern bewohnt. Die Phoenizier gruendeten ihre Kolonien an den Kuesten. Die Kelten Galliens brachen in grossen Scharen ein und mischten sich mit den Eingeborenen. Die roemischen Kolonisten folgten und romanisierten das ganze Land. Dann folgten die Wanderungen der Goten, die lange das Land beherrschten. Waehrend der grossen mohammedanischen Epoche eroberten die Mauren einen grossen Teil Spaniens und wurden dort sesshaft und mischten sich mit den Eingeborenen. Zahlreiche Juden lebten dort, die sich mit den Eingeborenen mischten. Die Groesse Spaniens entwickelte sich zu einer Zeit, als das bunte Voelkergemisch am groessten war.

In anderen Teilen Europas lagen die Verhaeltnisse ebenso. Besonders Deutschland ist der Schauplatz bestaendiger Wanderungen gewesen : von Norden nach Sueden, von Osten nach Westen, und umgekehrt durchzogen die Voelker das Land. Germanisierung oestlicher slavischer Voelker war eine spaetere Phase dieser Mischung. Was wir jetzt sehen, ist das Resultat dieser Mischung.

Selbst die Koerperformen der Menschen vergangener Perioden sowie der Jetztzeit bewiesen diese starke Mischung. In England lebte dereinst ein Volk, ausgezeichnet durch lange, schmale Koepfe; dann kam ein Volk, bei dem breite runde Koepfe ueberwogen, und das eine andere Kultur mit sich brachte. Es verschwand wieder, und der blonde Nordwest-Europaeer besetzte den groessten Teil des Landes. Nur in Wales und in einigen anderen Gebieten findet sich ein Typus, der mehr den Typen Portugals aehnelt. In Norwegen, das gemeiniglich als ein rein nordwesteuropaeisches Land gilt, leben im Sueden Menschen anderer Art, von dunklerer Haut- und Haarfarbe und anderem Koerperbau. In Amerika lebt ein Typus Eingeborener, der versprengt von Mexiko bis nach Nord-Kalifornien vorkommt.

Sesshaftigkeit hatte sich in der Zeit entwickelt, als Land persoenliches Eigentum wurde, des freien Bauern oder des Herrn, dessen Hoerige an seinen Landbesitz gefesselt waren. Seit dieser Zeit haben sich bestimmte oertliche Menschenformen entwickeln koennen, die aber alle auf das bunte Rassengemisch zurueckgehen, das in der Wanderzeit der Menschheit ueberall entstanden ist.

In einem Dorfe, in dem der Grundbesitz vom Vater auf den Sohn uebergeht, wo die Frau womoeglich im gleichen Dorfe gesucht wird, entwickelt sich durch Inzucht ein Orttypus, der unter Umstaenden recht ausgesprochen werden kann, obwohl sich immer noch die Unterschiede der Ahnen in den Individuen sowohl wie in den Geschwisterreihen geltend machen.

Wir sind zu sehr geneigt, anzunehmen, dass, wenn alle Individuen einer solchen Gruppe inbezug auf Haarfarbe, Augenfarbe und Koerpergroesse aehnlich sind, dass sie nun in allen Beziehungen aehnlich sein muessen. Dieses ist durchaus nicht der Fall. Die einzelnen Merkmale des Koerpers sind nicht so eng miteinander verbunden, dass alle gemeinsam vererbt werden. Im Gegenteil, die Erbforschung zeigt, dass nie die Koerperform als Ganzes vererbt wird, sondern dass die Merkmale der Ahnenreihen in immer neuen Verbindungen auftreten.

Man koennte vielleicht glauben, dass der hohe Adel Europas eine reinere Rasse darstellt; aber das Gegenteil ist der Fall. Die Genealogien beweisen, dass Mischungen aus allen Teilen Europas die Regel sind. Der Adel Schwedens z.B. ist grossenteils fremden Ursprungs.

Es ist daher eine Fiktion, von einer deutschen Rasse zu sprechen. Wir muessen vielmehr fragen, welche Koerperformen unter den Deutschen vertreten sind. Da zeigt sich nun ein gaenzlicher Mangel einer Einheit. Blonde Langkoepfe im Norden, dunklere Kurzkoepfe im Sueden; breite Gesichter hier; schmale da; Stuelpnasen und Adlernasen, grosse und kleine, breite und schmaechtige. Es gibt keine "deutsche Rasse", sondern nur Lokaltypen, die untereinander stark verschieden sind; von denen aber jeder verschieden geformte Individuen umfasst, sodass Vertreter aller der Formen, die in Deutschland und den Nachbarlaendern vertreten sind, in fast jedem groesseren Teile des Vaterlandes vorkommen koennen. Der Ostdeutsche ist seinem polnischen Nachbarn aehnlicher als dem Friesen; der Tiroler aehnelt dem Slaven der Ostalpen mehr als dem Norddeutschen, der Rheinlaender dem benachbarten Franzosen mehr als dem Deutschen entfernter Gebiete.

Nationale Gruppen und Lokaltypen haben nichts miteinander gemein.

Da nun die Juden als ein durchaus verschiedenes Element aufgefasst werden, muss auch ihre Rassenstellung bestimmt werden. Es gibt ebensowenig eine semitische wie eine arische Rasse, da beide Ausdruecke Sprachgruppen nicht Menschen bezeichnen. Man kann nur von vorderasiatischen Typen reden. Nun gibt es wenigstens zwei oder drei ganz verschiedene vorderasiatische Typen; dunklere Armenier, hellere Kurden und die langkoepfigen Suedlaender. Solange wir die Juden kennen, sind alle drei - vielleicht auch noch andere europaeische Typen - unter ihnen vertreten. Die Juden sind keine einheitliche Rasse. Nun sind die armenoiden Typen aufs engste mit den Dinariern, den Bewohnern des Gebietes oestlich des adriatischen Meeres, verwandt, so sehr, dass in manxchen Faellen der Tiroler und der Armenoide kaum zu unterscheiden xi sind. Ebenso besteht eine Verwandschaft zwischen dem syrischen und dem mittellaendischen Typus. Der Gegensatz zwischen dem blonden Nordwesteuropaeer und dem dunklen Suedostdeutschen ist wohl ebenso gross wie der Unterschied zwischen letzterem und dem armenoiden Juden.

Diese Feststellung bedeutet nicht, dass keine feineren Unterschiede im Koerperbau der meisten Juden und der meisten nichtjuedischen Europaeer bestehen; die Unterschiede sind aber nicht durchgreifend. Es ist ja bekannt, dass dunkle syroide Juden oefters fuer Spanier oder Italiener , armenoide fuer Suedslaven oder andere Alpine, blonde fuer Nordwesteuropaeer gehalten werden.

Dazu kommt noch, dass die Juden verschiedener Laender in ihren Koerpermerkmalen nicht gleich sind, und dass eine gewisse Aehnlichkeit zwischen ihnen und ihren Nachbarn besteht. Am auffallendsten fuer dies ist dieses bei den alteingesessenen ostafrixkanischen und asiatischen Juden, die den Voelkern, unter denen sie leben oder lebten, durchweg aehnlich sind. Gegen Ende des Altertums und im frueheren Mittelalter, als Juden sowohl wie Christen Andersglaeubige bekehrten, waren Mischehen nicht selten. Juden bekehrten ihre Sklaven zum Judentum und machten Proselyten, ebenso wie die Christen. Heiraten zwischen Juden und Christen in den ersten Jahrhunderten unserer Zeitrechnung waren ebenfalls haeufig. Im Jahre 633 bestimmte das Konzil von Toledo, dass Heiraten zwischen Juden und Christen aufgeloest werden sollten, wenn nicht der Jude den christlichen Glauben annaehme, ein deutlicher Beweis dafuer, dass solche Heiraten haeufig genug vorkamen. In Sueddeutschland ist es vorgekommen, dass ein ganzes Ghetto in den Fluss getrieben und getauft wurde. So wurden sie heiratsfaehig.

Vermutlich ist Mischung nicht die einzige Ursache, die zu der Entwicklung lokaler Typen bei Juden gefuehrt hat. Die menschliche Koerperform ist nicht absolut unabhaengig von ihrer Umgebung, und es ist wahrscheinlich, dass die oertlichen Formen zum Teil von der natuerlichen und gesellschaftlichen Umgebung abhaengen, denen die Bewohner eines Landesteiles unterworfen sind.

Es folgt aus all diesem, dass scharfe Grenzen zwischen den heute lebenden europaeischen Menschengruppen nicht zu ziehen sind, dass in groesseren Volksgruppen, Deutschen, Franzosen, Juden, Finnen, Ungarn, usw. viele Erblinien vorkommen, deren Eigenschaften sich durchkreuzen, dass selbst, wo gewisse Koerpermerkmale, wie Blondheit, mit grosser Haeufigkeit vorkommen, doch andere koerperlich bedingte Eigenschaften stark variieren.

Nun ist all dieses nur der Hintergrund der Frage, auf dem die ganze "arische" Theorie der Sonderheit des Charakters des Deutschen beruht, naemlich inwiefern geistiges Verhalten durch Koerperform bedingt ist. Dass es individuelle Beziehungen zwischen Koerperform und geistigem Leben gibt, ist ja nicht zu bezweifeln. Ein Mensch, dessen Gehirn anatomische Defekte aufweist und deshalb nicht richtig funktioniert, kann auch nicht geistig normal sein. Man kann aus Idioten keine Genies machen.

Es ist aber voreilig, zu behaupten, dass nun ganz allgemein irgend eine Verschiedenheit im Koerperbau notwendig mit Verschiedenheit im Geistesleben verbunden ist. Die Funktionen des Koerpers sind ausserordentlich anpassungsfaehig. Der Blutumlauf eines koerperlich untaetigen Menschen, der im heissen Klima im Tieflande lebt, und der desselben Menschen, der koerperlich taetig auf einem Hochlande mit niederem Luftdruck lebt, sind grundverschieden. Alle Funktionen des Koerpers aendern sich stark mit den Lebensbedingungen. Es ist nicht anders mit dem geistigen Leben. Gesellschaftliche Verhaeltnisse beeinflussen aufs staerkste das Gesamtverhalten. Es sind verschiedentliche Versuche gemacht worden, das geistige Verhalten von Menschen mit ihrem Koerperbau in Beziehung zu setzen, z.B. zu untersuchen, ob ein langkoepfiger Blonder sich anders verhaelt als ein rundkoepfiger Brauner. Alle streng wissenschaftlich durchgefuehrten Versuche dieser Art beweisen, dass innerhalb derselben Gesellschaftsschicht solche Zusammenhaenge nicht existieren. Selbst die Konstitutionsforschung, die versucht, krankhafte Erscheinungen und Koerperbau in Beziehung zu setzen, ergibt nicht das Bild, dass jeder Mensch von bestimmtem, extremen Koerperbau geistige Stoerungen erleiden muss, sondern nur, dass sie mit groesserer Haeufigkeit bei diesen extremen Formen vorkommen. Nun besteht keine Bevoelkerung nur aus extremen Formen. Im Gegenteil die Mittelformen sind die haeufigsten, und fuer diese ist keine Beziehung zwischen Koerperform und geistigem Verhalten nachweisbar.

Es ist natuerlich nicht zu leugnen, dass Gruppen, wie Schwaben und Friesen geistig nicht identisch sind. Man darf sogar annehmen, dass Friesen und schwaebische Bauern, die lange bodenstaendig gewesen sind und sich durch Inzucht vermehrt haben, koerperlich bedingte, geistige Unterschiede aufweisen. Wie stark aber diese geistigen Unterschiede durch gesellschaftliche Verhaeltnisse bedingt sind, ist leicht zu zeigen. So sind genaue Beobachtungen ueber Neger gemacht worden, die vom Land in die Stadt ziehen, und es ist nachgewiesen, dass die Annaeherung an das Verhalten der Stadtbevoelkerung innerhalb weniger Jahre mit grosser Schnelligkeit vor sich geht. Ebenso hat sich bei italienischen Einwanderern in Amerika gezeigt, dass sie umsomehr in ihrem Verhalten den Amerkkanern aehneln, je laenger sie im Lande leben. Eines der deutlichsten Beispiele ist die Sicherheit, mit der Kinder den Dialekt und die Ausdrucksweise ihrer Umgebung annehmen. Ebenso beweisen eingehende Studien von Familien, wie stark der Charakter und das Verhalten jedes einzelnen Familienmitkgliedes von seinen persoenlichen Beziehungen in der Familie abhaengt.

Die Koerperformen in gesonderten Gebieten und in verschiedenen Gesellschaftsklassen sind natuerlich nicht gleich, doch sind in jeder Bevoelkerung ausserordentlich verschiedene Typen vertreten, so sehr, dass es schwer sein wuerde, fuer irgend ein Individuum mit Sicherheit seine Stammeszugehoerigkeit zu bestimmen. Trotzdem weist jedes Gebiet und jede Gruppe ihre geistige Eigenheit auf, die aber nicht vom Koerpertypus bestimmt wird, sondern nur durch das einigende geistige Band, das das Volk vereint, erklaert werden kann. Durch Erblichkeit kann man einen Teil von ausgesprochenen Geisteseigenschaften von Eltern und Kindern erklaeren. Man darf dieses aber nicht auf ganze Voelker ausdehnen, in denen die verschiedenartigsten koerperlichen Grundlagen familienweise vorkommen, die dann unter dem gesellschaftlichen Druck ihre eigentuemlichen Formen annehmen. Wie stark die Kulturbedingungen Aeusserungen des geistigen Lebens beeinflussen koennen, wird durch Erscheinungen, wie die epidemischen Geisteskrankheiten des Mittelalters deutlich. Ganze Volksmassen verfielen in verzueckte Taenze, die wir jetzt wohl in "Revial Meetings" beobachten, die sich aber heutzutage unmoeglich ueber das ganze Volk verbreiten koennten. Ebensowenig koennte heute der Fanatismus der Kreuzzuege wachgerufen werden. Gegenwaertig leben wir im Zeitalter des fanatischen Nationalsozialismus, der auch wieder von anderen sozialen Formen abgeloestx werden wird. Das Verhalten des heutigen Deutschlands den Juden gegenueber suchen die

Machthaber auf wissenschaftliche Erkenntnisse zu gruenden. Aber die Wissenschaft, auf der man baut, ist eine Afterwissenschaft. Niemand hat je bewiesen, dass ein Mensch, weil er durch Abstammung zu einer gewissen Volksmasse gehoert, nun auch bestimmte erbliche Eigenschaften haben muss. Eine Nation ist nicht durch Abstammung bestimmt, sondern durch Sprache und Sitte. Sonst waeren Deutsche, Franzosen, Italiener , keine Nation.

Sprache und Sitte werden vielmehr durch die Umgebung bestimmt, in der das Kind aufwaechst, als durch Abstammung, weil die Koerperformen insofern sie ueberhaupt einen Einfluss haben, in jeder Gruppe in ausserordentlicher Mannigfaltigkeit vorkommen.

Man darf dieses vielleicht durch ein Bild verdeutlichen. Denkt man sich eine Landschaft, Berg, Tal und Ebene, aus Sand, fruchtbarem Boden und Gestein bestehend, ohne Pflanzendecke und Tierwelt in einen neuen Kontinent mit gleichem Klima versetzt, so wird Pflanzen- und Tierwelt der Umgebung gleich werden. Da alle moeglichen Bodenbedingungen gegeben sind, wird die Verteilung der einzelnen Formen nicht gleichmaessig sein, aber da keine wesentlichen Unterschiede in den Landesformen vorkommen, wird die Verteilung auch nicht wesentlich verschieden sein. Wird die Landschaft in ein anderes Klima versetzt, so wird sich nicht nur die Pflanzen- und Tierwelt nach der Umgebung gestalten, sondern die Landschaft selbst wird neue Formen annehmen. Die Landschaft entspricht der biologischen Grundlage des Volkstums, die unendlich viele verschiedene Formen aufweist und vom Klima und den Lebewesen, die sie bewohnen, umgeformt wird. Wie in jeder groesseren Landschaft die verschiedensten Bodenformen vorkommen, so kommen in jeder groesseren Volksmasse die verschiedensten anpassungsfaehigen Erblinien vor, sodass keine grossen Unterschiede in den biologischen Grundlagen der Koerperfunktionen und des Geisteslebens zu erwarten sind. Tier- und Pflanzenwelt entsprechen der Kultur, die sich im Volkstum entwickelt, verschieden in den Individuen, wie die Pflanzendecke verschieden ist auf steinigem, sandigem oder fruchtbarem Boden, aber im Ganzen bestimmt durch die Umgebung, in die das Volk gestellt ist.

Wie die germanischen Slaven und Franzosen kulturell Deutsche; wie die franzoesierten Deutschen Franzosen, die russifizierten Russen geworden sind, so sind die deutschen Juden Deutsche geworden.

Summaries in English

(Unless stated otherwise, the summaries were written by the authors of the articles.)

Introduction

Sebastian Klotz

The Austrian psychologist and ethnomusicologist Erich M. von Hornbostel was born in Vienna in 1877. Around 1900 he moved to Berlin where he came under the spell of Carl Stumpf, professor at Psychologisches Institut of Friedrich-Wilhelms-Universität. Hornbostel was actually a trained chemist. Stumpf inspired real interdisciplinary study *avant la lettre* and put human perception into the centre of experimental and methodological initiatives. The Berlin School of Gestaltpsychologie grew out of this concern for a reconsideration of the foundations of perception. Music played a vital part in it because it allowed to combine physiological and psychological insights with a comparative perspective on other cultures. Complemented by early anthropology, Völkerpsychologie, comparative linguistics, and by new analytical methods, the formative years of early ethnomusicology were marked by an impulse to understand the foundations of music history and of music perception in a very wide sense. A phonogram archive which Hornbostel supervised from 1905 onwards provided a unique data basis of wax cylinders with music from all over the world that allowed precise tonometrical studies and the comparison of ´primitive scales´. Hornbostel became an associate professor of Systematische and Vergleichende Musikwissenschaft at Berlin University. In 1933, he was formally dismissed from his post. With his family, he emigrated to the United States where he accepted an invitation from the New School for Social Research in New York. Failing health obliged him to give up his professorship in New York and to move back to Europe where he died in November 1935 (Cambridge).

In December 1995, the Musikwissenschaftliche Seminar at Humboldt University held a workshop that commemorated and critically interrogated Hornbostel´s achievements in the fields of psychology, musicology, ethnomusicology and archival documentation. A younger generation of scholars had come across Hornbostel´s name in many different contexts. The workshop was inspired by their curiosity to discuss Hornbostel´ fascinating and many-fold œuvre taking into account recent developments in media archaeology, the history of sciences and new documentary findings.

The introduction puts each contribution into its context by paraphrasing and supplementing its main theses. In an alternative reading of the meaning Hornbostel might hold for us today, it finally reflects its own discourse of respect, academic hommage and myth-making. Readers are invited to accept ´Hornbostel´ in its fragmentary and contradictory existence.

Marjolijn van Roon

A Magician. The biography of Erich M. von Hornbostel and his correspondence with Jaap Kunst

The first part of this essay presents biographical information on Erich M. von Hornbostel who is regarded as one of the founding-fathers of ethnomusicology. By drawing on rich documentary evidence, this biographical sketch ranges from his Viennese background to his early years in Berlin, his commitment to the Berliner Phonogramm-Archiv and his teaching at Friedrich-Wilhelms-Universität to his two-year exile in New York, London and Cambridge, where he died in 1935.

Complementing an earlier article of mine („From Bandung to Berlin“, in *Oideion: the Performing Arts World-Wide*, ed. by Wim van Zanten, Leiden University 1993), part two of this essay discusses some of the issues raised in the correspondence between two of the most influential pioneers in the history of ethnomusicology: Erich M. von Hornbostel and Jaap Kunst. This correspondence lasted from 1923 to Hornbostel´s death in 1935 and reflects the rise of ´Vergleichende Musikwissenschaft´ or ´Muzikale Ethnologie´.

As one would expect, the cross-cultural relationship of musical instruments and music as well as the cultural genealogy of their existence are among the prominent themes in their correspondence. However, Hornbostel and Kunst did not attempt to tie every musical manifestation to one and the same umbilical chord. Instead, they hoped to build a bridge between the different cultures they were confronted with.

Thanks to the fact that Jaap Kunst preserved all of Hornbostel´s letters as well as copies of his own letters, it should be possible to reconstruct this ´cross-cultural friendship´ and better understand Hornbostel´s „theory of the cycle of blown fifth“ (´Blasquintentheorie´) which he regarded as a *hypothesis*.

The final part of this essay is dedicated to the compilation of Hornbostel´s *Opera omnia* which was undertaken by Jaap Kunst. As early as in 1930, Hornbostel had asked Kunst to take care of his published and unpublished writings. The index of *Opera omnia* which runs to 96 entries is given in the appendix of this book.

The article carries photos and hitherto unpublished letters of Hornbostel and Kunst.

Christian Kaden

Hornbostels Acoustic Criteria in Intracultural Research

Although Erich M. von Hornbostel is being praised as a pioneer of ethnomusicology by musicologists today, his armchair approach, his speculations on the formation and diffusion of musical scales in the wake of the early 20th-century ´Kulturkreislehre´ have recently come under heavy criticism. This ambivalent stance towards his figure is most evident in connection with his ´Blasquintentheorie´ (theory of blown fifths).

This article proposes to reconsider the ´Kulturkreislehre´ in general and Hornbostel´s theory of blown fifths in particular as major modifications of mere evolutionism due to their concern with material culture. Hornbostel´s concept of optional, accessory criteria on one hand and constitutive, purposeful criteria on the other (´akzessorische´ and ´konstitutive Merkmale´, 1911) is being highlighted as as subtle approach to levels of cross-cultural interplay, transfer and distribution in order to describe the intensity of intracultural relationships. Hornbostel, in a way, set out to explore a kind of ´predictable and reliable coincidence´. It is not by chance that he chooses absolute pitch, an accessory criterium, for his discussion of the musical evolution and interrelatedness of cultures.

His theory of blown fifths presents trivial evidence as it can be applied to almost every scale. This fact is due to the choice of an inapt tolerance interval for the measurements. Nevertheless, the concept itself should not be blamed as it seeks to establish a cumulative accumulation of restrictions by coupling acoustical and geometrical data. On the contrary, as soon as one resets the measuring tolerance, various circles of blown fifths will come to light that will be of major importance in future case studies.

Hornbostel´s theory of blown fifths can be contradicted because it carefully defines all conditions necessary for its reproduction or falsification. Therefore, it stands as a genuine scientific theory.

Transl. by the editor.

Steffen Schmidt

Time and Expression. Erich M. von Hornbostel´s Essay „Melodischer Tanz“ from a Modern Point of View

Hornbostel´s essay „Melodischer Tanz. Eine musikpsychologische Studie“ was published in *Zeitschrift der Internationalen Musikgesellschaft* V (1904), 12. This reflection was triggered by „the dances of Miss Duncan“ which Hornbostel might have seen during her European tour. In the West, the ´marriage´ of instrumental music and dance has mainly been described in terms of rhythm. While Hornbostel´s approach is prejudiced in some other ways, he avoids strict adherence to rhythmic issues by exposing the melodic element crucial to the interplay of music and dance. In this pioneering attempt to structurally rethink the interaction of music and dance lies an important achievement of Hornbostel´s essay.

The present article discusses the aesthetical and theoretical implications of Hornbostel´s thoughts that draw on Wagner´s idea of the inexpressible (´das Unaussprechliche´, see *Musik und Drama*) as condensed in human and orchestral gestures and on current notions of ´Ausdrucksbewegungen´ (Henri Bergson, Ludwig Klages) that would bring to the fore the sentiments inherent in music. In contrast to contemporary dance theory (Duncan, Emile Jacques-Dalcroze, Rudolf von Laban) that chooses rhythm as a starting-point, Hornbostel favours *melos* as a guiding motif. In a way, he therefore fails to fully appreciate the complex interactions between rhythm and melody.

A new analysis of Chopin´s waltz op 64.1 that had already been analysed by Hornbostel in terms of melodic dance will finally help to understand this failure and make up for its shortcomings in the context of recent rhythm analysis.
Transl. by the editor.

Gerd Grupe
Erich M. von Hornbostel and the Study of African Music from the Armchair Perspective
Although Hornbostel is widely acclaimed as one of the founders of Comparative Musicology, his scholarly work has not always received due attention. After giving an outline of Hornbostel´s methodology the present article focuses on his writings on African music. It aims at showing some remarkable results of his comparative method while at the same time pointing out limits of his approach which are mainly due to the lack of own field research for which he has been criticized by later scholars as ´armchair ethnomusicologist´. The article discusses Hornbostel´s views concerning intracultural concepts, timbre, patterns as *gestalts* and particularly his conceptualization of African rhythm.

Wolfgang Ernst
Hornbostel´s Sound-Archive: Memory as a Function of Documentation Technique
Occidental phonocentrism has always been striving for finding means to store the human voice in the memory apparatus - be it the „dialogical" hallucinations in historical imagination or the efforts to preserve folk song traditions in the age of enlightenment.

In the nineteenth century, new technical means made it possible to inscribe traces of the human voice both literally in the already established archival institutions of cultural memory and in the epistemological „archive" (Foucault) as dispositive of cultural (re)cognition.

This means that what looks rather unique, even ideosyncratic in the case of Hornbostel´s ethno-phonographical archive, is to be read as part of an overriding practice of classification, data processing and information storage leading to early twentieth-century efforts to create a universal documentation science.

Jörg Derksen

Waxy Insights - Erich Moritz von Hornbostel within the Habsburg-Prussian Discursive Network at the Turn of The Century

Musicologists tend to regard Hornbostel as a genuine contributor to their field although he was neither trained as a musicologist nor interested in traditional, philological research. This rather hasty containment of Hornbostel registers irritations provoked by his unusual career pattern and by the rise of comparative musicology as a whole.

This contribution considers the historical place of Hornbostel´s wax cylinder archive in terms of its organisation and the technical possibilities available at the time.

It tries to identify ´Hornbostel´ as part of a wider institutional impulse to collect audiometric data which was pivotal for the new discursive networks around 1900. Cutting across the border lines between museums, archives, libraries, universities and academies, the new cultural practices were enhanced by the Academy of Sciences in Vienna, by Wilhelm von Bode in Berlin and by the novel ethnomuseology of the Vatican. In Vienna, the concern for a patrimonial cultural identity led to the foundation of a Phonogrammarchiv that was bound to reflect the many cultures of the Habsburg empire. Comparing the Berliner Phonogramm-Archiv with its Viennese counter-part, the first continental collection of its kind, this essay addresses idiosyncracies and methodological implications of Hornbostel´s collecting activities. It will be shown that the copying and exchange procedures with other archives were part of Hornbostel´s literal control over a vast amount of data that was thought to provide ´ultimate´ and ´authentic´ insights. Phonogram archives turn out to be *lieux de mémoire* that trigger and overshadow specific strategies of cultural memory.
Transl. by the editor.

Susanne Ziegler

Erich M. von Hornbostel and the Berlin Phonogram Archive

The name of Erich M. von Hornbostel is inseparably linked with the Berlin Phonogram Archive. Hornbostel was appointed director of the Archive in 1905, but had been affiliated with phonographic recordings for the archive already since 1901. Due to his activities, the archive became famous world-wide, not only because of its matchless recordings from different ethnic groups around the world, but also for its use of advanced techniques in producing cylinder copies.

On the basis of the archive´s holdings, this article traces the history of the Berlin Phonogram Archive and of Hornbostel as its leader from its beginnings (1900) until Hornbostel´s emigration and death (in 1935). It gives an overview of his activities in and for the archive and describes some of the early recordings in which ethnological and psychological interests were closely connected. Numerous materials and correspondence in the archive make clear that Hornbostel devoted everything in his power to this work.

Today, the archive forms part of the Ethnomusicological Department at the Ethnographical Museum in Berlin. An ambitious project is being planned to present the archive´s holdings in an elaborate series of publications.

Martin Müller

Erich M. von Hornbostel. Gestalt Psychology and Intracultural Research

Hornbostel was a prototype of an interdisciplinary scientist. He had begun working under Carl Stumpf who headed the Psychological Institute at Friedrich-Wilhelms-Universität at that time. At this institute, Hornbostel applied Stumpf´s ´Tonpsychologie´ to different cultures and developed a special kind of ´Völkerpsychologie´: comparative music-psychology. In that context his most important aim was a description and explanation of musical manifestations in different cultures in a manner *adequate* to theses cultures (´kulturadäquate Beschreibung´). Hornbostel carried positions that were already established in this domain over to other fields of cross-cultural investigation and research, i.e. intelligence. He worked together with other scholars and scientists around Stumpf, especially with Max Wertheimer, who formed what was known to become the ´Berlin School of Gestalt Psychology´. As a gestalt psychologist, Hornbostel made original contributions to research in the fields of visual and aural perception and psychophysics.

Karlheinz Barck

The Limits of Humankind. In memoriam Franz Boas (1858-1942)

In November 1933, the Strasbourg based newspaper *Die Neue Welt* published a series of articles by Franz Boas under the title „Arier und Nicht-Arier“ (Arians and Non-aryans). Boas was a German-American anthropologist and ethnologist whose heritage has been widely neglected in post-war Germany. It was only through an exhibition (Berlin 1992) that a wider audience was reminded of Boas´ manifold activities and their rich repercussions in contemporary international ´new ethnology´.

„Arier und Nicht-Arier“ forms part of a series of initiatives and statements by Boas against „political terrorism that is being exercised in Russia, Italy, Germany and other nations against political opponents“ (Boas 1938). It is a document equally relevant today in political and historical terms as Boas argues against a would-be scientific racial doctrine of German National Socialism in his capacity as a linguist, ethnologist and anthropologist. He singles out the threat against the Jews as a threat to the human species as a whole. Boas was desperate as he registered the growing surge of racial prejudice he had thought to debunk in his scientific studies. He articulated his disillusionment as a critique of academic self-censorship, premature surrender and of the abandonment of both morals and scientific ideals.

Franz Boas maintained a unity of mankind in the particularity and plurality of its many histories and cultures. He therefore contradicted strategies of exclusion that had been justified in the then dominant universal history as an essential principle of evolution. According to Boas, anthropology can only be thought of as a historic discipline that sets out from the equality of all men as members of the biological species *homo sapiens sapiens*.

The present article finally places Boas´ thought and scientific practice against the background of the ethnological turn in reflexive ethnology that is conscious of the fact that there is no objective outside-observer. Boas, who foreshadowed this epistemological turn, had put forward an ethical perspective of a humankind without segregation. This perspective is becoming increasingly relevant as it is obvious how the authority of ´the West´ pretends to reach ´beyond all borders´ while camouflaging the very real exclusions of its political and economic practice.

Boas´ essay „Arier und Nicht-Arier“, which has never been published in Germany before, is being reproduced in the appendix of this book.
Transl. by the editor.

Sebastian Klotz
Hornbostel´s Curves of the Needle
This essay focuses on Hornbostel´s ambivalent stance towards mass culture and modernity. Although he made use of the new media technologies that analyzed music along the lines of tonometry and scale comparisons rather than traditional philology and musical aesthetics, the meaning of music could not be exhausted by mere measurements. It was at this very cross-roads that a culture of measurement and objectivity had to be negotiated with the 19th-century narrative for history, progress, racial specification and its search for universal foundations of human perception and cultural change.

This issue runs like a thread through many of Hornbostel´s writings and his media and archival practice. By defining musical *Maßnormen* for intracultural comparisons, he introduced a genuinely modern notion of cultural genesis into early comparative musicology. On the other hand, his insistence on a holistic anthropology of the senses is in no way supported by the technologies he used in his phonogram archive. Phonographs will register any sound wave. There is a clear sense of cultural loss when Hornbostel deals with phonographic analysis and with modern culture in general, yet he can´t coin his nostalgia for primitive cultures with their intact interplay of man and God, soul and body into a cultural critique of modernity.

This essay will discuss Hornbostel´s collecting and classifying impulse, his psychological experiments and ethnomusicological studies as both innovative and anachronistic, at times even contradictory expressions of an academic habitus that bears the mark of an ambivalent modernism.

Gerd Stanke, Tim Wöhrle

Reconstructing the Sound of Wax Cylinders through Digital Image-Processing of Galvano Negatives

A large collection of negatives of Edison cylinders which contain historical sound documents are deposited in the Berlin Phonogramm Archive. The aim of the project (sponsored by the Bundesministerium für Bildung, Wissenschaft, Forschung und Technologie) is to reconstruct the sound stored on these negatives using an optical, non-destructive way. Two different measuring approaches, Shape From Shading and Shape From Stereo, seem to be promising. Former investigations proved that it is principally possible to extract the sounds via images. The next intention is now to find algorithms which process the images to high quality sound and to develop a complete restoring system.

Bildnachweise

Einführung Foto1: Abt. Musikethnologie, Museum für Völkerkunde Berlin SMBPK. Foto: Archiv. Foto 2: Ullstein Bilderdienst, Berlin.
Beitrag von M.van Roon Foto 1 und 3: Mit freundlicher Genehmigung der Familie Brinkgreve-Kunst. Foto 2 und 4 sowie Anlagen 1, 2 und 3: Mit freundlicher Genehmigung der Universiteit van Amsterdam.
Beitrag von J.Derksen Foto 1 und 2: aus Leo Hajek, „Herstellung und methodische Verwertung von Schallaufnahmen", in Emil Abderhalen (Hrsg.), *Handbuch der biologischen Arbeitsmethoden*, Abt. 5, Teil 7, 2.Hälfte, Berlin und Wien 1937, S. 1313 und 1326. Universitäts- und Landesbibliothek Bonn.
Beitrag von S.Ziegler Foto 1, 3, 4 und 5: D. Graf, Museum für Völkerkunde Berlin SMBPK. Foto 2: aus Carl Stumpf, „Tonsystem und Musik der Siamesen", in: *Sammelbände für Vergleichende Musikwissenschaft* 1 (1922), Foto nach S. 145.
Beitrag von S.Klotz Foto 1: aus *Zeitschrift für Physik* 6 (1921) 1, S. 33. Humboldt-Universität zu Berlin, Universitätsbibliothek. Foto 2: aus *Beiträge zur Akustik und Musikwissenschaft* 4.Heft, Leipzig 1909, S. 41. Bibliothek des Musikwissenschaftlichen Seminars der Humboldt-Universität zu Berlin. Foto 3: Mit freundlicher Genehmigung von Prof. Michael Wertheimer, Boulder/Colorado.
Beitrag von G.Stanke und T.Wöhrle Foto 1, 2, 3, 4, und 5: Gesellschaft zur Förderung angewandter Informatik e.V., Berlin.
Anhang Die Nachweise für die Dokumente, die im Anhang abgebildet werden, stehen unmittelbar bei den Dokumenten.

Zu den Autoren

Karlheinz Barck (Berlin), Dr. sc., Romanist. Forschungsgruppenleiter am Zentrum für Literaturforschung in Berlin. Forschungsgebiete: vergleichende Literaturwissenschaft (spanische und französische Literatur), Geschichte ästhetischer Ideen in Europa. Auswahl der Publikationen: Hrsg., *Aisthesis: Wahrnehmung heute oder Perspektiven einer anderen Ästhetik*, Leipzig 1990; *Poesie und Imagination: Studien zu ihrer Reflexionsgeschichte zwischen Aufklärung und Moderne*; Hrsg., *Historisches Wörterbuch ästhetischer Grundbegriffe* (in Vorbereitung).
Anschrift: Zentrum für Literaturforschung, Jägerstr. 10-11, 10117 Berlin.

Jörg Derksen (Bonn), Musikwissenschaftler. Magisterarbeit *Der römische Sopranist Alessandro Moreschi (1858-1922). Das reproduzierbare Bild des 'letzten Kastraten' und die musikwissenschaftliche Forschung im 20.Jahrhundert*, Rheinische Friedrich-Wilhelms-Universität, Bonn 1995. Arbeitsgebiete: Enttarnung von den allgemeinen Gedächtnisorten in Alteuropa, katholische Kirchenmusik, Geschichte des maschinellen Rechnens. Dissertationsprojekt über die Frühgeschichte der Schallaufzeichnung, Humboldt-Universität zu Berlin.
Anschrift: Kurfürstenstr. 44, 53115 Bonn.

Wolfgang Ernst (Köln), Historiker. Arbeiten zu Geschichtstheorie, Wissenschaftsgeschichte, Semiotik und Museologie. Lehrt Theorie und Archäologie der Medien an der Kunsthochschule für Medien in Köln mit dem Forschungsschwerpunkt „Medien und Archive". Veröffentlichungen u.a.: *Historismus im Verzug - museale Antike(n)rezeption im britischen Neoklassizismus (und jenseits)* (1992); Hrsg. *Die Unschreibbarkeit von Imperien. Theodor Mommsens Römische Kaisergeschichte und Heiner Müllers Echo* (1995). Mitherausgeber von: *Geschichte sehen - Beiträge zur Ästhetik historischer Museen* (1988); *Medien - Revolution - Historie* (1991); *Musealisierung der DDR? 40 Jahre als kulturgeschichtliche Herausforderung* (1992), demnächst: *Geschichtskörper. Zur Aktualität von Ernst H. Kantorowicz* (1997).
Anschrift: Kunsthochschule für Medien Köln, Peter-Welter-Platz 2, 50676 Köln.

Gerd Grupe (Berlin), Musikethnologe. Studium der Vergleichenden Musikwissenschaft, Amerikanistik und Bibliothekswissenschaft an der Freien Universität Berlin. Diss. *Kumina-Gesänge. Studien zur traditionellen afrojamaikanischen Musik* 1990, publ. Hamburg 1990. 1991-1996 wiss. Mitarbeiter am Seminar für Vergleichende Musikwissenschaft der FU Berlin, Forschungsprojekt zur Lamellophonmusik der Shona in Zimbabwe. Feldforschungen in Südindien, Jamaika, Zimbabwe. Z.Zt. Lehrbeauftragter am o.g. Seminar mit einem Habilitationsprojekt *Harmonische Struktur und Patternbildung in der mbira-Musik der Shona in Zimbabwe. Komposition und Improvisation in einer afrikanischen Musikkultur* (im Druck).
Anschrift: Wiener Str. 33, 10999 Berlin.

Christian Kaden (Berlin), Professor für Musiksoziologie und Sozialgeschichte der Musik an der Humboldt-Universität zu Berlin (HUB). Studium der Musikwissenschaft und Ethnologie an der HUB. Diss. 1973 *Hirtensignale. Musikalische Syntax und kommunikative Praxis* (publ. Leipzig 1973). Seit 1993 Professor an der HUB. Auswahl der Publikationen: Hrsg. *Béla Bartók, Musik-Sprachen*, Leipzig 1971; *Musiksoziologie*, Berlin 1984 und Wilhelmshaven 1985; Hrsg., mit Erich Stockmann, *Erich Moritz von Hornbostel, Tonart und Ethos*, Leipzig 1986; *Des Lebens wilder Kreis. Musik im Zivilisationsprozeß*, Kassel 1993; „Schönheit, entspannt. Ästhetische Werte im Prozeß der Zivilisation" sowie „Außer-sich-Sein, Bei-sich-Sein. Ekstase und Rationalität in der Geschichte der Musik", in: *Neue Zeitschrift für Musik*, 1994 bzw. 1995; Art. „Musiksoziologie" für *Die Musik in Geschichte und Gegenwart*, zweite, neubearb. Ausgabe, hrsg. von L. Finscher, Kassel u. Weimar. Sprecher der Fachgruppe für Soziologie und Sozialgeschichte der Musik in der Gesellschaft für Musikforschung (gegr. 1995).
Anschrift: Musikwissenschaftliches Seminar der Humboldt-Universität zu Berlin, Unter den Linden 6, 10099 Berlin.

Sebastian Klotz (Berlin), wiss. Mitarbeiter am Lehrgebiet für Musiksoziologie und Sozialgeschichte der Musik, Musikwissenschaftliches Seminar, Humboldt-Universität zu Berlin (HUB). Diss. *Rhetorisches Verständnis englischer Musik um 1600*, HUB 1992. Mitarbeiter an der Musikhistorischen Abteilung des Deutschen Historischen Instituts in Rom, 1992-95. Studien zur musikalischen Artikulation von Subjektivität und zu Geschlechterrollen in der frühen Neuzeit, zuletzt „Matte Idealität. Beobachtungen zu Schrift- und Verhaltensformen im Quattrocento-Tanz", in J.-D. Müller (Hrsg.), *'Aufführung' und 'Schrift' in Mittelalter und Früher Neuzeit*, Stuttgart u. Weimar 1996 und Art. „Lautenlied" für *Die Musik in Geschichte und Gegenwart*. Zweite, neubearb. Ausgabe hrsg. von L. Finscher, Kassel u. Weimar 1997.
Anschrift: Musikwissenschaftliches Seminar der Humboldt-Universität zu Berlin, Unter den Linden 6, 10099 Berlin.

Martin Müller (Königs Wusterhausen), Psychologe. Diss. zur Methodengeschichte der Experimentalpsychologie im Deutschland des 19.Jh., Humboldt-Universität zu Berlin 1987. Forschungsfelder: Geschichte der Psychologie (Methodengeschichte des 18./19.Jh., kulturvergleichende Forschung in Berlin, Gestaltpsychologie), Biographieforschung (*Die produktive Kraft der Unfreiheit*, mit R.-D. Hegel und M. Wolf, Milow 1994) und kulturvergleichende empirische Forschung (*Der Name des Fremden*, in Vorbereitung). Mitglied der Gesellschaft für Kulturpsychologie und freiberuflicher Mitarbeiter im HOLON e.V. Gesellschaft für soziokulturelle, ökologische und regionale Studien.
Anschrift: HOLON e.V., Friedrich-Engels-Str. 26, 15711 Königs Wusterhausen.

Marjolijn van Roon (Amsterdam), Professorin für das Hauptfach Blockflöte am Konservatorium Enschede und Musikwissenschaftlerin. Spezialisierung Alte Musik und Ethnomusikologie. Mit Loekie van Proosdij veröffentlichte sie *Jaap Kunst, Correspondence 1920-1940; An Annotated Index* (1992). *Magister artium* und Diss. in Musikwissenschaft mit einer Arbeit über Erich M. von Hornbostel, 1993. Projekte zur Geschichte der Musikethnologie und Thesen zur Aufführungspraxis Alter Musik, zuletzt „Jaap Kunst, government musicologist; An unususal incident in the colonial political history of the Netherlands East Indies“, in Van Zanten/Van Roon (Hrsg.), *Oideion*, 2 (1995), S. 1-27. - Unterrichtet *master classes* im Fach Blockflöte in Europa und den USA, konzertiert mit zeitgenössischer Musik (*Duo Reflex*, auch als Solistin) und mit alter Musik (*Ensemble Barok Ad Hoc* und *Mirac*), Rundfunkaufnahmen.
Anschrift: Swammerdamstraat18 -II, 1091 RT Amsterdam, Niederlande.

Steffen Schmidt (Berlin), Musikwissenschaftler und Komponist. Diss. *Die Aufwertung des Rhythmus in der Neuen Musik des frühen 20.Jahrhunderts*, Technische Universität Berlin 1994. Stipendiat an der Musikhistorischen Abteilung des Deutschen Historischen Instituts in Rom 1993/94 und am Deutschen Historischen Institut in Paris 1994. Seit 1994 Zusammenarbeit mit dem Tänzer und Choreographen Xavier Le Roy (Gruppe *Le Kwatt*). Kompositionen und Projekte für das moderne Tanztheater, zuletzt „Lounge Dialogues“ mit der Gruppe *Detektor* und Komposition zur Choreographie „Private Thoughts - Public Places“ von Alex B.
Anschrift: Triftstr. 6, 13353 Berlin.

Gerd Stanke (Berlin), Prof. Dr. sc. techn., Informatiker. Studium der technischen Kybernetik an der TH Prag. Diss. 1975 *„Lernverfahren für Netze aus adaptiven Schwellenwertelementen“*. Arbeiten zur Klassifikation und zu Lernverfahren am Zentralinstitut für Kybernetik der Akademie der Wissenschaften der DDR, 1989 Mitarbeit im Institut für Bildverarbeitung Berlin; seit 1991 Forschungsgruppe Bildverarbeitung der Gesellschaft zur Förderung angewandter Informatik e.V. Berlin; Entwicklungsarbeiten zur angewandten Bildverarbeitung sowohl im Vertragsrahmen als auch im Rahmen von Projekten der EU, des Bundesministeriums für Bildung, Wissenschaft, Forschung und Technologie sowie der DFG. Lehrbeauftragter an der Fachhochschule für Technik und Wirtschaft; Co-Chair der „Elektronische Bildverarbeitung & Kunst, Kultur, Historie - EVA'96 Berlin (Electronic Imaging and the Visual Arts)".

Anschrift: Gesellschaft zur Förderung angewandter Informatik e.V., Rudower Chaussee 5, Geb. 13.7, 12484 Berlin

Tim Wöhrle (Berlin), Informatiker. Wissenschaftlicher Mitarbeiter der Forschungsgruppe Bildverarbeitung in der Gesellschaft zur Förderung angewandter Informatik e.V. Berlin; Forschungsarbeit auf dem Gebiet der optischen 3D-Vermessung, Entwicklung eines mobilen 3D-Meßsystems zur Vermessung von Skulpturen und Artefakten, Kombination von 2D- und 3D-Verfahren.

Anschrift: Gesellschaft zur Förderung angewandter Informatik e.V., Rudower Chaussee 5, Geb. 13.7, 12484 Berlin

Susanne Ziegler (Berlin), Musikethnologin. Studium der Musikwissenschaft/ Musikethnologie und Slavistik an der Universität Köln. Diss. über Volkslieder in Mazedonien. 1983-1988 Assistentin am Institut für Vergleichende Musikwissenschaft der Freien Universität Berlin. 1988 Spezialisierung auf historische Tondokumente (ethnohistorische Forschungen zur georgischen Mehrstimmigkeit). 1993 Beginn der Arbeit an den Beständen des Berliner Phonogramm-Archivs, seit 1994 als wiss. Angestellte im Zeitvertrag bei den Staatlichen Museen Berlin Preußischer Kulturbesitz (Projekt zur Erschließung und Veröffentlichung der historischen Bestände des Berliner Phonogramm-Archivs). Zahlreiche Veröffentlichungen zu regionalen Themen (Musik auf dem Balkan, in der Türkei, den Ländern der ehemaligen Sowjetunion, Kaukasus), zu *music and gender* sowie zum Berliner Phonogramm-Archiv.

Anschrift: Museum für Völkerkunde, Abt. Musikethnologie, Arnimallee 23-27, 14195 Berlin.

Namenregister

Die Erwähnungen von Erich M. von Hornbostel sind nicht verzeichnet. Die in den *Opera Omnia* nach Jaap Kunst/Marjolijn van Roon angeführten Erwähnungen von Namen (Anhang A des vorliegenden Buches) erscheinen in diesem Register kursiv.

Hrsg. Ralf Hegel / Martin Müller

Der Name des Fremden

Durch intensive intra- und interkulturelle Forschungsarbeiten zum Thema „Einstellung gegenüber Fremden" in Deutschland, Taiwan und Israel sind einmalige und doch so naheliegende Aussagen zum Thema „Fremdenfeindlichkeit und Fremdenfreundlichkeit" von den Autoren herausgearbeitet worden.
Die Ursachen und Strukturen der Einstellungen und Haltungen werden herausgearbeitet und sind eingebettet in Beiträge zur „Geschichte der kulturvergleichenden Forschung", „Kultur, Menschenbild und Philosophie", „Selbstbilder, Fremdbilder und Idealbilder".
Unerläßlich für alle, die mit anderen Kulturen umgehen!

436 Seiten, 1998, DM 39,80, ISBN 3-928878-51-4

Hoffnung & Erinnerung

Literatur in Potsdam
1945 bis 1950

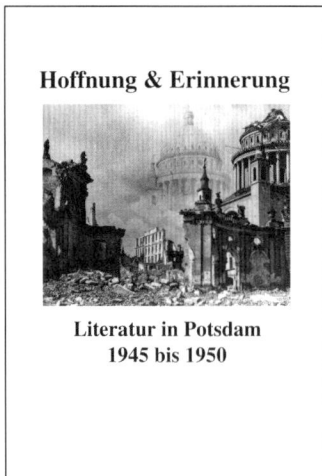

Mathias Iven (Hrsg.)

Hoffnung und Erinnerung

Das Buch stellt die drei Schwerpunkte Verlage und Autoren, Autoren und Werke und Literatur und Kritik der Potsdamer Literaturlandschaft in den Jahren 1945-1950 dar:
Die „Potsdamer Verlage" Rütten & Loening und Stichnote und die zwischen 1945/46-1950 in Potsdam erschienenen bzw. von Potsdamer Autoren herausgegebenen und verfaßten Bücher; die Autoren Hermann Kasack, Peter Huchel, Bernhard Kellermann, Bruno H. Bürgel, Werner Wilk, Hugo Hartung, Eduard Claudius, Hans Marchwitza und Erwin Stittmatter sowie das Feuilleton der Potsdamer „Tagespost" und der „Märkischen Union".

512 Seiten, 1998, DM 39,80, ISBN 3-928878-62-x

3 x Foerster

Beiträge zu Leben und Werk von
Wilhelm Foerster,
Friedrich Wilhelm Foerster und
Karl Foerster

MATHIAS IVEN (HRSG.)

3 x FOERSTER

Bisher unveröffentlichte Fotos und autobiographische Zeugnisse sind, neben den Tagungsreferaten der Tagung „3 x Foerster", die Kernstücke des Buches. Alle Artikel sind im Sinne Wilhelm Foersters der klassischen URANIA-Idee verpflichtet. Sie vermitteln, populär geschrieben, neue Erkenntnisse sowohl zum Leben als auch zum Werk der drei Foersters und sind von allgemeinem Interesse für astronomiehistorisch und pädagogisch, gärtnerisch und philosophisch Interessierte.

267 Seiten, 1995, DM 24,80, ISBN 3-928878-29-8

"Seid nicht 'gerecht', sondern gütig!"

Beiträge von und über

Bruno H. Bürgel

MATHIAS IVEN (HRSG.)

"SEID NICHT 'GERECHT', SONDERN GÜTIG!"

Beiträge von und über Bruno H. Bürgel

Die im Buch vereinten Texte sollen gegenüber früheren Sammlungen vor allem die humanistisch-alltagsphilosophische Seite Bürgels widerspiegeln.
Bürgel war weitaus mehr als der „astronomische Volksschriftsteller", der es hervorragend verstand, den Menschen die „fernen Sterne"

244 Seiten,, 1996, DM 24,80, ISBN 3-928878-45-x

LUTZ VON WERDER

Das philosophische Café

Das Buch stellt die Methodik und Didaktik des philosophischen Cafés dar, das der Autor seit einem Jahr in Berlin leitet. Es schildert das praktische Philosophieren mit jedermann/ jederfrau, das als Modell auch in Universität, Gymnasium, Erwachsenenbildung und Kirchengemeinde praktiziert werden kann.

168 Seiten, 1998, DM 14,80, ISBN 3-928878-72-7

LUTZ VON WERDER

Beklage dich nicht – philosophiere!

Ein Übungsbuch in praktischer Philosophie für Einzelne und Gruppen

Das vorliegende Schreibbuch führt in die vielen kreativen Techniken der praktischen Philosophie ein. Durch Vorsatzbildung, Antizipation des Schicksals, Selbstprüfung, Selbstgespräch, philosophisches Lesen, philosophische Lebenshilfe und metaphysische Erhellung gewinnt der Mensch in der Krise seine Autonomie zurück und sein Glück. Praktische Philosophie ist kreatives Schreiben - und das schon seit der antiken Philosophie bis zu Heidegger und den niedergelassenen Philosophen unserer Tage. Ein Buch für alle, die Philosophie nicht nur lesen, sondern schreiben und praktisch umsetzen wollen.

296 S., 1996, 24,80 DM, ISBN 3-928878-43-3